## ***ACCESO GRATIS** a la Lectura en la Nube*

Para visualizar el libro electrónico en la nube de lectura envíe junto a su nombre y apellidos una fotografía del código de barras situado en la contraportada del libro y otra del ticket de compra a la dirección:

**ebooktirant@tirant.com**

En un máximo de 72 horas laborales le enviaremos el código de acceso con sus instrucciones.

# LA PARTICIPACIÓN DE LAS VÍCTIMAS EN EL SISTEMA PENAL DESDE LA PRAXIS

## *Una propuesta político-criminal del Estatuto de la víctima del delito*

# LA PARTICIPACIÓN DE LAS VÍCTIMAS EN EL SISTEMA PENAL DESDE LA PRAXIS

## *Una propuesta político-criminal del Estatuto de la víctima del delito*

PATRICIA SAN JUAN BELLO

**tirant lo blanch**
Valencia, 2024

En caso de erratas y actualizaciones, la Editorial Tirant lo Blanch publicará la pertinente corrección en la página web www.tirant.com.

La presente obra ha sido sometida a la revisión de pares ciegos según el protocolo de publicación de la editorial a efectos de ofrecer el rigor y calidad correspondiente tanto en su contenido como en su forma, aplicándose los criterios específicos aprobados por la Comisión Nacional E 016 (BOE num. 286, de 26 de noviembre de 2016).



© TIRANT LO BLANCH
EDITA: TIRANT LO BLANCH
C/ Artes Gráficas, 14 - 46010 - Valencia
TELFS.: 96/361 00 48 - 50
FAX: 96/369 41 51
Email: tlb@tirant.com
www.tirant.com
Librería virtual: www.tirant.es
DEPÓSITO LEGAL: V-3235-2024
ISBN: 978-84-1071-571-4

Si tiene alguna queja o sugerencia, envíenos un mail a: *atencioncliente@tirant.com*. En caso de no ser atendida su sugerencia, por favor, lea en *www.tirant.net/index.php/empresa/politicas-de-empresa* nuestro procedimiento de quejas.

Responsabilidad Social Corporativa: *http://www.tirant.net/Docs/RSCTirant.pdf*

*El verbo creer es un verbo especial,*
*el más ancho y el más estrecho de todos los verbos.*
Almudena Grandes

# *Índice*

*Capítulo IV*



*Capítulo V*

# *Introducción*

La participación de las víctimas en el proceso penal se presenta como uno de los hitos de mayor relevancia en términos de reconocimiento de la experiencia derivada del delito. Dotar de voz a los sujetos que han sido tradicionalmente silenciados adquiere múltiples connotaciones, entre ellas, el cambio de paradigma en la configuración de las ciencias penales, donde víctima e infractor ya no se conciben bajo la fórmula de «suma–cero» sino que la racionalidad deviene en elemento configurador de las políticas públicas relacionadas con la delincuencia, al menos desde una perspectiva teórica.

Sin embargo, en los últimos tiempos se ha apreciado una tendencia alarmante en la sustanciación de los debates político–criminales, materializada en la adopción de políticas públicas cada vez más punitivistas, tomando como justificación la satisfacción de las pretensiones de las víctimas. Esta generalización de la experiencia de la victimidad, tomando la parte por el todo, conduce a la preterición de las necesidades reales de las víctimas, que en su mayor parte se orientan hacia la reparación, la justicia y la protección, alejándose, por consiguiente, de pretensiones vindicativas.

Así las cosas, este estudio parte de la premisa de la desconexión existente entre el discurso mediático adoptado por los poderes públicos en la elaboración de políticas orientadas a las víctimas y las demandas reales de las personas afectadas por los delitos. Así, el sistema tuitivo victimal dispone de recursos suficientes para lograr la protección, el reconocimiento y la reparación de las víctimas por vías distintas al recurso constante de reforma del Código Penal, económicamente menos costoso, pero más lesivo en términos de disfrute de derechos y garantías.

Por consiguiente, en esta obra se ofrece una visión general del sistema de protección, reconocimiento y reparación, tanto a nivel supranacional como interno. Sin embargo, consideramos que esta producción legislativa únicamente puede comprenderse si consideramos el sustrato subyacente tras este enfoque victimocéntrico en la elaboración y aprobación de normas. En consecuencia, este trabajo comienza con un primer capítulo dedicado a exponer los principales hitos de la Victimología como saber científico, así como su relación con las disciplinas afines, incidiendo especialmente sobre la experiencia de la victimidad como clave de bóveda de la política criminal actual.

Una vez establecido este marco conceptual de partida, el segundo capítulo de esta monografía abordará el sistema tuitivo de víctimas a nivel supranacional, destacando en este sentido la encomiable labor de organismos internacionales tales como la Organización de las Naciones Unidas, la Corte Penal Internacional, el Consejo de Europa o la Unión Europea. Los documentos emitidos por estas organizaciones en materia de víctimas, ya en forma de resoluciones, recomendaciones, dictámenes, estatutos o directivas han sido integradas en el acervo jurídico nacional.

En consecuencia, este enfoque internacional resulta clave para la comprensión del tercer capítulo, el cual realizará un recorrido por la normativa de mayor relevancia aprobada en España en términos de tutela, reconocimiento y reparación de víctimas, revelándose el paulatino aumento de interés por esta cuestión a lo largo del tiempo. Entre las normas objeto de estudio de este capítulo, una de ellas será analizada con mayor exhaustividad, tornándose en eje pivotante de esta obra. Nos referimos a la Ley 4/2015, de 27 de abril, del Estatuto de la víctima del Delito. La aprobación de esta norma marca un punto de inflexión en el paradigma jurídico en materia de víctimas en nuestro país, ya que, por una parte se erige como un punto de conexión real respecto a la normativa comunitaria al constituirse como producto de la trasposición de la Directiva 2012/29/UE de 25 de octubre de 2012 por la que se establecen normas mínimas sobre los derechos, el apoyo y la protección de las víctimas de delitos. Por otro lado, el Estatuto, por su naturaleza y objetivos, representa un importante avance en el reconocimiento de las víctimas en tanto que su participación no se encuentra circunscrita únicamente a la sustanciación de un proceso penal, confiriéndole prerrogativas antes, durante y después del mismo.

Sin embargo, entre los derechos contemplados en el Estatuto, la introducción de uno de ellos llama poderosamente la atención al no haberse contemplado originalmente en la Directiva antes mencionada, rebasando notoriamente los mínimos marcados por ella. Se trata del artículo 13, en virtud del cual se faculta a la víctima a participar en la ejecución penitenciaria. Este precepto, que no tiene parangón en la normativa de los países comunitarios en esta materia, plantea, entre otras cuestiones, la potencial entrada de elementos vindicativos en el cumplimiento de penas privativas de libertad, colisionando eventualmente con el principio de resocialización del artículo 25.2CE.

En consecuencia, este precepto ha supuesto uno de los motivos que ha impulsado a realizar un análisis del Estatuto de la víctima que trascienda de postulados teóricos, sumergiéndose así en la dimensión aplicada de este cuerpo legislativo. No obstante, debemos advertir con carácter preliminar que este análisis y posterior propuesta político–criminal se enfocarán sobre aquellos preceptos del Título I —derechos básicos— y el Título II —participación de la víctima en el proceso penal— cuya formulación suscita un mayor debate en términos victimológicos.

Conforme a lo expuesto, el capítulo cuarto presentará el estudio práctico realizado, el cual se ha vertebrado sobre siete entrevistas semiestructuradas. La elección de los participantes se ha basado en la vinculación que su desempeño profesional guarda respecto a la aplicación del Estatuto, conformando esta muestra tanto miembros de la judicatura, personal técnico de las oficinas de asistencia a víctimas, presidentas de asociaciones de víctimas y personal de organizaciones especialistas en materia de justicia restaurativa. Así, el contenido de estas entrevistas se encuentra plasmado en los anexos de esta obra.

En este sentido, las intervenciones de las personas participantes nos permitirán conocer las deficiencias y puntos fuertes del Estatuto, elaborándose en torno a ellas un análisis pormenorizado del mismo, en el que el derecho a la información, la participación en la ejecución o el acceso a la justicia restaurativa constituirán sus puntos clave. Adicionalmente, estas experiencias en torno al Estatuto se presentarán como fundamento para las propuestas político–criminales de mejora que se plasmen en el epígrafe conclusivo de este capítulo, el cual a su vez cierra la monografía.

Llegados a este punto, si las lectoras y lectores me lo permiten, abandonaré por un momento el plural de cortesía que les acompañará toda la obra para interpelar directamente a las personas que han hecho posible que esta monografía se encuentre entre sus manos.

En primer lugar, es obligado agradecer la participación de las personas entrevistadas, cuyas intervenciones han enriquecido notablemente el contenido de este estudio: Florencio de Marcos Madruga, juez de vigilancia penitenciaria del juzgado nº1 del Juzgado de Castilla y León —Valladolid—, Carmen Guil Román, magistrada de la sección tercera de la Audiencia provincial de Barcelona, PBR, miembro del equipo jurídico de una de las Oficinas de Asistencia a Víctimas ubicada en el ámbito catalán, Antonio José Perdices Mañas, jurista del Servicio de asistencia a la víctima de Bilbao, Rosa María Trinidad Coronado, presidenta de la asociación de víctimas Stop Violencia Vial y Virginia Rodríguez Fragoso, trabajadora social y facilitadora de programas de justicia restaurativa en la Asociación De Mediación Para La Pacificación De Conflictos —AMPC—. Gracias a todas ellas por su colaboración en esta investigación, haciendo de las entrevistas un diálogo y no un mero intercambio entre preguntas y respuestas. Gracias por dejarme aprender de vuestra experiencia de una forma que trasciende del contenido de estas líneas. Agradecer también al Magistrado Herminio Maíllo Pedraz, juez de vigilancia penitenciaria del juzgado nº 3 de Andalucía —Málaga— que, una vez planteado el objetivo de este proyecto, vio potencial a esta investigación.

Como colofón, no puedo dejar de mencionar a dos profesoras que han marcado de forma indeleble mi incipiente trayectoria académica, que empieza a dar sus primeros pasos. Gracias a Victoria García del Blanco, por hacer germinar en mí la inquietud investigadora en mis estudios de grado, resultando especialmente inspiradoras sus reflexiones acerca de la racionalidad en la consecución de los derechos de las víctimas en el aula, que guardo con especial cariño. Por último, agradecer enormemente a Ana Isabel Cerezo Domínguez, mi entonces tutora del Trabajo de Fin de Máster en Derecho Penal y Política Criminal del que bebe esta investigación y mi actual directora de tesis doctoral, sin la que esta monografía no hubiera sido posible. Gracias por la paciencia, confianza depositada en mí y en las posibilidades de este proyecto, así como por todo el apoyo brindado, que, con el tiempo, ha trascendido del ámbito puramente académico.

*Capítulo I*

# *Análisis del saber victimológico y su vinculación con las disciplinas penales: el papel destacado de las víctimas en la elaboración científica*

## 1. ABORDAJE DE LA VICTIMOLOGÍA COMO CIENCIA: PRECURSORES, DEFINICIÓN Y DESARROLLO DE LA DISCIPLINA

### *1.1. Principales precursores de la victimología*

La preocupación por las víctimas concebidas como colectivo necesitado de protección halla su punto de inflexión tras la Segunda Guerra Mundial, momento en el que se retoma el interés por las mismas debido al estudio de fenómenos que acontecieron durante aquel periodo temporal, suponiendo el Holocausto su máximo exponente; por consiguiente, se evidencia la necesidad de incorporar a las víctimas en el conocimiento científico (Pereda Beltrán, 2013). Así las cosas, este proceso de renacimiento de la víctima se imbrica en una primera Victimología positivista o del acto (Varona Martínez, 1999).

No obstante, debemos subrayar que las aproximaciones que resultaron pioneras en el abordaje de las víctimas no se dieron desde la esfera de las ciencias jurídicas y sociales —sociología, criminología o derecho— sino que fueron los escritores del ámbito puramente literario los que trataron la temática referida a la víctima. Así, un conjunto de autores, entre los cuales destacan Aldous Huxley, Franz Werfel o Thomas de Quincey, debido al contenido que imperaba en sus obras, fueron agrupados bajo la denominación de «victimólogos literarios» (Fattah, 2014).

En este sentido, si bien es cierto que estudiosos como Bentham y Garófalo aproximaron en cierta medida el conocimiento en materia victimal, la victimología del acto tiene, entre otros autores a Von Hentig, Mendelsohn, Ellenberger y Wolfang como principales exponentes (Varona Martínez, 1999), cuyos trabajos serán expuestos someramente en las líneas que siguen. Así, el primer análisis sistemático de las víctimas de delitos se encuentra en la obra *El criminal y su víctima*, publicado en 1948 y escrito por Von Hentig, obra en la que se aborda la relación contrapuesta entre víctima y victimario como sistema impuesto por el derecho penal en aras de garantizar el control social en la prevención del delito (Varona Martínez, 1999). Por una parte, este manuscrito supone un cambio de paradigma en el planteamiento de la Criminología —disciplina que abordaremos en los epígrafes siguientes— al incorporar al binomio tradicional «crimen–delincuente» la figura de la víctima, considerándola como participante, descartando, por tanto, su posición como mero referente en el delito[1] (Lima Malvido, 2012). Por otro lado, la importancia de esta obra radica con carácter adicional en que se establece el telón de fondo sobre el que se desarrollará el nuevo saber victimológico, caracterizado por

---

[1] Esta tesis se pone de manifiesto en la cuarta parte de la obra, titulada «Contribución de la víctima a la génesis del delito», evolucionándose, en consecuencia, de un planteamiento unidimensional a un enfoque diádico y dinámico en el estudio del delito, al producirse una equiparación entre víctima y delincuente a efectos de análisis (Fattah, 2014).

la elaboración de los términos «víctima latente», relativo a la predisposición delictiva que presentan determinados sujetos[2] o de la «pareja penal» (Morillas Fernández, Patró Hernández y Aguilar Cáceres, 2011). Así, esta construcción gozará de gran relevancia en el devenir de la disciplina al referirse a la relación entre víctima y delincuente condicionada por las características que presente cada uno de los sujetos y las circunstancias en las que se desarrolle el ilícito[3]; sin embargo, se objeta a esta tesis la exclusión de las personas jurídicas y los intereses supraindividuales de la categoría de víctima al circunscribirse únicamente al ámbito del sujeto físico (Martínez Atienza, 2018).

---

2 En este sentido, Von Hentig, con el objetivo de abarcar las tipologías victimales más frecuentes, se aparta de las estipulaciones legales, proponiendo una clasificación compuesta por cinco tipos «generales» y seis categorías atendiendo a criterios de índole psicológica. Así, en el primer grupo se encontrarían los niños o jóvenes, los ancianos, las mujeres, los enfermos mentales y toxicómanos, los inmigrantes y minorías, justificando la mayor predisposición de estos colectivos en su mayor vulnerabilidad —discapacidad, inexperiencia, debilidad, entre otros—; por su parte, los tipos psicológicos recogidos por el autor responden al deprimido, ambicioso, lascivo, solitario y acongojado, atormentador y, por último, al bloqueado, excluido y agresivo. Sin embargo, al final de su obra *El delito*, Von Hentig abandona esta pretensión, dividiendo únicamente a las víctimas en virtud de cuatro ítems diferentes, a saber, la situación, los impulsos y eliminación de las inhibiciones, la capacidad de resistencia, y, por último, la propensión a ser víctima (Lima Malvido, 2014).

3 Una de las implicaciones de mayor relevancia que subyace tras el concepto de pareja penal se concreta en la asunción del dinamismo como rasgo definitorio de sendas figuras, infractor y víctima. Así, esta modificación cobra una especial relevancia en el caso de las víctimas en la medida en que supone el abandono del hieratismo que les ha sido tradicionalmente atribuido y, por consiguiente, de su relegación a un segundo plano e, incluso, preterición, en el estudio de la conducta delictiva (Lima Malvido, 2012).

Por otro lado, debemos destacar los aportes de Ellenberger plasmados en su publicación *Relaciones psicológicas entre delincuente y víctima* en 1954, en la cual establece una clasificación de tipos de víctimas atendiendo a su diferente grado de implicación en el hecho delictivo[4] (Morillas Fernández, y otros, 2011). Esta tipología victimal alberga como criterio divisor la incidencia de elementos de carácter individual (Varona Martínez, De la Cuesta Arzamendi, Mayordomo Rodrigo, y Pérez Machío, 2015), tanto de índole objetiva, —sexo, edad, ocupación, entre otros— como subjetiva, vinculada especialmente a cuestiones psíquicas. Esta labor, concretada en el desarrollo del concepto de vulnerabilidad victimal[5] (Varona Martínez, De la Cuesta Arzamendi, Mayordomo Rodrigo y Pérez Machío, 2015), parte del estudio de características biológicas y psíquicas de los sujetos examinados que permitan determinar su predisposición a sufrir las consecuencias de un hecho delictivo, factores que se acuñaron bajo el término «victimogénesis» (Sevilla Royo, 2012).

Por su parte, cabe subrayar la labor de Wolfang en el desarrollo de la disciplina al ser el primer victimólogo en realizar investigaciones empíricas significativas sobre la participación de la víctima en las conductas delictivas —especialmente en las de homicidio—, destacando la del año 1958 al incidir sobre

---

4 La construcción teórica de Ellenberger se fundamenta en la división de las víctimas en cinco categorías diferentes, a saber, no participante, latente, provocativa, participante y falsa víctima (Morillas Fernández, Patró Hernández, y Aguilar Cáceres, 2011).

5 Esta conceptualización difiere tanto de la realizada con anterioridad por Von Hentig, el cual aludía a la categoría «víctima nata», como de la corriente actualmente predominante en la Victimología, la cual equipara la vulnerabilidad con la pertenencia a un colectivo de riesgo, en el cual se incardinan extremos de índole individual, relacional, contextual y socioestructural (Varona Martínez, De la Cuesta Arzamendi, Mayordomo Rodrigo y Pérez Machío, 2015).

el concepto de «víctimo–precipitación»[6] (Varona Martínez, De la Cuesta Arzamendi, Mayordomo Rodrigo y Pérez Machío, 2015). Asimismo, se atribuye a este autor la división de la experiencia de victimización en tres grados; en este sentido, distingue entre la victimización primaria, derivada directamente de la vivencia del hecho delictivo y sus consecuencias; la victimización secundaria, generada como consecuencia del tratamiento procurado a la víctima por parte de las autoridades encargadas de la persecución y enjuiciamiento del delito y la victimización terciaria, vinculada con la reacción social al hecho delictivo, promoviéndose la autopercepción como víctima, mediante su etiquetamiento o estigma (Varona Martínez, De la Cuesta Arzamendi, Mayordomo Rodrigo y Pérez Machío, 2015). Estas definiciones asumirán un papel de gran relevancia en la construcción de la víctima como categoría identitaria, aspecto que será objeto de análisis en este bloque temático.

Por último, cabe destacar el trabajo de Schafer, quien en su obra *Victimología* en 1967 invierte el paradigma propuesto por su predecesor, haciéndolo pivotar sobre dos ejes centrales, a saber, la contribución de la víctima al delito y su posterior reparación (Varona Martínez, 1999).

A pesar de lo expuesto, Mendelsohn es la figura que mayormente destaca en el impulso de la victimología, ya que es acreedor de un reconocimiento mayor que el correspondiente a los autores previamente citados, al suponer sus obras la máxima muestra del desarrollo paulatino de la disciplina, comenzando por trabajos de menor envergadura desde los años

---

6 Esta idea hace referencia a los supuestos en los que la víctima toma la iniciativa al ser la primera que exhibe o emplea el arma o golpea. En este sentido, cabe destacar que este tipo de conductas se dieron en el 26% de los 588 homicidios acontecidos en Filadelfia estudiados por el autor entre los años 1948 y 1952 (Varona Martínez, De la Cuesta Arzamendi, Mayordomo Rodrigo y Pérez Machío, 2015).

cuarenta hasta 1956, momento en el que se publica su obra *La Victimologie*, constituyendo el manual de referencia del conocimiento victimológico. Por su parte, se le atribuye el mérito de acuñar el término victimología por vez primera en el año 1946 en su manuscrito *New bio–psycho–horizons: victimology*, lo que ha supuesto la asignación de la paternidad sobre la denominación de este saber científico (Morillas Fernández, Patró Hernández, y Aguilar Cáceres, 2011)[7]. Asimismo, este autor hizo de la victimología una disciplina a nivel internacional mediante la difusión de sus postulados, defendiendo, adicionalmente, su autonomía científica. Por su parte, en términos similares a Von Hentig, apreció la falta de armonía como rasgo caracterizador del binomio agresor–víctima, representando cada una de las figuras términos contrapuestos y, por tanto, antagónicos (Morillas Fernández, Patró Hernández y Aguilar Cáceres, 2011)[8]. Así, Mendelsohn, tomando como premisa la inexistencia de la

---

7 Sin embargo, la autoría del término victimología ha sido un extremo ampliamente discutido en la doctrina, en tanto que un sector ha considerado a Wertham como padre de este concepto al emplearlo de manera correcta en su obra *The show of violence* en 1949, en la cual el abordaje de la mitificación de los personajes malvados en los cómics y su influencia en los jóvenes deja paso al planteamiento sobre la existencia de un saber victimológico (Varona Martínez, De la Cuesta Arzamendi, Mayordomo Rodrigo y Pérez Machío, 2015). No obstante, el debate se decanta a favor de Mendelsonh puesto que, de manera inconsciente, menciona el concepto victimología en 1946 (Morillas Fernández Patró Hernández y Aguilar Cáceres, 2011).

8 Mendelsonh distingue dos momentos en la relación entre el agresor y la víctima, marcando como punto de inflexión la comisión delictiva. En este sentido, el momento previo a la misma se caracteriza por la atracción o al menos indiferencia en la relación entre sendas figuras; sin embargo, una vez ha sucedido el ilícito, su vinculación se torna en interdependiente y antagónica, con intereses contrapuestos que generan a su vez la incoación de un proceso penal (Sevilla Royo, 2012).

culpabilidad o inocencia total, articula la relación del agresor y la víctima en términos de proporcionalidad inversa o de suma–cero; de este modo, la mayor culpabilidad de uno, implicará una menor responsabilidad del otro. En este sentido, establece cinco categorías de víctimas, a saber, la víctima inocente o ideal, la víctima por ignorancia o de menor culpabilidad, la víctima voluntaria o tan culpable como el infractor y, por último, la víctima provocadora o más culpable que el infractor (Sevilla Royo, 2012)[9].

Sin embargo, Mendelsohn se separa y supera los planteamientos previos al poner el acento sobre la necesidad de apoyo y prevención victimal, ampliando de este modo el concepto de víctima (Varona Martínez, De la Cuesta Arzamendi, Mayordomo Rodrigo y Pérez Machío, 2015). Por consiguiente, se incardinará en la categoría de víctima a todos aquellos sujetos

---

[9] Esta clasificación también puede articularse desde una perspectiva tripartita, a saber, dividiéndose las víctimas en categorías de inocentes, provocadoras y colaboradoras. Sin embargo, con independencia del criterio que se tome, la nota común a sendas organizaciones es la primacía del valor histórico sobre su praxis. No obstante, se hallan tres aplicaciones prácticas consistentes en, por una parte, la materialización de los postulados de la victimización secundaria y terciaria con la relación entre la percepción social de la víctima y el concepto de víctima inocente. En segundo término, la contraposición entre la culpabilidad e inocencia de la víctima permite su neutralización por parte de los victimarios, suponiendo por tanto la negación de su responsabilidad o culpabilidad en los hechos, extremos que tratan de ser corregidos por la justicia restaurativa mediante la remodelación del binomio víctima-delincuente. Por último, la recepción de este tipo de consideraciones en nuestro derecho penal positivo —Código Penal— alberga importantes implicaciones, especialmente las relativas a la incorporación de las consideraciones sobre la contribución de la víctima al hecho delictivo y, por ende, en la determinación de la responsabilidad del infractor, extremos que son analizados por la victimodogmática (Varona Martínez, De la Cuesta Arzamendi, Mayordomo Rodrigo y Pérez Machío, 2015).

que presenten un malestar emocional derivado de acciones no circunscritas únicamente al ámbito delictual, abriéndose de este modo la horquilla de factores susceptibles de análisis por parte de la disciplina —hechos antisociales no delictivos, desastres naturales o provocados por la intervención humana, entre otros— (Morillas Fernández, Patró Hernández, y Aguilar Cáceres, 2011).

Como hemos podido comprobar tras esta somera revisión de los principales impulsores de la génesis y posterior desarrollo de la disciplina[10], sus aportaciones se han configurado de manera distinta y obedecido a fines apriorísticamente diferentes. Sin embargo, tras todas ellas subyace un propósito común, a saber, retomar el interés por las víctimas al constituir figuras equiparables en relevancia al infractor, evidenciando así la necesidad de procurarles un tratamiento adecuado (Sevilla Royo, 2012). De este modo, asistimos al abandono de la dinámica de neutralización de las víctimas característica de épocas anteriores y, paralelamente, al surgimiento de un nuevo saber científico, la victimología, sobre la que ahondaremos en las líneas que siguen.

### *1.2. Concepto de victimología*

Si bien el término «victimología» fue acuñado por vez primera por Wertham, psiquiatra estadounidense (Varona, 1999), la definición de esta disciplina ha sido objeto de un intenso debate puesto que existen tantos conceptos como personas han realizado esta labor. En este sentido, cabe plasmar en este punto varias de estas definiciones; por una parte, retomando a los autores previamente aludidos, Mendelsohn entiende esta

---

10 A esta relación de autores debemos agregar aquellos nombres que no hemos incluido en este análisis y que gozan de gran relevancia en la disciplina, tales como Neuman, Dussich, Fry, entre otros.

disciplina como la ciencia de las víctimas y de la victimidad, mientras que Ellenberger la conceptúa como aquella esfera de la criminología referida a la víctima directa del crimen y que aborda el conjunto de saberes biológicos, sociológicos y criminológicos relativos a la víctima. Por otro lado, en el ámbito nacional, autores como Tamarit Sumalla y Beristáin Ipiña identifican esta disciplina, respectivamente, con la ciencia multidisciplinar que analiza los procesos de victimización y desvictimización y el conocimiento y el arte pluri, inter y transdisciplinar que investiga la victimización primaria, secundaria y terciaria, así como su origen, controles, consecuencias y respuestas superadoras de conflictos y delincuencia (Morillas Fernández, Patró Hernández, y Aguilar Cáceres, 2011).

Sin embargo, la diversidad de definiciones no se interpreta como una desventaja sino como la manifestación del constante dinamismo de la victimología, ya por su interdisciplinariedad, ya por su relativa juventud, extremo que motivaba las reservas a establecer una definición a nivel internacional en los primeros momentos de la disciplina (Morillas Fernández, Patró Hernández, y Aguilar Cáceres, 2011). En este sentido, la primera definición que resultó relativamente aceptada por la comunidad científica se esbozó en el Primer Simposio de victimología en el año 1973, conceptuándose la victimología como el estudio científico de las víctimas (Pereda Beltrán, 2013).

El origen de la victimología como disciplina científica no puede entenderse sin el análisis conjunto con el saber criminológico, en la medida en que cuando un hecho delictivo acontece, se da la existencia del delincuente y también de la víctima, sujetos analizados por la disciplina. Así, si bien es cierto que el primero de ellos supone el objeto de estudio por antonomasia de la criminología, esta dinámica no se ha extrapolado a la figura de la víctima, cuya atención y tratamiento por parte de los profesionales y académicos ha resultado carente de toda homogeneidad y continuidad (Pereda Beltrán, 2013). Este extremo evidencia el contraste existente en el abordaje de la víctima puesto que a pesar de la antigüedad de su objeto de estudio —algunos autores identifican la denominada edad de oro de la víctima con los tiempos de la Edad Media— su incorporación al saber criminológico es relativamente reciente, situándose, tal y como señalamos previamente, tras la Segunda Guerra Mundial, sin perjuicio de que durante los años 30 se elaborasen los primeros estudios sobre esta materia[11] (Pereda Beltrán, 2013).

En este sentido, el punto de inflexión en la consideración de la victimología como saber científico lo marca el Primer Simposio Internacional de victimología, antes mencionado. Asimismo, otros hitos destacables en el devenir de la víctima se sitúan, por una parte, en 1976, con la aparición de la primera publicación periódica en materia de victimología, *Victimology*, y, por otra, la fundación de la World Society of Victimology en Muenster —Alemania—, que, desde el año 1979 abandera la investigación científica especializada en esta área. Con carácter adicional, esta organización asume la responsabilidad de celebrar simposios cada tres años, entre los que destacan Boston (1976), Tokio (1982); Zagreb (1985), Río de Janeiro (1991), Ámsterdam (1997), Montreal (2000), La Haya (2012), entre otros. Así, estos encuentros favorecen la evolución de la disciplina mediante la sistematización de conocimientos científicos, la construcción teórica y la elaboración de los principios fundamentales. Por añadidura, estos encuentros se caracterizarán por el desarrollo e intercambio entre los expertos de herramientas y metodologías de análisis empírico (Lima Malvido, 2012).

---

11 En este sentido, la primera monografía en materia de víctimas se encuentra en La Habana en 1930, en la cual se recogen tres escritos que versan sobre la protección de la víctima, los cuales supusieron el contenido de conferencias celebradas el año anterior en la misma ciudad (Pereda Beltrán, 2013).

### *1.3. Desarrollo del saber victimológico: análisis de sus fases*

La victimología es una ciencia joven sobre la que se articula un nuevo sistema de justicia caracterizado por la capacidad de reordenar y equilibrar el orden social (Cuarezma Terám, 1996), que, si bien va afianzándose paulatinamente como un área de investigación científica, no ha experimentado el mismo progreso en todos los lugares del mundo, existiendo diferencias de mayor o menor entidad tanto en términos cuantitativos como cualitativos (Fattah, 2014). No obstante, con independencia del grado de desarrollo, cabe apreciar dos grandes fases en la evolución de la disciplina, que abordaremos en las líneas que siguen.

#### a) Primera etapa: la victimología invisible

Por una parte, encontramos la etapa denominada «victimología invisible», la cual abarca desde el primer delito cometido hasta la década de 1940. Como resulta posible inferir de su denominación, esta etapa se encuentra marcada por las escasas referencias a la figura de la víctima, y las tesis existentes, si bien no niegan la figura de la víctima, conciben su tratamiento como un aspecto secundario o condicionado al devenir del proceso, por ejemplo, a través de la compensación entendida desde los fines retributivos de la pena (Morillas Fernández, Patró Hernández, y Aguilar Cáceres, 2011).

#### b) Segunda etapa: la relevancia de las encuestas de victimización en la consolidación de la victimología crítica

Por otro lado, en lo que respecta a la segunda de las fases, esta se caracteriza por la adquisición del estatus científico de la disciplina, la cual se articula en dos momentos diferentes. Así, por un lado, hallamos la denominada victimología etiológica o del acto, representada por Von Hentig y Mendelsonh (Varona

Martínez, De la Cuesta Arzamendi, Mayordomo Rodrigo y Pérez Machío, 2015). Estos autores, como hemos mencionado previamente, establecen las líneas generales del saber victimológico, por una parte, evidenciando la existencia de la relación entre delincuente y víctima (Morillas Fernández, Patró Hernández, y Aguilar Cáceres, 2011). Por otro lado, se asiste a un cambio de paradigma al concebirse la víctima como un sujeto activo y dinámico capaz de intervenir en la configuración del hecho delictivo, enfatizándose adicionalmente la existencia de determinados individuos que, por sus circunstancias, resultan más proclives a ser victimizados (Cuarezma Terám, 1996).

No obstante, la consolidación de la victimología como saber científico acontece, tal y como referenciamos *supra* en la década de los 70 del siglo pasado, momento a partir del cual se asiste a la segunda etapa de esta fase, conocida con el nombre de victimología moderna o interaccionista (Varona Martínez, De la Cuesta Arzamendi, Mayordomo Rodrigo y Pérez Machío, 2015), caracterizada por la preocupación por los derechos e intereses de las víctimas (Cuarezma Terám, 1996). Así, este periodo se articula, por un lado, en la interacción de dos fenómenos interrelacionados, a saber, el movimiento internacional en favor de las víctimas y la Encuesta Internacional sobre victimización realizada por Naciones Unidas (Varona Martínez, De la Cuesta Arzamendi, Mayordomo Rodrigo y Pérez Machío, 2015).

Por su parte, otro rasgo caracterizador de este periodo lo constituye la confluencia de dos corrientes doctrinales surgidas en este lapso, a saber, la victimología crítica y la victimología realista (Varona Martínez, De la Cuesta Arzamendi, Mayordomo Rodrigo y Pérez Machío, 2015). En lo que respecta a los principales aportes de la primera de las tesis, se fundamentan en el impulso a la realización de encuestas de victimización en el ámbito local, sin perjuicio de que se realicen también a nivel regional, nacional e internacional[12]. En consecuencia, la víctima se convierte en fuente alternativa de información sobre la criminalidad (Laguna Hermida, 2008), primando el carácter explicativo sobre el descriptivo (Varona Martínez, De la Cuesta Arzamendi, Mayordomo Rodrigo y Pérez Machío, 2015).

Así, esta dinámica resulta beneficiosa en dos vertientes: por una parte, contribuye a la reducción de la cifra negra al obtenerse información sobre los delitos de manera independiente a los datos aportados por las autoridades policiales y judiciales; y, por otra, se aporta información de índole cualitativa, permitiendo valorar los factores de riesgo en la victimización y la efectividad de los planes de prevención (Laguna Hermida, 2008).

En este sentido, cabe señalar dos de las principales encuestas en esta materia procedentes de los ámbitos anglosajón y estadounidense respectivamente, a saber, la *British Crime Survey* y la *National Crime Survey*, analizando ambas los patrones y tendencias temporales y espaciales de los diferentes tipos de victimización. Asimismo, el objeto de estudio se ha ampliado paulatinamente, abordándose campos tales como el miedo al delito, la satisfacción y confianza respecto a la actuación policial, las consecuencias de la victimización o las conductas orientadas a prevenir la comisión delictiva o futuras victimizaciones; por su parte, se han introducido en estos instrumentos

---

[12] Un punto de inflexión en el avance de la victimología comparada lo marca la elaboración de las Encuestas Internacionales de Victimización, las cuales permitieron la estandarización de los datos aportados por los diferentes países mediante el empleo de una metodología uniforme, esto es, la encuesta telefónica asistida por ordenador. La realización de este tipo de encuestas se llevó a cabo en tres momentos diferentes, a saber, en 1989, 1992 y 1996, variando en cada una de las fases algunos de los países intervinientes, destacando la paulatina incorporación de las naciones de Europa del Este en las dos últimas etapas (Fattah, 2014).

los autoinformes de los encuestados sobre los hechos delictivos que pudieran haber cometido, revelándose una estrecha vinculación entre la delincuencia y la experiencia de la victimización[13] (Fattah, 2014). Sin embargo, pese al desarrollo y utilidad de las encuestas de victimización, el hecho de que la victimización resulte una experiencia subjetiva y no pueda incardinarse automáticamente en la definición legal de este fenómeno conlleva una serie de implicaciones. Así, se ponen de manifiesto ciertas carencias que presenta la disciplina materializada en la falta de parámetros o indicadores claros que conducen a la indefinición de los objetivos que pretenden lograrse con estos instrumentos (Fattah, 2014).

Así, la victimología crítica ha gozado de gran relevancia en la labor de reconocimiento de las víctimas, en la cual guarda un lugar destacado los movimientos de corte feminista —criminología feminista— al poner el foco sobre determinados tipos delictivos cuyas víctimas son esencialmente mujeres, por ejemplo, violencia de género o delitos sexuales. En consecuencia, desde este sector doctrinal se ha propuesto diversos programas y recursos asistenciales en esta materia (Morillas Fernández, Patró Hernández, y Aguilar Cáceres, 2011).

---

13 Sin embargo, esta afirmación no implica que todas las víctimas compartan los caracteres de los infractores, sino que muestran algunas concomitancias en la realización de perfiles en sendas categorías; algunos de los rasgos extraídos en las investigaciones son sexo masculino, juventud, nivel económico y educativo bajos, ámbito urbano o desempleo. Así, estas características resultan extrapolables a los contextos de Europa, EEUU, Canadá o Australia (Fattah, 2014).

### c) Nuevo rumbo de la victimología: tendencias actuales

Por último, consideramos necesario dedicar unas líneas a la orientación que predomina en la ciencia victimológica actualmente, sin pretensión de analizar exhaustivamente este extremo puesto que será abordado en epígrafes ulteriores.

En este sentido, la victimología desarrollada en los últimos años se incardina en la victimología radical, global o de los derechos humanos, la cual alberga la pretensión de constituirse como ciencia autónoma y persigue la desvinculación de la definición de delito procurada por el derecho penal en favor de un concepto más amplio que permita aglutinar conductas relacionadas con el abuso de poder o el sufrimiento humano (Varona Martínez, De la Cuesta Arzamendi, Mayordomo Rodrigo y Pérez Machío, 2015). Asimismo, se promueve la integración de las teorías criminológicas y victimológicas con el objetivo de deslindar aquellas situaciones en las que se solapan los procesos de criminalidad y victimización, cuyo principal exponente lo constituyen los procesos de justicia restaurativa (Varona Martínez, De la Cuesta Arzamendi, Mayordomo Rodrigo y Pérez Machío, 2015).

## 2. RELACIÓN DE LA VICTIMOLOGÍA CON SABERES AFINES: CRIMINOLOGÍA Y DERECHO PENAL

La incorporación de la victimología al panorama científico ha supuesto numerosas implicaciones, materializadas en los cambios respecto a la concepción de la víctima, especialmente sobre la necesidad que estas presentan de reconocimiento y reparación, planteamientos que cristalizan, entre otras cuestiones, en la relevancia o procedencia de su intervención en determinados trámites. Así, tras la evolución que marca la victimología subyace la interrelación con otras disciplinas tales como la criminología, derecho penal o la Política Criminal, en las que las víctimas representan una posición destacada, motivo por el que consideramos relevante delimitar su ámbito de estudio con el fin de concretar el campo de análisis de la victimología.

### *2.1. ¿Constituye la victimología una disciplina independiente respecto a la criminología?*

#### a) El sustrato criminológico subyacente tras la configuración de la victimología

La obtención de una definición unívoca de la voz Criminología[14] resulta una labor compleja por su variedad; esta circunstancia se explica puesto que numerosos autores desde el S. XVIII —lapso en el que se plasman por vez primera las bases de la Criminología como ciencia empírica con la publicación de la obra *Dei delitti e delle penne* de Cesare Beccaria en 1764— hasta la actualidad han tratado de aportar una definición sobre la disciplina (Buil Gil, 2016). Sin embargo, puede esbozarse una definición que aglutine los principales planteamientos elaborados sobre Criminología, definiéndose como aquella disciplina de naturaleza penal que, mediante el empleo del método empírico, aborda las conductas delictivas y las reacciones sociales frente a las mismas (Lamarca Pérez, 2014). Como vemos, esta definición resulta coherente con el interés de las comunidades por los comportamientos

---

14 Este término fue acuñado por vez primera por el jurista italiano Rafael Garofalo en 1885 con la publicación de su obra *Criminologia*. No obstante, también se considera como padre de esta denominación al antropólogo francés Paul Topinard debido a la adaptación que realiza de *Criminología* al francés a los dos años siguientes, 1887, con su artículo *L' Anthropologie Criminelle* (Buil Gil, 2016).

antisociales, extremo que resulta extrapolable a todas las épocas históricas al considerarse inherente al devenir social.

Así, el objeto de estudio se hace eco de las preocupaciones previamente referidas al abordarse el delito desde tres prismas diferentes, a saber, el delincuente, la víctima y el control social. Esta división tripartita supone uno de los principales obstáculos a los que se enfrenta la Criminología como ciencia, en la medida en que debe lograr el equilibrio en la satisfacción de los intereses de las tres esferas que por su naturaleza pueden resultar incompatibles o contrapuestos (Pereda Beltrán, 2013).

En este sentido, el análisis sobre la figura del delincuente ha primado en la configuración del saber criminológico de manera tradicional, estudiándose en un primer momento los factores físicos y biológicos, abarcando posteriormente la evaluación de la incidencia de elementos de índole social y ecológica en el proceder del infractor (Buil Gil, 2016). No obstante, con la elaboración de las teorías del etiquetamiento se produce la apertura de su enfoque, considerando el funcionamiento del sistema penal como objeto de estudio, del cual se deslinda la víctima y el control social, conformándose así la tríada que vertebra la disciplina criminológica (Buil Gil, 2016).

Así, el control social alude al conjunto de mecanismos —instituciones, estrategias o sanciones— tendentes a prevenir y tratar el delito, los cuales se dividen en control formal, esto es, el procurado por las instancias o autoridades encargadas de perseguir y castigar las conductas delictivas, como la policía, jueces o fiscales. Por otro lado, hallamos el control informal, el cual goza de mayor relevancia que el anterior debido a su carácter eminentemente proactivo en la medida de que procede del círculo más próximo al individuo —familia, escuela o grupo de pares— que contribuye de manera más eficaz la inhibición de comportamientos antisociales (Lamarca Pérez, 2014).

Por su parte, en lo referido al abordaje que desde la Criminología se realiza sobre la figura de la víctima, tales estudios resultan relativamente recientes en comparación a los dos ámbitos referidos con anterioridad, circunstancia que se encuentra estrechamente ligada con la irrupción de los estudios victimológicos en la década de los años 40 del siglo pasado. Por consiguiente, la vinculación entre sendas disciplinas se presenta como un extremo evidente, factor que a su vez ha provocado controversia en la doctrina sobre la dependencia o autonomía de la Victimología respecto al saber criminológico (Morillas Fernández, Patró Hernández y Aguilar Cáceres, 2011).

### b) La vinculación de la criminología y la victimología como muestra de su complementariedad

Así las cosas, una de las tesis que es mantenida por la generalidad de los autores en el debate sobre la independencia del saber victimológico es la relativa al surgimiento de la victimología como escisión de la criminología, planteamiento que resulta análogo a la consideración de la primera criminología como parte derivada del proceso penal (Morillas Fernández, Patró Hernández y Aguilar Cáceres, 2011).

En este orden de cosas, esta concepción se sustenta en la identidad que presentan sendas disciplinas en diversas áreas, tales como el método o las funciones, presentando la única diferencia sustantiva en cuanto al objeto de estudio. Sin embargo, esta divergencia goza de relevancia en la medida en que, mientras la victimología se centra esencialmente sobre la figura de la víctima, la Criminología, tal y como hemos expresado previamente, presenta un objeto de estudio de mayor amplitud al abarcar todos los aspectos del fenómeno delictivo, incluyéndose, por tanto, la víctima (Morillas Fernández, Patró Hernández y Aguilar Cáceres, 2011).

Estas circunstancias han generado que la doctrina criminológica se divida en tres sectores diferentes —autonomistas, integradores y negadores—, abanderando cada uno de ellos una percepción diferente sobre la autonomía o dependencia de la victimología. Así, los negadores mantienen la falta de viabilidad de la victimología como ciencia al carecer de los postulados esenciales; por su parte, los integristas consideran posible la incardinación de la victimología en el saber criminológico pese a su falta de naturaleza científica; por último, los autonomistas abogan por la independencia de la victimología al albergar un objeto, método y finalidad propios (Pereda Beltrtán, 2013).

Sin embargo, actualmente este debate se encuentra abandonado en favor de la concepción de sendas disciplinas como complementarias, extremo que no se predica únicamente de aquellas cuestiones de índole estructural como su método, fuentes de conocimiento o la forma de analizar la información recabada; así las cosas, resulta un rasgo extrapolable a la evolución de cada una de ellas, interviniendo la victimología en el desarrollo de la criminología[15] y viceversa[16] (Morillas

---

15 La incidencia de la victimología en la criminología se materializa en tres dimensiones diferentes, a saber, por una parte, en la descripción y medición de la delincuencia debido a la realización de encuestas de victimización. La relevancia de esta herramienta estriba en que evidenció la existencia de una delincuencia inadvertida por otra suerte de estudios como consecuencia de las limitaciones que presentaban al reducir la actuación de la víctima a un rol meramente pasivo. En segundo lugar, la atención a las víctimas desde los controles sociales y el proceso penal ha cristalizado en numerosas reformas legislativas y la sensibilización de los profesionales en contacto con el delito. Por último, las implicaciones de la victimología en el saber criminológico se hacen sentir en las formas de control de la delincuencia, que no se constriñen solo a la represión sino que se amplía la horquilla al orientarse también a la prevención, empleándose técnicas que inciden, ya sobre la resolución de conflictos entre víctima e infractor, ya sobre el análisis de las variables que presenta la víctima con el objetivo de abordar adecuadamente el fenómeno criminal (Morillas Fernández, Patró Hernández y Aguilar Cáceres, 2011).

16 *A sensu contrario,* las implicaciones que presenta la intervención de la criminología en la victimología se basan fundamentalmente en la

Fernández, Patró Hernández y Aguilar Cáceres, 2011). En consecuencia, los esfuerzos se han focalizado en el desarrollo y mejora de los postulados teóricos y empíricos de ambos saberes con el objetivo de que el estudio de la víctima forme parte del abordaje integral de la realidad delincuencial, adicionándose de manera efectiva al estudio del delincuente y del control social (Pereda Beltrán, 2013).

### *2.2. El papel de las víctimas en la configuración del derecho penal en su dimensión procesal y sustantiva*

En primer término, debemos realizar una sucinta referencia al epígrafe anterior con la finalidad de reseñar la vinculación existente entre la criminología y el derecho penal; así, si bien es cierto que inicialmente se concibieron como sistemas alternativos, en el momento actual se reconoce la necesidad de usar ambas conjuntamente bajo la denominación de ciencias penales (Lamarca Pérez, 2014). Esta circunstancia marcará las notas determinantes de la relación establecida entre el derecho penal y la disciplina sobre la que pivota esta investigación, la victimología.

Adicionalmente, la victimología presentará una vinculación compleja respecto a la penología, ciencia que estudia las herramientas de represión y prevención del delito, y, que por su naturaleza, alberga estrechas concomitancias con el derecho penal y la criminología. En este sentido, es importante subrayar la

---

aportación de un sustrato teórico; en este sentido, gran parte de las teorías criminológicas —por ejemplo, la teoría del etiquetamiento o la criminología crítica— han sido reformuladas desde una perspectiva victimológica, poniéndose de manifiesto la relevancia de la figura de la víctima en la comprensión, abordaje y percepción social de la delincuencia (Morillas Fernández, Patró Hernández y Aguilar Cáceres, 2011).

procedencia de que sendos conocimientos discurran por cauces separados, en pro de la configuración de un sistema punitivo adecuado, equilibrado y proporcional. Así, la objetividad que se predica como garantía del derecho penal se deriva de su propia naturaleza al constituir la rama del ordenamiento que incide directamente sobre la libertad de los ciudadanos. Por consiguiente, la figura de la víctima debe excluirse de las decisiones que se tomen sobre los mecanismos de cumplimiento de la pena al carecer, por sus circunstancias, de la imparcialidad requerida para afrontar este tipo de labores; neutralidad que ni puede ni debe ser exigida por el derecho penal a este tipo de sujetos (García del Blanco, 2017).

En este sentido, y retomando nuevamente la vinculación entre el derecho penal y de la victimología, sendas ciencias tenderán al conflicto debido a la contraposición entre sus objetos de estudio. Sin embargo, este factor será, simultáneamente, el que propicie el entendimiento entre ambas, cuestión que será abordada en las líneas siguientes (Morillas Fernández, Patró Hernández y Aguilar Cáceres, 2011).

### a) La evolución de la víctima en el derecho penal: del olvido a su redescubrimiento

Como sabemos, la aparición del derecho penal entendido como el «derecho a castigar» de monopolio estatal y compuesto por el conjunto de normas que sancionan aquellos comportamientos especialmente nocivos para la convivencia social en virtud de los principios de proporcionalidad, idoneidad y última ratio, entre otros, marca el punto de inflexión en el abordaje de la delincuencia en el Estado moderno. Así, la actividad delincuencial deja de considerarse un asunto de índole privada para constituirse como una cuestión de orden público, cambio que supone en última instancia la división del binomio penal compuesto por víctima e infractor (Bordas Martínez,

Baeza López y Alba Figuero, 2011), dinámica que se sustenta en la neutralización de la primera (Cuarezma Terám, 1996).

En este sentido, la neutralización de la víctima no es un fenómeno que acontece de forma casual, sino que constituye el fundamento último que subyace tras la configuración de los postulados del derecho penal. En consecuencia, podría aseverarse que con la asunción estatal del *ius puniendi*, se veda la posibilidad de que la víctima pueda castigar a su infractor, lo cual produce su retirada en la resolución del conflicto (Cuarezma Terám, 1996).

Por tanto, de las tres alternativas existentes que la víctima dispone para el enfrentamiento y superación de la vivencia de un hecho delictivo, a saber, la resignación, la venganza o el derecho penal y otros mecanismos de control estatal, el debate se centra sobre las dos últimas vías (Bordas Martínez, Baeza López y Alba Figuero, 2011).

Así, la venganza privada fue el instrumento básico de resolución de controversias intersubjetivas con carácter previo a que el Estado adquiriese competencias en este ámbito; este lapso caracterizado por la decisión del ofendido, de su familia o allegados sobre el castigo del infractor como única respuesta penal válida se denominó «Edad de oro de la víctima» (Molina Arrubia, 1987). Sin embargo, esta libertad conferida a la víctima para elegir la sanción más adecuada al daño que le había sido infligido contaba con ciertas normas que establecían determinadas limitaciones con el objetivo de asegurar la proporcionalidad en este proceder (Molina Arrubia, 1987). El Código de Hammurabi es el cuerpo legislativo que representa en mayor medida esta tendencia, puesto que con una de sus elaboraciones normativas de mayor relevancia, la Ley del Talión, y con su máxima «ojo por ojo, diente por diente», delimita el castigo al perjuicio generado por el delito (Bordas Martínez y otros, 2011). Asimismo, la carencia de instancias competentes para resolver el conflicto que hemos referido previamente se solventa con la elaboración de las Doce Tablas del derecho romano en la medida en que con ellas se instaura, por una parte, la figura del juez imparcial, garantizando de este modo la equidad del proceso, y, por otra, la posibilidad de que las partes acordasen el resarcimiento (Bordas Martínez y otros, 2011).

Por otro lado, el advenimiento de la Edad Moderna trajo consigo numerosos cambios, entre los que destaca el Estado de Derecho como sistema predominante en la configuración de las sociedades del momento. Este extremo albergó numerosas implicaciones, entre las que cabe subrayar la división de poderes y el imperio de la ley como claves de bóveda del nuevo régimen (Molina Arrubia, 1987). Así, estos cambios cristalizaron en el abordaje de la delincuencia, produciéndose de este modo el abandono de la venganza privada en favor de la intervención policial y ulterior procesamiento del delincuente por un tribunal independiente y designado por la ley como instrumento preferente en la resolución de controversia. Por consiguiente, el infractor resarcía el daño causado mediante el cumplimiento, por una parte, de la pena impuesta por el tribunal en los supuestos de culpabilidad del sujeto, consistentes en privación de libertad, de derechos o de multa; y, por otra, de las medidas de seguridad en los casos en que se aprecie la peligrosidad del sujeto (Bordas Martínez, Baeza López y Alba Figuero, 2011).

Como consecuencia, tras esta nueva configuración subyace la orientación de la pena hacia la reparación de la sociedad, lo que provocaba en última instancia la desvinculación de las víctimas con la esfera penal al considerarse que sus pretensiones, relegadas a un segundo plano, podrían satisfacerse en el orden civil (Bordas Martínez, Baeza López y Alba Figuero, 2011)[17].

---

[17] En este sentido, cabe mencionar la contraposición existente entre el Derecho penal retributivo y aquel orientado a la prevención y el papel que la víctima desempeña en cada uno de ellos. Por una

Con esta dinámica se acentúa en el antagonismo como rasgo caracterizador de la vinculación existente entre el infractor y la víctima, lo que se traduce en el planteamiento de las prerrogativas conferidas a cada uno de los sujetos en una relación de «suma–cero», tesis que sustenta la articulación de determinados modelos político–criminales, como el de seguridad ciudadana (Díez Ripollés, 2010). Así, en esta época, mientras que los infractores gozaban de todas las garantías procuradas por el estado de derecho, las víctimas se encontraban en una situación de desamparo motivada por la ausencia de derechos que ejercitar ante los diferentes organismos, retroalimentando de este modo el desinterés generalizado por sus necesidades y peticiones (Bordas Martínez, Baeza López y Alba Figuero, 2011).

---

parte, el sistema penal orientado a la retribución mira al pasado, esto es, a la lesión infringida a la víctima en tanto que ella representa de manera tangible el mal que se trata de resarcir, y, por tanto, será quien determine en última instancia la imposición de la pena. Como consecuencia, en los postulados de este tipo de ordenamiento priman aquellos de índole moral en tanto que el castigo deviene en cauce de compensación por el daño causado, sin atender a otras finalidades. En cambio, un Derecho penal que tiende a la prevención tanto general como especial pone el acento en la intervención sobre el infractor y en la disuasión de la sociedad con el objetivo de evitar delitos, basándose en este último supuesto en la confianza en la norma por parte de la comunidad. Esta dinámica conduce a la disminución del interés por la figura de la víctima puesto que su lesión ya no fundamenta la consecuencia jurídico-penal, sino que se valora en términos de probabilidad de nuevas comisiones delictivas. Por consiguiente, se abandonan las consideraciones morales en favor de las empíricas, lo que se traduce en un cambio de paradigma, apostando por las dinámicas de prevención social —información destinada a aquellos colectivos con mayor propensión a sufrir determinadas conductas delictivas, por ejemplo— en detrimento de la retribución y satisfacción de la víctima, reduciéndose esta última a términos económicos (Molina Arrubia, 1987).

Sin embargo, esta tendencia se quiebra tras la II Guerra Mundial y la configuración de la victimología como saber científico con la incorporación paulatina de la figura de la víctima en el Derecho penal, evidenciándose de este modo la complementariedad predicable de sendas disciplinas (Morillas Fernández, Patró Hernández y Aguilar Cáceres, 2011).

### b) Las aportaciones de la victimología al desarrollo del derecho penal español en sus vertientes sustantiva y procesal

Las aportaciones de la victimología en la rama penal del ordenamiento jurídico español se dejan sentir desde una perspectiva tanto sustantiva como procesal, enfoques que analizaremos a continuación, donde se tomará como principal referencia la obra de Morillas Fernández, Patró Hernández y Aguilar Cáceres *Un estudio sobre la víctima y los procesos de victimización.*

Por una parte, debemos señalar que el Código penal constituye en términos generales el cuerpo normativo que compila la dimensión sustantiva del derecho penal. Así, en el ordenamiento español se encuentra actualmente vigente el aprobado por la LO 10/1995 de 23 de noviembre, destacando las operadas en los años 2003, 2010 y 2015.

El Código penal se presenta como una suerte de nexo de unión entre víctima y delincuente, adquiriendo la primera mayores cotas de protagonismo en los últimos tiempos respecto a la articulación de este texto legislativo, implicaciones que alcanzan incluso el ámbito penológico (Morillas Fernández, Patró Hernández y Aguilar Cáceres, 2011). A continuación, realizaremos un sucinto repaso sobre algunas instituciones del Código en las que la valoración de la víctima deviene en una labor de suma importancia.

En primer lugar, debemos hacer mención a la figura del consentimiento, la cual se encuentra ligada a los supuestos de disponibilidad del bien jurídico —por ejemplo, en los delitos contra la propiedad—, justificando o excluyendo, en consecuencia, la tipicidad o la responsabilidad penal. En este sentido, para que se generen estos efectos, la aquiescencia debe ser válida, esto es, sin que medien injerencias externas al titular del bien jurídico protegido y que tal prerrogativa se encuentre contemplada en el ordenamiento (Morillas Fernández, Patró Hernández y Aguilar Cáceres, 2011)[18].

Asimismo, la legítima defensa se articula en el derecho penal español como una causa de justificación que afecta a la antijuridicidad del hecho. En virtud de este instituto jurídico se descarta el reproche penal de aquellas conductas delictivas que se dirijan a repeler una agresión ilegítima inicial; en otras palabras, con la legítima defensa se pretende amparar a las víctimas potenciales que reaccionan ante su atacante (Morillas Fernández, Patró Hernández y Aguilar Cáceres, 2011). No obstante, para la aplicación de esta causa de justificación se requiere la concurrencia de determinados requisitos recogidos en el art. 20.4 CP, a saber, la existencia de una agresión ilegítima, la proporcionalidad del medio empleado y la falta de provocación.

Continuando con el análisis de la parte general del derecho penal, la participación de la víctima en el delito presenta implicaciones en la evaluación de las circunstancias modificativas de la responsabilidad criminal. En este sentido, aquella disminuirá en los supuestos en que la víctima hubiese provocado la conducta antisocial al apreciarse la circunstancia atenuante

---

18 Este último requerimiento evidencia que el consentimiento no exonera de responsabilidad en todos los supuestos; así, cuando el bien jurídico protegido resulte irrenunciable podrá atenuar la pena o no generar ningún efecto, como sucede en los delitos de lesiones *ex* art. 155 CP. Este precepto dispone que el consentimiento de la víctima podrá aminorar el *quantum* de la pena en uno o dos grados, excepto en los casos en que la víctima sea menor de edad, en los que la aquiescencia no será valorada (Morillas Fernández, Patró Hernández y Aguilar Cáceres, 2011).

del art. 21.3° CP relativa al arrebato, obcecación u otro estado pasional semejante que hubiera mediado en la comisión delictiva. Adicionalmente, en los casos en los que la víctima decida a propósito ponerse en peligro respecto del menoscabo de bienes jurídicos, el legislador advierte indirectamente la trascendencia de la que goza la voluntariedad victimal en la perpetración delictiva, que recibirá, por tanto, un menor reproche penal[19]. Por su parte, la participación activa de la víctima en la perpetración delictiva conllevará la determinación de responsabilidad penal, tal y como sucede en el aborto permitido por la gestante fuera de los casos legalmente permitidos *ex* art. 145 CP (Morillas Fernández, Patró Hernández y Aguilar Cáceres, 2011).

Por otro lado, las circunstancias que agravan la responsabilidad criminal, salvo la actuación por precio, recompensa o promesa y la reincidencia, revelan una importante naturaleza victimal. Así, tras las agravantes que restan subyace la relevancia del binomio víctima–infractor en los diferentes escenarios que puede presentar la comisión delictiva, a saber, la alevosía, el abuso de superioridad o el empleo de disfraz, obrar por motivos discriminatorios, el abuso de confianza, el prevalimiento del carácter público del autor o el ensañamiento (Morillas Fernández, Patró Hernández y Aguilar Cáceres, 2011).

Con carácter adicional, la intervención de la víctima guarda una estrecha vinculación con la extinción de la responsabilidad penal. Así, el art. 130 CP regula las causas que pueden generar tal efecto, contemplándose en el numeral 5 el

---

19 Estos supuestos se refieren fundamentalmente a la cooperación ejecutiva al suicido de art. 144.3 CP y las diferencias sustanciales que presenta con el homicidio doloso *ex* art. 138 CP, las cuales estriban en la voluntad que presenta la víctima de poner fin a su vida y la petición de que la muerte sea ejecutada por un tercero (Morillas Fernández, Patró Hernández y Aguilar Cáceres, 2011).

perdón del ofendido (Morillas Fernández, Patró Hernández y Aguilar Cáceres, 2011). No obstante, esta suerte de *derecho de gracia* conferido a la víctima no se aplica de manera universal, sino que precisa de la concurrencia de ciertas circunstancias; en este sentido, el tenor del precepto establece la estimación de la medida para los delitos leves perseguibles a instancia de parte y en las previsiones legalmente establecidas siempre que se otorgue de manera expresa y se dé audiencia al ofendido con carácter previo a que el juez dicte sentencia[20].

Relacionado con lo anterior, existen determinados tipos delictivos en el Código que únicamente son perseguibles a instancia del ofendido o de su representante legal. Así, se incardinan en esta categoría las lesiones del art. 147 CP, el acoso *ex* art. 172 ter CP, el trato degradante, maltrato habitual o injurias leves del art. 173 CP o los delitos societarios del Capítulo XIII CP, comprendidos entre los artículos 290 y 294.

Adicionalmente, debemos poner el acento sobre el sustrato tuitivo de las víctimas que subyace tras la imposición de determinados castigos tales como la prohibición de residir o frecuentar determinados lugares, la proscripción de aproximarse o comunicarse con la víctima o la privación de la patria potestad, sanciones recogidas en el art. 33 CP (Morillas Fernández, Patró Hernández y Aguilar Cáceres, 2011).

Por otro lado, la victimología ha gozado de especial influencia en la configuración del derecho procesal penal, materializada en el paulatino reconocimiento de prerrogativas básicas procesales, desmarcándose de este modo de las dinámicas de aislamiento instauradas en el tratamiento de

---

20 El perdón podrá ser rechazado por el juez en los supuestos en que este sea otorgado por los representantes de menores de edad o sujetos necesitados de especial protección, oído el Ministerio Fiscal. La negativa de este perdón implicará un nuevo trámite de audiencia de los representantes de las personas mencionadas.

las víctimas durante la sustanciación de los procesos (Morillas Fernández, Patró Hernández y Aguilar Cáceres, 2011). Como consecuencia, el renovado sistema de protección de las víctimas se caracteriza desde un enfoque legislativo por la elaboración de cuerpos legales —ya mediante reformas, ya mediante la creación de nuevos textos— que refuerzan la tutela de las víctimas desde tres perspectivas diferentes, a saber, información, participación y protección (Morillas Fernández, Patró Hernández y Aguilar Cáceres, 2011). Asimismo, las directrices establecidas por la nueva regulación se orientan hacia actividad de las Administraciones públicas con el objetivo de reducir o eliminar aquellas prácticas que presenten cualquier atisbo de victimización secundaria.

Así, el paradigma actual en materia de víctimas en el ordenamiento jurídico español compila una cantidad notable de normas, que únicamente mencionaremos sin analizar su contenido, dado que tal labor se desarrollará en otro capítulo de esta investigación. En este orden de cosas, cabe destacar la Ley de Enjuiciamiento Criminal[21], a la que siguen la LO 19/1994, de 23 de diciembre, de protección a testigos y peritos, la Ley 35/1995, de 11 de diciembre, de ayudas y asistencia a las víctimas de delitos violentos y contra la libertad sexual[22], la LO 1/2004, de 28 de diciembre, de Medidas de Protección Integral contra la Violencia de Género o la Ley 29/2011 de 22 de septiembre, de Reconocimiento y protección Integral de las Víctimas de terrorismo[23]; en último lugar consideramos

---

21 Real Decreto de 14 de septiembre de 1882 por el que se aprueba la Ley de Enjuiciamiento Criminal.

22 Esta norma cuenta con un decreto de desarrollo, a saber, RD 738/1997, de 23 de mayo, por el que se aprueba el Reglamento de ayudas y asistencia de víctimas de delitos violentos y contra la libertad sexual.

23 No obstante, el estatuto de las víctimas de este tipo de delitos se reconoció con anterioridad mediante la aprobación de la Ley

necesario poner el acento sobre la Ley 4/2015, de 27 de abril, del Estatuto de la Víctima del Delito, texto legislativo sin parangón al subyacer tras su elaboración el objetivo de constituirse como marco legal de referencia en el ejercicio de prerrogativas victimales (Morillas Fernández, Patró Hernández y Aguilar Cáceres, 2011).

## 3. LA INTERVENCIÓN DE LA VICTIMOLOGÍA EN EL DEBATE SOBRE DE LA DELINCUENCIA: EL PAPEL DE LAS VÍCTIMAS EN EL DEBATE POLÍTICO–CRIMINAL

### *3.1. Las implicaciones de la victimología en la evolución de la política criminal*

La elaboración de un concepto válido sobre política criminal resulta una labor compleja debido a las diferentes acepciones que puede adoptar el término atendiendo al empleo de mayúsculas o minúsculas en su denominación (Borja Jiménez, 2011).

En este sentido, la «política criminal» así entendida se refiere a aquella parte de la política pública enfocada al tratamiento y gestión de la delincuencia, así como a su mantenimiento dentro de unos niveles socialmente aceptables. En consecuencia, estos objetivos precisan de la adopción de un enfoque teórico–práctico al requerirse la elaboración de planteamientos de orden educativo, jurídico, social o económico y su respectiva aplicación en un escenario social determinado (Borja Jiménez, 2011). Sin embargo, la Política Criminal escrita en mayúsculas

---

32/1999, de 8 de octubre, de solidaridad con las víctimas de terrorismo, modificada por la Ley 2/2003, de 12 de marzo junto con su Reglamento de desarrollo, el RD 1912/1999 de 17 de diciembre.

alude a la disciplina que aborda los postulados, orientaciones y contenido del derecho penal en sus dimensiones sustantiva y procesal. Así, esta rama de conocimiento estudia, por un lado, las implicaciones sociológicas, éticas o políticas que subyacen tras los diferentes institutos jurídicos de la legislación penal. Por otra parte, la Política Criminal aporta criterios teóricos, de justicia, eficacia o utilidad en aras de que la garantía entre el equilibrio de los derechos de los ciudadanos y el control de la criminalidad devenga en piedra de toque de los procesos de elaboración y reforma legislativa. Por consiguiente, la Política Criminal desde esta segunda perspectiva se define como aquella rama del conocimiento encargada de abordar el fenómeno criminal y la legislación relativa a esta materia; en otras palabras, el objeto de análisis de la Política Criminal es la política criminal instaurada en una sociedad concreta (Borja Jiménez, 2011).

Así las cosas, las principales modificaciones que se valorarán en estas líneas se referirán fundamentalmente a los cambios de orientación o enfoque de la Política Criminal, motivo por el cual nos remitiremos a la segunda de las acepciones apuntadas.

Es la Política criminal de los últimos tiempos la que precisamente confiere mayor nivel de protagonismo a las víctimas de delitos, extremo que plantea modificaciones sustanciales, ya en su propia configuración como política pública, ya en la construcción de la víctima en el imaginario colectivo. Este cambio de paradigma, si bien a priori se traduce en términos positivos al paliar la situación de olvido a la que se enfrentaban las víctimas, puede devenir en fuente de conflicto si la dinámica adoptada implica la separación respecto de sus postulados y principios rectores y, por tanto, de los objetivos para los que esta disciplina fue concebida primigeniamente, extremos que abordaremos en el siguiente epígrafe.

### *3.2. Las implicaciones del modelo de seguridad ciudadana en la configuración de una política criminal favorecedora de las víctimas*

En primer término, debemos poner de manifiesto que las características que conforman el modelo de seguridad ciudadana no pueden concebirse como compartimentos estancos, ya que la articulación de esta corriente y la solidez en su implantación se harán depender en gran medida de la interrelación de sus rasgos configuradores. Así, si bien es cierto que el creciente protagonismo de las víctimas representa un lugar destacado dada la temática sobre la que versa esta investigación, esta circunstancia no obsta para realizar análisis sobre otras características, que, a nuestro juicio, guardan una estrecha vinculación con la señalada, retroalimentándose y reforzando sus postulados. En este sentido, algunas de ellas han sido abordadas ya directa, ya indirectamente a colación del empleo intensivo y extensivo del derecho penal. Entre los ejemplos existente cabe mencionar la relevancia que adquiere la delincuencia clásica, el sentimiento colectivo de inseguridad ciudadana, el redescubrimiento de la prisión, la puesta en valor de la dimensión aflictiva de la pena o la transformación del pensamiento criminológico[24]. Por tanto, se evidencia la necesidad de conjugar el populismo y la politización con el papel de las víctimas en aras de conocer con mayor exhaustividad las implicaciones de esta dinámica en la configuración de políticas criminales en el contexto del modelo de seguridad ciudadana.

---

24 Este último rasgo se refiere a los cambios en la percepción de la etiología de la delincuencia, que, si bien en un primer momento se concibió como producto de la marginación y exclusión sociales, en el momento actual se considera al infractor como un ser racional cuya actuación se basa en una ponderación de coste-beneficio. Como consecuencia, se pone el acento en la falta de control social como causa que explica la delincuencia (Díez Ripollés, 2003).

### a) El empleo intensivo y extensivo del derecho penal

Garland apunta en su obra *La cultura de control* que apenas se han experimentado cambios sustanciales en la dimensión institucional del sistema penal al focalizarse esencialmente en su funcionamiento estratégico e importancia social. Así, si bien es cierto que este autor analiza el contexto anglosajón y norteamericano, esta realidad resulta extrapolable al resto de países de tradición continental, apreciándose una convergencia de todos ellos en el incremento de la intensidad en la punición de las conductas, fenómeno denominado «expansión del derecho penal»[25] (Garland, 2005).

Así, tras esta dinámica subyace el objetivo del modelo de seguridad ciudadana, esto es, extrapolar sus postulados a otros ámbitos de la esfera pública que apriorísticamente resultarían ajenos al abordaje del fenómeno criminal. Por este motivo, calificar el modelo de seguridad ciudadana como una tipología político–criminal sería un error dada su incidencia sobre diferentes políticas públicas; en consecuencia, se constituye como un modelo de intervención que aspira a configurar un sistema social determinado, marcado por la estigmatización de determinados grupos, el descrédito de operadores jurídicos y expertos o por iniciativas con mayores costes para la libertad de los ciudadanos (Díez Ripollés, 2010).

Por su parte, el empleo intensivo y extensivo del derecho penal debe conjugarse con las demandas sociales que, ante

---

[25] En los sistemas anglosajón y americano este fenómeno se ha materializado en el incremento de las penas de prisión, tanto en lo referido al lapso de privación de libertad como en la frecuencia de la imposición de esta medida, conllevando simultáneamente la disminución del cumplimiento de multas o de trabajos comunitarios. Así, este cambio de tendencia halla su máximo exponente en EEUU, país en que se produce un aumento en la ejecución de la pena de muerte desde la década de 1950 (Garland, 2005).

una percepción generalizada de inseguridad debido a la exacerbación de la prevalencia de determinados hechos delictivos acontecidos en la sociedad, reclaman una mayor protección que es asimilada con el endurecimiento del derecho penal. Esta circunstancia genera una situación paradójica, ya que la ineficacia que se predica del Derecho penal para garantizar una convivencia ordenada pretende solventarse con una mayor incidencia del mismo en el devenir social. Sin embargo, estos planteamientos no solo no cristalizan en una mejora efectiva de la seguridad, sino que con ellos se conculcan los principios configuradores del derecho penal, priorizándose de este modo la satisfacción de intereses mediáticos mediante la adopción de una imagen de mano dura o de tolerancia cero contra la delincuencia por parte de las instituciones públicas (Bordas Martínez y otros, 2011).

Asimismo, en el momento actual se encuentran cuatro tendencias diferentes en la configuración del derecho penal denominadas «victimagógicas» al encontrar su acomodo en el movimiento victimal, evidenciando de este modo la falta de univocidad en los objetivos perseguidos por las víctimas. Por una parte, la tendencia retribucionista resulta propia del conservadurismo ideológico, abogando por un mayor protagonismo de la víctima en el proceso penal, sustentando esta tesis en los naturales instintos de venganza; por otro lado, la ideología de cuidado se vincula con aquellos sectores más progresistas apostando por la atención especializada en aras de reducir los efectos de la victimización secundaria; en tercer lugar, la abolicionista es representada por el segmento más radical, estimando que la resolución del conflicto entre víctima e infractor debe desarrollarse de manera ajena al proceso penal, en la que sendas figuras se encuentren en igualdad de condiciones para solventar la controversia atendiendo a sus necesidades y preferencias; por último, la rehabilitadora, enfocada en la prevención especial del delito, pone el acento en la comunicación entre la víctima y el infractor como herramienta de conciliación y resocialización, resultando alternativa al castigo tradicional (Cerezo Domínguez, 2010).

### b) La sustantividad de los intereses de las víctimas como nota característica del modelo de seguridad ciudadana

Las políticas públicas orientadas al control y castigo del delito proyectan el sentir social respecto al tratamiento de la delincuencia, que, si bien es cierto que se han apreciado diferentes tendencias según la época histórica, la década de 1970 marca un punto de inflexión en las percepciones sobre la misma. Así, hasta aquel momento predominaban las concepciones progresistas sobre la justicia basadas en la racionalización del derecho penal, poniéndose el acento sobre la humanidad y dignidad de los sujetos más desfavorecidos al encontrarse estrechamente vinculados con la conducta delictiva, ya como infractores, ya como víctimas[26] (Garland, 2005).

Sin embargo, a partir de los años 70 el miedo al delito deviene en clave de bóveda del discurso público y, por ende, del institucional; en este sentido, dicho temor, tradicionalmente considerado como un sentimiento puntual y localizado en ciertos ámbitos y grupos sociales, adquiere sustantividad propia, con independencia de que esta percepción difiera de los índices reales de criminalidad y victimización (Garland, 2005). En consecuencia, se producen cambios en la configuración de las políticas públicas, que ya no persiguen la disminución de la

---

26 Sin embargo, Garland señala que este planteamiento mostraba una mayor correspondencia con el parecer de las élites que con el parecer general de la población ya que tras tales postulados subyacía la satisfacción de intereses profesionales o de estrategias de poder. Asimismo, tales concepciones supusieron el germen de lo que constituiría posteriormente la denominada justicia restaurativa (Garland, 2001).

delincuencia o de la victimización sino de los niveles de temor de la ciudadanía[27], entre los cuales destaca la expansión del derecho penal abordada en líneas previas.

Así, esta tendencia experimentada la disciplina penal en los últimos tiempos se explica en parte por la identificación social que se produce con la víctima del delito antes que con el autor; por tanto, el hecho de que el grueso de la población se perciba como víctima potencial de conductas delictivas genera reticencias o negativas en la calificación de ciertos riesgos como «riesgos permitidos» (Silva Sánchez, 2001). En consecuencia, la construcción de discursos que abogan por un incremento de la punición obedece a la concurrencia de dos dinámicas, a saber, por un lado, la relevancia de las denominadas clases *pasivas* —parados, pensionistas, perceptores de prestaciones— en la construcción de la sociedad como consecuencia de la implementación del Estado del bienestar cuyo desmantelamiento ha dejado a estos sujetos en una posición comprometida. Por otra parte, la focalización del derecho penal sobre la delincuencia de los poderosos conlleva la aceptación por parte de la ciudadanía de mayores niveles de persecución y punición de estas conductas, que se extrapola, sin embargo, a la delincuencia de cuello azul al centrarse sobre ella la atención mediática. En

---

[27] En este sentido, Díez Ripollés señala que los objetivos del derecho penal responden, por una parte, al establecimiento de un orden social caracterizado por una convivencia ordenada y pacífica en condiciones de libertad e igualdad desde una perspectiva general, y a la persecución y reacción al delito si adoptamos un enfoque específico. En consecuencia, el apaciguamiento de la percepción de inseguridad por parte de la ciudadanía, si bien podría resultar colateral a la implementación de las iniciativas penales, no constituye un objetivo autónomo de la disciplina penal ya que perseguir fines ajenos a la prevención del delito supone la aproximación a concepciones de cuestionada legitimidad, tales como el Derecho penal simbólico (Díez Ripollés, 2015).

consecuencia, se atribuye a este tipo de criminalidad una prevalencia y peligrosidad que no se corresponde con la realidad debido a la incapacidad del orden penal de discriminar la lesividad producida por la delincuencia de cuello blanco respecto de la tradicional; lo que se traduce en un incremento de la respuesta penal cuasi arbitrario al responder a percepciones de seguridad subjetiva impostadas por los medios de comunicación (Silva Sánchez, 2001).

Por tanto, el derecho penal se aleja de su consideración como barrera de contención ante posibles excesos en la aplicación estatal del *ius puniendi* para adquirir otro tipo de connotaciones. En este sentido, cabe destacar su calificación como «Carta Magna del delincuente», término acuñado por Von Liszt al entender los diferentes institutos del derecho penal —por ejemplo, la analogía *in bonam partem*— como garantías del infractor penal. No obstante, el sentimiento de inseguridad colectiva al que previamente hemos aludido afecta a la exégesis del derecho penal, configurándose como «Carta Magna de la víctima», asumiendo tesis que redundan en una mayor dureza en la aplicación de los postulados penales debido en parte a la concepción de la pena como único de resarcimiento de la víctima por el daño causado[28] (Silva Sánchez, 2001).

---

[28] Estas modificaciones que ha acusado el orden penal en los últimos tiempos han generado ciertos problemas en la adecuación de las nuevas dinámicas al principio de legalidad, los cuales se focalizan en los criterios interpretativos de la norma, especialmente en lo referido a la contraposición existente entre la exégesis restrictiva y teleológica (Silva Sánchez, 2001). Por su parte, Díez Ripollés aboga por un cambio en el sistema punitivo español, caracterizado por un empleo excesivo de la prisión como herramienta prioritaria para abordar la delincuencia. Así, esta dinámica resulta insuficiente para la resolución de las problemáticas que presenta la sociedad actual, precisándose la implementación efectiva de herramientas alternativas a la privación de libertad, produciéndose

En otras palabras, un contexto caracterizado por la percepción de aumento de la delincuencia[29] violenta[30] debido a la falta de un control adecuado y que, en consecuencia, cualquier ciudadano puede sufrir las consecuencias de un delito,

---

de este modo el abandono de un sistema anticuado, injusto e ineficaz (Díez Ripollés, 2015).

29 La verosimilitud de estas consideraciones responde en parte a la opacidad en la facilitación de datos sobre delincuencia. En este sentido, si bien es cierto que durante los últimos años se han producido mejoras en las técnicas cualitativas y cuantitativas para la medición de la criminalidad —por ejemplo, autoinformes o encuestas de victimización— la información proporcionada por organismos oficiales, como el Ministerio del Interior, se encuentra lejos de caracterizarse como de libre acceso. Esta circunstancia obedece a la reducida estructura, presentación y contenido de los datos, lo que dificulta que los ciudadanos puedan obtener un conocimiento veraz sobre las dimensiones de la delincuencia en nuestro país y que, en consecuencia, las evaluaciones sobre la criminalidad realizadas por este Ministerio se tomen con cierta cautela. Sin embargo, estas carencias no resultan predicables de todos los organismos competentes en el suministro de información sobre la criminalidad; así, el Instituto Nacional de Estadística, con la firma de convenios con el Ministerio de Justicia y el Consejo General del Poder Judicial publica datos sobre condenados y menores con un formato que permite abordar las diferentes aristas del fenómeno delincuencial (Díez Ripollés, 2015).

30 La criminalidad en España resulta predominantemente patrimonial, presentando niveles bajos en aquellas tipologías delictivas que causan una mayor preocupación social, tales como homicidios o agresiones sexuales. Sin embargo, se aprecia una mayor prevalencia de maltrato y violencia de género, debido a la elaboración de legislaciones sobre estas materias. En este sentido, varios informes del Consejo de Europa han plasmado la situación paradójica de España respecto al tratamiento de la delincuencia, ya que la baja tasa de criminalidad que presenta nuestro país no se corresponde con su elevada tasa de encarcelamiento, notablemente superior al resto de países europeos occidentales, extremo que resulta paradójico con los datos aportados por la tasa de encarcelamiento (Díez Ripollés, 2015).

se presenta como caldo de cultivo proclive al mayor protagonismo de las víctimas en el debate público sobre la delincuencia[31]. Así, evidencia la consolidación del modelo de seguridad ciudadana en el momento actual (García Magna, 2018).

Por tanto, la sustantividad que adquieren las pretensiones de las víctimas, si bien en un primer momento provocó su incardinación en los intereses generales protegidos por el derecho penal, su progresivo fortalecimiento ha conducido a la absorción de los segundos por las primeras. En consecuencia, la consideración de las víctimas como sujetos con voz distorsiona la configuración de la política criminal y, por ende, del derecho penal (Díez Ripollés, 2010). En este sentido, si bien es cierto que su intervención no implica un éxito rotundo en la satisfacción de sus objetivos (García Magna, 2018), esta resulta profundamente perturbadora dado que los intereses y sentimientos de las víctimas proscriben cualquier suerte de injerencia, de modo que el binomio infractor–víctima se concibe en términos de «suma–cero». Por consiguiente, la consideración antagónica de ambos sujetos implica que la ganancia de prerrogativas para unos suponga la pérdida de derechos para otros, factor que explica las tendencias político–criminales adoptadas en los últimos tiempos, en las que el populismo y la politización adquieren una relevancia de primer orden, extremos que abordaremos en las líneas siguientes.

---

[31] La adquisición por las víctimas de mayores cotas de protagonismo obedece a una dinámica de contrapesos, esto es, la tendencia actual de una menor preocupación por el delincuente ha sido compensada por la expansión de los intereses de las víctimas. Una de las manifestaciones claras de este fenómeno lo constituye la eliminación de los denominados «delitos sin víctimas»; así, conductas delictivas tales como el tráfico de drogas o la criminalidad económica que generaban un daño a un número de sujetos indeterminados, en el momento actual se califica como víctimas a la sociedad o comunidad en su conjunto (Garland, 2005, p. 296).

### c) El populismo y la politización enfocado en el padecer de las víctimas y sus implicaciones en la configuración de la justicia penal

La alusión a los sentimientos de las víctimas o de sus familias, así como de ciudadanos temerosos e indignados con el objetivo de conseguir apoyos para la elaboración de nuevas leyes o políticas penales se ha convertido en una constante en el momento actual, con independencia del color político[32] (Garland, 2005). Esta dinámica origina una política penal populista basada en titulares mediáticos y crónicas de sucesos que busca

---

32 En este sentido, las diferencias de enfoque de las ideologías progresista y conservadora en la configuración de la política criminal, centrándose la primera en las causas —fundamentalmente, la desigualdad social y de oportunidades— y la segunda, en los síntomas —abanderando propuestas de incremento de la ley y orden al focalizarse en la figura del delincuente—, se difuminan en el contexto actual (Díez Ripollés, 2015). En este sentido, durante las últimas décadas, sendas tendencias políticas han sido precursoras del rigorismo punitivo característico de nuestro sistema penal vigente. A modo de ejemplo, entre los años 1996 y 2011, lapso en el que se sucedieron legislaturas del Partido Popular y del Partido Socialista Obrero Español, el 60% de las reformas legislativas tuvieron por objeto el incremento de las penas privativas de libertad —límites, sistema de acumulación o forma de cumplimiento— o el énfasis punitivo en determinados tipos delictivos —delincuencia vial, sexual, organizada, violencia doméstica y de género—. Sin embargo, las disminuciones o derogaciones de sanciones penales o delitos carecieron de relevancia sustancial, aconteciendo entre el 5% y 16% de los casos —modificaciones en delitos de aborto y relacionados con drogas— (Díez Ripollés, 2013a). Asimismo, las paulatinas reformas en el ámbito de la delincuencia juvenil en los años 2000, 2003, 2006 y 2015, tendentes a la aproximación normativa de esta criminalidad con la delincuencia de adultos, nos permiten evidenciar que el color político no resulta un factor determinante en la adopción de propuestas tendentes a un mayor rigorismo penal (Díez Ripollés, 2013b).

el voto fácil, produciéndose por tanto un cambio en el discurso oficial (Díez Ripollés, 2015). La concurrencia de estos factores nos lleva a plantearnos si la política criminal se incorpora al acervo de políticas públicas, con las exigencias de eficacia y de fidelidad de los datos que resultan inherentes a dicha calificación, o, por el contrario, el tratamiento de la criminalidad deviene en una suerte de arma arrojadiza que nuestros representantes emplean en la arena política, *agitprop* (Díez Ripollés, 2015), disyuntiva que abordaremos en las líneas que siguen.

Así, el hecho de que las demandas sociales ocupen paulatinamente mayores espacios en el debate político criminal no supone un extremo esencialmente malo en la medida en que la participación ciudadana contribuye a reforzar los cimientos de una sociedad democrática; sin embargo, este extremo deviene en problemático cuando se acompaña de la deslegitimación de los expertos (Díez Ripollés, 2010). Este descrédito de los técnicos[33] se produce como consecuencia del deseo de la población de que sus pretensiones se satisfagan sin necesidad de intermediarios que entorpezcan y dilaten el abordaje de la delincuencia al constituir una labor en la que debe primar el sentido común. Como consecuencia, el debate político criminal se empobrece al reconducirse a un plano lego o no experto (Díez Ripollés, 2010).

En este sentido, los extremos aludidos se proyectan en la justicia penal, produciéndose una merma de su autonomía, extremo que debe conjugarse con las nuevas formas de hacer

---

[33] Sin embargo, la policía, a diferencia de otros sectores académicos y profesionales como fiscales, jueces o criminólogos, es el único ámbito de personas expertas en derecho penal cuyo prestigio se mantiene intacto, debido a su doble vertiente preventiva y perseguidora de los delitos (Díez Ripollés, 2010). Esta dinámica, predominante en el contexto europeo, genera riesgos de introducción de intereses corporativistas en la gestión de la delincuencia (Díez Ripollés, 2015).

política, orientadas a la elaboración de propuestas populistas (Garland, 2005). Esta tendencia se explica por los réditos políticos que reportan a corto plazo las iniciativas legislativas o gubernamentales de eminente sesgo coyuntural al responder a exigencias de los medios de comunicación, grupos de presión de víctimas y demandas populares.

Con este proceder, el legislador y los poderes públicos adoptan una imagen positiva y dinámica en la resolución de conflictos sociales, incrementando la percepción de seguridad de los ciudadanos sin apenas esfuerzo[34], costes y explicaciones al emplear la contundencia del orden penal para la realización de labores de pedagogía social. Por consiguiente, se descarta el recurso a otras técnicas de intervención que no resultan tan invasivas y gozan de igual o mayor efectividad en la contención de la delincuencia (Díez Ripollés, 2015). Así, esta aproximación de las decisiones político criminales a las demandas sociales, dotándolas de un acceso privilegiado se produce por dos vías estrechamente relacionadas, a saber, la aceleración del tiempo legiferante y, de otra, la eliminación de los debates parlamentarios y gubernamentales. La interrelación de sendas técnicas dificulta la audiencia de expertos en la elaboración y reforma legislativa, la cual se orienta al aumento de penas en su límite mínimo, con la consiguiente reducción de la discrecionalidad judicial[35] (Díez Ripollés, 2010).

---

34 La criminalización de conductas resulta relativamente sencilla en la medida en que su implementación no recae sobre la Administración sino sobre el Poder Judicial y sectores determinados del ámbito ejecutivo, esto es, la policía e instituciones penitenciarias, presumiendo que la ley se elabore con un propósito de efectividad en su aplicación (Díez Ripollés, 2015).

35 En este sentido, Díez Ripollés pone el acento sobre el contraste que presenta nuestro sistema legislativo en los mecanismos de control, férreos en su aplicación, pero laxos en los procesos de elaboración normativa. Sin embargo, tras esta tesis subyacen consideraciones

### *3.3. La construcción mediática, política y social de la víctima como agente cualificado en el debate político–criminal*

#### a) La labor de los medios de comunicación en la configuración de la agenda

El fenómeno denominado *agenda–setting* o tematización de la agenda se encuentra impulsado por la opinión pública, el poder político y los medios de comunicación, elementos que se interrelacionan conformando una tríada en la que resulta complejo determinar cuál de los tres goza de mayor protagonismo. Sin embargo, no pasa inadvertido el poder del que disponen los medios de comunicación en la selección de determinados sucesos, destacándolos o relegándolos a un segundo plano, independientemente de su verdadera importancia en la articulación del debate público. Por consiguiente, dada la capacidad de los *mass media* en la fijación de los asuntos en la agenda, no puede afirmarse que la realidad se corresponda íntegramente con lo plasmado en los medios (Varona Gómez, 2011).

En este sentido, resulta posible inferir la relevancia de los medios de comunicación en la configuración de las políticas públicas, incluida la política criminal, conformándose como uno de los actores principales. Así, la focalización de los medios de comunicación en la criminalidad, ya de manera genérica, ya sobre determinadas tipologías delictivas, se traslada al debate social, situándose en el epicentro de la opinión pública[36]. De

más profundas, entre las cuales destaca la carencia de una teoría de legislación penal que marque de manera adecuada las pautas susceptibles de valoración en la punición o despenalización de un comportamiento (Díez Ripollés, 2015).

36 En este sentido, cabe señalar la doble acepción que existe en el término «opinión pública»; por una parte, *stricto sensu*, se entiende

este modo, las demandas de la población influyen sobre los representantes políticos, orientando en última instancia sus decisiones. En consecuencia, la percepción social que sustenta las iniciativas no halla su fundamento en la vivencia del delito sino en la información proporcionada por los medios[37] (Varona Gómez, 2011). Por su parte, debemos apuntar que, si bien la presencia de los delitos en los medios de comunicación ha sido constante, cambia su tratamiento; así, de su abordaje en espacios

---

por tal el conjunto de pareceres de los ciudadanos o la valoración generalizada de la sociedad sobre un tema determinado. Por otro lado, la segunda de las acepciones que toma este concepto es la «opinión que se publica», es decir, aquella que procede de sectores informados que gozan de cierto poder en la configuración de las políticas públicas y, por tanto, en la toma de decisiones políticas. Asimismo, la opinión pública constituye un fenómeno psicosocial en la medida en que son los propios individuos los que con sus pareceres individuales la articulan y simultáneamente la modelan (Arnoletto, 2007).

37 Debemos poner en relación lo expuesto con la criminalización de las políticas públicas, fenómeno que acontece de manera recurrente durante los últimos años y que se concreta en el empleo del Derecho penal para resolver conflictos sociales. Así, esta tendencia obvia, por una parte, los mecanismos alternativos existentes como consecuencia del desarrollo del Estado del bienestar en nuestro país, y de otra, las implicaciones que la intervención penal puede suponer en aquellos comportamientos estructurales punitiva —por ejemplo, exclusión social o agravación de la problemática— cuya eliminación no depende de la aplicación de una mayor severidad. La materialización de estos postulados se deja sentir especialmente en los ámbitos de extranjería, la delincuencia vial o juvenil o en la instauración de la conformidad como instrumento prioritario en la sustanciación de procedimientos penales. Por consiguiente, considerando que la sociedad actualmente cuenta con la posibilidad real de enfrentar estos conflictos prescindiendo de su criminalización, el debate sobre la modernización del sistema penal debería abordar la despenalización aquellas conductas carentes de excesiva gravedad (Díez Ripollés, 2015).

concretos donde se proporcionaba únicamente la descripción del hecho —crónicas de sucesos—, en el momento actual el mismo prolifera cualitativa y cuantitativamente. Por consiguiente, el análisis de delitos alberga un lugar relevante en la actividad periodística, ocupando primeras planas o abriendo telediarios, extremo al que se adiciona el profuso examen del delito, incluyendo aspectos como los procesos judiciales y sus respectivas resoluciones, frecuentemente cuestionadas; dinámicas que cristalizan en la percepción distorsionada de la ciudadanía sobre la incidencia y prevalencia de la criminalidad (Díez Ripollés, 2015).

No obstante, afirmar que la incidencia sobre la criminalidad que afecta a aquellos bienes elementales para la convivencia de una forma inmediata y tangible —por ejemplo, homicidios, asesinatos o delitos sexuales— y que, por tanto, impactan en mayor medida sobre la opinión pública (Díez Ripollés, 2015) es fruto de la manipulación o invención de la realidad existente por parte de los medios, resulta un planteamiento errado. Así, si bien es cierto que esta tesis no resulta completamente descartable en supuestos concretos, no puede mantenerse en la medida en que implicaría presumir la volubilidad de las demandas sociales, y, por tanto, la incapacidad de la ciudadanía de construir una opinión formada (Varona Gómez, 2011). Por consiguiente, esta tendencia se entiende como una muestra de la sobredimensión mediática que experimentan determinados problemas, en este caso, de la delincuencia, lo que retroalimenta el fenómeno de identificación social con la víctima del delito, cuestión previamente abordada[38].

Por su parte, el protagonismo adquirido por los medios de comunicación implica concretar su papel como transmisores

---

[38] Vid. «El populismo y la politización enfocado en el padecer de las víctimas y sus implicaciones en la configuración de la justicia penal» epígrafe estudiado en las pp. 62-64.

de las preocupaciones de la ciudadanía o como generadores de opinión[39], creando el clima social adecuado para la adopción de políticas públicas propuestas por la clase política para abordar la delincuencia. Sin embargo, la complejidad de las interrelaciones de esta tríada impide establecer afirmaciones rotundas, limitándose, por tanto, a la formulación de hipótesis (Varona Gómez, 2011). De este modo, no existe acuerdo en la literatura criminológica sobre las causas que generan un aumento o descenso de la criminalidad, coincidiendo únicamente al estimar que la política criminal carece de capacidad suficiente para influir de manera sustancial en el aumento o disminución de las tasas de criminalidad. No obstante, los representantes políticos únicamente pueden realizar promesas sobre aquellos ámbitos que controlan, en este caso, en la configuración de políticas públicas contra la criminalidad, dinámica que se ve favorecida por la posibilidad de obtener relevantes réditos electorales (Castaño Tierno, 2014).

Así las cosas, este fenómeno debe conjugarse con la entrada de determinados grupos en la articulación de la agenda, entre los cuales destacan las asociaciones de víctimas, extremo que abordaremos en las líneas que siguen.

### b) La transición de la vivencia del delito como experiencia vital a rasgo identitario: el fenómeno de la victimidad

El término víctima, si bien actualmente se relaciona con la experiencia del delito, todavía conserva reminiscencias de su formulación inicial relativas a las ideas de sacrificio, compasión o solidaridad. Así, la incorporación del concepto «víctima» con

---

39 Sin embargo, Arnoletto niega esta tesis al establecer que la labor desarrollada por los medios de comunicación carece de la capacidad de generar opinión, tendiendo únicamente al reforzamiento o modificación de las ya existentes (Arnoletto, 2007).

estas connotaciones al ámbito jurídico resulta especialmente compleja dada la neutralidad y objetividad que se predica como notas caracterizadoras de la disciplina. En consecuencia, el recurso a esta voz en detrimento de otras con menor carga subjetiva —por ejemplo, ofendido o perjudicado—, conduce a que el derecho, —sobre todo, su rama penal— tome nuevas perspectivas de análisis, destacando la dimensión emocional (Tamarit Sumalla, 2013b).

Así, esta mayor emotividad del lenguaje jurídico constituye una manifestación adicional de la configuración actual de la figura de la víctima, producto de los cambios en la percepción social. De este modo, las víctimas devienen en sujetos con entidad política debido al estatus de autoridad que se les confiere como consecuencia de la vivencia de un hecho delictivo, lo que paralelamente genera la atribución de unos rasgos que no se corresponden con la experiencia de la victimización. Por tanto, se asiste a la creación de una categoría nueva, objetivamente independiente de las víctimas reales, dinámica incentivada por la interacción previamente apuntada entre la ciudadanía, los representantes políticos y los medios de comunicación[40] (Tamarit Sumalla, 2013b).

Esta tendencia se incardina en el fenómeno denominado «victimidad», macroconcepto cuyo abordaje ha motivado la elaboración de numerosos trabajos. Así, la definición de este concepto ha experimentado cambios sustanciales desde que Mendelsohn emplease por vez primera este término para referirse a

---

[40] Esta dinámica cristaliza en la construcción de la denominada «victimidad virtual», relativa al surgimiento de emociones y actitudes diferentes a la victimidad real como respuesta de los ciudadanos ante la recepción de noticias de sucesos delictivos graves con una redacción notablemente politizada; esta postura, eminentemente punitiva, permite contrarrestar la ansiedad ante el crimen, recobrando la confianza en el orden social (Tamarit Sumalla, 2013b).

las consecuencias bio–psicosociales comunes a todas las víctimas de un suceso delictivo. Actualmente, se concibe como un proceso en virtud del cual se asigna a la víctima una serie de atributos que permiten la construcción de su identidad desde una perspectiva tanto comunitaria como individual, producirse el reconocimiento la injusticia sufrida desde instancias jurídicas y políticas (Herrera Moreno, 2014). Sin embargo, en opinión de Varona (2020) el empleo de este término de una forma excesivamente abstracta ha mermado su potencial para ser empleado por la victimología actual como instrumento útil para abordar cuestiones esenciales en la disciplina, a saber, el papel de las víctimas o el sufrimiento humano. En este sentido, la equiparación de la victimidad con aquella identidad tendente al esencialismo, patología y antagonismo, se traduce en victimismo y a la consiguiente estigmatización de aquellas personas que no se circunscriben al canon social establecido para las víctimas —siendo muchas veces definido por ellas mismas—, tesis que es apuntada por autores como Giglioli, Boutellier o Todorov (Varona Martínez, 2020a).

Esta cuestión se encuentra estrechamente vinculada con la noción de «víctima ideal» apuntada por Christie o Meyers. Así, este concepto construido socialmente se vertebra desde una doble perspectiva, a saber, bien desde la víctima emancipada, que actúa de forma heroica y resiste, bien aquella que sufre las consecuencias del delito de forma abnegada. Sin embargo, sendos enfoques se incardinan de una forma u otra sobre la «víctima ideal», aspecto dificulta su correcto abordaje[41] (Varona Martínez, 2020a).

---

[41] En este sentido, cabe destacar la discusión mantenida en el ámbito victimal sobre el empleo de «superviviente» en lugar del término «víctima». Por un lado, desde la doctrina victimológica se mantiene que tras la voz «superviviente» subyace una suerte de conformismo respecto al sufrimiento o la carencia. Por otra parte, las víctimas no se sienten identificadas con el prefijo «super», dado que el hecho

Así las cosas, si bien las víctimas albergan una característica común, esto es, su inocencia respecto al daño sufrido, la victimidad, considerada como reconocimiento legal y social de la condición de víctima, se hará depender de su identidad y del contexto en el que se encuentren víctima y victimario (Varona Martínez, 2020a). Adicionalmente, debe considerarse el marco normativo en el que esta labor se desarrolla, estableciendo las leyes una serie de requerimientos que, en caso de cumplirse, permiten al sujeto ejercitar determinados derechos. Por consiguiente, la victimidad constituye la materialización de los postulados del Estado de Derecho en el binomio victimidad–victimización en un tercer estadio, esto es, el reconocimiento como víctimas (Herrera Moreno, 2014).

#### *b.1) Las dimensiones social e individual en el desarrollo de la victimidad*

La construcción de la victimidad comprende una serie de paradojas a nivel social e individual que incrementan la complejidad de este fenómeno.

Así, las actuaciones en pro de la solidaridad y exaltación de las víctimas conviven con las reacciones de hostilidad y culpabilización[42], dinámicas que dependerán de la adscripción —o

---

de haber sufrido un delito no las convierte en «super-personas». No obstante, con independencia de la postura que se adopte, el término superviviente hace referencia a la subsistencia en el tiempo de la condición de víctima, aunque el hecho que lo haya motivado resulte irreversible. Cuestión distinta es, sin embargo, la adopción del término «desvictimización», el cual choca frontalmente con el sentir de las víctimas ya que, si bien el paso del tiempo puede atemperar de algún modo el dolor, rencor o trauma experimentado, no pueden dejar de serlo (Varona Martínez 2020a)).

[42] El fundamento de esta dinámica se sustenta sobre dos argumentaciones diferentes; por una parte, se considera esta tendencia como producto de las relaciones de poder, priorizándose por tanto a unas

no— de las víctimas a los roles socialmente establecidos[43], lo que modificará su identidad a nivel comunitario e individual. En este sentido, como si de una profecía autocumplida se tratase, la víctima que desee gozar de tal estatus deberá asumir los rasgos exógenamente impuestos como propios, *convirtiéndose*, por tanto, en víctima, lo que marcará su evolución vital ulterior (Herrera Moreno, 2014).

A este respecto resulta especialmente ilustrativa la máxima «la victimización se sufre, la victimidad se goza»; por consiguiente, esta última supone un proceso de construcción de identidad en términos de víctima, producto del cual se obtiene el respeto comunitario y el disfrute de determinadas prerrogativas.

Relacionado directamente con lo anterior, desde un prisma personal, los sujetos que han experimentado las consecuencias de un hecho delictivo afrontarán el suceso de manera disyuntiva. Así las cosas, pueden rechazar dicha condición debido a las ideas de debilidad y estigma que laten en este concepto,

---

víctimas sobre otras atendiendo a la política, ideología o religión imperante del momento. Por otro lado, el excesivo protagonismo de las víctimas en los medios conlleva su sometimiento a críticas por parte de la ciudadanía, que puede llegar a desarrollar sentimientos de incomodidad ante la exposición frecuente de esta realidad, reacción que puede desembocar en la culpabilización de las víctimas o en su desaparición del debate público (Tamarit Sumalla, 2013b).

43 En este sentido, debemos destacar las fuertes reminiscencias del cristianismo que figuran en el imaginario colectivo en la configuración de la imagen de la víctima; así, la percepción de «víctima ideal» bajo esta perspectiva converge con la corriente defendida por Christie al concebirla como una víctima expiatoria, representante de un rol pasivo —por tanto, no provocadora—, resignada al sufrimiento y con buena disposición a perdonar. Por consiguiente, en aquellos supuestos en los que la víctima no se adapta a tales cánones, expresando, por ejemplo, sentimientos de venganza, se tiende a su culpabilización (Tamarit Sumalla, 2013b).

autodenominándose en consecuencia «supervivientes», o, por el contrario, la exacerbarán con el objetivo de obtener ventajas derivadas de su reconocimiento (Tamarit Sumalla, 2013b).

Así, partiendo de esta distinción bicéfala, se establecen cuatro subcategorías diferentes; en primer término, se encuentra la víctima real, cuya condición es reconocida tanto por el propio sujeto como por el sistema; en segundo lugar, se contempla la no–víctima, calificación que se otorga en los supuestos en los que, pese a que el individuo es victimizado, este extremo no es admitido por el sujeto ni por la comunidad. Por otro lado, en la categoría de víctima rechazada se incardinan aquellos casos en que se produce el autorreconocimiento de la víctima, pero no se corresponde a nivel social; por último, los supuestos de víctima designada los constituyen aquellos en que la víctima no se percibe como tal aunque la comunidad estime la concurrencia de dicha condición (Herrera Moreno, 2014). En este sentido, en la única categoría en la que se aprecia la convergencia entre víctima, victimización y victimidad; en consecuencia, un proceso de victimidad no conflictivo supone la culminación de procesos sociales e individuales que se materializan en la asignación y asunción del estatus de víctima, respectivamente (Herrera Moreno, 2014).

Por consiguiente, dadas las fluctuaciones que experimentan este tipo de dinámicas, la legitimación de los argumentos de las víctimas basada en su sufrimiento hace peligrar la racionalidad del debate político–criminal y las propuestas derivadas del mismo. Esta tesis se fundamenta en las relaciones de poder que se dejan traslucir tras el reconocimiento de las víctimas como actores cualificados, destacándose aquellas que resulten electoral y mediáticamente rentables (Tamarit Sumalla, 2013b).

### *b.2) El asociacionismo victimal como factor relevante en la construcción de la victimidad*

El asociacionismo victimal se encuentra estrechamente vinculado al concepto de victimidad al constituir este último un enclave de afiliación y pertenencia que permite el acceso a un segmento de la población que compartirá rasgos con el sujeto que experimente este proceso. Esta tesis se fundamenta en el hecho de que, a pesar de que el sufrimiento sea individual, la victimidad se experimenta de modo interpersonal, *inter pares*. Sin embargo, esta agrupación victimal en sectores organizados alberga una doble lectura ya que, si bien puede concebirse como una fuente de empoderamiento, también puede implicar la despersonalización de las víctimas al difuminarse su individualidad en el colectivo, dicotomía que abordaremos en las líneas siguientes (Herrera Moreno, 2014).

En este sentido, la génesis y posterior evolución de los movimientos sociales en defensa de las víctimas experimentaron cambios sustanciales en términos tanto cuantitativos como cualitativos desde su surgimiento en la década de los 70 del siglo pasado. En este sentido, el altruismo y la voluntariedad que imperaba en la configuración de los primeros grupos de víctimas fueron dejando paso a una paulatina profesionalización al producirse su reconocimiento a nivel social y estatal. Así, este fenómeno cristalizó en la progresiva satisfacción de sus intereses enfocados en la reparación, protección y participación en el proceso penal, pretensiones que alcanzaron incluso instancias internacionales como la Organización de Naciones Unidas, organismo que aprobó en 1985 la Declaración sobre los Principios Fundamentales de Justicia para las Víctimas de Delitos y Abuso de Poder. Este incremento de la relevancia de las víctimas se puso de manifiesto en el Primer Congreso Internacional de víctimas celebrado en Toronto del año previamente referido, reconociéndose el movimiento de víctimas como «creciente industria de la década» (Cerezo Domínguez, 2010).

En consecuencia, durante este lapso, los grupos de víctimas descubren su potencial para generar opinión, y, por consiguiente, su capacidad para entablar un diálogo con el Estado sobre la configuración de las políticas públicas, concretamente, la criminal, al considerarse un actor cualificado en este ámbito[44] (Cerezo Domínguez, 2010). De este modo, el movimiento asociativo de víctimas comienza a adquirir tintes de activismo político, circunstancia que incrementa la complejidad de un debate complejo *per se* confuso en el que deben conjugarse las demandas sociales con los medios de comunicación y con la clase política.

Llegados a este punto, resulta necesario analizar la vinculación existente entre el asociacionismo victimal con los denominados grupos de presión o *lobbies* dado que no todas las víctimas gozan de la misma relevancia en la sustanciación del debate público, destacando aquellas que se encuentran agrupadas frente a las individuales o *anónimas*[45]. Como sabemos, tras la noción de *lobbie* subyacen numerosas connotaciones

---

44 Desde una perspectiva internacional, esta dinámica resulta coetánea a los mandatos de Ronald Reagan en EEUU y Margaret Tatcher en Gran Bretaña, con políticas criminales caracterizadas por la represión en términos de ley y orden con la finalidad de reducir la delincuencia. De este modo, las víctimas se convierten en una prioridad para los mandatarios, acordando ambos colectivos la necesidad de trasladar el protagonismo del delincuente a la víctima, convirtiendo su reparación y reconocimiento en nota fundamental de la intervención penal (Cerezo Domínguez, 2010).

45 Debe apuntarse en este sentido que tras estas dinámicas subyacen procesos de distinción entre *buenas* y *malas* víctimas, lo cual conduce a la jerarquización de las primeras sobre las segundas, factor que explica que no todas las víctimas gocen de la misma visibilidad social en la sustanciación del debate público sobre la delincuencia (Gracia Ibáñez, 2018), dinámica que se refleja, por ejemplo, en el distinto tratamiento a las víctimas de delitos sexuales respecto a aquellas de ilícitos económicos, por ejemplo, estafa.

negativas al considerarse la parcialidad como rasgo definitorio de su evaluación de los conflictos sociales, empleando la persuasión de manera recurrente frente a sus interlocutores, que puede derivarse en actos violentos si sus demandas no resultan satisfechas. Sin embargo, su influencia en el sistema se hará depender de numerosos factores, entre los que destacan los recursos disponibles o su posición social (Cerezo Domínguez, 2010).

Por consiguiente, la relevancia de este examen radica en que los lobbies de víctimas, si bien logran importantes metas como representantes de la sociedad civil al incidir de manera directa sobre los poderes públicos, su labor puede entrañar una serie de riesgos que Cerezo divide en tres categorías diferentes. En este sentido, cabe la posibilidad de que con su agrupación se favorezca el victimismo, y, por ende, la instalación de la victimización, frustrando todo intento personal de superación de la misma. Por otra parte, la creciente popularidad de las asociaciones de víctimas puede generar la manipulación por parte de los representantes políticos en aras de lograr sus propósitos, tergiversándose políticamente sus reivindicaciones. Por último, no debemos descartar que los niveles de ambición de las asociaciones de víctimas lleguen a ser insaciables al aspirar al monopolio en la configuración del discurso victimal, circunstancia que puede alimentar la competitividad entre las distintas agrupaciones; en consecuencia, cabe valorar la materialización de este extremo en sesgos que incidan y distorsionen la percepción de una ciudadanía especialmente permeable a los postulados emanados por los grupos de presión (Cerezo Domínguez, 2010).

Así las cosas, en España las asociaciones de víctimas se articulan como auténticos grupos de presión con el objetivo de que determinada delincuencia reciba una respuesta penal acorde a sus pretensiones. Este extremo se motiva en la concurrencia de varios factores, que expondremos someramente en las líneas siguientes. Por una parte, debemos considerar el sistema bipartidista que políticamente ha imperado en España hasta la fragmentación parlamentaria acontecida hace un lustro, dinámica que propiciaba la mayor permeabilidad de los dos principales partidos nacionales, PP y PSOE, a la opinión pública, aun a riesgo de incurrir en prácticas populistas.

Por otro lado, estas agrupaciones cuentan con la legitimidad de la ciudadanía sin necesidad de acudir a un conocimiento experto en tanto que el discurso procede de víctimas de delitos. Asimismo, debemos recordar que uno de los elementos claves que facultan la entrada en el sistema de determinados grupos es su imagen pública, seriedad y formalidad, requerimientos que se cumplen en el caso español y que se materializan, entre otros, en una financiación suficiente[46] y en un tejido

---

46 En el ámbito de financiación, cabe destacar el Plan Estratégico de Subvenciones elaborado por el Ministerio del Interior para el periodo 2018-2020, el cual destaca la financiación destinada a las víctimas de terrorismo con un montante que se concreta en 2.880.000€ —920.000 € en 2018; 960.000 en 2019 y, por último, 1.000.000 € en 2020—, cantidades que se recogerán en las diferentes partidas presupuestarias anuales del Estado. Por su parte, la Orden Ministerial contempla de manera adicional las ayudas destinadas al sector fundacional y asociativo referido al apoyo y asistencia a las víctimas de tráfico que supondrá un montante de 450.000€ por año (Orden INT/933/2017, de 8 de agosto). Como vemos, el movimiento asociativo en materia de terrorismo goza de una relevancia cualitativa y cuantitativa en España motivado en el nexo de esta tipología delictiva con su historia reciente. Así, el apoyo estatal con la promoción de diferentes iniciativas que no se limitan a la esfera económica —Cuadernos del Centro Memorial de las Víctimas del Terrorismo; Proyecto educativo «Memoria y Prevención del Terrorismo», entre otros (Ministerio del Interior, 2013a)— se combina con la financiación a nivel autonómico y de particulares, factores que explican la proliferación de este tipo de asociaciones —Asociación Víctimas del Terrorismo; Fundación Miguel Ángel Blanco; Asociación de Ayuda a las Víctimas del 11-M, entre otras— y su relevancia en el momento actual.

estructural a nivel nacional e internacional. Así, la conjugación de los factores mencionados determina el acceso a los poderes decisores, y, por ende, la intervención en todas las fases legislativas –pre, para y post–parlamentaria–[47]. Por consiguiente, los poderes públicos elaboran políticas que no se corresponden con las necesidades reales de las víctimas sino con los intereses de aquellos que se han autodenominado representantes de las víctimas al ser la voz que suena con mayor fuerza en el debate sobre la delincuencia.

---

47 La intervención de los grupos de presión tomará una perspectiva diferente dependiendo de la fase legislativa en la que esta se produzca. Así, su actuación se calificará como pasiva en los supuestos en los que se incida en la fase post-parlamentaria, en la medida en que su actividad se limita a la decisión finalmente adoptada, lo que resulta insuficiente. Por su parte, el trabajo activo de elaboración de propuestas en la etapa de consultas se enmarca en la fase para-parlamentaria, al incidir de modo relevante en las proposiciones y en las decisiones. Sin embargo, la intervención que goza de mayor eficiencia es aquella acontecida en la fase pre-legislativa ya que permite elaborar nuevas propuestas a partir de respuestas negativas en lugar de parchearlas y, por tanto, ir a remolque de las mismas (Cerezo Domínguez, 2010).

# *Capítulo II*

# *Principales antecedentes legislativos internacionales y comunitarios en materia de víctimas*

## 1. ABORDAJE DE LAS PRINCIPALES INSTANCIAS A NIVEL INTERNACIONAL TUITIVAS DE LAS PRERROGATIVAS VICTIMALES: NACIONES UNIDAS Y CORTE PENAL INTERNACIONAL

### *1.1. La redimensión de la tutela, reconocimiento y reparación de las víctimas a nivel internacional: notas preliminares*

El olvido de las víctimas como dinámica en la configuración de las legislaciones y políticas criminales no se ha experimentado únicamente desde una perspectiva estatal, dejándose sentir sus efectos adicionalmente en la normativa internacional. Este fenómeno obedece en parte a la naturaleza de los postulados de esta rama jurídica, dado que el derecho internacional se ha orientado tradicionalmente a la regulación de las relaciones y resolución de conflictos entre Estados, por lo que el abordaje de las personas físicas es relegado a un segundo plano. En consecuencia, esta manera de operar genera que en los supuestos de incumplimiento de obligaciones internacionales en materia de derechos humanos que las figuras de víctima e infractor reciban un tratamiento diferente dependiendo del sector del ordenamiento que lo aborde. En este sentido, el derecho internacional de los derechos humanos confiere la condición de victimario al ente estatal en exclusiva, tesis de la que difieren otras áreas tales como el derecho internacional humanitario o el derecho internacional penal. Así, si bien sendas esferas consideran que el individuo puede infringir los imperativos transnacionales —con o sin la intervención conjunta del Estado, respectivamente y, por ende, responder por los mismos— las tres convergen en el abordaje testimonial, cuando no nulo, de la figura de la víctima, conllevando prácticamente su omisión del paradigma internacional (Fernández de Casadevante Romaní, 2009).

De este modo, se aprecia una suerte de asimilación entre los ordenamientos interno y nacional al concebirse como herramientas en la aplicación del *ius puniendi*, descartándose otras finalidades. Sin embargo, tal y como destacamos en el capítulo anterior, la Segunda Guerra Mundial junto con el advenimiento de los sistemas estatales sociales y democráticos de Derecho marcan un punto de inflexión que también afecta al ordenamiento supranacional. En consecuencia, las víctimas reciben la consideración de sujetos merecedores de reconocimiento, protección y reparación, lo que afecta a las finalidades de la legislación internacional, que ya no se entiende exclusivamente como una forma de hacer justicia sino también como un mecanismo que permite la recuperación de la víctima, evitando de este modo la victimización secundaria (Fernández de Casadevante Romaní, 2009).

Así, la proliferación normativa tuitiva de los intereses de las víctimas se intensifica a partir de los años ochenta del siglo pasado, dinámica que cristaliza en la elaboración de numerosos textos legislativos de diferente naturaleza jurídica —institucional o convencional—, ámbito territorial —universal o general y regional— e, incluso, distinto ámbito de aplicación motivado en la variedad de categorías en la que pueden incardinarse las víctimas —tipología delictiva, grado de vulnerabilidad, edad…—.

En consecuencia, esta vasta producción jurídica motiva que el abordaje que realizaremos en las líneas siguientes se base en el estudio de aquellas regulaciones generales o universales como producto de la labor de instituciones tales como la Organización de las Naciones Unidas, la Corte Penal Internacional o el Consejo de Europa, que, amén de su relevancia a nivel internacional, muestran una estrecha vinculación con el Estado español.

### *1.2. El desarrollo legislativo de la ONU en materia de protección de víctimas*

La Organización de las Naciones Unidas —en adelante, ONU— se presenta como una de las principales impulsoras del desarrollo victimológico en las últimas décadas. La preocupación por el tratamiento de las víctimas se remonta a 1982, año en el que el Comité de Derechos Humanos de la ONU hizo pública su *Observación General nº7*, documento en el que se abordaba el artículo 7 del Pacto internacional de Derechos Civiles y Políticos[48].

El aspecto destacable de este documento es la exégesis que se realiza de este precepto, en virtud del cual se vertebra la prohibición de la tortura o tratos inhumanos, crueles y degradantes. Así, el Comité determina que el artículo 2 de este Pacto complementa el sentido y finalidades del primero de los preceptos mencionados, debido al establecimiento del respeto y garantía de los derechos humanos por los Estados (Vacas Fernández, 2023). En consecuencia, el contenido de este artículo constituye la base del ejercicio de los derechos de las víctimas,

---

48 Aprobado el 16 de diciembre de 1966, entrada en vigor el 23 de marzo de 1976. Este instrumento internacional fue ratificado por España el 13 de abril de 1977 y fue publicado en el BOE el 30 de abril de ese mismo año.

generando obligaciones para los Estados en aras de procurar su correcta aplicación. Así, del producto de la interpretación conjunta de sendos artículos, el Comité estima la procedencia del establecimiento de mecanismos de control que les permita garantizar protección a los ciudadanos frente a este tipo de conductas. Específicamente, en lo que respecta a las «presuntas» víctimas de estos comportamientos, se prevé la dotación de recursos eficaces, entre los cuales se encuentra el derecho a la reparación.

Por su parte, otra muestra tangible del progreso de la disciplina la constituyen los congresos celebrados quinquenalmente en el seno de esta institución internacional. Así, estas reuniones albergaban como objetivo prioritario la cooperación internacional en la lucha contra la delincuencia, cuya persecución implicaba, de forma más o menos directa, la mejora de la posición de la víctima durante la sustanciación del proceso (Chozas Alonso, 2015). Sin embargo, esta finalidad, abordada tradicionalmente de manera testimonial, fue tratada profusamente en el VII Congreso de Naciones Unidas sobre Prevención del Delito y Tratamiento del Delincuente[49], donde se puso el acento sobre las necesidades de protección de la vida de la víctima y de su familia ante posibles represalias, así como de asistencia material, psicológica y médica por parte de entidades públicas y privadas (Chozas Alonso, 2015). Con carácter adicional, en estos actos se sugiere a la Asamblea General la publicación de una declaración sobre los principios fundamentales para las víctimas de delitos y de abuso de poder (García García-Cervigón, 2005).

Así, como consecuencia de las conclusiones alcanzadas en este Congreso, se aprueba la Resolución 40/34 de la Asamblea General de la ONU de 29 de noviembre de 1985, texto que,

---

49 Celebrado en Milán del 26 de agosto al 6 de septiembre de 1985 (Chozas Alonso, 2015).

por una parte, recoge la *Declaración* previamente referida y, por otra, invita a la adopción de medidas nacionales e internacionales que promuevan el reconocimiento y respeto a las víctimas de delitos y de abuso de poder, facilitando su acceso a los mecanismos de justicia y reparación (Chozas Alonso, 2015). Este cuerpo legislativo se compone de 21 preceptos, en los cuales se define la condición de víctima —arts. 1y 2—, los requerimientos para gozar de esa condición —art. 3—, y los derechos básicos que pueden ejercitarse, tales como un trato adecuado, indemnización o asistencia social, entre otros —arts. 4 a 17—. Por tanto, el mérito de esta elaboración normativa estriba en su consideración como el primer texto internacional o universal que tiene por objeto las víctimas o, en este supuesto, dos categorías de víctimas, a saber, de delitos y de abuso de poder.

Por su parte, a raíz de esta creación legislativa se produjo la proliferación de regulaciones supranacionales tuitivas de las víctimas. En este sentido, a la Resolución de 1985 le seguirá la Declaración sobre la protección de todas las personas contra las desapariciones forzadas, aprobada por la Asamblea General en su Resolución 47/133 de 18 de diciembre de 1992, texto que ha precedido a la aprobación de un tratado internacional de la misma materia, a saber, la Convención Internacional para la protección de todas las personas contra las desapariciones forzadas, de 20 de diciembre de 2006[50]. En este sentido, sendos textos establecen un catálogo de prerrogativas que pueden ejercitar las víctimas de desaparición forzada, entre los que se

---

[50] La diferencia entre ambos textos radica entre otras cuestiones en que el segundo incorpora a su redacción la definición de desaparición forzada, esto es, cualquier privación de libertad cometida por organismos estatales o por sujetos que cuenten con la autorización o aquiescencia del Estado, de la cual se siga la negativa del reconocimiento de tal privación o el ocultamiento del paradero del individuo objeto del mismo, sustrayéndola de la tutela de la ley (Fernández de Casadevante Romaní, 2009).

encuentran el derecho a conocer la verdad sobre aquellos aspectos relacionados con la desaparición forzosa y el paradero del sujeto afectado, el derecho a que se respete la libertad de buscar, recibir y difundir datos con este objetivo, el derecho a adscribirse y colaborar en asociaciones que persigan el descubrimiento de las circunstancias de la desaparición y la suerte de los sujetos desaparecidos. Por último, se abordan el derecho a la asistencia, y a la reparación[51] e indemnización rápida, justa y eficaz de las víctimas (Fernández de Casadevante Romaní, 2009).

Por otro lado, cabe destacar la Declaración de Viena sobre el Delito y la Justicia Frente a los Retos del Siglo XXI, esto es, la Resolución 55/59 de la Asamblea General adoptada por la Asamblea General el 4 de diciembre del 2000 en la medida en que en sus párrafos 28 y 29 se hace mención expresa a las víctimas. En estos epígrafes se pone el acento sobre la necesidad de implementar programas de mediación y justicia compensatoria, fijándose el 2002 como año límite para que los estados lleven a cabo estas iniciativas. Así, esta labor implicará la realización de campañas de concienciación, el establecimiento de un fondo destinado al resarcimiento de las víctimas y el desarrollo de sistemas de protección de testigos y peritos, objetivos para cuya consecución se considerarán los intereses de todas las partes implicadas, a saber, las víctimas, infractores y comunidades (Domínguez Bilbao, 2004).

Asimismo, dos décadas después de la aprobación de la Declaración de 1985, la Comisión de Derechos Humanos de la

---

51 La reparación constituye otro de los puntos divergentes en la Declaración y la Convención. Así, la segunda configura la reparación desde una doble perspectiva, atendiendo, por una parte, a los daños materiales y morales y, por otra, a aspectos tales como la restitución, readaptación o garantías de no repetición (Fernández de Casadevante Romaní, 2009).

ONU adopta el 19 de abril de 2005 la Resolución 2005/35, que contiene los principios y directrices básicas sobre el derecho de las víctimas de violaciones manifiestas de las normas internacionales de derechos humanos y de violaciones graves del derecho internacional humanitario a interponer recursos y obtener reparaciones. Este texto, también denominado «Principios de Van Boven/Bassiouni», reconoce, además de los derechos que componen la denominación del cuerpo legislativo, el deber de los Estados de prevenir vulneraciones, investigarlas en los casos en que se cometan, perseguir y sancionar a los infractores y, en relación con las víctimas, proporcionar un acceso efectivo a la justicia, así como una reparación integral (FIDH, 2007). Así, estos principios, si bien compilan exigencias ya vigentes en otros tratados internacionales de derechos humanos de ámbito universal y regional, de derecho internacional humanitario o de derecho internacional penal, fueron aprobados sin ningún voto en contra; en consecuencia, este aspecto refleja el nivel de acuerdo entre los diferentes Estados en el reconocimiento de las víctimas como actores relevantes en la sustanciación del proceso penal.

Por tanto, los textos analizados establecen cinco categorías de víctimas diferentes atendiendo a su ámbito de aplicación, a saber, de delitos, de abusos de poder, de desapariciones forzadas, de violaciones graves de los derechos humanos y de vulneraciones del derecho internacional humanitario. Esta circunstancia revela el mayor interés del derecho internacional por las víctimas, lo cual se ha correspondido con avances significativos en el plano legislativo, afirmación que se deriva del estudio realizado en líneas previas (Fernández de Casadevante Romaní, 2009).

No obstante, una de las carencias que se aprecia en este sector del derecho es la falta de un tratado internacional de aplicación universal que aglutine los postulados básicos en materia de víctimas. Esta ausencia, sin embargo, no se presenta como una rémora para el desarrollo de la disciplina en la medida en que, por una parte, en el supuesto de que este texto internacional existiera, su contenido únicamente sería preceptivo para aquellos estados que quisieran formar parte y que, por tanto, consintieran en obligarse, y, por otra, los cuerpos normativos aprobados en esta materia suponen una doble garantía del respeto a los derechos humanos, ya como persona, ya como víctima, materializándose en un refuerzo de sus postulados (FIDH, 2009).

### *1.3. Los esfuerzos de la Corte Penal Internacional en la tutela de las víctimas: análisis del Estatuto de Roma*

La creación de la Corte Penal Internacional se encuentra estrechamente vinculada a la ONU en la medida en que esta última institución puso de manifiesto en numerosos trabajos la necesidad de la comunidad internacional de contar con un tribunal penal permanente[52]. Esta iniciativa, que cobró fuerza a partir de la década de los 90 del siglo pasado por la creación

---

52 Los primeros esfuerzos realizados para la configuración de una corte penal internacional datan de finales del siglo XIX, concretamente de 1872, como respuesta a los crímenes cometidos durante la guerra franco-prusiana. No obstante, la asunción de este objetivo por la Sociedad de Naciones resultó infructuosa en la medida en que la convención adoptada para estas finalidades no llegó a entrar en vigor. Posteriormente, estas iniciativas fueron retomadas por la Asamblea de la ONU tras la II Guerra Mundial en 1948, por una parte, nombrando una Comisión de Derecho internacional encargada de redactar un proyecto de convención para la articulación de un tribunal penal internacional permanente competente en genocidio y delitos similares, y, por otra, adoptando la Convención para la Prevención y Sanción del Delito de Genocidio en la cual se alude a la existencia de una corte penal internacional. Sin embargo, la tensión generada por la Guerra Fría durante la segunda mitad del siglo XX hizo que estos proyectos quedaran paralizados, retomándose, como sabemos, en los años 90 (FIDH, 2007).

de tribunales penales *ad hoc* —Los Tribunales Penales Internacionales para la Antigua Yugoslavia y Ruanda en los años 1993 y 1994, respectivamente—, se materializó en la adopción del Estatuto de la Corte Penal Internacional en Roma el 17 de julio de 1998[53], también denominado Estatuto de Roma (FIDH, 2007).

### a) Abordaje preliminar del Estatuto de Roma: notas generales y la ausencia de una definición de víctima

El Estatuto de Roma —en adelante, ER— al igual que sucede con otros instrumentos internacionales, se caracteriza por la complejidad de su tramitación debido a la convergencia de múltiples tradiciones legislativas. En este sentido, si bien es un texto que goza de una gran calidad tanto material como formal, adolece de ciertos aspectos que deben abordarse.

Entre las principales carencias observadas destaca aquella relativa a la definición de «víctima», pese a que el texto refiere este término en treinta y siete ocasiones. Esta circunstancia permite afirmar la doble naturaleza del ER, ya que, si bien se muestra comprensivo con la víctima al mencionarla, resulta egoísta al preterir su definición (Gil Gandía, 2019). Esta omisión obedece a las discrepancias existentes entre los Estados durante la elaboración del ER, por lo que no será hasta las negociaciones relativas a la configuración de las Reglas de Procedimiento y Prueba de la CPI adoptadas en septiembre de 2002 —en adelante, RPP— cuando se introduzca la noción de víctima. Asimismo, en las RPP se aborda la determinación de la dimensión material o formal en el reconocimiento de la

---

[53] Sin embargo, la vigencia de la CPI como institución no fue instantánea puesto que se condicionaba a la ratificación del Estatuto de Roma por un mínimo de 60 Estados, finalizando este proceso de adscripción el 1 de julio de 2002 (FIDH, 2007).

víctima, extremo que no resulta baladí si consideramos que la CPI se separa de la dinámica internacional de neutralización de la víctima (Gil Gandía, 2019).

Así las cosas, la noción de víctima[54] se encuentra en la Sección III RPP, concretamente en la regla 85, cuyo tenor literal se transcribe a continuación:

> «Para los fines del Estatuto y de las Reglas de Procedimiento y Pruebas:
>
> a) Por "víctimas" se entenderá las personas naturales que hayan sufrido un daño como consecuencia de la comisión de algún crimen de la competencia de la Corte;
>
> b) Por víctimas se podrá entender también las organizaciones o instituciones que hayan sufrido daños directos a alguno de sus bienes que esté dedicado a la religión, la instrucción, las artes, las ciencias o la beneficencia y a sus monumentos históricos, hospitales y otros lugares y objetos que tengan fines humanitarios».

Como vemos, a diferencia de lo que sucedía con la Declaración de la ONU, se incardinan en el concepto de víctima tanto personas físicas como jurídicas —organizaciones e instituciones—, valorándose no solo los daños físicos, psicológicos o materiales que se causen a nivel personal sino también aquellos materiales que afecten a los bienes que pertenezcan a los organismos señalados en aras de atribuir la condición de víctima.

---

54 Cabe destacar un aspecto semántico de la elaboración de las RPP y es la preferencia por el uso del plural, esto es, «víctimas [de atrocidades]», práctica que coincide con la redacción del ER. Este recurso no resulta baladí ya que, con esta fórmula se descarta por una parte toda reminiscencia a la figura de la *víctima ideal* y, por ende, la división y jerarquización entre víctimas; y por otra se pone de manifiesto la magnitud de los delitos abordados por a CPI al generar *víctimas* y no una única *víctima* (Gil Gandía, 2019).

Asimismo, la regla 86 de las RPP complementa la definición procurada *supra.* En este sentido, el precepto alude a la especial vulnerabilidad de las víctimas de forma implícita al establecerse la adecuación de las actuaciones de la CPI a las necesidades de aquellos sujetos, que, por sus circunstancias, edad o discapacidad, por ejemplo, evidencien de forma más tangible esta vulnerabilidad (Sanz–Díez de Ulzurrun Lluch, 2004).

En virtud de lo dispuesto, pese a las limitaciones indicadas, puede afirmarse que el Estatuto de Roma constituye un avance sustancial en el tratamiento de las víctimas de crímenes internacionales. Así, este cuerpo legal reconoce y garantiza las cinco categorías de derechos que componen el estatuto jurídico de las víctimas a nivel transfronterizo, a saber, acceso a la justicia, información, participación, protección y reparación (Vacas Fernández, 2023). Sin embargo, este reconocimiento no se produce únicamente en el plano normativo, sino que también es brindado desde la praxis a través del establecimiento de diferentes procedimientos, recursos y modalidades en todas las fases procesales ante la CPI: cuestiones preliminares, primera instancia, apelaciones, revisión de la condena y su ejecución.

Desde una perspectiva procesal penal, las prerrogativas susceptibles de ejercicio en cada una de las fases se encontrarían incardinadas en tres categorías diferentes, esto es, los derechos a la participación, protección y reparación. No obstante, esta división obedece a cuestiones sistemáticas ya que la eficacia de estos derechos se asienta sobre el efectivo ejercicio de los derechos restantes, estableciéndose por tanto, una suerte de interrelación entre todos ellos (Vacas Fernández, 2023).

### b) Derechos de protección y apoyo

Las prerrogativas en materia de protección y apoyo conferidas a víctimas y testigos muestran el nuevo paradigma de reconocimiento de las víctimas en Derecho Internacional. Así, estos derechos se encuentran previstos para las fases de instrucción y de enjuiciamiento, orientados fundamentalmente a la salvaguarda de su integridad física, psicológica, su dignidad e intimidad, tal y como se indica en el art. 68 ER. Así, entre sus prerrogativas se encuentran, de forma excepcional, la celebración de juicios a puerta cerrada o la no presentación de determinadas pruebas o, en su caso, su reproducción mediante medios electrónicos. Sin embargo, este protagonismo de las víctimas no debe entenderse de forma ilimitada, sino que el ejercicio de estos derechos deberá conjugarse con aquellos ejercitables por el acusado en aras de procurar un proceso justo y con todas las garantías, atendiendo a las vicisitudes de cada caso concreto (Vacas Fernández, 2023).

Así las cosas, las necesidades de apoyo y protección de las víctimas no se constriñen únicamente al proceso, sino que cabe la posibilidad de reforzar esta tutela en aquellos supuestos donde se haya producido un sustancial menoscabo psicológico o existan amenazas continuas. Por ello, se prevén los acuerdos de recolocación en otro Estado, haciéndose valer las obligaciones de los Estados para con los tribunales internacionales. Estos mecanismos, ya empleados en los Tribunales *ad hoc* de la Antigua Yugoslavia y Ruanda, se recogen expresamente en la regla 16.4 RPP. Sin embargo, debido a las implicaciones que pueden derivarse de este tipo de acciones para las personas afectadas, su aplicación se encuentra regida por el principio de *ultima ratio* (Vacas Fernández, 2023).

### c) El derecho de participación

El derecho de participación constituye un aspecto que merece su abordaje de forma específica en este sucinto análisis del Estatuto de Roma, ya que a través de este cuerpo normativo se confiere a las víctimas por vez primera un protagonismo activo durante el proceso. Este progreso se materializa, por una parte, en la posibilidad de que estos sujetos presenten demandas de reparación, medida que podrá ser impuesta por la CPI en sus fallos condenatorios a los individuos responsables de ejecuciones delictivas; y, por otra, en el reconocimiento de que la víctima pueda actuar bajo tal condición durante la sustanciación del proceso, sin limitarse a posiciones meramente testificales (Chozas Alonso, 2015).

Por tanto, la concesión de estas prerrogativas impulsó de manera relevante las negociaciones sobre la configuración del Estatuto, aceptándose por los Estados la participación activa de la víctima durante el proceso. Este reconocimiento amplio a nivel supranacional tuvo lugar debido a su consideración como una materialización efectiva de las nuevas tendencias adoptadas por el derecho internacional de los derechos humanos (Olásolo y Kiss, 2010).

La intervención de la víctima en el proceso se encuentra recogida en el art. 68.3, precepto cuya rúbrica reza del siguiente modo: «Protección de las víctimas y los testigos y su participación en las actuaciones». Así, en lo relativo a la intervención de las víctimas en el proceso, el precepto dispone que:

> La Corte permitirá, en las fases del juicio que considere conveniente, que se presenten y tengan en cuenta las opiniones y observaciones de las víctimas si se vieren afectados sus intereses personales y de una manera que no redunde en detrimento de los derechos del acusado o de un juicio justo e imparcial ni sea incompatible con estos.

La redacción del artículo guarda estrechas concomitancias con el tenor de la Declaración de la ONU del año 1985 al constreñir la participación de la víctima y la defensa de sus intereses personales al respeto de las garantías procesales del acusado en aras de asegurar juicios justos e imparciales. En consecuencia, el derecho de participación no resulta automático ni tampoco incondicional.

Así las cosas, esta doble vertiente se proyecta sobre la praxis de la CPI de dos formas diferentes. Por un lado, conforme al artículo 89.2 RPP, la CPI —particularmente, la Sala, bien de oficio, bien mediante previa solicitud del Fiscal o de la defensa— se encuentra capacitada para rechazar solicitudes si considera que no se cumplen los requisitos para ser víctima recogidos en el art. 85 RPP. No obstante, se encuentra previsto que las víctimas cuya solicitud haya sido rechazada puedan presentar otra en una fase posterior de las actuaciones. Esta última premisa engarza con el segundo aspecto que queríamos resaltar y es la facultad de decisión de la CPI sobre el momento procesal en el que cabe la participación de las víctimas, así como la fijación de los límites de dicha intervención, decisiones que deberán ser adoptadas por la Sala (Vacas Fernández, 2023).

Por consiguiente, si bien la participación de las víctimas se encuentra concebida con cierta autonomía en las actuaciones que lleven a cabo durante la sustanciación del proceso, se descarta la posibilidad de que las víctimas puedan incoarlo o su calificación como parte cuando este se hubiese iniciado. En consecuencia, la participación de la víctima se proyectará sobre la figura del Fiscal, órgano competente para incoar e impulsar el procedimiento, transmitiendo asimismo las pretensiones de las partes involucradas —Estados, ONU, organizaciones gubernamentales o no gubernamentales o, por último, los particulares— (Sanz–Díez de Ulzurrun Lluch, 2004).

Así, considerando las limitaciones existentes, cabe la clasificación de las prerrogativas ejercitables por las víctimas *ex* Estatuto de Roma conforme a los diferentes momentos procesales. La participación de la víctima en la fase previa a la apertura del juicio se materializa, por ejemplo, en el derecho de informar explícita o implícitamente al Fiscal sobre comisiones delictivas respecto a las cuales la CPI disponga de competencia material con el objetivo de iniciar una investigación —art. 15— o bien, emitir opiniones y observaciones a la Sala ante la solicitud de autorización por el Fiscal de incoar una investigación[55].

Asimismo, durante la celebración del juicio se legitima a la víctima a emitir opiniones y observaciones siempre que la Sala lo estime procedente —art. 68[56]—; la facultad de intervenir mediante representante legal en determinadas actuaciones o interrogar a testigos y peritos —Regla 91— o el derecho a ser notificada de ciertas vicisitudes del proceso —Regla 92—

---

55 En esta fase previa cabe destacar la existencia de diferentes modalidades de participación atendiendo al momento procesal en el que se encuentre la causa. Así, en la fase de investigación, las víctimas podrán presentar a la sala sus opiniones y observaciones, presentar documentación o solicitar a la Sala la adopción de medidas específicas siempre que exista una vinculación con la defensa de sus intereses personales. Por otro lado, en la etapa de cuestiones preliminares, destacan las prerrogativas relativas al acceso al expediente de la causa conservado por la Secretaría; a la asistencia a todas las audiencias públicas y a puerta cerrada, así como presentar observaciones durante las mismas siempre que se les haya otorgado el estatus de víctima y en aquellos asuntos donde no se haya excluido su participación conforme al ER o RPP, entre otras. Por último, en la audiencia de confirmación de cargos, tendrán acceso a la audiencia pública, así como a las decisiones, documentos, pruebas y transcripciones mostradas durante el mismo; además, podrán recibir notificaciones y presentar observaciones por escrito (Vacas Fernández, 2023).

56 Las prerrogativas contenidas en este precepto son desarrolladas por las Reglas 87 y 88 RPP. Este último precepto prevé la adopción de medidas especiales con el objetivo de facilitar el testimonio de víctimas con una especial vulnerabilidad —niños, ancianos o víctimas de violencias sexuales—, entre las que destaca su intervención por videoconferencia. No obstante, si las circunstancias lo requieren, estas medidas de protección podrán ser adoptadas por la CPI sin necesidad de que hayan sido solicitadas con anterioridad por la víctima, sus representantes legales o la Oficina de Víctimas y Testigos (Vacas Fernández, 2023).

(Sanz–Díez de Ulzurrun Lluch, 2004). En la fase de apelación, las víctimas podrán recurrir ante la CPI, cuyas modalidades de participación serán determinadas por la Sala en aras de asegurar la protección de sus intereses. No obstante, resulta conveniente resaltar en este punto que la participación de las víctimas en el proceso penal y, particularmente, en el proceso penal internacional, no se corresponde únicamente con interferencias en el proceso penal o en el logro de aspiraciones vindicativas. Antes al contrario, esta intervención se encuentra enfocada no solo al castigo de los responsables sino también a la propia reparación, la cual se fundamenta en los derechos a la verdad y la justicia, derivados del esclarecimiento de los hechos. En consecuencia, tal y como dispone Vacas Hernández (2023), la participación debe ser reconocida a las víctimas con el objetivo de que puedan hacer valer aquellos intereses que se derivan de sus derechos, labor respecto a la cual la CPI debe erigirse como garante.

### d) Derecho a la reparación

Tal y como apuntamos superficialmente en el epígrafe anterior, otro de los rasgos novedosos de la CPI respecto a otros organismos internacionales aparte del ejercicio del *ius puniendi* es su actuación en pro de la *restitutio in integrum*. En este sentido, a pesar de la evidente vinculación entre sendas finalidades en la medida en que las víctimas que presentan sus pretensiones ante la CPI persiguen la obtención de una sentencia condenatoria y, por ende, la reparación del daño, cabe apuntar la relativa independencia de la que goza la segunda de las fases en los procesos sustanciados por este organismo.

En este sentido, si bien el derecho a la reparación de las víctimas por el daño causado se encontraba amparado por el derecho internacional desde el año 1985 con la Declaración de la ONU, la aprobación del ER marca un punto de inflexión en la ejecución de estas prerrogativas. Así, pese al reconocimiento de la necesidad de reparación a nivel transfronterizo, no se contemplaba entre las funciones desempeñadas por los Tribunales internacionales *ad hoc* y *ex post facto* como los creados para la Antigua Yugoslavia y Ruanda, limitándose únicamente a determinar los mejores mecanismos para ejercitar estas prerrogativas. Los motivos de esta negativa obedecían a la incapacidad de los Tribunales de dirimir estas cuestiones sin descuidar sus objetivos principales, enfocados en la determinación de los hechos y punición de los culpables (Vacas Fernández, 2023).

Así, el derecho a la reparación es incluido en el artículo 75 ER y desarrollado por las RPP, constituyendo uno de los ejes vertebradores del estatuto jurídico de las víctimas establecido por sendos cuerpos normativos[57]. La facultad de reparación brinda a las víctimas una relevancia sustancial, separándose en este sentido del derecho de intervención, en el que no se aprecian diferencias entre víctimas y victimarios en el ejercicio de sus prerrogativas[58]. En consecuencia, las víctimas son concebidas como

---

57 La relevancia del derecho a la reparación se pone de manifiesto especialmente en el dictamen sobre la situación de la República Democrática del Congo, relativo al caso de *Thomas Lubanga Dyilo* al establecer la reparación como mecanismo de participación y de reconocimiento de las necesidades de las víctimas que trascienden al mero castigo. No obstante, la CPI no constriñe las implicaciones de la reparación al ámbito victimal, sino que se presenta como un extremo estrechamente vinculado al éxito de la CPI en el desarrollo de sus funciones (Vacas Fernández, 2023).

58 La identidad de sujetos intervinientes en las etapas de juicio y reparación suscita el debate sobre el sistema procesal imperante en la CPI, determinándose que constituye el producto de aunar rasgos estructurales de los sistemas inquisitivo y adversarial. Sin embargo, la multiculturalidad inherente al proceso de configuración de la CPI invita a tomar esta afirmación con cierta cautela. Sin embargo, en la fase de reparación existe consenso en la consideración de un sistema procesal mixto *sui generis* en la medida en

sujetos cuyos derechos deben ser garantizados y satisfechos por la CPI, lo que motiva su participación especial y activa (Gil Gandía, 2019). La relevancia de la reparación se fundamenta en el cumplimiento de dos objetivos fundamentales marcados en el ER: por un lado, instar a los culpables de crímenes graves de reparar a las víctimas y, por otra parte, constituir un mecanismo que permita a la Sala asegurar que existe una respuesta por los actos cometidos (Vacas Fernández, 2023).

En este sentido, la etapa de reparación abarcará desde el fallo de culpabilidad por la CPI en el que figure una orden de reparación[59] contra el reo hasta el desarrollo y ulterior implantación de un programa de nacional de resarcimiento[60], procedimiento del que conocerá la Sala de Primera Instancia de la CPI (Gil Gandía, 2019). Así las cosas, entre los principios que deben regir las reparaciones, se encuentran aquellos relativos al respeto de la dignidad, no discriminación y no estigmatización —artículo 21.3 ER—, la perspectiva de género con el objetivo de asegurar el acceso a la reparación de todas las víctimas en condiciones de igualdad, así como la toma en

---

que se precisa de la intervención de los jueces, el fiscal, abogados de la defensa y víctimas (Gil Gandía, 2019).

59 Los cinco extremos que constituyen el contenido mínimo de las órdenes de reparación son los siguientes: la identificación de la persona condenada, las víctimas afectadas o los criterios de selección basados en la conexión existente entre el daño causado y los delitos cometidos, la estimación de la entidad de los perjuicios causados a las víctimas, la responsabilidad del condenado en la reparación y, por último, el tipo de reparación establecido, a saber, individual, colectivo o ambas (Vacas Fernández, 2023).

60 No obstante, cabe apuntar que no todas las reparaciones deben llevarse a cabo en este lapso, sino que algunas actuaciones resarcitorias resultarán procedentes antes, durante o después de la celebración del juicio, ya que desde las fases preliminares se permite la incautación de activos o bienes del presunto culpable que se destinarán a sufragar el montante de la reparación (Gil Gandía, 2019).

consideración de las situaciones de vulnerabilidad que puedan presentar las víctimas[61]. Asimismo, las reparaciones deben resultar adecuadas y proporcionales al daño infligido y rápidas en su ejecución en sus distintas modalidades —restitución, indemnización o rehabilitación, entre otras[62]—.

En consecuencia, si bien es cierto que la constitución de la CPI conlleva un evidente progreso en la labor de reconocimiento de las víctimas, cabe afirmar que todavía no se ha producido en el ámbito de la justicia internacional penal un reconocimiento pleno de las prerrogativas y posición procesal de las víctimas (Chozas Alonso, 2015).

## 2. LA PROTECCIÓN DE LAS VÍCTIMAS EN EL MARCO REGIONAL EUROPEO: CONSEJO DE EUROPA Y UNIÓN EUROPEA

La preocupación por las víctimas acontece en el ámbito europeo con anterioridad al interés supranacional en esta materia; en este sentido, será dese finales de los años setenta y principios de la década de los ochenta cuando en Europa se evidencie la necesidad de eliminar la situación de olvido de la

---

61 En este sentido, cabe señalar el deber impuesto por el art. 86 RPP en virtud del cual la edad se erige como un factor fundamental que debe ser considerado por la CPI. Por consiguiente, esta institución deberá regirse por la Convención de los Derechos del Niño, amén del principio de defensa del interés superior del menor (Vacas Fernández, 2023).

62 En este sentido, si bien es cierto que en el art. 7 ER se alude expresamente a las formas de reparación señaladas *supra*, esta enumeración no constituye un *numerus clausus* ya que la propia CPI estableció a partir del caso *Thomas Lubanda Dyilo* que pudieran darse otras formas de reparación tales como la satisfacción o reparación simbólica (Vacas Fernández, 2023).

víctima y prevenir su victimización secundaria. Así, bajo esta premisa, se elaboran los primeros instrumentos normativos que progresivamente delimitarán las líneas maestras de una política europea tendente a mejorar la situación de las víctimas, fundamentada, por una parte, en la solución de aquellas problemáticas que les afecten de forma directa y, por otro lado, a promocionar del acceso efectivo de la totalidad de la ciudadanía al sistema judicial (FIDH, 2007).

En este orden de cosas, los propósitos de Europa, ya desde el Consejo de Europa, ya desde la Unión Europea, relativos a la atención de las víctimas se proyectan en tres horizontes distintos. En primer término, se aboga por la configuración de un Estatuto de la víctima con el objetivo de tutelar sus intereses y derechos tanto en el esclarecimiento del delito como en el proceso penal; por otro lado, se propone la implementación de mecanismos de asistencia social en aras de paliar las carencias y consecuencias derivadas ya del delito, ya de la victimización secundaria; por último, se apuesta por la mejora de los mecanismos de compensación y resarcimiento de las víctimas, persiguiéndose de este modo la *restitutio in integrum* (Sanz–Díez de Ulzurrun Lluch, 2004).

### *2.1. Las elaboraciones normativas del Consejo de Europa en materia de víctimas*

El Consejo de Europa constituye una organización intergubernamental de cooperación compuesta por 47 estados miembros que persiguen la salvaguarda y promoción de los Derechos Humanos, la Democracia y el Estado de Derecho. En concordancia con los propósitos de la institución, cabe destacar su labor pionera en el tratamiento de las víctimas de delitos violentos y de terrorismo con trabajos legislativos que marcarán posteriormente el camino a la Unión Europea en este ámbito.

## a) Tratamiento de las víctimas a nivel general

Uno de los primeros trabajos legislativos del Consejo de Europa en materia victimal lo constituye la Resolución 77 (27), adoptada por el Comité de Ministros del Consejo de Europa el 28 de septiembre de 1977 sobre la indemnización de víctimas de delitos. En este texto se aborda la problemática del resarcimiento de la víctima para aquellos supuestos en los que el infractor no es identificado o no dispone de recursos (Fernández de Casadevante Romaní, 2009). Con la finalidad de solventar esta cuestión, el legislador establece como principios rectores la equidad y solidaridad social en virtud de los cuales se fundamenta una de las alternativas de mayor relevancia recogidas en el texto, esto es, el resarcimiento estatal de la víctima (Sanz-Díez de Ulzurrun Lluch, 2004). Posteriormente, el Consejo de Ministros aprueba el 23 de junio de 1983 la Recomendación (83) 7 relativa a la participación del público, disponiéndose en el apartado III. D) una serie de medidas referidas a la consideración de los intereses de la víctima por parte de los Estados.

La relevancia de los dos cuerpos normativos previamente citados radica en su calificación como antecedentes del primer tratado internacional en materia de víctimas —en concreto, de una categoría determinada, las víctimas de delitos violentos—, esto es, el Convenio nº116, de 24 de noviembre, sobre indemnizaciones a víctimas de delitos violentos[63]. Este texto retoma las ideas de equidad y solidaridad social para prescribir normas mínimas relativas al resarcimiento de las víctimas que los Estados deben incorporar a su ordenamiento; en este sentido, se dispone que la indemnización por parte del Estado será subsidiaria y será satisfecha por aquel en que se hubiera cometido

---

63 España ratificó el tratado en el año 2001 —el instrumento de ratificación fue publicado en el BOE del 29 de diciembre de ese mismo año— y entró en vigor el 2 de febrero de 2002 (Sanz-Díez de Ulzurrun Lluch, 2004).

el delito, cubriendo el montante referido a la pérdida de ingresos, gastos médicos y de hospitalización o funerarios así como la pérdida de alimentos en los supuestos en que la víctima contase con personas a cargo[64] (Fernández de Casadevante Romaní 2009). Asimismo, esta compensación será efectiva incluso en los supuestos en que el victimario no pudiera ser perseguido o castigado (Sanz–Díez de Ulzurrun Lluch, 2004).

Por su parte, la cuantía de la indemnización podrá limitarse atendiendo a la capacidad económica del demandante —art. 7— o que la entidad de los perjuicios no alcance el umbral mínimo previsto. Asimismo, cabrá su disminución e incluso eliminación fruto de la valoración de los siguientes supuestos, a saber, la conducta de la víctima antes, durante y después de la ejecución delictiva o la actitud adoptada frente al daño causado —art. 8.1—; la participación de la víctima en la delincuencia organizada o en organizaciones que tuviesen por finalidad la perpetración de ilícitos violentos —art. 8.2—; o, por último, los casos en los que la reparación vulnerase el sentido de la justicia o el orden público —art. 8.3— (Fernández de Casadevante Romaní, 2009).

Por otro lado, el artículo 2 determina como destinatarias de la norma a las víctimas directas —las que hubiesen sufrido lesiones o daños en la salud como consecuencia de un delito— e indirectas —en los supuestos de muerte, las personas que se encontrasen a cargo de la persona fallecida—, ampliándose de

---

64 No obstante, el art. 9 establece que, con el fin de evitar la duplicidad de indemnizaciones, el Estado podrá deducir o solicitar la devolución a la víctima del montante que le hubiese sido abonado como consecuencia del perjuicio por el infractor, por la Seguridad Social o por cualquier otra institución. Asimismo, el artículo 10 prescribe la subrogación del Estado en las prerrogativas del sujeto indemnizado hasta el límite de la cantidad pagada (Sanz-Díez de Ulzurrun Lluch, 2004).

este modo el ámbito de aplicación del Convenio. Sin embargo, en el precepto ulterior se limita el espectro previamente apuntado basado en criterios de carácter cualitativo; en este sentido, la indemnización será abonada por el Estado en que hubiera acontecido la comisión delictiva a dos segmentos poblacionales, a saber, por una parte, a los nacionales de los Estados que formen parte en el Convenio y, por otra, a los nacionales de todos los Estados Miembros del Consejo de Europa que contasen con residencia permanente en el Estado Miembro donde hubiese acontecido la comisión delictiva (Sanz–Díez de Ulzurrun Lluch, 2004). *A sensu contrario*, existen tres tipos de exclusiones, a saber, de los nacionales residentes en un Estado Miembro del Consejo de Europa que no forme parte del Convenio; de los nacionales de todos los Estados Miembros del Consejo de Europa que no alberguen su residencia habitual en el Estado donde se hubiera cometido el delito; y, por último, los nacionales de terceros estados (Fernández de Casadevante Romaní, 2009). Como resulta posible inferir, estas exclusiones merman de forma sustancial los potenciales avances recogidos en este cuerpo normativo.

Posteriormente, con la adopción por el Comité de Ministros del Consejo de Europa de la recomendación de 28 de junio de 1985, sobre la posición de la víctima en el Derecho penal y del proceso penal, se asiste a un cambio de paradigma en la regulación de esta materia. En este sentido, abandona la problemática de la indemnización de la víctima para poner el acento sobre la necesidad de blindar sus derechos básicos durante el proceso penal, pretensión tras la que subyace la configuración de un Estatuto jurídico de la víctima. De este modo, se supera el esquema tradicional de la justicia penal entendido como la relación entre Estado e infractor y comienzan a tomarse en cuenta las necesidades e intereses de la víctima (Fernández de Casadevante Romaní, 2009).

Asimismo, otro de los aspectos relevantes de esta normativa es su focalización sobre las labores de los agentes e instituciones involucrados en la persecución y enjuiciamiento del delito, circunstancia que implica un contacto directo o indirecto con la víctima. Por consiguiente, este Convenio insta a los Estados parte a la revisión de sus regulaciones en esta materia con el objetivo de desvincular de sus prácticas cualquier atisbo de victimización secundaria. En este sentido, la modificación legislativa propuesta en el Convenio se encuentra dividida por áreas con el objeto de abordar de forma íntegra aquellas vicisitudes inherentes al proceso penal. Así, se propugna la intervención a nivel policial a través de la formación de agentes, primando la reparación de la víctima en la fase de persecución del delito. Por su parte, durante el interrogatorio y el juicio se deberá brindar información a la víctima en todas las fases e instancias del proceso. Por último, en la ejecución resultará prioritaria la indemnización frente a otras sanciones pecuniarias, apostándose adicionalmente por la protección de la vida privada y seguridad de la víctima (Sanz–Díez de Ulzurrun Lluch, 2004).

Con carácter adicional cabe destacar la Recomendación (87) 21, aprobada por el Comité de Ministros del Consejo de Europa el 17 de septiembre de 1987, sobre asistencia a las víctimas y prevención de la victimización. En este texto se aborda, por un lado, la necesidad de albergar una asistencia social pública y privada que resulte eficaz para el tratamiento de las víctimas del delito, y, de otro, la prevención victimal, es decir, la intervención sobre víctimas potenciales en aras de evitar que sufran las consecuencias de un hecho delictivo. En consecuencia, se fijan varias directrices cuyo seguimiento se recomienda a los Estados Miembros, entre las cuales figuran el empleo de estudios de victimización con el objetivo de precisar las necesidades de las víctimas, la formación y sensibilización de aquellos profesionales cuya labor implique contacto con la víctima, la creación de sistemas públicos y privados que intervengan adecuadamente sobre las víctimas así como la configuración de ayudas para cubrir sus necesidades, tanto urgentes como continuadas, la información de los derechos que pueden ejercitar durante el proceso y la asistencia para obtener reparación e indemnización. Asimismo, se insta a la creación de servicios especializados para determinadas categorías de víctimas —p.ej. delitos sexuales, crimen organizado, menores de edad, entre otros— (Sanz–Díez de Ulzurrun Lluch, 2004). Por otro lado, se invita a los Estados tanto a la promoción de sentimientos de sensibilización de la comunidad para con la situación de la víctima como la implementación de programas de prevención situacional y victimal que no generen percepciones de miedo o inseguridad (Sanz–Díez de Ulzurrun Lluch, 2004).

**b) Tratamiento sectorial de las víctimas: terrorismo y violencia de género**

Uno de los aspectos en los que el Consejo de Europa se considera pionero es en la atención prestada a las víctimas del terrorismo. En este sentido, las Líneas directrices sobre la protección de las víctimas de actos terroristas aprobada por el Consejo de Ministros de este organismo el 2 de marzo de 2005 constituye el primer texto internacional que aborda de manera concreta la situación y necesidades de este tipo de víctimas (Fernández de Casadevante Romaní, 2009). Así, este texto persigue como objetivo la identificación de aquellos mecanismos que mejor se adecúen a la satisfacción de los intereses de las víctimas, descartándose aquellas actividades que resulten arbitrarias, discriminatorias o racistas. Por su parte, la forma jurídica adoptada por este cuerpo legislativo ha suscitado debate sobre su carácter o no vinculante para los Estados Miembros en la medida en que se combinan fórmulas de carácter invitatorio y obligaciones de derecho internacional —p.ej. el énfasis sobre el respeto a la normativa del Derecho Internacional de los Derechos Humanos[65]—. Sin embargo, con independencia de la postura que se tome, se afirma el carácter obligatorio de su contenido al reiterar aquellos deberes internacionales que ya vinculaban a los Estados tanto por cauces convencionales como consuetudinarios (Fernández de Casadevante Romaní, 2009).

Por otro lado, las víctimas de violencia de género representan un lugar relevante en la normativa del Consejo de Europa mediante la elaboración del Convenio de Estambul, aprobado el 7 de abril de 2011 sobre la prevención y lucha contra la violencia contra las mujeres y la violencia doméstica. Así, la relevancia de este Convenio radica en que es el primer tratado de ámbito europeo de carácter vinculante que identifica la problemática de la violencia contra las mujeres y la califica como un atentado a los derechos humanos (Martínez Atienza, 2018).

### c) Últimos avances en materia victimal y retos de futuro para el Consejo de Europa

Como colofón a esta sucinta relación de normativa elaborada por el Consejo de Europa en materia tuitiva de víctimas, consideramos necesario destacar la Recomendación del Comité de Ministros a los Estados Miembros del Consejo de Europa sobre derechos, servicios y apoyo a las víctimas de delitos CM/Rec (2023) 2, adoptada el 15 de marzo de 2023. Esta Recomendación surge como producto de los avances experimentados en materia victimal no solo a nivel legislativo sino también de la praxis a nivel interno y transfronterizo, así como de estudios orientados a la comprensión de las necesidades de las víctimas.

---

65 Por consiguiente, este extremo permite aseverar que las Líneas directrices no generan prerrogativas *ex novo* sino que consolidan obligaciones recogidas instauradas en tratados internacionales que cuentan con una amplia ratificación en ciertos casos (Fernández de Casadevante Romaní, 2009).

Así las cosas, la Recomendación de 2023 deja sin efecto la aprobada el 14 de junio de 2006 —Rec (2006)8— relativa a la asistencia a víctimas de delitos al ampliar sustancialmente su ámbito de actuación. En este sentido, brinda una serie de pautas que permiten orientar de forma más precisa el desarrollo e implementación de los derechos de las víctimas en el contexto nacional de cada Estado, las cuales pivotan fundamentalmente sobre el reconocimiento y tratamiento de las víctimas de forma profesional e individualizada, atendiendo a sus necesidades.

No obstante, marca un punto de inflexión en la producción normativa del Consejo Europeo al introducir dos prerrogativas novedosas. Por un lado, el derecho a ser escuchadas en aquellas resoluciones que repercutan directamente sobre sus intereses. Por otra parte, se incorpora la facultad de ser reparadas en los supuestos de incumplimiento de los derechos recogidos en las diferentes normativas supranacionales. Esta última prerrogativa goza de una especial relevancia en la medida en que supone una tutela reforzada de los derechos reconocidos internacionalmente y además se hace eco la legislación comunitaria en esta materia, cuestión que será abordada con mayor detenimiento en el epígrafe dedicado a la producción normativa de la UE sobre víctimas[66].

Sin embargo, pese a los avances sustanciales que implica toda la normativa desarrollada por el Consejo de Europa, estos cuentan con un óbice importante derivado de la naturaleza jurídica de la institución. Así, tal y como señalamos previamente, el Consejo de Europa se considera una Organización Internacional de cooperación; en consecuencia, no se produce la cesión de soberanía por los Estados parte de este organismo con el objetivo de que este se subrogue en su posición para ejercer determinadas competencias. En este sentido, la eficacia de las

---

66 Vid p. 73 y ss.

normas aprobadas por el Consejo de Europa se hará depender de la voluntad de los Estados Miembros. Adicionalmente, esta circunstancia debe valorarse de forma conjunta con la falta de aplicación directa característica de los textos internacionales, requiriéndose por tanto la adopción por parte de los Estados de instrumentos que hagan efectiva su ejecución[67]. Por su parte, cabe resaltar la lentitud de los Estados parte en la asimilación de la normativa en sus respectivos ordenamientos como producto de la debilidad inherente a la legislación elaborada por este tipo de organismos en la medida en que, si bien sus efectos jurídicos resultan preceptivos, este atributo no resulta predicable del lapso establecido. Por consiguiente, esta debilidad se traduce en demoras en el cumplimiento que en última instancia aminoran la eficacia de resoluciones y recomendaciones (Fernández de Casadevante Romaní, 2009).

Sin embargo, no podemos dejar de encomiar la labor legislativa del Consejo de Europa al conferir a la víctima una posición relevante en la sustanciación del proceso penal, evidenciando la obligación de los Estados parte de implementar los mecanismos adecuados que permiten a las víctimas satisfacer sus necesidades e intereses (FIDH, 2007). De este modo, se comienzan a esbozar las primeras líneas de un Estatuto de la víctima a nivel europeo, fijándose de esta manera las pautas que marcarán los trabajos normativos de la Unión Europea en esta materia, extremo sobre el que ahondaremos en las líneas siguientes.

---

67 Resulta especialmente ilustrativo de este fenómeno el supuesto del Convenio nº116, sobre indemnizaciones a las víctimas de delitos violentos de 24 de noviembre de 1983, en el cual el cumplimiento de sus objetivos se hará depender de la voluntad de los Estados parte, tanto en la ratificación del tratado como en la adopción de medidas para su ejecución. Así, sendos extremos convergen en la exigencia de dilatados periodos de tiempo para su adopción, lo que merma en gran parte la eficacia de este tipo de instrumentos jurídicos (Fernández de Casadevante Romaní, 2009).

### *2.2. El tratamiento de víctimas de delitos en el marco de la Unión Europea*

#### a) Antecedentes de la regulación victimal europea: análisis de la sentencia Cowan

La Unión Europea —en adelante, UE— constituye, a diferencia de lo que sucede con el Consejo de Europa, una organización internacional de integración; en consecuencia, uno de sus rasgos definitorios consistirá en la cesión por los Estados Miembros de parte de su soberanía a los órganos que componen esta institución[68], incluyéndose las competencias de ámbito legislativo.

Esta circunstancia debe conjugarse con la supresión de las fronteras interiores y la creación de un espacio de libertad, seguridad y justicia por la que aboga el artículo 3 del Tratado de la Unión Europea. Así, con este precepto se asiste a la materialización de una de las aspiraciones fundamentales de la UE al sentar las bases de la libertad de circulación, mercancías y capitales, extremo que, si bien supone un avance relevante en la consecución de un espacio único europeo, puede implicar también el aumento de contactos de índole delictiva (Sanz-Díez de Ulzurrun Lluch, 2014). En consecuencia, se precisa del abordaje y persecución de las actividades delictuales desde

---

[68] Por este motivo, la UE se considera una Organización Internacional *sui generis* al diferir en su constitución y naturaleza con el resto de Organizaciones Internacionales. En este sentido, si bien el origen de esta institución se encuentra en Tratados Internacionales a los que fueron adscribiéndose paulatinamente los Estados Miembros —27 actualmente, tras el *Brexit* de Reino Unido—, estos no ceden su soberanía íntegramente sino parte de ella en ciertas materias. Por este motivo, suele calificarse como una suerte de «Estado de Estados».

una perspectiva europea, objetivo que pone el acento, ya de manera directa, ya indirectamente, sobre el reconocimiento y protección de las víctimas de delitos cometidos en el seno de la UE.

Sin embargo, esta preocupación por los intereses de las víctimas no resulta una cuestión reciente, sino que debemos remontarnos a finales de la década de los 80; momento a partir del cual el entonces Tribunal de Justicia de las Comunidades Europeas comenzó a considerar a las víctimas como parte clave del proceso penal, tesis que se proyecta en la redacción de las sentencias. En este sentido, la sentencia Cowan[69] marca un punto de inflexión en la praxis judicial al ser el Sr. Cowan la primera víctima amparada por el derecho comunitario (Blázquez Peinado, 2013). Sin embargo, esta protección no se deriva del estatuto del que las víctimas gozan actualmente, sino que este reconocimiento debe interpretarse atendiendo a la visión economicista de la época de integración europea en la que esta sentencia se enmarca. Por consiguiente, la concesión de la indemnización al Sr. Cowan como consecuencia de la agresión recibida a la salida del metro de París no se produjo debido a su condición de víctima o de ciudadano de la Unión, al constituir entonces términos inexistentes que serían determinados en tratados posteriores, sino que más bien la procedencia de la

---

69 La Sentencia Cowan —sentencia de 2 de febrero de 1989, asunto 186/87, Cowan c. Trésor Public— constituye una cuestión prejudicial planteada por la *Commission d'indemnisation* al Tribunal de Justicia de las Comunidades Europeas. La cuestión que motiva este trámite versa sobre la potencial limitación al derecho de libre circulación que podría derivarse de la negativa a indemnizar a un ciudadano británico agredido en territorio francés al no subsumirse en ninguno de los supuestos contemplados por la legislación gala en esta materia. Finalmente, el Tribunal determinó procedente la compensación del Sr. Cowan por las razones que analizaremos *supra* (Blázquez Peinado, 2013).

indemnización se fundamentó en la condición del Sr. Cowan como nacional británico que estaba ejerciendo su derecho a circular libremente por Francia y que, por tanto, era destinatario potencial de determinados servicios a cambio de una contraprestación, de los cuales se presume cierto grado de protección que no aconteció. Por consiguiente, la compensación no se estimó como un derecho que el Sr. Cowan podía ejercitar por su condición de víctima, entendiéndose, en consecuencia, derivado de su posición de turista (Blázquez Penado, 2013).

Asimismo, los avances experimentados en materia de víctimas en el ámbito europeo deben ponerse en relación con aquellos que han tenido lugar en los ordenamientos internos de los Estados Miembros. Las regulaciones nacionales convergen en el desarrollo e implementación de regulaciones tuitivas y asistenciales para con las víctimas, si bien no se aprecian tendencias similares en su configuración respecto a las vicisitudes del proceso penal, indeterminación que deviene en nota predominante de su estatuto. Por consiguiente, esta circunstancia determina la necesidad de homogeneizar las diferentes legislaciones con el objetivo de garantizar a las víctimas el ejercicio de prerrogativas derivadas de su condición —esencialmente, información, apoyo y protección— con independencia del Estado en el que se encuentren, labor que se encomienda a la UE (García Rodríguez, 2016).

En este sentido, la regulación de mayor relevancia a nivel europeo en materia de víctimas se sustenta en cuatro cuerpos legislativos, a saber, la Decisión Marco del Consejo 2001/220/JAI, de 15 de marzo, relativa al Estatuto de la víctima en el proceso penal; La Directiva 2004/80 del Consejo, de 29 de abril, sobre indemnización a las víctimas de delitos; La Directiva 2011/99/UE, del Parlamento y el Consejo, de 13 de septiembre, sobre la orden europea de protección, y, por último, la Directiva 2012/29/UE del Parlamento Europeo y del Consejo, de 25 de octubre de 2012, por la que se establecen normas mínimas sobre los derechos, el apoyo y protección de las víctimas de delitos (Sanz–Díez de Ulzurrun Lluch, 2014). Así, el abordaje del derecho comunitario victimal se realiza en dos fases que se corresponden con la vigencia de dos tratados diferentes; en este sentido, por una parte, hallamos el avance testimonial producido al abrigo del Tratado de Ámsterdam del año 1997; y, de otra, el desarrollo de la protección y derechos de las víctimas acontecido como consecuencia de la entrada en vigor del Tratado de Lisboa en 2009, etapa que abarca hasta el momento actual (Blázquez Peinado, 2013).

**b) Primera Etapa: el Tratado de Ámsterdam de 1997**

El Tratado de Ámsterdam sienta las bases de la configuración de un espacio de *libertad, seguridad y justicia* en el ámbito de la UE, objetivo que implicaba para su consecución la labor de visibilizar los intereses y problemas de las víctimas en el debate político europeo (Chozas Alonso, 2015). Así, de la ejecución de los postulados de este Tratado se derivaron dos hitos fundamentales en la protección jurídica de las víctimas; por una parte, la elaboración por parte del Consejo y la Comisión de un Plan de Acción sobre la mejor manera de aplicar las disposiciones del Tratado de Ámsterdam relativas a la creación de un espacio de libertad, seguridad y justicia, cuya aprobación tuvo lugar en el Consejo Europeo de Viena el 11 de diciembre de 1998. El valor de este texto radica en que, por un lado, plasma una serie de medidas orientadas al apoyo y asistencia de víctimas que deberían adoptarse en un lapso máximo de cinco años desde la entrada en vigor del Tratado, y, por otro, solicita un análisis comparativo de los diferentes sistemas de indemnización de víctimas de los Estados Miembros (Chozas Alonso, 2015).

Por otra parte, el segundo de los hechos determinantes en la configuración de un sistema tuitivo para las víctimas en el espacio europeo lo constituye la Comunicación que la Comisión dirigió al Parlamento Europeo, al Consejo y al Comité Económico y Social denominada «Víctimas de delitos en la Unión Europea. Normas y medidas». En esta Comunicación se evidenciaba la necesidad de crear un foro de discusión europeo relativo al tratamiento de las víctimas de delitos que trascendiesen de la esfera resarcitoria (Chozas Alonso, 2015). Estos propósitos se materializaron en la celebración de la Cumbre de Tampere los días 15 y 16 de octubre de 1999, de cuyas conclusiones resulta obligado citar su punto 32 en el cual se requiere la elaboración de normas mínimas que aborden la protección, acceso a la justicia e indemnización de las víctimas de delitos, así como iniciativas gubernamentales nacionales dirigidas a la financiación de programas de asistencia a víctimas. De este modo, los objetivos recogidos en este texto marcan la orientación de la política criminal europea en esta materia, tendente a la articulación de un estatuto jurídico de las víctimas de delitos (Pérez Rivas, 2017).

Como consecuencia de los trabajos previamente expuestos se produce la aprobación[70] y posterior vigencia de la Decisión Marco del Consejo 2001/220/JAI, de 15 de marzo, relativa al Estatuto de la víctima en el proceso penal —en adelante, DM 2001—. Así, este texto si bien ha sido derogado por la Directiva 2012/29, de la que constituye antecedente directo, conserva el mérito de ser el primer avance legislativo europeo en el proceso de creación de un estatuto jurídico de la víctima (Pérez Rivas, 2017).

---

70 Adoptada por el Consejo a propuesta de la República Portuguesa (Blázquez Peinado, 2013).

### *b.1) Análisis de la Decisión Marco 2001/220/JAI del Consejo de 15 de marzo, relativa al Estatuto de la víctima en el proceso penal*

#### i. Aspectos generales de la norma

La Decisión Marco 2001, en relación con lo dispuesto en la Cumbre de Tampere, se configura con el objetivo de garantizar y homogeneizar niveles de protección adecuados a las víctimas de delitos, armonizando las diferentes regulaciones estatales en este ámbito. En este sentido, el legislador europeo parte de la autonomía de la víctima y su consideración como sujeto de derechos durante el proceso penal como rasgos inherentes a la articulación de su Estatuto jurídico (Chozas Alonso, 2015). Sin embargo, esta regulación no se limita a la sustanciación del procedimiento, sino que se extiende a momentos anteriores o posteriores al mismo mediante la implementación de mecanismos asistenciales que contribuyan a paliar los efectos del delito (Pérez Rivas, 2017).

En este sentido, se elabora un amplio catálogo de prerrogativas que las víctimas pueden ejercitar en los diferentes momentos de desarrollo del proceso. De este modo, en el artículo 3 se contempla el derecho a ser oídas y a facilitar los elementos de prueba necesarios, estimándose el interrogatorio únicamente en aquellos supuestos en que resulte procedente para el devenir del proceso[71] (Chozas Alonso, 2015).

---

[71] El artículo 11 de la DM establece que los Estados Miembros deberán remover los obstáculos que dificulten el cumplimiento de estas disposiciones mediante la aprobación de medidas adecuadas —por ejemplo, declaración inmediata tras la comisión de la infracción o por videoconferencia— para aquellos supuestos en que la residencia de las víctimas se encuentre en un Estado Miembro diferente donde se cometió la infracción (Chozas Alonso, 2015).

Por su parte, el art. 4 reconoce el derecho de las víctimas a recibir información en un idioma de comprensión general antes, durante o después del proceso penal, esto es, desde el primer contacto con las autoridades hasta momentos posteriores al conocimiento del fallo judicial. Por el contrario, el apartado 4 de este precepto reconoce a las víctimas la posibilidad de no ser informadas si así lo desean, salvo que la facilitación de datos resulte obligatoria en la sustanciación del proceso penal concreto (Chozas Alonso, 2015).

Por otro lado, el derecho a la participación en el proceso penal ya como testigo, ya como parte en las actuaciones principales en términos similares al encausado subsume a su vez tres prerrogativas diferentes, a saber, la facilitación a las víctimas de herramientas que promuevan la comprensión y comunicación en el proceso a través de intérpretes —art. 5—; especialistas en lenguaje de signos e, incluso, asistencia jurídica gratuita —art. 6—. Asimismo, se valorará la declaración inmediata de la víctima tras la comisión delictiva o la videoconferencia en los supuestos en los que esta resida en un Estado Miembro diferente al que aconteció el hecho ilícito —art. 11— (Chozas Alonso, 2015).

Por su parte, el art. 7 establece el derecho al reembolso de la víctima relativo a los gastos generados por su participación en el proceso; así, el art. 8 determina que las medidas de seguridad tendentes a la protección de víctimas y familiares serán dictadas por las autoridades competentes cuando se aprecie grave riesgo de represalias o de perturbación de su vida privada (Chozas Alonso, 2015).

Así, el derecho a obtener en un lapso adecuado y durante la sustanciación del proceso penal la resolución sobre la indemnización por parte del autor del delito —salvo que la regulación nacional en materia de compensación contemple otras alternativas— se recoge en el art. 9; con carácter adicional, este precepto permite la devolución a la víctima de todos aquellos efectos requisados para el desarrollo de las actuaciones (Chozas Alonso, 2015).

Por último, los arts. 14 y 15 DM 2001 cierran la parte dispositiva de este texto legislativo estableciendo la obligación de los Estados Miembros de fomentar los servicios especializados, las organizaciones de apoyo a las víctimas, así como la formación de los profesionales en contacto con las víctimas con el objetivo de evitar atisbos de victimización secundaria (Chozas Alonso, 2015).

ii. Valoración crítica

Los once años transcurridos desde la aprobación de la DM 2001 y su ulterior implementación han sido valorados por la Comisión como profundamente insuficientes. Con el objetivo de ilustrar esta tesis los informes emitidos por este organismo revelan que ninguno de los Estados Miembros había adoptado en su integridad las disposiciones recogidas en este texto (Pérez Rivas, 2017). En este sentido, su ineficacia se fundamenta en cuestiones tales como la ambigüedad en la redacción de sus postulados o la falta de previsión de mecanismos que permitiesen la incoación de procesos sancionatorios para aquellos Estados que incumpliesen su obligación de incorporar a su regulación nacional tales preceptos (García Rodríguez, 2016).

No obstante, los defectos que presentó la DM 2001 y que determinaron en última instancia su falta de trascendencia práctica trascienden de las cuestiones previamente referidas al obedecer a elementos inherentes a su configuración, de los cuales realizaremos una somera revisión en las líneas que siguen.

En primer lugar, debemos hacer mención a la difusa base jurídica sobre la que se sustentó la aprobación de la DM 2001, esto es, sobre los antiguos arts. 31 y 34.2 TUE enmarcados en el Título VI relativo a la cooperación policial y judicial en materia penal, preceptos que no aludían de manera expresa al reconocimiento legislativo de los derechos de las víctimas[72]. Así, esta circunstancia debe conjugarse con la elección de la Decisión Marco como cauce normativo de esta materia, que si bien constituía el instrumento característico del antiguo tercer pilar —Espacio de Libertad, Seguridad y Justicia— adolecía de una importante limitación, a saber, su incapacidad para generar un efecto directo en su aplicación. Por su parte, debemos adicionar las reducidas competencias del Tribunal de Justicia en materia de cooperación policial y judicial penal, extremos que repercuten en el escaso desarrollo de la protección y las garantías de cumplimiento de la DM 2001 por los Estados Miembros (Blázquez Peinado, 2013).

Por su parte, el objeto de la normativa[73] no se recogía en su parte dispositiva sino en su Preámbulo, concretamente en el considerando cuarto. Esta falta de objetivos claros en los primeros preceptos de la norma revela la ausencia de una voluntad política y compromiso real de los Estados en la ejecución

---

[72] En este sentido, el art. 31 TUE establece una relación no exhaustiva sobre aquellas materias en las que se permite la intervención de la cooperación judicial penal, entre las cuales no se encuentra la armonización legislativa en el reconocimiento de derechos de las víctimas de delitos. Por otro lado, el art. 34.2.b) TUE únicamente confería la competencia al Consejo para la adopción de actos jurídicos, la cual se producía por unanimidad. En consecuencia, se excluía al Parlamento Europeo en el aspecto legislativo y se limitaba la intervención de la Comisión, cuyo derecho de propuesta carecía de exclusividad al compartirse con otros Estados miembros; de hecho, la aprobación de la DM 2001 fue impulsada por la República Portuguesa. En consecuencia, la falta de alusión a la figura de las víctimas se evidencia de manera palmaria en sendos textos (Blázquez Peinado, 2013).

[73] La Decisión Marco perseguía la finalidad de aproximar regulaciones legales y reglamentarias en aras de procurar a las víctimas de delitos una protección adecuada con independencia del Estado Miembro en que se encontrasen (Blázquez Peinado, 2013).

de estos postulados. Asimismo, en lo que respecta a su denominación formal, pese a que el título de la DM 2001 aluda únicamente al Estatuto de la víctima en el ámbito del proceso penal, este no se corresponde con el tenor de la norma en tanto que adicionalmente se contemplan medidas relacionadas con momentos anteriores o posteriores al proceso. No obstante, debemos apuntar que la mayor parte de los preceptos se encuentran relacionados con la sustanciación del proceso penal (Blázquez Peinado, 2013).

Por otro lado, la delimitación del ámbito de aplicación personal, esto es, las víctimas, se relaciona directamente con su definición. En este sentido, para que un sujeto pudiese ser amparado por la DM 2001 debía cumplir tres requerimientos. En primer lugar, la persona que hubiese sufrido un daño debería ser física, excluyéndose, por tanto, la personalidad jurídica; en segundo término, se abordarían únicamente aquellos perjuicios de índole física, mental, emocional o económica; por último, se exige que el menoscabo sea consecuencia de un acto delictivo, descartándose aquellos derivados de catástrofes o fenómenos naturales (Blázquez Peinado, 2013). Así, la DM 2001 proporciona una noción general de víctima, sin incluir a sus familiares o a aquellas que precisen de una especial protección debido a sus circunstancias y capacidades. Para estas últimas —denominadas por la DM como «especialmente vulnerables»— la norma establecía una serie de mandatos dirigidos a los Estados Miembros tendentes al diseño de medidas que permitiesen atender adecuadamente estos supuestos, labor similar a la realizada con las víctimas transnacionales (Blázquez Peinado, 2013).

Adicionalmente, en concordancia con los objetivos propuestos, la DM 2001 invita o conmina a los Estados Miembros a tomar determinadas decisiones orientadas a la consecución de niveles homogéneos de protección para todas las víctimas, prescindiendo de un tono imperativo en sus consignas. En consecuencia, la normativa no aludía expresamente al reconocimiento de derechos salvo en determinadas ocasiones[74], limitando su labor a recomendar o sugerir el diseño o ejecución de determinadas medidas (Blázquez Peinado, 2013).

En consecuencia, la visión de conjunto de la DM 2001 permite reafirmar su consideración como norma ineficaz, poco ambiciosa y limitada tanto desde una perspectiva formal como material. Esta tesis se sustenta principalmente en lo ilusoria que resulta la pretensión de regular un estatuto jurídico de la víctima en una veintena de artículos, máxime cuando su redacción prescinde de las fórmulas imperativas. Sin embargo, estas consideraciones lejos de constreñirse a la mera elucubración teórica dejaron sentir sus efectos en la realidad del momento. En este sentido, no deja de ser ilustrativo el hecho de que ningún Estado Miembro traspusiera la DM en un único acto jurídico, lo que hubiese conferido trasparencia al proceso, disparidad que revela la falta de propósito de los Estados de armonizar las regulaciones en esta materia[75]. No obstante, se antoja necesario encomiar su valor al constituir el texto legislativo europeo que sienta las bases de posteriores regulaciones en el ámbito victimal, cuyo contenido analizaremos en las líneas siguientes.

---

[74] Únicamente se emplea esta fórmula en las prerrogativas relacionadas con la información —art. 4—, protección —art. 8— o indemnización en el contexto del proceso penal —art.9— (Blázquez Peinado, 2013).

[75] España no resultó ajena a esta dinámica en la medida en que apostó por reformas en el Código Penal y en la Ley de Enjuiciamiento Criminal con el objetivo de incorporar los postulados de la DM 2001 al entender que la naturaleza de estos dos textos se identificaba en mayor medida con los propósitos de la DM 2001 (Blázquez Peinado, 2013).

*b.2) Directiva 2004/80/CE del Consejo, de 29 de abril de 2004, sobre indemnización a las víctimas de delitos*

Este texto normativo se aprobó con la finalidad de complementar la DM 2001 en el ámbito de la reparación económica en aquellos supuestos en los que el responsable penal resultase insolvente o desconocido (García Rodríguez, 2016). Así, con este propósito, el Consejo Europeo de Bruselas, los días 25 y 26 de marzo de 2004, basándose en los trabajos preparatorios sobre esta materia, determinó el 1 de marzo de 2004 como fecha máxima para la adopción de una Directiva que versase sobe este objeto.

En este orden de cosas, la Comisión presentó el 16 de octubre de 2002 una *Propuesta sobre indemnización a las víctimas de delitos*, texto que persigue la consecución de dos fines estrechamente relacionados. Por un lado, apuesta por la obtención de una indemnización adecuada en todos los Estados Miembros de la UE mediante la configuración de normas mínimas que garanticen la homogeneidad en los distintos sistemas de indemnización —claridad en la configuración de los ámbitos de aplicación territorial y personal, así como en la cobertura de la indemnización, entre otros—. Por otra parte, facilitar el acceso a las indemnizaciones en casos transfronterizos mediante la promoción de la cooperación de los Estados miembro que permita a los sujetos afectados tramitar estas cuestiones en su lugar de residencia. De este modo, se evidencia la vinculación entre sendos propósitos en la medida en que la posibilidad real de obtener una indemnización conveniente se presenta como premisa básica para el éxito de las relaciones interestatales en este ámbito (Salinero Alonso, 2015).

Sin embargo, el texto finalmente aprobado, esto es, la Directiva 2004/80/CE del Consejo, de 29 de abril de 2004, sobre indemnización a las víctimas de delitos, muestra deficiencias en su configuración respecto a los trabajos iniciales, que, en última instancia, merman su eficacia y se desvinculan en cierta medida de los objetivos prioritarios (Salinero Alonso, 2015).

En este sentido, resulta destacable que la Directiva no contemple aquellos referidos a las «normas mínimas» que se recogían en los textos preparatorios, abordando directamente las indemnizaciones transfronterizas; no obstante, esta exclusión determina que se prescinda de algunos conceptos considerados esenciales para la comprensión y trasposición adecuada de esta Directiva, extremo que se traduce en lagunas que reducen la calidad de su aplicación. Así las cosas, pueden destacarse tres defectos importantes.

En primer término, cabe subrayar el olvido palmario —si no error— del legislador al omitir el ámbito personal de la regulación, esto es, tanto la definición del concepto de víctima —directa o indirecta— como la relación de sujetos facultados para solicitar la indemnización. Asimismo, el hecho de preterir en este extremo a los residentes legales en un Estado Miembro puede suscitar problemas en cuanto a la legitimación activa y el respeto al principio de no discriminación (Salinero Alonso, 2015).

Por otro lado, el desfase que se produce en la Directiva al referirse repetidamente al término indemnización sin delimitar su contenido material —cobertura de daños materiales o inmateriales, montante mínimo o máximo, entre otros— implica dejar un amplio margen de discrecionalidad a los Estados Miembros en su regulación. En consecuencia, este extremo no deja de suponer un óbice a la implementación de un espacio común en este ámbito (Salinero Alonso, 2015).

En tercer lugar, el hecho de que la Directiva no contemple la concesión obligatoria de anticipos en la indemnización por los Estados Miembros —siempre que se cumplan los requerimientos establecidos— en aquellos supuestos en que las consecuencias derivadas del delito dejen a la víctima en una situación económicamente comprometida, dificulta el reconocimiento de derechos, garantías e intereses de las víctimas de delitos en el seno de la UE (Salinero Alonso, 2015).

Por consiguiente, si bien es cierto que cuenta con algunas mejoras respecto a la Propuesta inicial[76], se apela a su reforma con el objetivo de corregir las diferencias existentes en los sistemas indemnizatorios de los Estados Miembros, promoviéndose de este modo la igualdad de trato para con las víctimas en el espacio europeo (García Rodríguez, 2016).

### c) Segunda fase: los avances generados en el ámbito victimal a partir de la aprobación del Tratado de Lisboa

La segunda etapa de protección a las víctimas se desarrolla a partir de la entrada en vigor del Tratado de Lisboa en el año 2009. Así, este instrumento jurídico promueve el desarrollo del denominado Espacio de Libertad, Seguridad y Justicia europeo, incidiendo de este modo sobre el ámbito tuitivo de las víctimas desde una doble perspectiva; por una parte, este Tratado permite la configuración de una base jurídica homogénea dirigida exclusivamente a las víctimas y el ejercicio de sus derechos[77]; por otra, y como consecuencia de lo anterior,

---

76 Así, uno de los cambios positivos que la Directiva respalda es la negativa a que el órgano de asistencia pueda evaluar o denegar la solicitud, aunque se evidencie la falta de buena fe en su presentación. Adicionalmente, permite la remisión a las víctimas del acuse de recibo por parte del órgano de decisión de la solicitud, así como un tiempo aproximado de resolución, que la Propuesta en su artículo 7 limitaba estas prerrogativas a la autoridad de asistencia (Salinero Alonso, 2015).

77 Este desarrollo en el ámbito jurídico se considera producto de las modificaciones que el Tratado de Lisboa ha llevado a cabo sobre el Tratado de Funcionamiento de la Unión Europea, produciéndose una ampliación de competencias en el ámbito de la cooperación judicial penal, reformas que han incidido adicionalmente sobre el

se aprecia una decidida voluntad política por parte de las instituciones de la UE de incluir la tutela integral de las víctimas como una línea maestra en sus respectivas esferas de actuación (Blázquez Peinado, 2013).

En este sentido, cabe subrayar la relevancia del Programa de Estocolmo en el impulso de estas iniciativas con la elaboración del plan de trabajo para el Espacio de Libertad, Seguridad y Justicia durante el lapso 2010–2014. En este proyecto se pone el acento sobre la necesidad de elaborar nuevas herramientas de protección para las víctimas de delitos, especialmente para aquellas de las que se predica una especial vulnerabilidad derivada de sus circunstancias personales (Sanz–Díez de Ulzurrun Lluch, 2014). Por este motivo, resulta obligado analizar en las líneas siguientes dos de los principales instrumentos normativos desarrollados durante esta fase en materia victimal, a saber, la Directiva 2011/99/UE, del Parlamento y del Consejo, de 13 de diciembre, sobre la orden europea de protección y la Directiva 2012/29/UE, del Parlamento Europeo y del Consejo, de 25 de octubre de 2012 por la que se establecen normas mínimas sobre los derechos, el apoyo y protección de las víctimas de delitos y por la que se sustituye a la Decisión Marco 2001/220/JAI del Consejo.

### *c.1) Directiva 2011/99/UE, del Parlamento y del Consejo, de 13 de diciembre, sobre la orden europea de protección*

La orden europea de protección se concibe como un recurso de cooperación entre los diferentes Estados Miembros tendente a asegurar la tutela de las víctimas en el seno de la

---

Tratado de la Unión Europea. Así, el art. 82.2 de este texto contempla la posibilidad de derechos susceptibles de ejercicio por las víctimas mediante el instrumento jurídico de las Directivas (Sanz-Díez de Ulzurrun Lluch, 2014).

UE. La elaboración de esta Directiva se motiva en el hecho de que, si bien es cierto que las legislaciones internas contemplan mecanismos de protección de las víctimas, se extinguen cuando estas abandonan el país, circunstancia proclive a la generación de potenciales conductas de acoso, intimidación e, incluso, revictimización por parte de los infractores. Por consiguiente, esta normativa trata de colmar las lagunas de protección en los supuestos de movilidad transnacional de las víctimas en el entorno europeo, promoviéndose la equiparación de los niveles de seguridad en todos los Estados Miembros. Así, la persecución de este objetivo produce simultáneamente un reforzamiento del Espacio de Libertad, Seguridad y Justicia al garantizarse una libertad de circulación segura (Sanz–Díez de Ulzurrun Lluch, 2014).

Sin embargo, la configuración de esta iniciativa, atribuida al gobierno español durante su presidencia de la UE, resultó compleja debido a las divergencias existentes, tanto en los sistemas de protección de los Estados Miembros —de índole penal, civil o administrativa— como en el ámbito de aplicación de la norma, inicialmente circunscrito a la violencia doméstica y de género. No obstante, el tenor de la Directiva 2011/99/UE finalmente aprobado da respuesta a las cuestiones planteadas estableciendo que su ámbito de aplicación se circunscribirá a aquellas medidas de protección de vertiente penal[78] impuestas

[78] El texto de la normativa establece una definición amplia de «asuntos penales» con el objetivo de delimitar adecuadamente su ámbito de aplicación. En este sentido, se determina tanto en los considerandos como en la parte dispositiva que las medidas de protección a las que alude la ley son, por una parte, aquellas que se imponen como consecuencia de un procedimiento penal. Por otro lado, recibirán la consideración de medidas penales aquellas que se impongan por el juez civil al considerar la naturaleza ilícita de un hecho puesto en su conocimiento, sin necesidad, por tanto, de que exista una condena a favor del agresor cuando no se hubiese incoado un procedimiento

como consecuencia de la ejecución de cualesquiera delitos —desde terrorismo a trata, por ejemplo—, prestándose una especial atención a los menores de edad, sin limitarse, por tanto, a la esfera de violencia doméstica y de género.

Por su parte, la Directiva determina varios requerimientos que deben cumplirse con el objetivo de que esta norma resulte de aplicación; así, se precisa que las medidas se orienten a prevenir riesgos de una persona física, descartándose, por tanto, entes colectivos como organizaciones o grupos criminales[79]. Asimismo, se establece un *numerus clausus* de tipologías de órdenes de protección que pueden subsumirse en el ámbito de aplicación de la ley, a saber, aquellas que prohíban entrar o permanecer en lugares que el sujeto protegido frecuenta; las que veden el contacto con la víctima por cualquier vía o el acercamiento a la misma. Por último, se limita el campo de actuación de la norma a aquellas medidas que tiendan a la tutela de la víctima o sus familiares, excluyéndose por tanto aquellas orientadas a la resocialización del infractor o a la protección de testigos (Sanz–Díez de Ulzurrun Lluch, 2014).

Por otro lado, la Directiva 2011/99/UE regula las notas fundamentales del procedimiento de aprobación y ejecución de una orden europea de protección —en adelante, OEP—, que debe ser incoado únicamente por la víctima. Así, este proceso se caracteriza por que no obliga a armonizar las diferentes regulaciones de los Estados Miembros. En este sentido, en

---

en vía penal. Este último supuesto se corresponde con los delitos privados, esto es, aquellos que precisan de la denuncia de la víctima para su persecución (Sanz-Díez de Ulzurrun Lluch, 2014).

79 Esta condición supone una carencia importante en la medida en que la mayoría de organizaciones criminales disponen de redes que permiten su paso por diferentes Estados Miembros y, por ende, presentan un mayor potencial para infligir daño a sus víctimas (Sanz-Díez de Ulzurrun Lluch, 2014).

aquellos supuestos en que se reconozca la orden de protección por el Estado de ejecución, no será necesario que la medida que adopte se corresponda íntegramente con la impuesta en el Estado de emisión, requiriéndose únicamente la asimilación de ambas en términos de tutela. Así, la ejecución de la medida se llevará a cabo conforme a los postulados del ordenamiento del Estado de ejecución. Sin embargo, en los supuestos en los que este Estado no reconozca la orden de protección, se informará al Estado de emisión y al sujeto protegido de esta decisión y sus causas de denegación[80], facilitándose a esta última las vías de recurso disponibles, así como la posibilidad de solicitar una norma de protección conforme a la legislación del Estado de ejecución.

Asimismo, debemos señalar que la Directiva 2011/99 establecía como plazo máximo de trasposición el 11 de enero de 2015, lapso que ha sido respetado por todos los Estados Miembros al incorporar los postulados de esta normativa a sus respectivos ordenamientos antes del plazo señalado. Sin embargo, debemos señalar que la trasposición efectiva dista mucho de la eficacia real de esta Directiva, valorada mediante informes de impacto, tal como se muestra en el publicado el

---

80 Los motivos de denegación se encuentran en el artículo 10 de la Directiva, entre los cuales figuran que la orden de protección se encuentre incompleta o que no se cumplan los requerimientos del artículo 5 previamente expuestos. Adicionalmente, los motivos de esta negativa pueden fundamentarse en el principio de doble incriminación. En este sentido, se procederá a su denegación cuando el acto que determina la orden de protección no constituya delito en el Estado de ejecución, que el hecho resulte susceptible de ser amnistiado o la persona no pueda ser castigada penalmente por razones de edad o inviolabilidad en lo dispuesto por el Derecho interno, en los supuestos de vulneración del non bis in ídem, o cuando la mayor parte o la integridad de la comisión delictiva hubiese acontecido en el territorio del Estado de ejecución (Sanz-Díez de Ulzurrun Lluch, 2014).

14 de marzo sobre 2018 por la Comisión de Libertades Civiles, Justicia y Asuntos de Interior y por la Comisión de Derechos de la Mujer e Igualdad de Género[81].

Por su parte, este informe pone de manifiesto que el hecho de que en el periodo de vigencia de la Directiva 2011/99 se hayan dictado únicamente siete órdenes europeas de protección mientras que las solicitudes y emisiones de órdenes nacionales en esta materia se cuentan por millares. Así, este desfase obedece, conforme a lo dispuesto por el Parlamento Europeo (2018), a la falta de comunicación y coordinación entre los Estados Miembros. Por consiguiente, con el objetivo de paliar estas deficiencias, este informe recoge varias propuestas, a saber, la creación de un formulario único para la solicitud y reconocimiento de las OEP; la configuración de un sistema de registro a nivel europeo y nacional para recopilar información sobre las OEP y favorecer el intercambio de la misma o el aseguramiento de servicios de traducción e interpretación adecuados antes, durante y después de la emisión de una OEP, entre otros (Parlamento Europeo, 2018).

En consecuencia, la OEP se presenta como un avance relevante en la tutela de las víctimas, especialmente de aquellas que lo sean de delitos de carácter transnacional, como la trata de personas (Parlamento Europeo, 2018). Sin embargo, los

---

[81] No obstante, el Parlamento evidencia la deficiente labor de la Comisión en este ámbito al no cumplir con las obligaciones de información reflejadas en la Directiva, ya que antes del 11 de enero de 2016 no había comunicado al Parlamento y al Consejo el nivel de aplicación de la Directiva 2001/99. En este sentido, el Parlamento insta a la Comisión a que incluya en sus informes aspectos tales como esquemas de las medidas de protección y actividades de formación adoptadas por los Estados Miembros, incluyéndose las campañas de sensibilización o la evaluación de las prestaciones procuradas por los Estados Miembros a las víctimas en materia de asistencia jurídica gratuita (Parlamento Europeo, 2018).

defectos de los que adolece su aplicación merman de forma decisiva su eficacia, de ahí que se subraye la necesidad de fortalecer la comunicación y cooperación en los ámbitos comunitario e interno en aras de que este mecanismo se articule como una herramienta adecuada para la protección de las víctimas.

#### *c.2) Análisis de la Directiva 2012/29/UE, del Parlamento Europeo y del Consejo, de 25 de octubre de 2012 por la que se establecen normas mínimas sobre los derechos, el apoyo y protección de las víctimas de delitos y por la que se sustituye a la Decisión Marco 2001/220/JAI del Consejo: examen de los avances conseguidos respecto a la Decisión Marco*

La Directiva 2012/29 constituye el último referente normativo en materia de protección a las víctimas de delitos adoptado en el marco de la Unión Europea (Blázquez Peinado, 2013). Así, con el objetivo de realizar un abordaje adecuado sobre este cuerpo legal resulta adecuado traer a colación nuevamente el Programa de Estocolmo, una Europa abierta y segura que sirva y proteja al ciudadano que, desarrollado entre los años 2010 y 2014, puso el acento en la necesidad de incidir sobre aquellos colectivos de mayor vulnerabilidad o sometidos a situaciones especialmente perjudiciales. Así, este fin implica la aportación una repuesta unitaria en este tipo de contextos, labor que conlleva el diseño de pautas que unifiquen las normas de los Estados Miembros en este ámbito, tanto desde una perspectiva formal como material (García Rodríguez, 2016).

En este sentido, el Consejo aprobó el 10 de junio de 2011 una resolución mediante la cual se aprobaba un Plan de Trabajo para reforzar los derechos y la protección de las víctimas, en particular de los procesos penales —DO C 187/1—, también denominado «Plan de Trabajo de Budapest» (Blázquez Peinado, 2013). La redacción de este Plan recoge diez objetivos que la UE debe alcanzar relativos a la tutela de este colectivo[82], para lo que se proponen cinco líneas de actuación, de las cuales únicamente una de ellas se ha llevado a cabo, a saber, la elaboración de una normativa que sustituya a la DM 2001/220/JAI (Blázquez Peinado, 2013)[83]. Así, el Consejo aprobó la iniciativa presentada por la Comisión el 18 de mayo de 2011 sobre una propuesta de Directiva referida al establecimiento de normas mínimas sobre derechos, apoyo y protección a las víctimas de delitos, la cual vio la luz el 25 de octubre de 2012.

Así, la Directiva 2012/29/UE —en adelante, Directiva 2012— entró en vigor el 15 de noviembre de 2012, fijándose en

---

82 Así, entre los objetivos que figuran en esta resolución se encuentran el establecimiento de procedimientos y sistemas tendentes a salvaguardar la dignidad, la integridad e intimidad de las víctimas durante el proceso penal, la promoción del acceso de las víctimas a la justicia y los mecanismos asistenciales. Adicionalmente, se prevé la implementación de planes de actuación que eviten la victimización secundaria, la provisión de intérpretes y traductores en la sustanciación del proceso penal, el refuerzo de la participación de la víctima en el proceso penal y de su derecho a la información en aspectos determinados. Este documento contempla asimismo el fomento de la justicia restaurativa y de sistemas alternativos de resolución de controversias con anuencia de la víctima, prestando especial atención a los intereses de las víctimas menores de edad y la dotación de una formación adecuada a aquellos profesionales cuyo contacto con la víctima resulte real o potencial (García Rodríguez, 2016).

83 No obstante, otro de los hitos que desarrolló en el marco de este Plan de Trabajo fue la elaboración y posterior aprobación del Reglamento (UE) 606/2013, de 13 de junio de 2013 sobre el reconocimiento mutuo de sentencias de protección en el ámbito civil. Así, la relevancia del Reglamento radica en que este texto legal refuerza un espacio común de justicia carente de fronteras interiores al garantizarse el reconocimiento y ejecución de medidas de protección a favor de las víctimas en un Estado miembro diferente al de emisión, favoreciéndose de este modo la tutela transnacional de las víctimas (García Rodríguez, 2016).

su artículo 30 el 16 de noviembre de 2015 como fecha máxima de trasposición de este cuerpo normativo. Asimismo, tal y como reza la denominación de esta Directiva, deroga y sustituye a la DM 2001, propósitos que se dejan sentir en su configuración (Chozas Alonso, 2015). En este sentido, el art. 1.1 establece como una de las finalidades de la Directiva ofrecer garantías a las víctimas relativas a la información, apoyo y protección, así como su participación efectiva en el proceso penal; adicionalmente, se propugna el reconocimiento de su condición y de tratamiento adecuado a sus características por la totalidad de los profesionales relacionados con la persecución y enjuiciamiento del delito. En consecuencia, la Directiva de 2012 se presenta como un avance en la defensa de los derechos de las víctimas, progreso en el que la eliminación de conductas que promuevan la victimización secundaria ocupa un lugar destacado[84] (Chozas Alonso, 2015).

Por otra parte, debemos destacar la naturaleza de «derecho de mínimos» que caracteriza el desarrollo de esta regulación. De este modo, los Estados Miembros podrán trascender del tenor de la norma comunitaria en sus respectivas trasposiciones con el objetivo de profundizar en la tutela de las víctimas, ya como categoría general, ya a sectores concretos (Pérez Rivas, 2017). No obstante, los postulados de la Directiva 2012 no excluyen la aplicación de preceptos de otras normas que gocen de un mayor alcance al abordar las necesidades e intereses de víctimas determinadas —trata de seres humanos, abusos, agresiones sexuales a menores o pornografía infantil—, extremos que se disponen en el considerando 69 de la Directiva 2012 (Pérez Rivas, 2017).

---

[84] Así, el objetivo de paliar la victimización secundaria se intensifica en determinadas tipologías delictivas, tales como la trata de seres humanos, el terrorismo, la delincuencia organizada, las lesiones, los delitos sexuales, los de odio, la violencia de género o aquellos perpetrados contra menores de edad (Chozas Alonso, 2015).

i. Concepto de víctima

La delimitación del término víctima deviene en una labor fundamental en la concreción del ámbito de aplicación de la Directiva 2012. Así, la definición que se recoge en el art. 2 es más amplia que la plasmada en la DM 2001 puesto que, si bien es cierto que sendos cuerpos se refieren a las víctimas directas[85], la Directiva alude de forma específica a las víctimas indirectas, a las que identifica con los familiares, extremo que se mencionaba someramente en la DM (Pérez Rivas, 2017).

Sin embargo, los parientes recibirán la consideración de víctimas indirectas únicamente en los supuestos en los que se produzca la muerte de la víctima como consecuencia de un delito y esta genere daños o perjuicios al familiar o asimilado. Por consiguiente, *a sensu contrario*, se excluyen los supuestos en los que la víctima lo fuera de lesiones, aun resultando graves; estas matizaciones limitan excesivamente la exégesis del precepto, deviniendo, por tanto, en una definición insuficiente, que constriñe a su vez el ámbito de aplicación de la norma. En consecuencia, se aboga desde distintos sectores por el uso de fórmulas más abiertas por los Estados Miembros en la trasposición de la Directiva 2012 con el objetivo de que los familiares puedan categorizarse como víctimas indirectas en la mayoría de los supuestos (De Hoyos Sancho, 2014).

Por su parte, otro de los aspectos críticos de esta definición es la referencia exclusiva a las personas *físicas*, descartándose, por ende, la incardinación de las personas jurídicas en el objeto de la Directiva (Pérez Rivas, 2017). Esta omisión no se ha encontrado exenta de críticas, en la medida en que los colectivos también pueden sufrir las consecuencias de la comisión

---

85 «personas físicas que hayan sufrido un daño o perjuicio, en especial lesiones físicas o mentales, daños emocionales o un perjuicio económico, directamente causado por una infracción penal».

delictiva. Sin embargo, el legislador justifica este proceder en el objetivo último de la Directiva previamente señalado, esto es, la evitación de la victimización secundaria mediante la aprobación de medidas que satisfagan los intereses y necesidades de las víctimas, así como la elaboración de programas que ayuden a paliar el trauma y el daño generado por la experiencia delictiva (De Hoyos Sancho, 2014). Estos extremos, manifestadas en el Considerando noveno de la Directiva, encuentran por su naturaleza una mayor vinculación con los atributos de las personas físicas que con las jurídicas[86]; no obstante, la mayor parte de las prerrogativas recogidas en la norma —derecho a la información, a la participación, a la devolución de enseres, entre otros— pueden ejercitarse por personas físicas y jurídicas (De Hoyos Sancho, 2014).

Sin embargo, esta preterición se fundamenta en la configuración de la Directiva, que no persigue una armonización total de los cuerpos legislativos aprobados por los Estados Miembros sino de aquellos aspectos que resultan fundamentales. En consecuencia, el legislador europeo dota de libertad a los Estados parte para incluir o no a las personas jurídicas como destinatarios de la norma, prerrogativa que se contempla adicionalmente en el «Documento guía para la trasposición e implementación de la Directiva 2012/29/UE»[87] (FIDH, 2007).

Como colofón, consideramos necesario dedicar unas líneas a una tipología especial de víctima que es abordada por

---

86 En términos similares se pronuncia la En mismo sentido se pronuncia la STJUE de 21 de octubre de 2010 (Sala Segunda), Eredics y Sápi, C-205/09, Rec. p. I-10231, apartado 30, al establecer las diferencias objetivas existentes entre personas físicas y jurídicas (García Rodríguez, 2016).

87 La traducción de este documento viene del inglés *DG Justice Guidance Document related to the transposition and implementation of Directive 2012/29/UE.*

la Directiva 2012, esto es, las víctimas «con necesidades especiales de protección»; esta categoría no resulta baladí si atendemos al hecho de que abarca un capítulo entero —el cuarto, concretamente, los arts. 18–24—, contrariamente a lo que sucedía con la regulación de la DM 2001 que apenas aludía a esta clase de víctimas (De Hoyos Sancho, 2014).

Así, si bien es cierto que las diferencias entre sendos cuerpos legales con palmarias, no lo es menos que en la propia Directiva se han producido cambios en el tratamiento de las víctimas con necesidades especiales de protección; en este sentido, la fórmula de la propuesta de la Directiva dista sustancialmente del texto vigente actualmente (De Hoyos Sancho, 2014). Por una parte, en la propuesta se establecía una relación específica de víctimas consideradas especialmente vulnerables con base, ya en sus atributos personales —minoría de edad o discapacidad—, ya en la naturaleza o tipología delictiva —violencia sexual o trata de seres humanos—; la existencia o no de vulnerabilidad se determinaría partiendo de la realización de una evaluación por los Estados Miembros sobre las necesidades, carencias e intereses de todas las víctimas. Sin embargo, la redacción finalmente aprobada no adopta ninguna definición concreta, estableciéndose, en cambio, parámetros cuyo análisis devendrá en herramienta fundamental en la estimación de la vulnerabilidad de un sujeto —riesgo de victimización secundaria, etnia, edad, dependencia emocional del victimario, sexo, victimización reiterada, residencia legal, entre otros[88]—;

---

[88] El Considerando 38 de la Directiva recoge de manera somera estos aspectos. Sin embargo, la incapacidad de la víctima de denunciar su situación, especialmente en aquellos supuestos en los que la víctima no se identifica como tal, no aparece en los parámetros legales expresados en la Directiva. Por este motivo, resulta necesario que las regulaciones nacionales aborden estas cuestiones, labor en la que pueden resultar útiles los postulados establecidos por las Reglas de Brasilia o las Guías de Santiago; instrumentos que, si bien de *soft*

por consiguiente, la idea que late de fondo es la consideración de que cualquier persona, a priori, podría resultar particularmente vulnerable en razón de sus circunstancias (De Hoyos Sancho, 2014).

ii. Prerrogativas recogidas en la Directiva 2012/29/UE

La Directiva 2012 reconoce en su parte dispositiva numerosos derechos que pueden ejercitarse por la víctima en el marco del proceso penal, cuya aplicación se graduará atendiendo al principio de individualización, considerado línea maestra en la configuración del texto (Pérez Rivas, 2017). En este sentido, el abordaje de las diferentes facultades requiere de una división tripartita, clasificándose las prerrogativas en tres módulos distintos, a saber, la información y apoyo a las víctimas; el derecho a la participación y la protección de las víctimas (Blázquez Peinado, 2013).

- Derecho a la información

Esta prerrogativa se recoge en el capítulo segundo, en los artículos que abarcan del 3 al 9; en estos preceptos se establece que las víctimas serán instruidas desde su primer contacto con las autoridades sobre las facultades que pueden ejercitar, sin dilaciones y en un lenguaje claro y comprensible, referido tanto al idioma como al léxico empleado. Así, la información que se facilite versará sobre los servicios asistenciales disponibles, la posibilidad de interponer denuncia y los trámites derivados

---

*law*, pueden proporcionar pautas para la consecución de estos objetivos. Así, la segunda de ellas representa un lugar destacado al poner el acento sobre la coordinación entre los servicios sociales —por ejemplo, entidades del tercer sector— e institucionales como fórmula más adecuada para solventar esta problemática (De Hoyos Sancho, 2014).

de la misma; el acceso a sistemas de justicia gratuita o de compensación estatales; la solicitud de servicios de traducción e interpretación; los sistemas de justicia reparadora o el reembolso de los gastos sufragados durante la sustanciación del proceso penal. No obstante, la información que se preste a la víctima se modulará atendiendo a sus características personales (Pérez Rivas, 2017).

Asimismo, si la víctima lo solicita, podrá recibir otro tipo de datos relativos a la sustanciación del proceso penal, que abarcará la decisión del tribunal de no incoar, de poner término a la investigación o no procesar al infractor; la hora y el lugar del juicio; el tipo de cargos que van a enjuiciarse, o la sentencia recaída, entre otros. Sin embargo, este derecho de información cuenta con una dimensión negativa, que se materializa en la libertad de decisión de la víctima de no conocer estas cuestiones adicionales —salvo cuando resulte obligatorio por la naturaleza del proceso—, parecer que podrá modificar en cualquier momento (Pérez Rivas, 2017).

- Participación de las víctimas en el proceso penal

El conjunto de facultades compilado bajo esta rúbrica se diferencia de la categoría anterior en el momento de su ejercicio. En este sentido, mientras los derechos de información podían hacerse valer desde el primer contacto de la víctima con la autoridad competente, los referidos a la participación se limitan a la sustanciación del proceso penal *stricto sensu* (Blázquez Peinado, 2013).

Así, entre las prerrogativas de la víctima que se incardinan en esta clasificación se encuentran el derecho a ser oída y a facilitar elementos de prueba[89] —art. 10—; la solicitud de revisión

---

89 Este precepto presenta diferencias sustanciales con el contenido en la DM 2001 en la medida en que la disposición actual contempla

de la decisión del tribunal de no continuar con el procesamiento del infractor, con excepción de los acuerdos alcanzados en vía extrajudicial —art. 11—; adicionalmente, se permite el acceso a los sistemas de justicia reparadora[90] —art.12— (Blázquez Peinado, 2013).

Por su parte, en este Capítulo tercero de la Directiva se recogen otro tipo de derechos que, si bien se hallaban regulados con anterioridad en la DM 2001, en este cuerpo legal les confiere un estatus de derecho *real* y, por tanto, susceptible de ser ejercitado conforme a lo dispuesto en las legislaciones nacionales al no constituir derechos absolutos (Blázquez Peinado,

---

como un criterio susceptible de valoración la minoría del sujeto y su edad con el objetivo de determinar la procedencia del trámite de audiencia (Blázquez Peinado, 2013). Sin embargo, el tenor de este precepto resulta escueto en su redacción en la medida en el que no establece el modo ni el momento procesal en el que este trámite debe ejecutarse; en este sentido, únicamente hallamos una referencia en el Considerando 41 de la Directiva, estableciendo que el derecho de las víctimas a ser oídas se ejecutará cuando puedan expresarse por escrito. Estas pautas, si bien suponen un avance en la determinación de los extremos previamente mencionados, se cuestiona su ubicación sistemática, al no plasmarse en el articulado (De Hoyos Sancho, 2014).

90 Este sistema de justicia reparadora, si bien persigue fines similares a la mediación recogida en la DM 2001, la Directiva configura un modelo de mayor amplitud, definiendo mejor sus características, los requerimientos que han de cumplirse, así como las garantías en la ejecución de estos procedimientos (Blázquez Peinado, 2013). Así las cosas, resulta relevante destacar el último de los extremos aludido debido a los posibles riesgos de victimización secundaria que pueden derivarse de la ejecución de estas prácticas, de ahí que la satisfacción de los intereses y necesidades de las víctimas deban presentarse dinámicas restaurativas. Por este motivo, deberán considerarse aspectos como la gravedad delictiva o la entidad de los perjuicios causados en la determinación de la idoneidad de estas prácticas (García Rodríguez, 2016).

2013). Las prerrogativas a las que aludimos son aquella relativas al derecho a la asistencia jurídica gratuita cuando se postulen como parte en el proceso penal —art. 13—, el reintegro de los gastos generados como consecuencia de la participación activa de la víctima en los procesos penales —art. 14—, y, por último, la devolución de los enseres que se hubiesen incautado durante el curso del proceso penal —art. 15— (Blázquez Peinado, 2013).

Por otro lado, se reconoce en el artículo 16 el derecho de las víctimas a obtener una resolución que verse sobre la indemnización por parte del infractor durante la sustanciación del proceso penal, salvo que estos trámites se diriman por otras vías jurisdiccionales. Sin embargo, esta prerrogativa, que se contemplaba con carácter similar en la DM 2001, no implica conseguir una indemnización en todos los casos, sino que esta pueda hacerse efectiva en los supuestos correspondientes mediante la instauración de mecanismos adecuados por parte de los Estados Miembros, objetivo sobre el que incide el tenor del precepto (Blázquez Peinado, 2013).

Por último, este Capítulo se cierra con la provisión de prerrogativas en aquellos supuestos en que la víctima resida en un Estado Miembro distinto al que se cometió el delito. En este sentido, el artículo 17 permite, por una parte, la declaración de la víctima con carácter inmediato tras la denuncia; de otra, la ejecución del trámite de audiencia mediante videoconferencia o conferencia telefónica; y, por último, la posibilidad de interponer la denuncia ante las autoridades competentes del Estado de residencia. Estas consideraciones se presentan como producto de los postulados del Convenio relativo a la asistencia judicial en materia penal entre los Estados Miembros de la Unión Europea, celebrado en Bruselas el 29 de mayo del 2000; en consecuencia, si bien es cierto que el contenido de este cuerpo legal se deja sentir en la DM 2001, se expresa con una mayor contundencia en la Directiva 2012 (García Rodríguez, 2016).

No obstante, resulta necesario subrayar ausencias significativas en la vertiente material de este Capítulo. Por una parte, no se reconoce el derecho a las víctimas a ejercitar la acción penal, ni siquiera condicionando su intervención a la acción del Ministerio Fiscal. Así, esta omisión se explica por la consideración de esta prerrogativa como «núcleo duro» de las legislaciones nacionales. En consecuencia, plasmar estas facultades a nivel europeo implicaría forzar la armonización en una materia en la que se evidencian de manera clara las divergencias existentes entre las diferentes tradiciones legislativas que confluyen en el marco de la UE. Por otro lado, el legislador europeo guarda silencio sobre otro aspecto relevante, esto es, el derecho a que el proceso se desarrolle sin dilaciones indebidas o en un plazo razonable, apareciendo únicamente esta fórmula en el artículo 16, relativo al derecho a la obtención de una indemnización previamente señalado[91] (De Hoyos Sancho, 2014).

- Protección de las víctimas

El Capítulo cuarto de la Directiva 2012 aborda, en sus artículos 18 a 24 la protección que debe procurarse a las víctimas de delitos. En este sentido, el primero de los preceptos insta a los Estados Miembros al establecimiento de medidas tendentes a la tutela de las víctimas y sus familiares frente a

[91] Esta facultad, si bien se encuentra reconocida para el acusado en la mayor parte de los textos internacionales e internos, analizándose, por tanto, desde esta perspectiva, no se excluye la atribución de esta prerrogativa a la víctima del delito. En este sentido, cabe destacar la redacción del Convenio Europeo de Derechos Humanos y de la Carta de Derechos Fundamentales de la Unión Europea, en cuyos preceptos —6.1. y 47, respectivamente— se plasma la necesidad de que el proceso se desarrolle sin dilaciones indebidas. Asimismo, esta pretensión se plasma en el ordenamiento español, concretamente en el art. 24.2 CE relativo a la tutela judicial efectiva (De Hoyos Sancho, 2014).

la victimización secundaria, intimidación, represalias o daños emocionales o psicológicos, así como la salvaguarda de su libertad en la toma de declaración y testificación; asimismo, esta disposición contempla adicionalmente la posibilidad de que los Estados Miembros articulen regulaciones en sus ordenamientos relativas a la protección física de víctimas y testigos. Por su parte, el legislador europeo especifica en el artículo 20 que la protección de la víctima no se constriñe al desarrollo del proceso, extendiéndose a las fases de investigación penal (Blázquez Peinado, 2013).

Así las cosas, el tenor de la Directiva 2012 resulta más completo y detallado que el de la DM 2001. En este sentido, frente al único artículo de la DM que abordaba la materia, la Directiva destina cuatro artículos a regular específicamente las medidas de protección de la víctima, a lo cual debe adicionarse la alusión clara a los familiares de las víctimas como destinatarios de la protección así como la concreción de los riesgos a los que estas se enfrentan, señalados *supra* (Blázquez Peinado, 2013).

Por su lado, otra de las novedades de esta Directiva es la configuración de tres niveles de protección concebidos de forma progresiva. De este modo, el nivel de protección *estándar* resulta aplicable a las víctimas de todos los delitos, mientras que el segundo nivel, *reforzado*, se encontraría destinado a aquellas víctimas que se encuentren necesitadas de una especial protección —art. 23—; y, por último, en el nivel máximo de tutela se dirigiría a los menores de edad —art. 24— (Pérez Rivas, 2017).

Asimismo, entre las prerrogativas que componen el primer nivel de protección de la Directiva 2012/29/UE cabe destacar la evitación del contacto entre víctima y agresor en las dependencias judiciales, salvo que la naturaleza del proceso lo requiera, así como la habilitación de salas de espera separadas en las sedes judiciales —art. 19—. Por su parte, el art. 20 persigue la prevención de la victimización secundaria mediante el establecimiento de pautas para las declaraciones de las víctimas.

En este sentido, deberán realizarse sin dilaciones indebidas y su número deberá ser el mínimo e imprescindible para la obtención de la información. Por otro lado, se permitirá el acompañamiento de la víctima por una persona de su elección y su representante legal y, por último, los reconocimientos médicos se efectuarán cuando resulten necesarios para la sustanciación del proceso penal. Por otro lado, en lo que respecta al derecho a la intimidad, el art. 21 faculta a los Estados Miembros a que desarrollen iniciativas tendentes a la protección de la intimidad de los sujetos durante el proceso penal, tanto de sus características personales como de su imagen, atendiendo especialmente a la minoría de edad de los sujetos. Adicionalmente, se insta al establecimiento de medidas de autorregulación por parte de los medios de comunicación en el tratamiento de noticias que versen sobre sucesos delictivos y su procesamiento, acciones en las que deberá primar el respeto a la libertad de expresión.

Por su parte, serán destinatarias del segundo nivel de tutela conferido por la Directiva 2012 en el art. 22 aquellas víctimas que precisen necesidades especiales de protección, las cuales se determinarán mediante la realización de una evaluación individual. Así, en este examen se valorarán aspectos como las características personales de la víctima, la tipología delictiva[92] y las circunstancias en las que se cometió el ilícito. En este sentido, recibirán una especial consideración en el análisis los supuestos en que la gravedad del perjuicio se derive de la entidad del delito o las situaciones de dependencia que las víctimas experimenten respecto al infractor (Pérez Rivas, 2017).

---

92 En este sentido, la Directiva 2012 pone el acento sobre determinadas categorías delictivas, a saber, terrorismo, delincuencia organizada, trata de personas, violencia de género, doméstica, explotación sexual o delitos de odio, así como víctimas con discapacidad.

En este orden de cosas, el art. 23 de la Directiva 2012 dispone las medidas que podrán ser aplicadas a este tipo de víctimas, realizándose una distinción entre aquellas prerrogativas que pueden ejercitarse, por un lado, durante la investigación, y, de otro, en la sustanciación del proceso penal. Así, la primera de las categorías subsume aquellos aspectos relacionados con la toma de declaración, estableciéndose una serie de exigencias, tales como su realización en dependencias destinadas a esta finalidad por profesionales formados en la materia y que, en los supuestos que requieran más de una toma de declaración a una misma persona, se realice por el mismo profesional, y sea del mismo sexo de la víctima en los delitos de violencia de género o de naturaleza sexual[93]. Por otro lado, entre las medidas que deben adoptarse en relación con el proceso penal *per se*, se encuentran, en primer término, aquellas tendentes a la evitación del contacto visual entre víctima e infractor, incluso durante la práctica de la prueba. Por su parte, se regulan aquellas que garanticen, por un lado, la audiencia de la víctima sin que esta se encuentre en la sala, mediante el empleo de sistemas tecnológicos; por otro, que las preguntas formuladas no versen sobre aspectos privados de la vida de la víctima y que resulten irrelevantes para el devenir del proceso y, por último, que el trámite de audiencia pueda celebrarse sin público (Tamarit Sumalla, 2013b).

Adicionalmente, resulta necesario mencionar que el art. 22 previamente citado recoge la presunción de vulnerabilidad de los menores relativa a la victimización secundaria, intimidación o represalias, sin perjuicio de que resulte preceptiva su

---

[93] El requerimiento de identidad de sexo entre la víctima y el profesional encargado de la toma de declaración se exceptuará en los supuestos en que tal labor se lleve a cabo por jueces o fiscales; asimismo, este requisito se supeditará a la voluntad de la víctima.

evaluación individual en aras de determinar las medidas aplicables en cada caso concreto (Tamarit Sumalla, 2013b).

En este sentido, debemos conjugar el último extremo mencionado con el tercer y más intenso nivel de protección que, plasmado en el artículo 24 de la Directiva 2012, se refiere a la tutela de los menores de edad. Así, adicionalmente a las medidas contempladas de manera genérica para las víctimas necesitadas de especial protección, este precepto permite en el contexto de la investigación penal que la declaración sea grabada con objeto de emplearse como prueba preconstituida, evitando de este modo una exposición excesiva del menor, así como la designación de representante en los supuestos de conflicto de intereses entre el menor y sus progenitores o tutores legales o en los que el menor no se encuentre acompañado. Por último, se produce una intensificación del derecho a la intimidad, prescribiendo a los Estados la adopción de medidas que impidan la facilitación de información que pudiese revelar la identidad del menor (Pérez Rivas, 2017).

Por consiguiente, la exhaustividad en el abordaje de las víctimas necesitadas de especial protección constituye uno de los puntos clave de este Capítulo y una de las innovaciones más relevantes del texto de la Directiva 2012/29/UE. En este sentido, se configura un nuevo modelo de tutela, caracterizado fundamentalmente por la superación del modus operandi «clasificador–estático» en favor de una concepción dinámica en la intervención victimal. En otras palabras, se abandona la calificación apriorística de las víctimas especialmente vulnerables basada en criterios tasados, apostándose, en contrapartida, por el análisis detallado de los riesgos de victimización secundaria, así como de los factores de vulnerabilidad, lo cual se traduce en un tratamiento individualizado y, presumiblemente, más eficaz para con la víctima al incidir de forma más precisa sobre sus necesidades, carencias e intereses (Tamarit Sumalla, 2013a).

### iii. Luces y sombras de la aplicación de la Directiva: estrategias y propuestas de mejora

La Directiva del año 2012 aporta un sólido conjunto de derechos al acervo jurídico de la Unión Europea en materia de protección y garantías de los derechos de las víctimas. Así, el nivel de complejidad y eficacia del texto supera ampliamente a su antecesora, la Decisión Marco del año 2001.

En este sentido, desde una perspectiva formal, del empleo de fórmulas contundentes y seguras, así como su extensión —72 considerandos y 32 artículos frente a los 12 considerandos y 19 artículos de la DM 2001— se infiere un gran desarrollo y exhaustividad, aspectos que proyectan una mayor consideración hacia las necesidades de tutela de las víctimas. En lo que respecta a su vertiente material, la base jurídica preexistente en materia de víctimas, así como la colaboración interinstitucional resultaron factores determinantes para la elaboración de la Directiva. En lo relativo a este último aspecto, el hecho de que este texto normativo fuera impulsado por la Comisión Europea en sus funciones de garante del interés general y que el Parlamento y el Consejo se erigieran como coautoridades legislativas en este proceso, dotó a la norma de legitimidad (De Hoyos Sancho, 2014).

Asimismo, en términos procesales también se aprecian diferencias significativas, ya que la Directiva fue tramitada por el denominado proceso legislativo ordinario, mientras que la DM 2001 fue adoptada a propuesta de un Estado Miembro (De Hoyos Sancho, 2014). Por último, en términos sistemáticos, el hecho de enmarcar este texto en el mecanismo de la Directiva revela un mayor compromiso de los Estados Miembros con el cumplimiento de la norma, en la medida en que goza de un efecto vinculante debido a su efecto directo vertical (De Hoyos Sancho, 2014).

No obstante, respecto a las fortalezas de la norma expuesta *supra,* la Comisión Europea ha evidenciado una serie de deficiencias en su aplicación desde su entrada en vigor, lo que se traduce en la falta de confianza de los ciudadanos de la UE en el ejercicio de sus derechos. Así, este organismo publicó el 24 de junio de 2020 la «Estrategia de la UE sobre los derechos de las víctimas (2020–2025)» documento en el que, partiendo de los datos ofrecidos por diferentes instituciones europeas, brinda una serie de pautas y recomendaciones dirigidas a paliar estas carencias y fortalecer, en consecuencia, el sistema de protección de víctimas en el contexto de la Unión Europea. Así, en las líneas que siguen expondremos de forma somera el contenido más relevante de dos de los documentos que notablemente han influido en la elaboración de la Estrategia, nos referimos a las líneas principales de *Strengthing victim's rights: from compensation to reparation: For a new EU Victim's rights Strategy 2020–2025* y al Informe proyecto VOCIARE: *Victims of Crime Implementation Analysis of Rights in Europe. Assessing the EU's victims' directive.*

El primero de los informes constituyó uno de los principales encargos asignados a la consejera especial de la Comisión de aquel momento, Joëlle Milquet, durante su mandato. En términos generales, este documento se elabora desde un enfoque participativo al aunar las principales demandas de asociaciones de víctimas, de las propias víctimas, así como autoridades nacionales y de la Comisión Europea encargadas de la compensación de las víctimas. Adicionalmente, también se toma en consideración la perspectiva de derechos humanos al entender la justicia penal como un derecho que debe ser garantizado por los Estados. Por último, este informe alberga un prisma holístico al no circunscribir la compensación únicamente al ámbito económico. Así las cosas, las propuestas compiladas en el informe obedecen a las dificultades experimentadas por las víctimas durante el proceso de compensación, las cuales se articulan en torno a cuatro ejes. En este sentido, se aborda la falta de información, la indemnización procedente del Estado, aquella que debe ser procurada por el infractor y, por último, las trabas inherentes al propio proceso, entre las que se encuentra la interdependencia de las esferas administrativa, civil y penal, criterios restrictivos o procedimientos costosos (Milquet, 2019). No obstante, si bien la consejera consideró que estas matizaciones podrían ser aplicables a todas las víctimas de forma global, aspectos tales como la edad, género, vulnerabilidad o raza debían ser tenidos en cuenta en aras de garantizar el ejercicio de estos derechos. Asimismo, el informe aborda separadamente determinadas tipologías de víctimas, a saber, las de terrorismo, trata de personas o violencia de género al considerar que, por las características inherentes a estos delitos, precisan un tratamiento específico (Milquet, 2019).

En lo que respecta a la Directiva del año 2012, el informe realiza una valoración positiva de la misma fundamentado en los avances acontecidos en materia de reconocimiento y protección de los derechos de las víctimas. Sin embargo, también subraya que la implementación y la aplicación efectiva constituyen dos aspectos fundamentales que permiten evaluar las normas con una mayor rigurosidad. En este sentido, la consejera subraya la laguna legislativa existente de la Directiva de 2012 en torno a la compensación, la cual continúa encontrándose bajo la discrecionalidad de los Estados Miembros. Por consiguiente, se evidencian los potenciales riesgos de victimización secundaria para aquellas víctimas que deseen ejercitar estos derechos de compensación y no puedan llevarlos a cabo, bien por falta de información, de recursos o de acceso al sistema (Milquet, 2019). Así las cosas, el informe adopta un enfoque estratégico en dos pasos: en primer término, se diseñarán estrategias que puedan ser adoptadas por la UE sin que impliquen modificaciones legislativas y, en segundo lugar, aquellos cambios que conlleven modificaciones en la normativa comunitaria.

El segundo de los documentos que constituye el principal fundamento de esta Estrategia es el informe realizado por el proyecto VOCIARE, acrónimo que se corresponde con la fórmula «Victims of Crime Implementation Analysis of Rights in Europe», coordinado por la Asociación Portuguesa para el Apoyo de Víctimas —APAV— y la Asistencia Europea de Víctimas —*Victim Support Europe*, VSE, en sus siglas en inglés—. La investigación recogida en este informe se realizó entre junio de 2018 y marzo de 2019 y se articuló con el objetivo de comprobar el grado de implementación de la Directiva en los diferentes Estados Miembros. En este sentido, si bien se han llevado a cabo otras acciones[94] en las que la Directiva ha supuesto

94 En este sentido, desde *Victim Support Europe* se han llevado a cabo diversas iniciativas en materia victimal desde el año 2007 que han cristalizado en la elaboración de numerosos informes, estrategias, reuniones o congresos que han tenido por objeto, bien el tratamiento victimal en términos generales, bien la realidad de algunos colectivos concretos, tales como las víctimas de terrorismo, de violencia de género o con discapacidad. Entre los aproximadamente 800 documentos que figuran en las bases de datos de esta organización destacan los informes anuales, los cuales se dedican a sistematizar los avances producidos en el tratamiento y protección de víctimas, así como los retos y cuestiones pendientes de mejora (Victim Support Europe, 2022). En este sentido, el más reciente publicado hasta la fecha es el relativo al año 2022, el cual incluye la mejora del acceso de las víctimas a los sistemas de justicia como uno de los objetivos marcados para ese periodo. Así las cosas, se proponen desde la organización varias iniciativas tales como PROTECT —intercambio de buenas prácticas en materia de justicia restaurativa y en protección de los derechos de las víctimas—, FYDO —en la que se incorpora el cuidado de perros con el objetivo de mitigar el daño producido por la experiencia delictiva— o CREST —mediante la cual se incluyen los sistemas de Inteligencia Artificial y Nuevas Tecnologías con el objetivo de luchar contra el terrorismo y el crimen organizado—. Sin embargo, consideramos necesario resaltar en este punto la línea de actuación denominada «BeneVict- Benefits of full implementation of the Victim's Rright Directive». Este proyecto cuenta con un ámbito de aplicación netamente comunitario, conformado por los 26 países que componen la UE actualmente y se configura con el

un eje transversal, en este documento se realiza una valoración objetiva de la implementación de este texto comunitario, lo que motiva su abordaje en las líneas que siguen. Así las cosas, se analizó la trasposición de la Directiva de 2012 en 26 Estados diferentes, especialmente de los artículos 2 —definición del concepto víctima— al 26 —cooperación y coordinación de servicios— por investigadores pertenecientes a los Estados Miembros que participaron en el estudio. La metodología se estructuró en dos etapas: en primer lugar, se recabó información sobre el nivel de trasposición de la Directiva de 2012 alcanzado por cada país miembro a través de recursos bibliográficos existentes sobre la materia. En el supuesto de no contar con información suficiente que permitiese analizar la trasposición de la Directiva de forma íntegra, el segundo estadio de la investigación implicaría la realización de entrevistas semiestructuradas con actores vinculados con el proceso penal o con la asistencia a víctimas (Ivankovic, Altan, Carpinelli, Carmo y Valério, 2019). El formato semiestructurado se configuró a través de la elaboración de una plantilla que contenía diferentes preguntas sobre la aplicación práctica de la Directiva planteadas desde diferentes perspectivas con el objetivo de que pudieran ser contestadas por el mayor número posible de profesionales, bien para paliar las lagunas existentes en la información disponible, bien para complementar desde una perspectiva práctica

---

objetivo de apoyar tanto a la UE como organización internacional como a los Estados Miembros en la implementación integral de la Directiva de 2012, así como de aquellas Estrategias que se configuren con los mismos propósitos (Victim Support Europe, 2022). Adicionalmente, con esta acción se pretende recopilar datos actualizados sobre la implementación efectiva de la Directiva amén de, por vez primera en la Unión Europea, conocer los costes reales de la victimización y los beneficios del apoyo a víctimas en Estonia, Países Bajos, Portugal y España. En consecuencia, esta estrategia permitiría el avance en la consecución de derechos en materia de víctimas, que, como vemos, halla una estrecha vinculación con nuestro país.

los datos obtenidos de la revisión teórica. Adicionalmente, la versatilidad del formato semiestructurado permitía incorporar nuevas preguntas o adaptar las ya dispuestas a la realidad de cada país, produciéndose un acercamiento mayor a la praxis de la Directiva. Se realizaron un total de 130 entrevistas a expertos (Ivankovic, Altan, Carpinelli, Carmo y Valério, 2019).

Paralelamente a estos procesos, se llevaron a cabo encuestas telefónicas a profesionales de aquellos sectores estrechamente vinculados con la atención a víctimas —sanitario, judicial, policial, entre otros— sobre la implementación de los artículos 3 a 12 y de 17 a 26 de la Directiva. Las 773 respuestas obtenidas en total fueron analizadas conjuntamente e incorporadas en la matriz creada a partir de los indicadores obtenidos de los 26 Estados Miembros relativos a datos, progresos y problemas (Ivankovic, Altan, Carpinelli, Carmo y Valério, 2019).

Tras la valoración exhaustiva de los preceptos de la Directiva de 2012 que constituyeron el objeto de estudio de este proyecto, se determinó en términos generales que no era posible afirmar que la Directiva hubiera sido traspuesta de forma completa por la totalidad de los Estados Miembros. Esta tesis fue argumentada desde dos premisas diferentes: por un lado, en términos formales, la Directiva no había sido adoptada en su totalidad por los países de la UE, apreciándose carencias importantes en todos ellos[95]. Por otra parte, y lo que constituía una cuestión de mayor relevancia era la escasa dimensión práctica de los derechos que efectivamente formaban parte

---

95 La Comisión Europea pone de manifiesto que en el año 2020 se encontraba tramitando veintiún procedimientos de infracción por trasposición incompleta de la Directiva del año 2012 sobre los derechos de las víctimas. Los países objeto de estos procedimientos fueron Alemania, Australia, Bélgica, Bulgaria, Chequia, Chipre, Croacia, Eslovaquia, Eslovenia, Estonia, Francia, Hungría, Italia, Letonia, Lituania, Luxemburgo, Malta, Polonia, Portugal, Rumanía y Suecia.

del acervo jurídico de los Estados, no pudiéndose ejercitar de forma plena por las víctimas localizadas en la UE (Ivankovic, Altan, Carpinelli, Carmo y Valério, 2019).

En consecuencia, si bien se destacan los logros conseguidos por la Directiva en materia de visibilidad de las víctimas en el proceso penal, suministro de información o inversión en servicios de apoyo, se subraya la necesidad de implementación por parte de los Estados de medidas que cristalicen en una efectiva protección y ejercicio de derechos por parte de las víctimas. Por ello, la memoria se cierra con una serie de propuestas enfocadas a la involucración de la víctima con el sistema de justicia penal[96], entre las que destacan la inversión en formación de profesionales, así como en iniciativas de sensibilización de la realidad victimal amén del establecimiento de mecanismos que faciliten la conexión interinstitucional tanto a nivel Estatal como supranacional (Ivankovic, Altan, Carpinelli, Carmo y Valério, 2019).

### d) Estrategia de la UE sobre los derechos de las víctimas (2020–2025)

El 24 de junio de 2020 la Comisión Europea publica la «Estrategia de la UE sobre los derechos de las víctimas (2020–2025)» constituyendo este documento una comunicación al Parlamento Europeo, al Consejo, al Comité Económico y Social Europeo y al de las regiones. El fundamento de la elaboración de este documento se encuentra en la necesidad detectada por la Comisión de hacer efectivos los derechos de las víctimas, ya que, si bien existe una vasta producción jurídica

---

[96] La Agencia Europea de los Derechos Fundamentales (2019), en su informe *Victim's right as standards of Criminal Justice–Justice for victims of violent crime* califica los derechos de las víctimas a acceder a la justicia y a la protección como fundamentales.

en esta materia a nivel europeo, no se ejercita de forma plena en los Estados que componen la UE.

Esta Estrategia persigue un doble objetivo, a saber, por una parte, la dotación de recursos a las víctimas de delitos, y, por otra, el trabajo conjunto en materia de los derechos de las víctimas. Estas finalidades se encuentran a su vez subdivididas en diferentes líneas estratégicas, las cuales serán desarrolladas de forma somera en las líneas siguientes.

*d.1) Acciones orientadas a la dotación de recursos*

De cara a lograr la provisión de recursos a las víctimas de delitos, se considera conveniente considerar en primer lugar el mantenimiento de una comunicación con las víctimas por canales eficaces, así como de un entorno seguro con el objetivo de promover la denuncia de delitos. Esta premisa se concreta en varias acciones que pueden ser realizadas por la propia Comisión, los Estados Miembros o terceras partes interesadas, en este caso, las asociaciones de apoyo a víctimas. Por tanto, entre las potenciales acciones recogidas en el texto destacan especialmente la sensibilización y formación de los profesionales en contacto con víctimas, la colaboración mutua con las fuerzas y cuerpos de seguridad o autoridades judiciales. Asimismo, se subraya la atención específica a las víctimas de determinados delitos, poniendo el foco sobre la ciberdelincuencia, violencia de género, doméstica y delitos de odio, entre otros.

Adicionalmente, para la dotación de recursos a las víctimas de delitos se prevé una segunda línea orientada a la mejora del apoyo y protección aquellas víctimas más vulnerables. En este sentido, se persigue el tratamiento integral y adaptado a determinadas víctimas que presentan necesidades especiales, para las cuales se precisa la colaboración entre diferentes instituciones a nivel gubernamental, asociativo o comunitario, étnico o religioso[97]. Algunas acciones clave enmarcadas en este segundo objetivo son la declaración de los servicios de asistencia a víctimas como esenciales, el establecimiento de mecanismos que permitan el acceso a las víctimas al sistema de justicia con independencia de su estatus de residencia, así como de servicios integrados y específicos a las víctimas de mayor vulnerabilidad. Por último, se prevé la cooperación interinstitucional orientada a estos objetivos, destacando el intercambio de buenas prácticas.

Por su parte, la tercera acción orientada a la mejor dotación de recursos se dirige a facilitar el acceso a las víctimas a las indemnizaciones, aspecto que fue desarrollado *supra* en el abordaje del informe elaborado por Milquet (2019) y cuyos postulados fundamentales se recuperan en esta Estrategia. Así las cosas, se evidencian las dificultades que experimentan las víctimas para acceder a los sistemas de compensación debido a su demora en el tiempo y coste, complicaciones que inciden de forma directa en su proceso de recuperación. En términos generales, la Comisión insta a la revisión de la normativa comunitaria dedicada a la provisión de indemnizaciones y, en la esfera de los Estados Miembros, se recomienda la promoción de sistemas de indemnización más accesibles para las víctimas, así como el aumento de los presupuestos previstos para las mismas, evitándose de este modo potenciales riesgos de

---

[97] Entre los colectivos mencionados destacan los menores, las personas de edad avanzada, aquellas con discapacidad, los migrantes en situación irregular, las personas pertenecientes al colectivo LGTBIQ+ así como la victimización producida en el contexto de privación de libertad. Asimismo, en lo que respecta a tipologías delictivas que pueden constituir causa y a su vez consecuencia de vulnerabilidades, la Comisión destaca la violencia doméstica y de género, el terrorismo, la delincuencia organizada —especialmente, la trata de personas— o los delitos de odio, entre otras (Comisión Europea, 2020).

victimización secundaria. Del mismo modo, insta a las Redes europeas sobre los derechos de las víctimas y de puntos de contacto nacionales para la indemnización, amén de organizaciones de apoyo a víctimas a la búsqueda de nuevas fórmulas que incentiven la cooperación interinstitucional y que redunden en una mayor eficacia de los sistemas de indemnización, ayuda y asistencia a las víctimas.

*d.2) Acciones dedicadas al trabajo conjunto en defensa de los derechos de las víctimas*

La segunda directriz marcada por la Estrategia, esto es, el trabajo conjunto en defensa de los derechos de las víctimas basa su consecución en dos líneas diferentes. En primer lugar, se parte del refuerzo a la cooperación y la coordinación entre aquellos sectores que resultan clave en el tratamiento y protección de las víctimas. De este modo, se aboga por el cumplimiento de los principios rectores de la normativa comunitaria en materia de víctimas, que cristalizan en el reconocimiento y trato profesional, personalizado y respetuoso. En consecuencia, el diálogo continuo, el intercambio y el enfoque horizontal en la protección de los derechos de las víctimas deben primar en las estrategias nacionales que se elaboren en este sentido.

Asimismo, la implicación de la UE en estos procesos pasa por el establecimiento de una Plataforma de derechos de víctimas, cuyo funcionamiento será supervisado por una persona coordinadora, cargo que será designado por la Comisión. El propósito de este organismo es erigirse en cauce de comunicación a nivel comunitario entre las diferentes instituciones cuyas funciones se orienten al tratamiento de víctimas[98].

---

98 Adicionalmente, se prevé que esta plataforma pueda proveer el sustrato adecuado para que las diferentes Estrategias en materia victimal, además de la presente, puedan implementarse correctamente:

La segunda de las líneas que vertebran este segundo objetivo y que adicionalmente cierra esta Estrategia versa sobre la necesidad de reivindicar el cumplimiento de los derechos de las víctimas[99]. A diferencia de las cuatro propuestas anteriores, las finalidades marcadas por esta línea estratégica se dirigen únicamente a la Unión Europea como institución encargada de la salvaguarda de los derechos de las víctimas. En este sentido, se prevé la cooperación reforzada de la UE con otros organismos de entidad supranacional, como las Naciones Unidas o el Consejo de Europa en aras de garantizar la tutela de las víctimas, especialmente de aquellas en condiciones de especial vulnerabilidad. En segundo término, se considera conveniente destinar partidas presupuestarias a la protección de los derechos de las víctimas considerando la existencia del marco financiero plurianual desarrollado durante el periodo 2021–2027. Por último, se determina la necesidad de establecer una cooperación internacional entre la UE y terceros Estados con el objetivo de favorecer mecanismos que permitan una asistencia uniformizada a las víctimas de la UE en terceros países y a la inversa, esto es, que las víctimas pertenecientes a países puedan ser atendidas en el contexto de la Unión Europea.

Como colofón a esta Estrategia, la Comisión concluye que queda un largo camino por recorrer en materia de asistencia y protección a las víctimas de delitos. Por ello, el seguimiento regular de la ejecución de esta Estrategia constituirá una de las acciones enmarcadas en las labores de supervisión por pate

---

la estrategia de igualdad de género (2020-2025), la estrategia de los derechos del menor, la de formación judicial europea, el enfoque estratégico para la erradicación de la igualdad entre seres humanos, entre otros.

99 Estas acciones hallan su fundamento en el Plan de Acción de la UE para los Derechos Humanos y la Democracia (2020-2024), en el que se subraya el compromiso de la UE con la promoción de estos derechos y la exigencia de su ejercicio a nivel supranacional.

de la Comisión de la efectiva aplicación y cumplimiento de las normas comunitarias tuitivas de los derechos de las víctimas. Esta labor implicará, por tanto, la revisión de los instrumentos legales aprobados hasta el momento, así como la presentación de propuestas legislativas orientadas al fortalecimiento de las prerrogativas victimales. Estos postulados se materializan en la propuesta de reforma de la Directiva 2012/29/UE, cuyas líneas estratégicas fundamentales serán analizadas en el siguiente apartado.

#### e) Nuevos paradigmas en el tratamiento y protección de las víctimas a nivel comunitario: propuesta de reforma de la Directiva 2012/29/UE

El 12 de julio de 2023 se hizo pública por parte de la Comisión Europea una propuesta de reforma de la Directiva 2012/29/UE. Esta modificación se hace eco de las deficiencias advertidas por los organismos europeos mencionados con anterioridad en la dimensión práctica de la Directiva, constituyendo el sustrato de esta modificación legislativa. En este sentido, los cambios previstos se orientan a la consecución de mejoras en ámbitos tales como el acceso a la información, la asistencia a víctimas vulnerables, la participación de las víctimas en el proceso penal, la disponibilidad de los procesos de indemnización o el empleo de medios de comunicación electrónicos, así como mejoras en la protección de víctimas de determinados delitos, destacando la violencia de género y doméstica como tipologías criminales. Resulta posible inferir, por tanto, la exhaustiva reforma que se pretende operar en este cuerpo legislativo, motivo por el que nos detendremos sobre aquellos aspectos que guardan una mayor vinculación con el objeto de estudio de esta monografía.

En primer término, el derecho a la información previsto originalmente en los artículos 4 y 6 de la Directiva se ven reforzados con la introducción de los preceptos 3 bis, 5 bis, y 26 bis. En virtud del artículo 3 bis se blinda la obligación de los Estados Miembros a establecer mecanismos de asistencia a las víctimas, ya a través de línea telefónica —empleando la numeración de la UE 116 006[100]—, ya mediante la elaboración de páginas web que resulten accesibles tanto en términos idiomáticos como de discapacidad.

Por su parte, el artículo 5 bis pone en el foco sobre los cauces de denuncia disponibles, garantizando la posibilidad de las víctimas puedan poner en conocimiento de las autoridades delitos haciendo uso de las tecnologías de la información y comunicación disponibles. Asimismo, en las mejoras de los canales de denuncia se contempla la situación de las personas migrantes, vedándose a aquellas autoridades que asistan a la víctima denunciante la transmisión de contenido relacionado con su estatuto de residencia al personal competente en migración, al menos hasta que finalice la primera evaluación individual.

Como colofón a este bloque, el artículo 26 bis resalta la necesidad de que la información suministrada resulte exhaustiva e inclusiva, finalidades que cristalizarán en la elaboración de protocolos. Por ello, este precepto dispone que los Estados Miembros deberán elaborar estos documentos como producto del trabajo conjunto de autoridades policiales, judiciales y de

---

[100] Este número de teléfono fue establecido por la Comisión en la Decisión de 30 de noviembre del año 2009, la cual reformaba la Decisión 2007/116/UE en lo relativo a la introducción de números reservados en el contexto de la UE. Su aplicación no resulta preceptiva, pero sí recomendable. Asimismo, su utilización se encuentra reservada al cumplimiento de determinados condicionantes. La asistencia telefónica brindada a víctimas a través de esta numeración se basa en tres actividades diferentes, a saber, proporcionar información, derivar a las personas que llamen a la policía y, por último, proporcionar asesoramiento en los supuestos en los que se estime pertinente.

entidades de asistencia a víctimas. Así, el contenido de estos protocolos perseguirá la adaptación de la información tanto a las vicisitudes individuales de cada víctima, incluyendo las personas privadas de libertad, así como a la fase concreta del procedimiento en el que se encuentre.

Por su parte, el artículo 10 bis se incluye en esta nueva versión de la Directiva con el objetivo de reforzar la participación de las víctimas en el proceso penal. En líneas generales, este precepto propone el derecho a la asistencia en las dependencias judiciales, prerrogativa que concede a las víctimas la posibilidad de impugnar resoluciones judiciales que afecten a derechos contenidos en la Directiva —por ejemplo, el derecho de traducción o el de imposición de medidas de protección—. La expectativa de este artículo es incentivar la confianza en el sistema de justicia penal, lo que redundará en unas mejores declaraciones y participación, aumentándose, por consiguiente, la eficacia de las instancias judiciales.

Asimismo, esta propuesta de modificación de la Directiva también incide sobre el derecho a la indemnización recogido en el artículo 16. Esta facultad no resulta fácilmente accesible para las víctimas, que a menudo no ven satisfecho este derecho por las razones expuestas por Milquet (2019) en su informe abordado *supra*. En consecuencia, desde la Comisión se realizan dos propuestas diferentes para este precepto: por un lado, la eliminación de la excepción en virtud de la cual se permite que el ordenamiento jurídico nacional permita que la decisión sobre la indemnización pueda aprobarse en otro procedimiento judicial. Por otra parte, se contempla la adición de un nuevo apartado en el que se obliga a los Estados a facilitar por adelantado la indemnización debida por el infractor inmediatamente tras la sentencia, independientemente del proceso de reembolso que el estado deba incoar respecto a este último. Así, se espera que las modificaciones operadas en este artículo se materialicen en mejoras sustanciales en la normativa nacional sobre indemnizaciones, tanto a nivel interno como transfronterizo en la medida en que la reparación estatal se articulará como último recurso, reduciéndose, por tanto, los trámites y plazos para la recepción de este montante.

La última de las reformas que serán abordadas en estas líneas y que cierra el presente epígrafe es la adición del articulo 26 quinquies, precepto que colma una laguna existente en la Directiva al no contemplar originalmente este cuerpo normativo posibles vías de reparación cuando los derechos contenidos en él son vulnerados. En este sentido, la inclusión de esta prerrogativa se realiza de una forma genérica dado que deberá ser desarrollada por los distintos Estados Miembros en sus diferentes ordenamientos. No obstante, supone un avance importante ya que supone la equiparación entre víctimas y sospechosos y acusados en términos de reconocimiento de derechos, ya que, hasta este momento, la reparación solo estaba contemplada para el colectivo de los victimarios.

### *2.3. Consideraciones finales. ¿Existe un estatuto jurídico de la víctima a nivel internacional?*

La consideración de las víctimas como sujetos activos en la lucha y prevención del delito se articula como denominador común a la praxis legislativa supranacional. Como hemos podido comprobar en estas líneas, numerosos organismos de gran relevancia internacional tales como la ONU, la CPI o el Consejo de Europa han subrayado la necesidad de posibilitar a las víctimas el acceso e intervención en el proceso penal, lo que se ha materializado en su producción legislativa. No obstante, el establecimiento de estas garantías trasciende del ámbito meramente jurídico, reconociéndose de manera tangible la dignidad de las víctimas como personas, extremo sobre el que se fundamenta su condición como acreedora de determinadas prerrogativas.

Adicionalmente, estos planteamientos se reproducen de manera similar en el ámbito comunitario, los cuales gozan de mayor incidencia a nivel interno debido a la mayor proximidad existente entre la Unión Europea y los Estados Miembros —entre ellos, España—, fenómeno motivado por la naturaleza *sui generis* de este organismo internacional, concebido como una suerte de «Estado de Estados». En este sentido, los principales avances producidos en materia de reconocimiento y protección de víctimas se producen con la aprobación y vigencia en un primer momento de la ya derogada Decisión Marco 2001/220/JAI y actualmente, de la Directiva 2012/29/UE. De este modo, la redacción de estos textos legales, especialmente el segundo, sentará las bases del nuevo abordaje de la realidad victimal con repercusión directa en los ordenamientos de los diferentes Estados Miembros.

No obstante, resulta necesario advertir que no todos los avances en el plano internacional han sido abordados en estas líneas dado que nuestro objetivo se ha orientado a brindar una visión general del tratamiento de las víctimas producido fuera de nuestras fronteras. En este sentido, la selección de aquellas instituciones respecto a las cuales España guarda una estrecha vinculación obedece a la finalidad de ofrecer el contexto legislativo en el que nuestro país se enmarca en aras de conocer cómo estos postulados se llevan a la práctica, aspectos sobre los que pivotará el resto de la obra. Por ello, consideramos conveniente remarcar la relevancia de la justicia transicional en este ámbito ya que, desde su surgimiento a mediados del siglo XX, ha puesto el acento sobre las víctimas de graves y sistemáticas violaciones de Derechos Humanos, especialmente en los contextos iberoamericano y africano (Sersale di Cerisano, 2013). Así, esta disciplina aúna los postulados del derecho , de la política y del grueso de las ciencias sociales para poner el foco sobre las víctimas, sobre la recuperación de su dignidad y sus derechos en aquellos crímenes que, por sus implicaciones, son considerados de alto impacto, como aquellos de lesa humanidad o genocidios. En este sentido, los cuatro pilares sobre los que se asienta la Justicia Transicional se corresponden con el acceso de las víctimas a la justicia, al conocimiento de la verdad, a la compensación y otras formas de restitución no monetaria, y, por último, el derecho de toda la sociedad a contar con reformas institucionales en términos eminentemente de responsabilidad u organizativos (Sersale di Cerisano, 2013).

Así las cosas, la Justicia Transicional muestra una serie de limitaciones derivadas de la necesidad de contrapesar las implicaciones morales con los óbices de cariz práctico político inherentes a los procesos de transición. No obstante, el Sistema Interamericano de Protección de los Derechos Humanos se ha erigido como principal representante de la materialización de las herramientas de justicia transicional a nivel supranacional en los que tanto la Corte como la Comisión Interamericana de Derechos Humanos han desempeñado un papel fundamental (Sersale di Cerisano, 2013).

A modo de conclusión, los textos analizados en este Capítulo han evidenciado en términos generales la preocupación existente a nivel internacional por el reconocimiento de las víctimas y su acceso a la justicia. Sin embargo, las dificultades apreciadas, a saber, la falta de univocidad en la consideración de víctima amén de las divergencias apreciadas en su tratamiento, plantean el debate relativo a la existencia y viabilidad de un estatuto jurídico internacional de la víctima. La doctrina se ha pronunciado de manera afirmativa respecto a esta cuestión ya que, pese a la diversidad de textos normativos que confieren ciertas prerrogativas a aquellas víctimas que se encuentren bajo su ámbito de aplicación el ejercicio de, todas ellas parten de un denominador común: la vivencia de un hecho delictivo. Esta circunstancia determina que con independencia de la categoría en la que se subsuman, todas las víctimas disponen de una serie de derechos que pueden hacer valer durante el proceso penal —se encuentren vinculados a este o no—, facultades que se derivan de su condición de víctima (Fernández de Casadevante Romaní, 2009), aspectos que han podido evidenciarse de la normativa analizada en líneas previas.

En síntesis, el estatuto jurídico de la víctima a nivel internacional se confirma como una realidad, persiguiendo como objetivos prioritarios la justicia, reparación y protección de estos sujetos. Sin embargo, este proceso no es estático en la medida en que la consecución de estos objetivos implica una revisión constante. Por consiguiente, la atención específica a los cambios acontecidos en este ámbito por operadores jurídicos y expertos resulta fundamental ya que, en última instancia, constituirán el telón de fondo del tratamiento brindado a las víctimas desde los diferentes contextos nacionales.

*Capítulo III*

# *El tratamiento jurídico de las víctimas en el ordenamiento español*

La Ley 4/2015, de 27 de abril, del Estatuto de la víctima del delito —en adelante, LEVID— marca un punto de inflexión en la praxis legislativa referida a las víctimas, caracterizada hasta aquel momento por su sectorialización y diseminación (Carrasco Andrino, 2019). En consecuencia, el haber normativo nacional se componía tanto por la legislación referida a tipologías concretas de víctimas —por ejemplo, terrorismo, delitos violentos, sexuales o violencia de género— como por aquellas que contaban con un corte más general, entre las que cabe destacar la Ley de Enjuiciamiento Criminal —en adelante, LECrim— o la referida a la protección de testigos y peritos.

Así, sin pretensión de resultar exhaustivos, consideramos necesario analizar de forma somera los diferentes cuerpos legislativos que en los que de alguna manera u otra las víctimas representan una posición relevante en su configuración, con el objetivo de aportar una visión de conjunto del panorama normativo previo a la LEVID.

# 1. LA CONFIGURACIÓN DE LAS VÍCTIMAS EN LOS PRINCIPALES TEXTOS LEGISLATIVOS DE ÁMBITO GENERAL: LA CONSTITUCIÓN DE 1978, CÓDIGO PENAL DE 1995 Y LEY DE ENJUICIAMIENTO CRIMINAL DE 1882

## *1.1. La relevancia de la víctima en el sistema jurídico–procesal: parámetros constitucionales*

El estudio de la situación jurídico–procesal de la víctima se encuentra estrechamente relacionado con el sistema de enjuiciamiento que prima en España, basado en el proceso penal francés acusatorio o mixto, materializado en la figura de la acusación particular (Gómez Colomer, 2015). Así, esta configuración dota a la víctima de un estatus privilegiado o ideal en comparación con otras tradiciones jurídicas,[101] al permitir

---

101 En consecuencia, la configuración de la víctima en el ordenamiento jurídico español difiere sustancialmente de los tres sistemas imperantes en nuestro contexto jurídico-cultural. Así, el modelo diametralmente opuesto a nuestro sistema es el italiano —el cual bebe de la tradición norteamericana-anglosajona—, en la medida en que el Ministerio Fiscal, conforme a lo dispuesto en el Código Penal de 1988, se presenta como único organismo facultado para ejercitar la acción penal; por consiguiente, la persona *offesa* por el delito carecerá de esta prerrogativa, limitándose su intervención, conforme a lo dispuesto en el art. 90 de este cuerpo legal, a prestar *memoria*, es decir, poner en conocimiento de las autoridades su percepción sobre el hecho enjuiciado e indicar elementos probatorios, concesión que dista de un derecho explícito a la proposición de medios de prueba. Así, el sistema italiano guarda un gran número de concomitancias con el modelo adversarial al entender el proceso penal constreñido a las figuras del Ministerio Fiscal y el acusado (De Hoyos Sancho, 2014). Por su parte, en Alemania, la acción de la víctima —*Verletzte*— se supedita a la decisión del Ministerio Fiscal de ejercitar

tanto su intervención en el planteamiento y discusión de la controversia penal como la interposición de la demanda civil de indemnización (Jaén Vallejo y Agudo Fernández, 2016).

La relevancia de estas prerrogativas radica en su cariz constitucional. En este sentido, cabe aludir por una parte al art. 24 CE, relativo a la tutela judicial efectiva y por otra al art. 125 CE, precepto que permite a la totalidad de los ciudadanos ejercitar acciones penales. En lo referido al primero de los preceptos señalados, su reconocimiento implica el cambio de perspectiva

---

el *ius accusandi* —*Anklage*—, postulándose aquella como una suerte de acusador accesorio —*Nebenkläger*—, prerrogativa que puede hacerse valer únicamente en el procesamiento de delitos graves. De este modo, la víctima podrá actuar conjuntamente con la fiscalía en este tipo de procesos, proponiendo pruebas y personándose en las diferentes actuaciones. Asimismo, en los supuestos en los que la fiscalía opte por no ejercitar acciones penales, se permite que la víctima pueda *forzar* la intervención del Ministerio Fiscal mediante la solicitud al Tribunal Superior de reversión del parecer del fiscal. Sin embargo, esta vía -*Klageerzwingungsverfahren*, resulta excepcional, tanto el recurso a la misma como el efectivo ejercicio del *ius accusandi* por el fiscal que previamente no había apreciado indicios de delito. En consecuencia, el proceder general es la ejecución de la acción penal por la fiscalía de manera exclusiva, mientras que la responsabilidad civil derivada de delito se dirime en un proceso civil diferenciado de aquel en el que se sustancian las pretensiones penales (De Hoyos Sancho, 2014). Por último, en Francia la víctima puede presentarse como «parte civil» en el proceso —cuyas acciones se orientan a la reparación del daño—, permitiéndole, con carácter adicional, poner en movimiento la acción penal, cuyo ejercicio se encuentra concedido al Ministerio Fiscal, prerrogativas contenidas en los arts. 1 y 31 de su Código Penal francés. Así, en los supuestos en los que el Ministerio Fiscal decretase el archivo de la causa, la víctima podrá interponer un recurso ante el Procurador General, el cual determinará, ya la necesidad de que el Ministerio Público inicie las investigaciones pertinentes, ya la ratificación del archivo decretado por instancias inferiores (De Hoyos Sancho, 2014).

en la consideración del proceso penal, tradicionalmente analizado desde el prisma del interés social y garantías del infractor; por consiguiente, acontecía una suerte de *suplantación* del Ministerio Fiscal respecto a la figura de la víctima al presentarse la primera como única institución facultada para el ejercicio del *ius puniendi* estatal (Chozas Alonso, 2015). Sin embargo, la incorporación de la tutela judicial efectiva como garantía constitucional sitúa a la víctima en una posición activa en el proceso penal, circunstancia que obliga a los organismos públicos a informarla sobre las prerrogativas que puede hacer valer —postularse como parte en el proceso, nombrar abogado o solicitar el nombramiento de uno de oficio, conocer las actuaciones, entre otros— (Jaén Vallejo y Agudo Fernández, 2016). Por consiguiente, el *ius accusandi* sería objeto de amparo constitucional ante eventuales vulneraciones.

Por otro lado, de la aplicación del art. 24 CE se derivan otro tipo de deberes para con la víctima aun en los casos en los que no se hubiese personado como parte en el proceso. En este sentido, la LECrim establece que, en los supuestos de prisión provisional, los autos que determinen la situación personal del imputado deberán ponerse en conocimiento de los ofendidos o perjudicados por el delito —art. 506.3—; por su parte, se prescribe la notificación de los autos en los que se exprese el sobreseimiento de la causa —art. 779.1.1ª—; la información del lugar y la hora del juicio —art. 785.3— así como de la sentencia recaída a los ofendidos y perjudicados por el delito —art. 789.4 y 792.4—, con independencia, recordemos, de que se hubieran postulado como parte en el proceso (Jaén Vallejo y Agudo Fernández, 2016).

Así, el segundo de los preceptos que vertebra el soporte constitucional de la defensa de los intereses de aquellos que han experimentado directa o indirectamente las consecuencias de un suceso delictivo es el art. 125 CE. Así, esta disposición, con el empleo de la fórmula «los ciudadanos podrán ejercer la acción popular [...] en la forma y con respecto a aquellos procesos penales que la ley determine», pone de manifiesto los diferentes tipos de acusación existentes en el ordenamiento español; multiplicidad que en parte obedece al modelo de publicidad de la acción penal sostenido por el art. 110 LECrim, en cuya virtud la totalidad de la ciudadanía se encuentra facultada para ejercitar acciones penales. En este sentido, a la labor del Ministerio Fiscal de promover la acción de justicia en defensa de la legalidad atribuida por el art. 124 CE se le aúna la intervención de la población en el proceso penal, subdividida en dos categorías distintas, estableciendo como criterio diferenciador el vínculo que exista respecto al delito.

Por una parte, aquellos ciudadanos que no guarden ninguna relación con el hecho ilícito podrán ejercitar la denominada «acción popular», esto es, hacer valer las acciones penales pertinentes, si bien para lo cual se exigen un mayor número de requerimientos que para la postulación como acusación particular. Así, conforme a esta segunda vía, los ofendidos por el delito podrán personarse en la causa asistidos de abogado y procurador, tal y como dispone el art. 110 LECrim[102].

---

[102] Esta prerrogativa, tradicionalmente concebida para su ejercicio en el Derecho penal de adultos, se trasladó al ámbito de la delincuencia juvenil en virtud de la reforma operada en esta esfera del Derecho por la Ley 15/2003, de 25 de noviembre, permitiendo la postulación de la acusación particular en los procesos de menores. Esta decisión del legislador recibió una buena acogida por ciertos sectores al entender que con esta medida se producía el reconocimiento de las víctimas en la justicia juvenil, especialmente de su derecho a la reparación del daño. No obstante, esta modificación no se ha encontrado exenta de críticas, fundamentadas, por una parte, en la visceralidad que subyacía tras esta reforma —debemos recordar que aconteció meses después del asesinato de Sandra Palo, así como otros delitos de entidad perpetrados por menores—, y, por otra, los problemas prácticos que pueden derivarse en los supuestos en los que no exista unidad de criterio entre el Ministerio Fiscal y la acusación particular en la defensa de sus pretensiones. Asimismo,

Por consiguiente, la construcción de la posición jurídica de la víctima en nuestro sistema penal encuentra en el texto constitucional sus pilares fundamentales. Así, esta circunstancia permite explicar la proliferación normativa en materia de víctimas que caracteriza el panorama legislativo actual, aspecto que constituirá el objeto de estudio del posterior bloque de contenido.

### *1.2. Principales implicaciones derivadas de la incorporación de las víctimas a la redacción del Código Penal*

El término «víctima» en el marco del Código Penal se define como sujeto pasivo del delito o al titular del bien jurídico protegido, abarcando también al individuo que sufra las consecuencias del ilícito en el supuesto de que sendas figuras no resulten coincidentes (Carrasco Andrino, 2019).

En este sentido, las referencias a este vocablo en este cuerpo normativo han incrementado sustancialmente en las dos últimas décadas, pasando de diecinueve inicialmente a cerca de 45 los preceptos que aluden a este concepto en la actualidad como cómputo global de las partes General[103]

---

se apuntaba que la incorporación de la acusación particular en los procesos de justicia juvenil podría desvirtuar las finalidades principales perseguidas por este tipo de procedimientos, a saber, la reeducación y resocialización de los menores (Daza Bonachela, 2014).

103 En lo que respecta a la vertiente general del CP cabe destacar, entre otros, la alusión a la víctima en la circunstancia atenuante de reparación del daño —art. 21.5 CP—, en la agravante de ensañamiento del art. 22.5 -aumento deliberado del sufrimiento del ofendido-; la prohibición de acercarse, comunicarse por cualquier vía con determinadas personas -habitualmente, la víctima y sus familiares-, residir o acudir a determinados lugares, municipios, provincias, Comunidades Autónomas u otras entidades locales —arts. 33, 39, 40, 48, 70—; la valoración de la contribución de la víctima a la producción

y Especial[104] del Código (Daza Bonachela, 2014).

No obstante, este fenómeno debe conjugarse con el proceso de reforma cuasi constante que el CP experimenta desde su entrada en vigor en 1996, alcanzando la treintena de reformas, la mayoría de las cuales se orientan a la criminalización, aumentando tanto la tipificación de conductas como la severidad del castigo (García Magna, 2019). Así, esta dinámica de fines eminentemente cortoplacistas y de cuestionada eficacia, obedece, entre otros motivos, a la permeabilidad que estas políticas presentan respecto a las pretensiones de los grupos de presión, entre los cuales las asociaciones de víctimas representan un lugar

---

del daño por los jueces y tribunales con el objetivo de ponderar el montante de la reparación o indemnización —art. 114—; la audiencia del perjudicado para que autorice el fraccionamiento de las responsabilidades pecuniarias -art. 125-; el carácter prioritario de la reparación del daño e indemnización de los perjuicios en la imputación de pagos realizados por el penado o responsable civil subsidiario —art. 126— así como el cómputo de plazo de prescripción de delitos violentos cuyas víctimas sean menores de edad a partir de que alcancen los 18 años y, en el supuesto de que fenecieran con anterioridad, desde el día del fallecimiento —art. 132.1— (Daza Bonachela, 2014).

104 Las referencias a la víctima en la parte especial del Código se realizan sobre todo en la configuración de determinados tipos agravados en virtud de la especial vulnerabilidad de la víctima -edad, discapacidad, relación sentimental presente o ya extinguida con el agresor-, ejecución del delito en presencia de menores, o perpetrados en circunstancias o con medios que resulten especialmente peligrosos para la víctima o conlleven el quebrantamiento de penas o medidas cautelares de alejamiento. En este sentido, entre los preceptos que recogen este tipo de agravaciones se encuentran los siguientes, a saber, 143, 148, 149, 153, 171, 172, 173, 177, 177 bis, 180, 181, 183, 184, 187, 188, 189, 191, 192, 193, 195, 197, 235, 242, 250, 263, 318 bis, 361 bis, 457, 464, 468, 578, 607 bis y 620 CP (Daza Bonachela, 2014).

destacado (García Magna, 2019), extremo que abordaremos en el Capítulo IV de esta investigación[105].

Con carácter adicional, consideramos necesario destacar, sin pretensión de resultar exhaustivos, las reformas del Código Penal operadas en los años 2003, 2010 y 2015 que, de manera más o menos explícita, han puesto el foco sobre las víctimas. Por una parte, el resultado de las modificaciones producidas en el CP por la LO 7/2003 de 30 de junio fue calificado como «Código de 2003», denominación que ejemplifica el alcance de las decisiones adoptadas. En este sentido, cabe subrayar la imposición del periodo de seguridad del art. 36.2 para las penas superiores a los cinco años; así, su levantamiento exigía, además de un pronóstico positivo de reinserción, la ejecución del trámite de audiencia por el juez de vigilancia penitenciaria —en adelante, JVP— al Ministerio Fiscal, Instituciones Penitenciarias y las «demás partes», fórmula que alude a las víctimas, al conformar estas junto a los dos organismos aludidos, una tríada indisoluble (García del Blanco, 2017).

Por otro lado, esta LO incorpora al CP el art. 78[106], precepto que constituye la muestra de la desconfianza perenne del legislador respecto al amplio margen de discrecionalidad de la administración penitenciaria en la asignación de grados, concesión de permisos u otros *beneficios* penitenciarios; así, la introducción de este precepto faculta al tribunal sentenciador a computar los plazos exigidos para cambios de grado, disfrute de permisos o libertad condicional atendiendo a la totalidad de las penas impuestas cuando de la aplicación de los límites del concurso real se derive un plazo de cumplimiento inferior

---

105 Vid. «El asociacionismo victimal como factor relevante en la construcción de la victimidad», analizado en las pp. 74-78 de este trabajo.

106 Este artículo fue modificado en virtud de la LO 1/2015, eliminándose en virtud de esta reforma la obligatoriedad de su aplicación en aquellos supuestos de asignación del límite jurídico.

a la mitad de las penas impuestas. En este precepto se retoma la referencia a la víctima para la determinación del régimen general de cumplimiento con la fórmula previamente señalada —esto es, junto al Ministerio Fiscal y a Instituciones Penitenciarias—, construcción tras la cual subyace la posición pasiva de la víctima en este tipo de actuaciones (García del Blanco, 2017).

Asimismo, determinadas reformas operadas en virtud de la LO 5/2010 de 22 de junio repercuten sustancialmente sobre las víctimas ya que, por una parte, completa la agravante de discriminación contenida en el art. 22.4ª CP al añadir la categoría «razones de género» sexual a la relación de aquellos aspectos que pueden motivar conductas discriminatorias. Por otro lado, en lo relativo al mantenimiento, cese, sustitución o suspensión de las medidas de seguridad —privativas o no de libertad— y de libertad vigilada, el art. 98.3 CP dispone que la víctima no personada en el procedimiento podrá ser oída a estos efectos —siempre que lo hubiesen solicitado y se encuentren localizables— junto con el sujeto sometido a esta medida, el Ministerio Fiscal y las demás partes. No obstante, la alusión al trámite de audiencia de la víctima resulta controvertida al tratarse de un procedimiento en el que el dictamen emitido por el JVP carece de carácter vinculante; extremo al que debe adicionarse el difícil encaje que presenta el llamamiento a sujetos no personados en el proceso (Luaces Gutiérrez, 2016).

Por otro lado, la LO 1/2015, de 30 de marzo, además de incorporar la prisión permanente revisable al ordenamiento español introduce importantes cambios legislativos en los que se evidencia cierto grado de vinculación con las víctimas. En este sentido, se modifica el régimen de suspensión de las penas privativas de libertad estableciendo como condicionante para su concesión que el penado colabore en la satisfacción de responsabilidades civiles y decomisos dimanantes en la causa —arts. 80.2.3ª y 86.1 d) CP, respectivamente—; de este modo, el empleo de esta fórmula ofrece garantías más sólidas a las víctimas respecto a la satisfacción de los daños y perjuicios causados por el delito (García del Blanco, 2017).

Asimismo, otra reforma destacable es aquella producida sobre la naturaleza de la libertad condicional al incardinarse en los institutos de suspensión de la condena; no obstante, con independencia del debate suscitado en sectores doctrinales y jurisprudenciales debido al flagrante perjuicio y el complejo encaje en un modelo resocializador que supone el abandono de su consideración como forma de cumplimiento penitenciario, esta nueva regulación concede una mayor relevancia a la intervención de las víctimas, contenidas en la denominación «demás partes» (García del Blanco, 2017). En este orden de cosas, la libertad condicional anticipada regulada en el art. 90.2 CP cuya concesión precisa, además del cumplimiento de 90 días por año de condena, en lugar de los dos tercios exigidos para la ejecución de la libertad condicional ordinaria, su propuesta por parte de Instituciones Penitenciarias y previo informe del Ministerio Fiscal y de las demás partes. Adicionalmente, entre aquellos aspectos susceptibles de valoración se encuentra la participación activa y favorable del penado en programas de reparación de víctimas (García del Blanco, 2017). Por su parte, el legislador penal desde la redacción del Código del año 2015 considera como trámite necesario la audiencia del ofendido o su representante por los jueces y tribunales para estimar la procedencia de la suspensión de la condena para aquellos delitos perseguibles a instancia o querella del ofendido, tal y como reza el tenor del art. 80.6 CP (García del Blanco, 2017).

Como vemos, el término víctima se ha introducido paulatinamente en la praxis legislativa, deviniendo en recurso habitual para la redacción de preceptos penales; sin embargo, esta dinámica, pese a no generar cambios sustanciales en la exégesis de la norma penal, alberga una doble lectura. Por una parte, cabe considerar el empleo de esta voz como una muestra de acercamiento del Derecho penal y la justicia a la sociedad rescatando así a la víctima, relegada a una posición de olvido durante décadas (Daza Bonachela, 2014). No obstante, la entrada de las víctimas en la configuración del Código Penal implica la introducción de todas aquellas connotaciones subjetivas inherentes al término, práctica que puede considerarse peligrosa dada la injerencia del Derecho penal sobre la libertad de los ciudadanos, Derecho Fundamental reconocido en el art. 17 CE (Tamarit Sumalla, 2013b).

### *1.3. Abordaje de la Ley de Enjuiciamiento Criminal de 1882 y los avances conseguidos en la protección de las víctimas en el proceso penal*

La Ley de Enjuiciamiento Criminal constituye un pilar fundamental en la configuración del proceso penal, circunstancia que hace obligatorio el análisis de su contenido de manera separada.

Tal y como pusimos de manifiesto en el epígrafe dedicado a la tutela de las víctimas en términos constitucionales, se evidencia la consideración de la LECrim como una suerte de cauce legal de desarrollo de estas prerrogativas. Así, esta afirmación se sustenta en las notorias diferencias existentes entre la constitución del proceso penal español respecto a los sistemas penales de nuestro entorno. En este sentido, los arts. 101, 270 II, 280 y 281 LECrim permiten el ejercicio por la víctima u ofendido por el delito, e, incluso cualquier ciudadano que cumpla determinados requisitos, de la acción penal y postularse como parte en el proceso (Chozas Alonso, 2015).

Sin embargo, no resulta inadvertido el carácter obsoleto de esta regulación, cuya aprobación se remonta al año 1882[107], circunstancia que se ha tratado de paliar con diversas reformas tendentes a la modernización de la norma (Daza Bonachela, 2014).

---

[107] Real Decreto de 14 de septiembre de 1882 por el que se aprueba la Ley de Enjuiciamiento Criminal.

En este sentido, cabe destacar dos iniciativas legislativas que encabezaron el propósito de reforma de la Ley de Enjuiciamiento Criminal en el ámbito estatal en los albores del Siglo XXI, a saber, el Pacto de Estado para la Reforma de la Justicia y la Carta de derechos de los ciudadanos ante la justicia. Así, en lo que respecta al primero de los textos mencionados, se suscribió por los dos principales partidos políticos del momento, PP y PSOE, el 28 de mayo de 2001; en el punto 17 del *Pacto* se enfatizaba la necesidad de aprobar una nueva Ley de Enjuiciamiento Criminal que contemplase el reforzamiento de la tutela y defensa de las víctimas de delitos violentos en la totalidad de los procesos penales, entre otros extremos (Chozas Alonso, 2015).

Por su parte, esta premisa condujo a la aprobación por parte del Pleno del Congreso de los Diputados el 16 de abril de 2002 —la cual se produjo por unanimidad de todos los grupos parlamentarios— de la proposición *no de ley* de la Carta de derechos de los ciudadanos ante la justicia. La redacción de esta iniciativa compila una relación de prerrogativas ejercitables por aquellos ciudadanos que accedan al sistema de justicia, entre los que cabe resaltar el derecho a ser instruido sobre su intervención en el proceso penal, las posibilidades de obtener reparación y de la sustanciación del proceso, así como la obtención de garantías de respeto de su dignidad e intimidad en las comparecencias y de tutela inmediata y eficaz de su integridad por parte de jueces y tribunales, extrapolable a la publicidad no deseada sobre su vida privada (Chozas Alonso, 2015). Sin embargo, el aspecto más destacable de este texto en relación a nuestro objeto de estudio se encuentra en su segunda parte, en la cual se enfatiza el deber de atención y cuidado de la Administración de Justicia con aquellos sectores de la población que presentan un mayor desamparo, tales como las víctimas de delitos, especialmente, aquellas de violencia doméstica y de género, menores de edad, sujetos con discapacidades físicas y psíquicas o extranjeros (Chozas Alonso, 2015).

Así, estos textos marcan un punto de inflexión en la configuración de la LECrim, asistiéndose a partir de este momento a un proceso de elaboración y reforma legislativa tendente al acercamiento a los intereses de las víctimas.

En este orden de cosas, la ley 38/2002[108] supuso la materialización de los postulados de la DM 2001 al incorporar a la LECrim el derecho de la víctima a ser informada de aquellas resoluciones que gozasen de mayor relevancia aun cuando no se hubiese postulado como parte en el proceso —arts. 779.1.1ª, 785.3, 789.4, 791.2 y 792.4—. No obstante, el contenido de esta prerrogativa se enfatiza mediante la reformulación del art. 659 procurada por la Ley 13/2009[109], precepto en el que se establece la obligación del secretario judicial de remitir a la víctima por escrito a la víctima la fecha de celebración del juicio oral, aunque no sea parte (Chozas Alonso, 2015).

Asimismo, con la finalidad de fortalecer los derechos de las víctimas, la LO 15/2003[110], de 25 de noviembre de reforma del CP influye adicionalmente sobre el tenor de la LECrim (Chozas Alonso, 2015). En este sentido, se contempla la imposición, ya de medidas cautelares de alejamiento contenidas en el art. 544 bis, ya de la orden de protección[111] del art. 544 ter en los supuestos en que existieran indicios de comisión delictiva contra la vida, integridad física o moral, libertad sexual, libertad

---

108 Ley 38/2002, de 24 de octubre, de reforma parcial de la Ley de Enjuiciamiento Criminal, sobre procedimiento para el enjuiciamiento rápido e inmediato de determinados delitos y faltas, y de modificación del procedimiento abreviado.

109 Ley 13/2009, de 3 de noviembre, de reforma de la legislación procesal para la implantación de la nueva Oficina judicial.

110 Ley Orgánica 15/2003, de 25 de noviembre, por la que se modifica la LO 10/1995, de 23 de noviembre, del Código Penal.

111 La aprobación de esta figura dota a la víctima de una suerte de «Estatuto integral de protección» al aunar medias de carácter civil, penal, social y asistencial (Daza Bonachela, 2014).

o seguridad de aquellas personas contenidas en el art. 173.2 CP (Daza Bonachela, 2014). Por otro lado, la LO 8/2006[112] modifica la redacción de los artículos 448 y 707 LECrim con el objetivo de evitar la confrontación visual de la víctima menor de edad con el encausado (Chozas Alonso, 2015).

Por otro lado, la LECrim califica en su artículo 13 como diligencia prioritaria la aprobación de medidas tendentes a la protección de las víctimas —ofendidos o perjudicados por el delito, familiares u otras personas— durante la sustanciación del proceso penal; Adicionalmente, en relación con la violencia de género, el art. 15 bis LECrim determina la competencia territorial de los Juzgados de Violencia sobre la Mujer en virtud del domicilio de la víctima.

Asimismo, el art. 109 LECrim regula el derecho de las víctimas a serles comunicadas aquellos actos procesales susceptibles de afectar a su seguridad —especialmente, aquellos relacionados con cambios en la situación personal del encausado— en los enjuiciamientos por causas contenidas en el art. 57 CP. Asimismo, el art. 509 LECrim recoge entre las causas que permiten decretar la detención o prisión incomunicada de un sujeto evitar que pueda ponerse en peligro la salud, la vida o la libertad de una persona física, correspondida habitualmente con la víctima; el art. 776 recoge el deber del secretario judicial de informar a las víctimas de forma subsidiaria a la labor de la policía judicial en estos términos. Por otro lado, los artículos 325 y 731 bis permiten que el juez decrete de oficio o a instancia de parte la actuación de aquellos sujetos cuya intervención resulte especialmente gravosa por videoconferencia o vías similares. Así, en cuanto a la realización de pruebas preconstituidas, este trámite se encuentra regulado por el art. 777.2

---

112 Ley Orgánica 8/2006, de 4 de diciembre, por la que se modifica la Ley Orgánica 5/2000, de 12 de enero, reguladora de la Responsabilidad Penal del Menor.

LECrim, determinando su práctica en lo supuestos en los que la residencia del testigo o víctima o cualquier otra circunstancia impida su realización en el acto del juicio oral.

Por consiguiente, esta somera relación de prerrogativas pone de manifiesto los sustanciales avances experimentados por la LECrim en materia de protección de víctimas, especialmente, en aquellos aspectos relacionados con la evitación de la victimización secundaria. Sin embargo, esta compilación de derechos, producto de reformas y cambios legislativos, se antoja insuficiente debido al difícil encaje que presenta un cuerpo legislativo del S.XIX en la resolución de las problemáticas sociales del momento actual[113].

---

113 En relación con aquellos aspectos necesitados de reforma preteridos por las sucesivas modificaciones de la LECrim destaca la redacción del artículo 416, cuyo contenido versa sobre la dispensa de declarar contra el acusado. La necesidad de abordar este precepto se basa en el riesgo de retractación que puede generar para las víctimas de violencia de género tras la interposición de la denuncia o declaración ante las autoridades policiales o judiciales. En este sentido, el fundamento último de la prerrogativa recogida en este precepto radica en lo comprometido que puede resultar para el sujeto la disyuntiva de declarar la verdad, pudiendo incriminar al procesado o, en cambio mentir para protegerle, cometiendo de este modo un delito de falso testimonio debido a la relación de parentesco que les vincula, resultando extrapolable al procesamiento por toda suerte de ilícitos (Daza Bonachela, 2014). Sin embargo, en el ámbito de la violencia de género adquiere un cariz especial en la medida en que la información sobre la existencia de esta dispensa con carácter previo a la declaración, si no se proporciona de manera adecuada, suele ser interpretada por la víctima de este tipo de violencia como una suerte de advertencia que en cierto modo la culpabiliza de declarar contra su victimario, agudizándose por tanto los sentimientos de culpa inherentes a este tipo de violencia. Las implicaciones de acogerse a esta dispensa se materializan en impunidad del agresor puesto que en la mayor parte de los supuestos el testimonio de la víctima constituye la única prueba de cargo para juzgar este tipo

Así, la necesidad de elaborar un instrumento jurídico *ex novo* en materia de proceso penal devino en un propósito que primó en la praxis legislativa de la pasada década. En este sentido, durante la legislatura 2008/2012 asistimos a la creación de un grupo de trabajo en el Ministerio de Justicia encargado de elaborar una nueva Ley de Enjuiciamiento Criminal, trabajos que cristalizaron en las postrimerías del gobierno socialista en el Anteproyecto de Ley de Enjuiciamiento Criminal, que decayó previamente a su debate en las Cortes Generales debido a la convocatoria anticipada de elecciones. Este texto presentó

---

de delitos, cuyo procedimiento no puede continuar sin la práctica de esta prueba (Daza Bonachela, 2014). Así, el CGPJ reformuló el art. 416 LECrim con el objetivo de que evitar que el recurso a esta herramienta procesal perpetúe cualquier forma de discriminación determinando, por una parte, la proscripción de aplicar esta dispensa a víctimas o perjudicados, y, por otra, la introducción en el juicio oral de la declaración de la víctima de manera escrita en los supuestos en los que se hubiese acogido a esta dispensa, proponiéndose sendos extremos de manera alternativa (Daza Bonachela, 2014). No obstante, este proyecto no se llevó a la práctica en el plano material, resaltando únicamente la reforma de este precepto en el año 2009 —adicionándose el apartado 3 como producto de las modificaciones producidas en el año 2015, relativa a la existencia de intérpretes y traductores en este trámite—, en la cual no se abordó esta problemática; así, se articula el tenor del apartado primero del artículo 416 del siguiente modo:
«Están dispensados de la obligación de declarar:
1. Los parientes del procesado en líneas directa ascendente y descendente, su cónyuge o persona unida por relación de hecho análoga a la matrimonial, sus hermanos consanguíneos o uterinos y los colaterales consanguíneos hasta el segundo grado civil, así como los parientes a que se refiere el número 3 del artículo 261.
El Juez instructor advertirá al testigo que se halle comprendido en el párrafo anterior que no tiene obligación de declarar en contra del procesado; pero que puede hacer las manifestaciones que considere oportunas, y el Secretario judicial consignará la contestación que diere a esta advertencia».

una estrecha vinculación con los postulados de la DM 2001, reconocido por el legislador en la Exposición de Motivos de la norma, al poner el foco sobre el tratamiento de las víctimas de delitos, materializándose, por una parte, en la previsión de un capítulo concreto —Capítulo III, arts. 65 a 76— dedicado a la concesión de prerrogativas susceptibles de ejercicio por las víctimas, aun no postuladas como acusación; por otra, se enfatiza la complementariedad de la justicia restaurativa respecto al proceso penal, confiriéndole, por tanto, un espacio concreto en este ámbito, regido por el principio de oportunidad —arts. 157 a 161— (Chozas Alonso, 2015).

Sin embargo, y a pesar de que el Anteproyecto de 2011 careció de influencia material en el contexto legislativo del momento, se le atribuye el mérito de haber trazado las líneas maestras de lo que constituiría posteriormente una de las principales iniciativas del gobierno de la siguiente legislatura en esta materia. Así, la Propuesta de Texto articulado de la Ley de Enjuiciamiento Criminal —denominado originalmente como «Borrador de Nuevo Código Procesal Penal»— se presentó como producto de los trabajos llevados a cabo por la Comisión Institucional nombrada por acuerdo de Consejo de Ministros de 2 de marzo de 2012, de signo popular (Chozas Alonso, 2015). Este proyecto, que también persigue la correcta configuración del proceso penal mediante el establecimiento de garantías tanto para los acusados como para las víctimas, incide especialmente sobre la necesidad de procurar una tutela adecuada al segundo de los colectivos. Así, partiendo de esta premisa, incluye, al igual que lo hiciera el Anteproyecto de 2011, tanto un Estatuto Procesal de la Víctima —Capítulo IV, arts. 59 a 68— como una regulación relativa a la mediación penal; sin embargo, el Borrador difiere del cuerpo prelegislativo en su configuración, más próxima la Directiva 2012/29/UE que a la DM 2001 (Chozas Alonso, 2015).

Por tanto, resultan evidentes los intentos del legislador español por modernizar la regulación del proceso penal, tratando de paliar la inseguridad jurídica inherente a la obsolescencia que presenta la LECrim tras tres siglos de vigencia. Sin embargo, las propuestas legislativas han carecido de la eficacia esperada, deviniendo en una suerte de parches sobre este cuerpo legislativo, circunstancia que se ha traducido en la falta de adaptación de la LECrim a los principales sujetos del proceso, encausados y víctimas, con una compilación de prerrogativas insuficiente en la satisfacción de sus pretensiones. En este contexto, se ha producido un avance sustancial con la aprobación y posterior entrada en vigor de la Ley 4/2015, de 27 de abril, del Estatuto de la víctima del delito, cuyo contenido analizaremos en el tercer bloque de este Capítulo.

## 2. LA DISPERSIÓN NORMATIVA COMO RASGO CARACTERIZADOR DE LA REGULACIÓN NACIONAL EN MATERIA DE VÍCTIMAS

### *2.1. Estudio de la Ley Orgánica 19/1994, de 23 de diciembre, de protección a testigos y peritos en causas criminales*

La Ley Orgánica 19/1994, de 23 de diciembre, de protección a testigos y peritos en causas criminales se presenta como texto legal pionero en dotar a las víctimas de una regulación tuitiva de sus derechos e intereses (Chozas Alonso, 2015). Este instrumento jurídico se configura con la finalidad de eliminar las reticencias de estos sujetos a intervenir de forma activa en el proceso penal mediante la concesión de determinadas prerrogativas (Daza Bonachela, 2014). En este sentido, partiendo de la ponderación de intereses —investigación criminal, persecución del delito, derecho de defensa del acusado— y de la posibilidad de recurso en la admisión y denegación de la atribución de estos derechos como líneas maestras, esta regulación contiene numerosas disposiciones tuitivas. Así, destacan aquellas relativas a la reserva de datos que permitan la identificación, empleándose en contrapartida fórmulas numéricas, por ejemplo; articulación de comparecencias que impidan el reconocimiento de víctimas y testigos de forma visual o por cualquier otra vía; establecimiento de la sede judicial como domicilio a efectos de notificaciones y citaciones; prohibición de toma de imágenes de víctimas y testigos; protección policial a instancia del Ministerio Fiscal; o excepcionalmente, facilitación de nueva identidad y de medios económicos para cambiar de residencia o trabajo (Daza Bonachela, 2014).

Por su parte, si bien esta normativa en el momento de su aprobación supuso un avance en la protección de los sujetos destinatarios de esta LO, testigos y peritos, algunos aspectos merman la eficacia de la tutela procurada por esta regulación (Daza Bonachela, 2014). Por un lado, la disminución de la efectividad tuitiva viene dada por la suspensión de las medidas de protección en los supuestos en que se interpongan recursos sobre esta materia, lo cual desvirtúa su naturaleza y propósito de amparar a las víctimas. Por otro lado, la aplicación de estas medidas, circunscritas al ámbito de testigos y peritos en sentido amplio, no resulta adecuada en los sujetos que se presentan como víctima–testigo, debido a las dificultades existentes en la salvaguarda de su identidad al ser conocida por el infractor en la mayoría de los supuestos, rémora que se acentúa con los menores de edad (Daza Bonachela, 2014).

Por tanto, se evidencia la necesidad de modificar la normativa en sus postulados básicos con el objetivo de presentarse como instrumento verdaderamente útil en la defensa y protección de los intereses de las víctimas, lo cual implica adoptar un sustancial cambio de perspectiva. En este sentido, la tutela de la víctima no radica de forma exclusiva en la evitación de riesgos vinculados con la revelación de su identidad, sino que debe extrapolarse a aquellos que comprometan seriamente su integridad física y psíquica, relacionados fundamentalmente con la victimización secundaria; por consiguiente, resulta preciso abordar cuestiones relativas al bloqueo emocional, de exposición a la intimidación o revictimización, especialmente en las intervenciones sobre menores (Daza Bonachela, 2014).

En consecuencia, la armonización del contenido de esta LO respecto a los cuerpos jurídicos europeos —Convenios del Consejo de Europa ratificados por España y Directivas europeas— deviene en una labor de suma importancia; asimismo, se considera perentoria la incorporación sistemática de los postulados referidos a la protección de testigos y peritos a la LECrim con el objetivo de reducir al mínimo los riesgos de victimización secundaria derivada de la praxis judicial (Daza Bonachela, 2014).

### 2.2. *Abordaje de la Ley 35/1995, de 11 de diciembre, de ayudas y asistencia a las víctimas de delitos violentos y contra la libertad sexual*

Con carácter posterior se asiste a la aprobación y entrada en vigor de la Ley 35/1995, de 11 de diciembre, de ayudas y asistencia a las víctimas de delitos violentos y contra la libertad sexual, regulación que cuenta con el desarrollo parlamentario recogido en el RD 738/1997, de 23 de mayo, por el que se aprueba el Reglamento de ayudas y asistencia a las víctimas de delitos violentos y contra la libertad sexual. El mérito que se atribuye a sendos instrumentos jurídicos es la denuncia por vez primera del abandono de la víctima por el sistema penal, constituyendo este reconocimiento y abordaje específico de la problemática de las víctimas un hito en la regulación sobre esta materia (Daza Bonachela, 2014).

Por su parte, la configuración de esta norma parte de una doble línea de actuación, las cuales son desarrolladas de manera respectiva en los dos capítulos en los que se sistematiza esta regulación. Así, en el primero de ellos se establece un sistema de ayudas públicas para aquellas víctimas directas e indirectas de delitos dolosos y violentos cometidos en España con resultado de muerte o de graves lesiones físicas o psíquicas, así como de delitos sexuales, aun sin mediar violencia. No obstante, debemos señalar en este punto la reforma de los artículos 1 y 2 operada por la Ley Orgánica 10/2022, de 6 de septiembre, de garantía integral de la libertad sexual, en virtud de la cual se amplía notablemente el ámbito de aplicación de la norma. En este sentido, se extrapola a cualquier acto sexual de naturaleza no consentida y que, adicionalmente, constriña el desarrollo de la vida sexual de la persona, incluyéndose en este punto las víctimas de homicidio subsiguiente a un delito contra la libertad sexual, produciéndose una vinculación, por tanto, con las víctimas de conductas dolosas y violentas contempladas por el legislador en su primera redacción. Asimismo, resulta especialmente significativa la introducción de la violencia vicaria como supuesto que permite la atribución del estatus de víctima directa en los términos de la LO 1/2004 siempre que el familiar o allegado sea menor de edad y hubiese fallecido como consecuencia del delito.

Por su parte, debemos apuntar que el concepto de víctima indirecta acuñado en la Ley 35/1995 resulta limitado al constreñirse al cónyuge o aquellos sujetos unidos por análoga relación de afectividad, los hijos económicamente dependientes de la víctima y subsidiariamente, los progenitores de la víctima que se encuentren en la misma situación de dependencia (Daza Bonachela, 2014). Sin embargo, una de las principales novedades que incorpora esta ley es la creación de las Oficinas de Asistencia a Víctimas, dependientes del Ministerio de Justicia e instaurados en todo el territorio nacional —capitales de provincia, ciudades autónomas o territorios que muestren un elevado índice de delitos con independencia de que la competencia sobre justicia se encuentre transferida o no a la Comunidad Autónoma correspondiente—. Así, estos organismos se articulan con el objetivo de asistir a la víctima, directa e indirecta, de cualquier delito de un modo integral, brindándole ayuda de índole jurídica, psicológica, social y facultativa[114] (Jaén Vallejo y Agudo Fernández, 2016). Sin embargo, la inexistencia de un desarrollo normativo eficaz de estos organismos fragmentó la intervención sobre las víctimas, rémora fundamentada en la distinta asunción de competencias en materia de justicia por parte de los entes territoriales (Daza Bonachela, 2014).

Por otro lado, el capítulo segundo de la ley 35/1995, si bien más reducido que el anterior, revela el profundo sustrato victimológico de la norma aludido *supra* al compilar una relación de derechos que las víctimas pueden hacer valer ante diferentes autoridades (Daza Bonachela, 2014). En este sentido, las prerrogativas introducidas por esta regulación pueden dividirse en cuatro categorías diferentes, a saber, el derecho de información —arts. 14 y 16—; al total respeto a la dignidad humana durante el procedimiento —art. 15.3—; derecho a la protección; y, por último, derecho a obtener una reparación con cargo al Estado en los términos prescritos en la ley (Chozas Alonso, 2015).

---

114 No obstante lo dispuesto, la técnica empleada en el Reglamento para el desarrollo de estas ayudas se tilda de «cacofónica» tanto en su vertiente procesal como sustantiva en la medida en que se alude de manera repetida a las normas comunes de los procedimientos para el reconocimiento —provisional y definitivo— de cada ayuda; en consecuencia, se precisa que el texto legal ahonde sobre la naturaleza de estas prestaciones de forma individualizada. Sin embargo, pese a las carencias apuntadas, este instrumento jurídico apenas ha experimentado reformas, destacando únicamente la operada por el Real Decreto 19/2006, de 27 de febrero, el cual traspone la Directiva 2004/80/UE; la novedad más relevante que plantea este texto respecto al sistema de ayudas de víctimas de delitos es el establecimiento de las Oficinas de Asistencia a la Víctima como órgano competente de la gestión de la asistencia económica a las víctimas residentes habitualmente en España y que hubiesen sufrido el delito en otro país de la UE (Daza Bonachela, 2014).

Asimismo, en materia de delincuencia sexual cabe resaltar la creación del Registro Central de Delincuentes Sexuales por la Ley 26/2015, de modificación del sistema de protección a la infancia y adolescencia, desarrollado reglamentariamente por el Real Decreto 1110/2015, de 11 de diciembre, por el que se regula el Registro previamente mencionado. La génesis de este organismo se encuentra en la reforma operada en el Código Penal por la Ley 1/2015, de 30 de marzo, cuerpo legislativo que recoge numerosas novedades en la regulación de delitos sexuales debido a la trasposición de la Directiva 2011/93/UE[115] (Jaén Vallejo y Agudo Fernández, 2016). Como consecuencia, se introduce en el CP el art. 129 bis, precepto que permite decretar a los jueces y tribunales la toma de muestras de ADN de aquellos sujetos condenados por delitos sexuales, contra la vida, la liberad, integridad física de las personas, terrorismo o cualquier otro delito grave con el objetivo de introducir la información derivada de las muestras —identidad y sexo— en las bases de datos policiales, entre las cuales se encuentra el mencionado Registro (Jaén Vallejo y Agudo Fernández, 2016).

Por su parte, en lo que respecta al Registro Central de Delincuentes Sexuales, en vigor desde el 1 de marzo de 2016, recoge la identidad y el perfil genético de aquellos condenados por delitos contra la libertad e indemnidad sexuales[116] así como aquella información contenida en el Registro Central de Penados y el Registro Central de Sentencias de Responsabilidad Penal de los Menores. Así, el tratamiento de estos datos posibilita, por un lado, el control y seguimiento de estas personas y,

---

115 Directiva 2011/93/UE, del Parlamento Europeo y del Consejo de 13 de diciembre de 2011, relativa a la lucha contra los abusos sexuales y la explotación sexual de los menores y pornografía infantil y que sustituye a la Decisión Marco 2004/68/JAI, del Consejo.

116 Esta categoría delictiva incluye los ilícitos de agresión y abuso sexual, exhibicionismo y provocación sexual y corrupción de menores, así como la trata de personas y explotación de menores.

por otro, el desarrollo de un sistema que determine la carencia de antecedentes penales en aquellos sujetos que quieran realizar actividades o ejercer profesiones que impliquen un trato directo o indirecto con menores. Por tanto, la solicitud de esta certificación, ya a instancia del interesado, ya por entidades autorizadas, como requisito preceptivo para el desarrollo profesional en determinados sectores previene la reiteración en la comisión de estas conductas delictivas (Jaén Vallejo y Agudo Fernández, 2016).

Como colofón al análisis de esta norma, resulta necesario abordar de forma somera las modificaciones recientemente producidas en su redacción por la Ley Orgánica 10/2022, de 6 de septiembre, de garantía integral de la libertad sexual[117], si bien alguna de ellas ha sido expuesta con anterioridad. Las reformas se contienen en la disposición adicional quinta de este cuerpo normativo, afectando a los artículos 1 —objeto—, 2 —beneficiarios—, 6 —criterios para determinar el importe de las ayudas—, 7 —prescripción de la acción—, 9 —procedimiento—, 10 —concesión de ayudas provisionales— y, por último, el 15 —deberes de información—. Estas modificaciones se traducen, en términos generales, en una ampliación de la esfera tuitiva de la Ley 35/1995 respecto a su configuración original.

---

[117] No obstante, si bien la LO 6/2022 ha sido la última normativa que ha modificado la Ley 35/1995 ha experimentado numerosas modificaciones durante sus casi 30 años de vigencia. En este sentido, cabe destacar las reformas operadas por las leyes 13/1996, de 30 de diciembre, de Medidas Fiscales, Administrativas y del Orden Social; 38/1998, de 27 de noviembre, por la que se modifica la composición de la Comisión Nacional de Ayuda y Asistencia a las Víctimas de Delitos Violentos y contra la Libertad Sexual; la ley 13/2009, de 3 de noviembre, de reforma de la legislación procesal para la implantación de la nueva Oficina judicial. Adicionalmente, los Presupuestos Generales del Estado previstos para los años 2011, 2014, 2015 y 2018 también modificaron la redacción de la norma.

En lo que respecta a la vertiente indemnizatoria de la norma del art. 6 y, especialmente, en los incrementos porcentuales contemplados en su apartado 2, no se constriñe ya únicamente a las víctimas de violencia de género sino también a las de violencias sexuales, extensión que se hace aplicable a los hijos de la víctima. Por su parte, resulta especialmente significativa la salud mental como aspecto susceptible de valoración para el montante indemnizatorio. Así, mientras en la anterior regulación se circunscribía al ámbito terapéutico, la LO 6/2022 completa este aspecto al contemplar el daño físico y mental, las oportunidades perdidas, la reducción de ingresos, el daño social, los gastos generados en terapia sexual o reproductiva, así como las actividades domésticas y de cuidados no remunerados.

Por su parte, el periodo de prescripción para la petición de ayudas pasa, con la nueva regulación, de un año a cinco, periodo que empezará a computar si se hubiera sustanciado un proceso judicial, desde que hubiese recaído resolución judicial firme y, si no se hubiese dado tal proceso, desde la comisión delictiva.

Adicionalmente, la LO 6/2022 determina que, en virtud del artículo 10 de la Ley 35/1995, las víctimas de violencias sexuales no deberán justificar su condición económica para poder acceder a ayudas provisionales. Además, estas ayudas provisionales no podrán superar el 80% del montante total cuando se trate de muerte, lesiones graves, daños graves a la salud o daños por delitos contra la libertad sexual.

Así, este conjunto de modificaciones de la Ley 35/1995 se cierra con un refuerzo de los deberes de información de los operadores jurídicos como una forma de asistencia a las víctimas recogido en el artículo 15. En este sentido, el legislador dispone que aun en los supuestos en que el proceso penal se encuentre próximo a su finalización por rebeldía, archivo por fallecimiento del culpable o sobreseimiento libre o provisional, el Ministerio Fiscal deberá recabar información[118], llegando a interponer recursos, con la finalidad de hacer efectiva la ayuda pública prevista en esta ley. Estas acciones resultarán extrapolables a los supuestos en los que no se hubiera sustanciado un proceso judicial cuando se hubiese acreditado la existencia de violencia por otros medios.

### *2.3. La proliferación normativa en materia de terrorismo como rasgo caracterizador de la praxis legislativa de las últimas décadas*

La vinculación del terrorismo con la historia reciente de España se ha materializado en una profusa tradición jurídica sobre esta materia, ya en la condena a los infractores, ya en la protección de las víctimas, remontándose incluso al régimen preconstitucional[119]. En este sentido, desde la década de los 80, el legislador ha focalizado su atención en el apoyo y asistencia a las víctimas del terrorismo, confiriéndoles una suerte de

---

118 Estos datos hacen referencia a la identidad de la víctima, los perjuicios físicos y psíquicos experimentados o su vinculación con el hecho delictivo concreto, así como cualquier otro modo probatorio.

119 Así, el primer texto legislativo en el que se establecían obligaciones estatales para con las víctimas del terrorismo es el Decreto-Ley 10/1975, de 26 de agosto, sobre prevención del terrorismo, disponiéndose expresamente el deber estatal de indemnizar a los sujetos damnificados por actos dirigidos a la prevención y lucha contra el terrorismo. Este cuerpo legal fue derogado posteriormente por el Real-Decreto Ley 3/1979, de 26 de enero, de protección de la seguridad ciudadana, ampliándose de este modo el objeto de las indemnizaciones estatales, extendido a los perjuicios ocasionados por aquellas acciones ejecutadas por sujetos enrolados en grupos u organizaciones armadas y asimilados. Por su parte, la regulación de la compensación de los daños personales por este tipo de actuaciones se abordará en el Real Decreto 484/1982, de 5 de marzo de 1982 (Pérez Rivas, 2016).

estatuto propio, tendencia que se materializa en el desarrollo de textos legislativos y reformas orientados a la configuración de un régimen asistencial más «generoso» que el establecido para las víctimas *comunes* (Pérez Rivas, 2016).

Por su parte, cabe destacar en primer lugar la Ley Orgánica 9/1984, de 26 de diciembre, contra la actuación de bandas armadas y elementos terroristas, abordando en su Capítulo IV aquellas indemnizaciones que traigan causa de la comisión de actos relacionados con el terrorismo. Esta LO fue desarrollada por el Real Decreto 336/1986, de 24 de enero, en la configuración de los sujetos beneficiarios, el montante y alcance de la compensación, así como los criterios de valoración para su concesión. La derogación de esta normativa por la LO 3/1988, de 25 de mayo, de reforma del Código Penal originó numerosos cambios legislativos en los Presupuestos Generales del Estado en los años subsiguientes con el objetivo de que la potestad gubernamental relativa a la asignación de partidas presupuestarias en materia de ayudas a las víctimas del terrorismo fuese ejercitada de manera efectiva (Pérez Rivas, 2016).

En consecuencia, el producto de todas esas modificaciones se plasmó en el Real Decreto 673/1992, de 19 de junio, por el que se regulan los resarcimientos por daños a víctimas de bandas armadas y elementos terroristas[120]. En este texto se aumenta la cobertura de las indemnizaciones, constriñéndose en contrapartida el ámbito de los destinatarios a aquellos sujetos que hubiesen sufrido una afección directa derivada de las acciones terroristas y, adicionalmente, se unifican los criterios para la designación del montante de estas ayudas (Pérez Rivas, 2016).

---

120 Sin embargo, la normativa que motivó la producción de estos cambios fue la Ley 31/1991, de 30 de diciembre, de Presupuestos Generales del Estado para 1992, concretamente en *su* Disposición Adicional vigesimoctava (Pérez Rivas, 2016).

Así, esta dinámica legislativa rige hasta la promulgación de la Ley 13/1996, de 30 de diciembre de medidas fiscales, administrativas y de orden social, norma que genera cambios sustanciales en el régimen de ayuda y compensación a las víctimas de terrorismo (Pérez Rivas, 2016). A partir de este momento se asiste a un exponencial crecimiento de la producción legislativa, compuesto por leyes estatales, reglamentos, y, en su caso, regulación autonómica que abordan esta problemática. En este sentido, se precisa reseñar la Ley 32/1999, de 8 de octubre, de solidaridad con las víctimas del terrorismo —modificada por la Ley 2/2003, de 12 de marzo[121]— (Chozas Alonso, 2015); adicionalmente, la mayor parte de las autonomías —Andalucía, Aragón, Castilla y León, Comunidad de Madrid, Comunidad Foral de Navarra, Comunidad Valenciana, Extremadura, La Rioja, País Vasco y Región de Murcia— han desarrollado normativa sectorial en este ámbito, entre las cuales podemos destacar la Ley 10/2010, de 15 de noviembre, relativa a medidas para la asistencia y atención a las víctimas del terrorismo de la Comunidad Autónoma de Andalucía o la Ley 5/2018, de 17 de octubre, para la protección, reconocimiento y memoria de las víctimas del terrorismo (Ministerio del Interior, 2020).

Sin embargo, las disposiciones actualmente vigentes son las recogidas en la Ley 29/2011, de 22 de septiembre, de Reconocimiento y Protección Integral de las Víctimas del Terrorismo y su reglamento de desarrollo, aprobado por el Real Decreto 671/2013, de 6 de septiembre. Una de las novedades más relevantes que incorpora esta regulación es la creación

[121] La vigencia de esta ley conllevó la derogación del desarrollo reglamentario de esta ley, procurado por el RD 1912/1999, de 17 de diciembre, por el que se aprueba el reglamento de ejecución de la Ley 32/1999, de 8 de octubre, de solidaridad con las víctimas del terrorismo (Chozas Alonso, 2015).

en la Audiencia Nacional de una oficina específica de atención y asistencia a las víctimas de terrorismo, revitalizando de este modo la actividad del organismo, en funcionamiento desde el año 2006 (Jaén Vallejo y Agudo Fernández, 2016). En este sentido, sus actuaciones se dirigen a la información de las víctimas de terrorismo sobre el desarrollo de los procedimientos que les afecten, especialmente de aquellos de naturaleza penal o contencioso–administrativa; asimismo, se encargarán de procurar acompañamiento personal a las víctimas en los juicios que se celebren como consecuencia de la perpetración de actos terroristas. Por su parte, resulta destacable, por un lado, la elaboración por el Ministerio de Justicia de un protocolo de actuación orientado al personal que conforme estas oficinas con el objetivo de garantizar un desempeño adecuado de sus labores y, por otro, la incorporación de una oficina electrónica al sistema de atención a los sujetos afectados por delitos de terrorismo, mejorándose de este modo el régimen asistencial de este tipo de víctimas (Jaén Vallejo y Agudo Fernández, 2016).

Por tanto, el tratamiento de las víctimas de terrorismo dista sustancialmente de aquel dirigido al resto de víctimas, afirmación avalada por la profusa elaboración legislativa abordada en líneas previas, tanto en materia de protección como de ayudas y compensación. Sin embargo, esta consideración desigual no obedece a criterios arbitrarios, sino que se fundamenta en la especial entidad de esta tipología delictiva; así, estos delitos generan alarma y sensibilidad social al constituir ataques imprevisibles e indiscriminados al orden político democráticamente establecido, amenazas que no son predicables del resto de ilícitos (Pérez Rivas, 2016).

### *2.4. Análisis de la Ley Orgánica 1/2004, de 28 de diciembre, de medidas de protección integral contra la violencia de género: avances, críticas y retos*

La violencia de género constituye un problema acuciante en nuestra sociedad, afirmación que se encuentra avalada por las cifras; en este sentido, desde el 1 de enero de 2003 han fallecido 1.249 mujeres como consecuencia de este tipo de violencia (Ministerio de Igualdad, 2024). Sin embargo, las muertes, pese a resultar ilustrativas de las dimensiones e intensidad del fenómeno, únicamente suponen la muestra más tangible de un abanico de conductas de mayor frecuencia y lesividad, que albergan como denominador común la subordinación de la mujer respecto al hombre, discriminación estructural que encuentra acomodo en los fundamentos de la sociedad patriarcal (Ortubay Fuentes, 2014).

Así las cosas, la raigambre social de estas conductas ha determinado la evolución en el abordaje de la violencia de género, tradicionalmente obviado por las instituciones al considerarse un problema privado, y, que, en consecuencia, debería solventarse en el seno familiar, ámbito en el que asiduamente se desarrollaban este tipo de acciones. Sin embargo, la violencia de género trasciende paulatinamente a la esfera pública, suponiendo un punto de inflexión el año 1989 al contemplarse por vez primera el delito de violencia «doméstica» habitual en el CP con el objetivo de preservar el respeto e igualdad que debían primar en el núcleo familiar[122] (Laurenzo Copello, 2005). Esta tipificación, si bien supuso un avance notorio

[122] Sin embargo, a pesar de que esta tipificación presentaba de numerosas dificultades técnicas, el obstáculo fundamental para su aplicación se hallaba en la mentalidad de los operadores jurídicos al entender el ámbito privado como lugar adecuado para la resolución de este tipo de conflictos (Ortubay Fuentes, 2014).

en la visibilización de esta problemática, adolecía de un defecto de base al equiparar la situación de la mujer que sufría maltrato con la de los hijos, ancianos o personas dependientes del varón, relegándola, de nuevo, a una posición de inferioridad respecto al hombre (Laurenzo Copello, 2005).

En este sentido, la tendencia imperante hasta el año 2003 en el tratamiento de la violencia machista se basó en dos pilares fundamentales estrechamente relacionados, a saber, de una parte, en el recurso exclusivo a la intervención penal para la eliminación de estas conductas, descartando el análisis de la dimensión política y social del fenómeno (Ortubay Fuentes, 2014); y, por otra, la dinámica de «fagocitismo» de la violencia de género por parte de la violencia doméstica al entenderse la primera como una manifestación de la segunda, carente de autonomía (Prieto del Pino, 2016). Así, como producto de la conjugación de sendos factores, nos encontramos ante un sistema que no estudia de la violencia de género de manera individualizada y específica y que, en consecuencia, obvia la naturaleza estructural del fenómeno, resultando ineficaz al abordar los síntomas de la problemática en lugar de sus causas (Laurenzo Copello, 2005).

A modo de ejemplo podemos apuntar que la única ley que prescinde en cierta medida de connotaciones penales y se orienta hacia la tutela de las víctimas de estas conductas es la ley 27/2003, de 31 de julio, reguladora de la orden de protección de las víctimas de violencia doméstica, cuyos postulados se han mantenido vigentes tras la aprobación de la Ley 1/2004, de 28 de diciembre, de medidas de protección integral contra la violencia de género —en adelante, LIVG—. Así, el tenor de la ley 27/2003 contempla la imposición de medidas cautelares de índole penal e, introduce como novedad la posibilidad de que el Juzgado de Guardia decrete medidas de carácter civil —por ejemplo, la determinación de la guardia y custodia de los menores o la permanencia en el domicilio familiar—; en consecuencia, la orden de protección se presenta como uno de los instrumentos de mayor relevancia en la lucha contra la violencia de género (Ortubay Fuentes, 2014).

Sin embargo, hasta aquel momento, durante el lapso señalado *supra*, la mayor parte de iniciativas tendentes a la eliminación de la violencia machista se configuraron desde una dimensión punitiva, materializadas en reformas del CP dirigidas a aumentar el castigo por la ejecución de este tipo de actos. En este sentido, destaca el cambio de calificación como delito de aquellas conductas de violencia física o psicológica perpetradas en el ámbito familiar, tradicionalmente contenidas en el Libro de faltas hasta el año 2003[123] (Ortubay Fuentes, 2014); una de las modificaciones de mayor relevancia que se produjeron en este ámbito fue la elevación a delito de aquellas lesiones que no requiriesen tratamiento médico o el maltrato de obra que no derivase en resultado lesivo, conductas recogidas en el vigente art. 153 CP (Ortubay Fuentes, 2014).

Asimismo, cabe apuntar las reformas acontecidas durante el periodo señalado en el delito de maltrato habitual, actualmente recogido en el artículo 173.2; en primer término, la LO 14/1999 de 9 de junio[124] colma importantes lagunas al incluir, por una parte, la violencia en los supuestos en que la relación sentimental hubiese finalizado, y, por otra, los actos violentos de carácter psíquico; por su parte, esta LO añade un segundo párrafo al precepto en el cual se precisan los criterios para

[123] Esta modificación parte de la premisa de que este tipo de comportamientos repetidos en el tiempo desembocan en un ciclo de violencia que adquiere paulatinamente cotas de mayor intensidad; por otro lado, este cambio se fundamenta en la imposibilidad que presentaba la calificación anterior de imponer medidas cautelares —p.ej., prisión preventiva—, penas privativas de libertad, así como de generar antecedentes penales (Ortubay Fuentes, 2014).

[124] Ley Orgánica 14/1999, de 9 de junio, de modificación del Código Penal de 1995, en materia de protección a las víctimas de malos tratos y de la Ley de Enjuiciamiento Criminal.

determinar la habitualidad de la conducta[125]; sin embargo, la delimitación del término habitualidad derivó en numerosas dificultades hermenéuticas, óbices que se tradujeron en una aplicación mayoritaria de la falta de malos tratos contenida en el art. 617.2 CP (Prieto del Pino, 2016). Por otra parte, la LO 11/2003 de 29 de septiembre[126] modificará la ubicación sistemática de este delito, incardinándose en aquellos tipos

---

[125] El debate sobre la determinación de la habitualidad en el maltrato —controversia estrechamente vinculada con la derivada de la determinación del bien jurídico protegido que abordaremos *infra*— se sustentó en primer término sobre el número de agresiones que debían infligirse para apreciar la habitualidad. En este sentido, se rechazó la aplicación analógica del antiguo art. 94 CP —suspensión y sustitución de penas privativas de libertad— entendiendo el Alto Tribunal en la STS 5590/2000 que la apreciación de este elemento no venía dada por la cuantificación de actos violentos sino su permanencia en el tiempo. Por otro lado, en lo que respecta a la determinación de la habitualidad considerando actos ya juzgados, un sector doctrinal rechaza esta posibilidad al calificarlo como una vulneración del principio *non bis in ídem* al concurrir identidad de hecho, sujeto y fundamento; sin embargo, otra corriente defiende esta tesis al estimar que no se conculca este principio dado que desde una perspectiva objetiva el bien jurídico protegido por el maltrato habitual dista del ámbito tuitivo de los delitos que sancionan actos concretos de violencia (Prieto del Pino, 2016). Por su parte, en lo relativo a la incorporación de los delitos violentos prescritos en la valoración sobre la existencia de maltrato habitual, gran parte de la doctrina y jurisprudencia así como la Circular de la Fiscalía General del Estado 1/1998 califican este proceder como adecuado; así, esta tesis se fundamenta en que el cómputo de la prescripción relativa a la habitualidad dista del referido a los delitos concretos enjuiciados, ya que el plazo de prescripción del delito de maltrato habitual comenzará a contar desde el fin del maltrato infligido a la víctima (Prieto del Pino, 2016).

[126] Ley Orgánica 11/2003, de 29 de septiembre, de medidas concretas en materia de seguridad ciudadana, violencia doméstica e integración social de los extranjeros.

atentatorios contra la integridad moral[127], configuración que se mantiene vigente actualmente, sancionando el ejercicio de la violencia física o psíquica en contextos de convivencia, generando, por consiguiente, un ambiente de terror (Ortubay Fuentes, 2014). Sin embargo, a pesar de que generalmente estas conductas sean cometidas por hombres y las víctimas sean las mujeres, no se establece una diferenciación en la penalidad de este delito que sí fue establecida por la LIVG para otros tipos; ausencia que ha sido especialmente criticada en la redacción de este artículo (Ortubay Fuentes, 2014).

En este orden de cosas, la aprobación y entrada en vigor de la Ley 1/2004, de 28 de diciembre, de Medidas de Protección Integral contra la Violencia de Género marca un punto de inflexión en el tratamiento de la violencia contra las mujeres al abordar el problema desde la raíz y no solo sus consecuencias, abandonándose de este modo la dinámica referida previamente. Así, la LIVG trata de dar respuesta al fenómeno desde un punto de vista multidisciplinar mediante el establecimiento de una serie de medidas de índole educativa, asistencial, laboral, penal y procesas; estas iniciativas se circunscriben al ámbito de actuación señalados en el art.1 de la norma, esto es, la violencia que sufren las mujeres como

---

127 La inclusión del tipo de maltrato habitual en los delitos contra la integridad moral obedece a un cambio respecto a la consideración del bien jurídico protegido por este delito, deviniendo insuficiente la defensa de su limitación al ámbito de la salud e integridad personal, tesis que cobró fuerza con la inclusión del maltrato de obra del art. 153 CP. Así, se determinó que las agresiones prolongadas en el tiempo podrían derivar —con carácter adicional a las afecciones a la salud— en sentimientos de humillación o envilecimiento, afectando por consiguiente a esferas relativas a la dignidad, libertad, bienestar emocional o el honor del individuo, extremos abarcados por la categoría «integridad moral», resultando este el bien jurídico protegido por el tipo (Prieto del Pino, 2016).

producto de la discriminación y desigualdad en las relaciones de poder de hombres y mujeres (Laurenzo Copello, 2005).

Relacionado con esto, el tenor de la norma compila estrategias a largo plazo tendentes a la transmisión de valores a la sociedad relativos al respecto de derechos y libertades fundamentales e igualdad entre hombres y mujeres a través de la educación, el control de la publicidad sexista y la formación de los agentes judiciales (Laurenzo Copello, 2005). No obstante, junto a esta perspectiva contempla proyectos de ejecución inmediata orientados a dotar a las mujeres víctimas de esta violencia de autonomía suficiente para reemprender su vida social y laboral; en este sentido, se articulan medidas vinculadas con la movilidad geográfica o flexibilidad horaria en el plano laboral, el fomento de programas específicos de empleo, la dotación de subsidios u otras ayudas o el acceso prioritario a viviendas protegidas (Laurenzo Copello, 2005). Asimismo, se establecen medidas de prevención y control de riesgos asociados a la protección de víctimas, entre las que se encuentran el diseño de protocolos de detección de violencia de género en la esfera sanitaria o la asistencia jurídica gratuita en la totalidad de los procedimientos, incluso de naturaleza administrativa (Laurenzo Copello, 2005).

No obstante, esta extensa horquilla de medidas extrapenales recogidas en ley se encuentra eclipsada en cierta medida por aquellas de índole político–criminal debido a la controversia suscitada en los ámbitos doctrinal, jurisprudencial e incluso, mediático en torno a su configuración. Así, el punto central del debate se focaliza sobre el tratamiento penal del fenómeno al asentarse la respuesta punitiva sobre dos elementos clave; por, un lado, la creación de una tutela penal reforzada aplicable en exclusiva a la mujer, y, por otro, en el incremento del castigo de aquellas conductas vinculadas con la violencia de género (Laurenzo Copello, 2005).

En lo que respecta a la dimensión punitiva de la norma, la LIVG presentó una incidencia directa sobre el Código Penal, materializada en la reforma de nueve de sus artículos —en vigor desde el 30 de junio de 2005—, cuyo contenido analizaremos de forma somera. En primer término, se agrava la responsabilidad del maltrato ocasional —art. 153.1 CP— y de las lesiones infligidas a una mujer con la que se tenga o hubiese mantenido una relación sentimental —148.4 CP—, incrementos que se extrapolan a los supuestos en que el sujeto pasivo resulte especialmente vulnerable —arts. 153.1 y 148.5— (Prieto del Pino, 2016). Asimismo, se incrementa el castigo de las amenazas leves, incluyéndose las perpetradas con armas mediante la creación de un subtipo agravado —art. 171.4 CP— cuando se encontrasen dirigidas a la esposa o mujer con la que se mantuviera análoga relación de afectividad, así como a personas especialmente vulnerables que conviviesen con el autor. La misma fórmula de agravación se mantiene para el tipo de coacciones —art. 172.2 CP— en el supuesto que se destinen a los sujetos previamente mencionados. Con carácter adicional, el incremento de la punición se hizo extrapolable a los delitos de quebrantamiento de condena —art. 468 CP— tanto para las penas impuestas en virtud del art. 48 CP —alejamiento del agresor— como medidas cautelares o de seguridad de la misma índole cuando el ofendido perteneciera a alguna de las categorías contenidas en el delito de maltratos habituales (Prieto del Pino, 2016).

Sin embargo, no todas las líneas de actuación propuestas por la LIVG implican un necesario aumento del rigor punitivo del CP; en este sentido, cabe señalar la introducción de atenuaciones en los delitos de maltrato habitual —art. 153.4 CP—, amenazas —art. 171.6 CP— y coacciones —art. 172.2 *in fine*—, facultando al juez o tribunal a reducir la pena hasta en un grado tras la valoración de las circunstancias del autor, así como de aquellas asociadas al suceso delictivo. Por otro lado, el régimen de suspensión y sustitución de penas privativas de libertad en estos delitos se dirigirá a la protección de la mujer y al tratamiento psicológico y de reeducación del agresor[128] (Prieto del Pino, 2016).

Por consiguiente, tras las novedades introducidas por la LIVG en la esfera penal subyace el objetivo de reforzar la tutela en este ámbito de la mujer víctima de violencia de género, labor que ha encontrado en su ejecución gran número de detractores. Las críticas se basan fundamentalmente en la vulneración que esta ley presenta respecto al derecho a la igualdad recogido en el art. 14 CE, tesis que se sustenta sobre tres argumentos diferentes, a saber, la exclusión sistemática del varón, por motivos de sexo, de la protección brindada a la mujer en los delitos de violencia doméstica; la restricción de acceso de los hombres a la tutela jurisdiccional de los nuevos juzgados creados por esta ley —Juzgados de Violencia sobre la Mujer— y, por último, una mayor severidad en el castigo de los varones

---

[128] No obstante, la apuesta por la terapia del infractor siempre ha generado ciertas reticencias en los sectores de víctimas de violencia de género al considerar que los recursos y tiempo invertidos en este tipo de labores podrían destinarse a los sujetos afectados por este tipo de conductas, que, a priori, se encuentran más necesitados de esta clase de asistencia. Sin embargo, estos planteamientos obvian que la intervención sobre el agresor redunda en última instancia en beneficio de la víctima, ya que el control de la ira o la gestión de los impulsos pueden traducirse en descensos drásticos de las cotas de reincidencia en este tipo de delitos. Asimismo, y en relación con esta premisa, debemos recordar los fines resocializadores del Derecho penal en virtud de los cuales los condenados no pueden ser privados por más execrables que resulten los actos cometidos. Por otro lado, abogar por la exclusión de los *maltratadores* en los procesos de reinserción implicaría desvirtuar la esencia del discurso feminista, el cual alberga como líneas maestras la tolerancia y el respeto entre iguales, no cabiendo, por tanto, ninguna forma de rechazo, proscripciones entre las que destaca aquella discriminación fundada en razones de sexo (Laurenzo Copello, 2005).

en los supuestos de agresión contra las mujeres, fundado únicamente en el sexo del infractor (Laurenzo Copello, 2005).

Así, la presunta discriminación del varón en el tenor de la LIVG conduce al análisis material del art. 14 CE[129] o de la denominada «acción positiva» del Derecho penal[130], labor que

---

129 La labor de delimitar el contenido y alcance del art. 14 CE resulta compleja dado que este precepto aúna dos realidades, a saber, por una parte, el principio de igualdad formal y, por otra, el mandato de no discriminación. Así, debemos apuntar que el segundo no supone una concreción del primero en la medida en que la prohibición de la discriminación se concibe como una suerte de protección adicional brindada a determinados colectivos tradicionalmente minusvalorados con el objetivo de que estos puedan ejercitar y disfrutar plenamente sus derechos fundamentales. Así, este artículo se configura con el objetivo de remover aquellos obstáculos derivados de la desigualdad social basada en rasgos identitarios —religión, edad, sexo, entre otros— que desplazan de las posiciones de poder a aquellos individuos en los que concurren estos caracteres, paliando en cierta medida esa desventaja inicial. En este sentido, el art. 14 CE se articula desde una perspectiva unidireccional, constituyendo, por tanto, la limitación de su aplicación la fórmula más adecuada para proteger a los colectivos socialmente subordinados de los desequilibrios fácticos, ya que, *sensu contrario*, extender el contenido tuitivo del precepto al sector dominante supondría perpetuar el *statu quo* (Laurenzo Copello, 2005).

130 La mayor sanción del varón por ejecutar conductas lesivas de los derechos de las mujeres se presenta como una decisión político-criminal que encuentra acomodo en la vertiente *positiva* de la proscripción de la discriminación, comúnmente denominada «acción positiva». Así, en esta categoría se enmarcan aquellas iniciativas que tienen por objeto beneficiar a sujetos minusvalorados socialmente en detrimento de los sectores dominantes, produciéndose una merma de oportunidades para este segmento poblacional. Sin embargo, este concepto, tradicionalmente acuñado en aquellas disciplinas que abordan la distribución de recursos escasos, resulta forzado en la alusión al Derecho penal. En consecuencia, el incremento punitivo de las conductas perpetradas por varones debe valorarse desde

revela el fundamento último del debate, que trasciende a la determinación de la constitucionalidad de la norma afirmada por el TC (Ortubay Fuentes, 2014). La controversia halla su motivación principal en la contraposición hermenéutica respecto a la violencia de género, antagonismo que resulta extrapolable a las posturas adoptadas sobre la norma.

En este sentido, el sector que se presenta más crítico con la LIVG calificándola como un cuerpo legal punitivista y discriminatorio para con el varón, descarta el sustrato cultural de la violencia de género, considerando, en contrapartida, que, si bien identificada con el hombre, la personalidad violenta es una característica intercambiable entre los sexos, abogando, en consecuencia, por una interpretación individual de la violencia ejercida contra las mujeres. En cambio, aquellos partidarios de la LIVG asumen que, si bien esta ley adolece de algunos fallos que merman su potencial, la violencia de género se produce como consecuencia de los distintos roles sociales atribuidos a hombres y mujeres, en los que estas últimas ocupan una posición subordinada, circunstancia que precisa la implementación de medidas de carácter transversal con la

---

el prisma de los principios y fines del orden penal; así, adoptando como premisa básica que el Derecho penal persigue el libre ejercicio de los derechos y libertades básicos por todos los ciudadanos —garantía de una convivencia ordenada—, se infiere la necesidad de reforzar la protección de aquellos individuos cuya integridad se encuentra seriamente comprometida. Por tanto, el incremento punitivo no obedece a las características que presente el sujeto activo de la conducta criminal —el hombre—, sino la vulnerabilidad de la que adolece el sujeto pasivo —en este caso, la mujer— debido a la estructura social imperante; en otras palabras, la dimensión preventiva del Derecho penal justifica el aumento de penas al configurarse con el objetivo de evitar la ejecución de conductas discriminatorias y no como una suerte de «suma-cero» en el que el beneficio de las mujeres suponga el perjuicio de los hombres (Laurenzo Copello, 2005).

finalidad de erradicar este desequilibrio y, adicionalmente, paliar la situación de vulnerabilidad estructural de las mujeres (Laurenzo Copello, 2005).

No obstante lo dispuesto, los datos previamente aportados evidencian que la violencia de género se encuentra lejos de desaparecer en la medida en que sus índices se mantienen e incluso, aumentan, circunstancia que pone el foco sobre la eficacia de la LIVG en la resolución de la problemática. Sin embargo, pese a las carencias y necesidad de reforma que presente este cuerpo normativo, especialmente en las esferas de prevención de la violencia y la intervención sobre las mujeres, su aprobación supuso un cambio de paradigma en el abordaje del fenómeno. Así, este reconocimiento se ha producido tanto a nivel interno como supranacional; muestra de esto último lo constituye la Mención de Honor *Future Policy Awards* otorgada en Ginebra en 2014 por la ONU mujeres, *World Future Council* y la Unión Interparlamentaria al ser considerada la norma más eficaz del mundo en la lucha contra la violencia de género (Ortubay Fuentes, 2014).

Así las cosas, la Ley Orgánica 10/2022, de 6 de septiembre, de garantía integral de la libertad sexual —en adelante, LOGILS— ha operado cambios sobre este cuerpo normativo, entre los cuales destacaremos de forma somera aquellos orientados a reforzar la tutela de las víctimas de violencia de género debido a su vinculación con la temática de esta obra.

En este sentido, cabe mencionar las reformas del artículo 18, cuya redacción es sustancialmente ampliada por el texto legislativo de 2022. Este precepto aborda la garantía de los derechos de las víctimas, sustentados fundamentalmente sobre la información, la asistencia social integral y aquella de índole jurídica. Así, en virtud de este artículo se prevé la adopción por parte de los entes públicos de medidas excepcionales cuando estas prerrogativas no puedan ser satisfechas por mecanismos ordinarios. En segundo lugar, el artículo 18 desarrolla el contenido del derecho a la información, resaltando, en virtud de la LO 10/2022 el deber de los poderes públicos de hacer accesible la información en materia de violencia de género a aquellas víctimas que, por sus circunstancias desconociesen el castellano o las lenguas cooficiales. Por último, el artículo 19 se refiere al derecho a la asistencia integral, que la LOGILS desarrolla con respecto a su formulación anterior. Así, entre las principales novedades destaca el deber de los poderes públicos de garantizar la accesibilidad y la calidad de los recursos asistenciales, así como su distribución equitativa en el territorio nacional. Adicionalmente, se amplía la asistencia integral a aquellos menores que se cuyos contextos familiares se encuentren relacionados con la violencia de género. En consecuencia, se determina por parte del legislador la necesidad de contar con profesionales en psicología infantil en estos supuestos, incluyéndose los casos de violencia vicaria.

### *2.5. La Ley Orgánica 8/2021, de 4 de junio, de protección integral a la infancia y adolescencia frente a la violencia*

La LO 8/2021 —en adelante, LOPIVI— se presenta, en términos generales, como instrumento de lucha eficaz contra la violencia perpetrada contra los menores de edad, completando de este modo el marco jurídico tuitivo de niños, niñas y adolescentes en nuestro país. Este objetivo, amplio y ambicioso en su delimitación, alberga como principal fundamento la desprotección que han sufrido los menores a lo largo del tiempo, reivindicándose a través de este cuerpo normativo su condición como sujetos de Derecho y no como objetos (Sánchez Barroso, 2022).

En este sentido, se pone el acento sobre aquellos aspectos en el que este desamparo se ha experimentado, esto es, a nivel físico, psicológico, sexual o económico, así como aquellos entornos en los que esta violencia es a menudo experimentada, a saber, en la familia, escuela, en las instituciones o en el ámbito virtual. Así las cosas, la especial vulnerabilidad inherente a esta etapa vital amplifica los efectos derivados de la violencia, factor que explica la necesidad de procurar una tutela reforzada de este colectivo por parte de los poderes públicos (Sánchez Barroso, 2022).

Con el objetivo de ilustrar la situación que atraviesan los menores en nuestro país y que, en definitiva, ha supuesto el fundamento para la aprobación de esta norma, estimamos necesario exponer sucintamente algunos datos que brinda el Ministerio de Derechos Sociales y Agenda 2030 en esta materia recabados de las diferentes comunidades y ciudades autónomas[131]. Sin embargo, el Ministerio advierte con carácter preliminar que los datos ofrecidos y que serán expuestos en las líneas que siguen que no todas las comunidades o ciudades han aportado información en la integridad de los lapsos contemplados en el informe. Por consiguiente, la cautela deberá primar en los análisis que se realicen y las conclusiones que se extraigan de los mismos.

Así, en 2022, y en comparación con años anteriores, aumenta notablemente los tipos de maltrato notificados con relación al montante de notificaciones de maltrato. En 2022 se

---

131 Así, los datos son compilados en un informe denominado "Boletín de datos estadísticos de medidas de protección a la infancia y la adolescencia", que se elabora con una periodicidad anual desde el año 2005, momento en el que estos datos comenzaron a registrarse por el INE. El último de ellos ha sido el número 25 y se ha publicado en noviembre de 2023, en el cual se compilado la evolución de las medidas de protección a la infancia y adolescencia ejecutadas por las comunidades y ciudades autónomas de Ceuta y Melilla. Adicionalmente, expone datos sobre el maltrato infantil extraído de la base de datos del Registro Unificado de casos de sospecha de Maltrato Infantil —RUMI— (Ministerio de Derechos Sociales y Agenda 2030, 2022).

registran un total de 29.770 notificaciones y 48.187 modalidades de maltrato, obteniéndose una media de 1,61; en cambio, en 2021 se registraron 21.521 notificaciones y 33.447 tipos de maltrato, resultando una media de 1,55. Por su parte, en lo que respecta al tipo de maltrato, destaca la negligencia al suponer el 41,44% de los casos registrados en 2022 —en 2021 fue del 42,75%—; seguidamente se encuentra el maltrato emocional siendo un 28,48% de los tipos registrados —en 2021 supuso el 30,75% de los casos registrados—.

Asimismo, la evolución de las notificaciones en cuanto al sexo se mantiene estable salvo la diferencia más pronunciada en 2018[132]; no obstante, existe una prevalencia del sexo masculino sobre el femenino —en 2022, fueron registradas 13.890 notificaciones de mujeres, mientras que para hombres fue una cifra mayor, de 15.880— Adicionalmente, se destaca el hecho de que a partir de 2021 los casos más graves se dan en el sexo femenino. En lo que respecta a la nacionalidad, aumentan significativamente las notificaciones de maltrato sobre personas menores de edad extranjeras, representando en 2020 un 26,93% del total, en 2021, un 29,26% y, por último, en 2022 suponen en 38,34% del total[133]. En lo que respecta al ámbito de procedencia, si bien en 2022 aumentan en todos los sectores —Cuerpos y Fuerzas de Seguridad, educativo, sanitario, servicios sociales, otros— el sector de la salud presenta diferencias

---

132 Del total de las 18.801 notificaciones registradas para ese año, aquellas pertenecientes al sexo masculino fueron un total de 11.722 —tasa de 147,5— mientras que para el sexo femenino se registraron 7.079 notificaciones —tasa de 89,1— (Ministerio de Derechos Sociales y Agenda 2030, 2022).

133 Sin embargo, debemos considerar que estos porcentajes, si bien elevados, resultan notablemente inferiores respecto al año 2010, momento en el que las notificaciones sobre menores extranjeros supusieron un 44,89% del total (Ministerio de Derechos Sociales y Agenda 2030, 2022).

cuantitativas menos acuciantes. Por último, se aprecia un aumento de las notificaciones en todas las franjas de edad, destacando los grupos de 11 a 14 años —9.250 notificaciones— y de 15 a 17 —7.979 notificaciones— (Ministerio de Derechos Sociales y Agenda 2030, 2022).

En consecuencia, tal y como se señala en el Preámbulo de la norma, la elaboración de la LO 8/2021 se sustenta, por una parte, sobre el deber constitucional exigido a los poderes públicos *ex* art. 39 CE[134] relativo al reconocimiento de las garantías y derechos fijados para los menores de edad a nivel internacional (Sánchez Barroso, 2022). Por otro lado, la LOPIVI ha contado con numerosos referentes normativos supranacionales para su elaboración, entre los que destacan La Convención de los Derechos del Niño de 1989, el Convenio del Consejo de Europa para la protección de los Niños contra la explotación o el abuso sexual o la Estrategia del Consejo de Europa para

---

134 Si bien en la Exposición de Motivos de la norma se hace mención expresa de este artículo, existen otros preceptos recogidos en la CE que se encuentran estrechamente relacionados con la infancia y adolescencia y que complementan el fundamento de esta norma. En este sentido, cabe mencionar el art. 48, relativo a la promoción de la participación de la juventud en el desarrollo político, social, económico, el cual se encuentra reflejado en la Convención de Derechos del Niño de 1989. Asimismo, el art. 27 CE aborda tangencialmente a los menores de edad en la medida en que este precepto recoge el derecho a la educación. No obstante, hay otros artículos que, pese a no delimitar su ámbito de actuación a la infancia o adolescencia, experimentan modificaciones en su aplicación cuando los sujetos son menores de edad. Así, cabe mencionar el art. 18 CE —derecho a la intimidad personal y familiar—, art. 43.1 CE —derecho a la salud—, 43.3 CE —educación sanitaria, física y el deporte—, art. 49 —protección de personas con discapacidad— o el art. 51 —defensa de consumidores y usuarios—. Sin embargo, la Carta Magna no concreta qué poderes públicos resultan competentes para llevar a cabo estas acciones (Sánchez Barroso, 2022).

los derechos del niño (2016–2021). Asimismo, con esta Ley se persigue el cumplimiento de las finalidades marcadas por la Agenda 2030, entre las cuales destaca la meta 16.2, esto es, «Poner fin al maltrato, la explotación, la trata y todas las formas de violencia y tortura contra los niños» (Lloria García, 2022).

Así las cosas, la LOPIVI presenta una importante evolución respecto a los avances introducidos en el sistema tuitivo nacional de la infancia y adolescencia por la Ley Orgánica 1/1996, de 15 de enero, de Protección Jurídica del Menor así como la Ley Orgánica 8/2015, de 22 de julio, y la Ley 26/2015, de 28 de julio, ambas de modificación del sistema de protección de la infancia y la adolescencia, las cuales operaron a su vez reformas en el Código Civil y en la Ley de Enjuiciamiento Criminal (Lloria García, 2022). Este progreso normativo se evidenció desde un prisma teórico atendiendo a la técnica legislativa empleada, regulándose a través del mecanismo de la ley especial y, concretamente, de la ley integral. Este formato no resulta ajeno al legislador español si consideramos que la LO 1/2004 analizada en el epígrafe anterior, marcando un punto de inflexión en la producción jurídica nacional hasta el momento. En consecuencia, la LOPIVI se articula desde una perspectiva global y transversal, incorporando todos aquellos aspectos que guarden vinculación con la tutela de la infancia y adolescencia desde un prisma preventivo, educativo, social o asistencial proyectado en distintos ámbitos —sanitario, educativo, institucional, entre otros— (Lloria García, 2022).

En lo que respecta a la vertiente material de la norma, su vigencia incide sobre distintas ramas del ordenamiento jurídico, a saber, civil, administrativa o penal, aunque, a diferencia de la LIVG, su redacción no incorpora articulado de otros cuerpos normativos sino las modificaciones operadas en ellos. Por consiguiente, la exégesis que se realice sobre la LOPIVI deberá tomar en consideración el resto de cuerpos codificados, garantizándose de este modo la plenitud y coherencia del ordenamiento jurídico (Lloria García, 2022).

Así las cosas, pese a la vocación integral de la LO 8/2021, consideramos conveniente abordar someramente las reformas producidas en el ámbito penal al mostrar una mayor vinculación con nuestra área de conocimiento. En este sentido, las modificaciones recogidas en la disposición adicional sexta afectan a la configuración del Código Penal tanto a la parte general como especial.

Por un lado, los cambios introducidos la parte general se materializan en primer lugar sobre las causas modificativas de la responsabilidad. Así, se introduce en la cláusula agravatoria del art. 22. 4 CP las «razones de edad» entre otras motivaciones —orientación e identidad de género, aporofobia o exclusión social— además de la fórmula «con independencia de que tales condiciones o circunstancias concurran efectivamente en la persona sobre la que recaiga la conducta». En lo relativo a la adición de las cuestiones de edad como motivos discriminatorios, se acusa en primer término su indefinición dado que no se precisa los márgenes de edad para los que se encuentra asignada esta agravación. Considerando el ámbito de aplicación de esta norma, se infiere que los sujetos aludidos por este precepto serán los menores de edad, aunque no queda clara la discriminación de este colectivo si la propia LOPIVI asume su condición como sujetos titulares de derecho [135], exégesis que debe trasladarse a la configuración de los delitos de odio en aras de determinar los límites de esta discriminación (González Tascón, 2021). Por otro lado, el hecho de ampliar el ámbito de aplicación de esta agravante cuando los sujetos sobre los que se proyecta esta discriminación no cumplan las exigencias

---

135 En este sentido, la doctrina aprecia una mayor verosimilitud en la consideración de esta discriminación dirigida a las personas de la tercera edad, ya que en el contexto de emergencia sanitaria pudo comprobarse su exclusión motivada por la etapa vital que se encontraban, brindado a su vez respuesta desde el ámbito jurídico al fenómeno social del *edadismo* (González Tascón, 2021).

típicas que fundamenta este reproche penal, provoca un potencial desdibujamiento de los límites del *ius puniendi,* al adelantar de forma notable las barreras de protección (González Tascón, 2021).

En segundo lugar, la LO 8/2021 opera reformas en las penas y su ejecución. Así las cosas, la imposición de la inhabilitación especial, habitualmente dirigida al desempeño de cualquier profesión oficio o comercio, se amplía a «cualquier actividad», resulte retribuida o no, con el objetivo de evitar cualquier suerte de contacto entre los sujetos condenados y los menores de edad. Asimismo, se contempla la privación de la patria potestad, la cual resulta imperativa en dos supuestos, a saber, respecto de los hijos de las víctimas de homicidio que tuviera en común con el autor y, por otro lado, si la víctima fuera uno de los hijos del autor, respecto al resto, si los hubiere (Lloria García, 2022).

Sin embargo, esta medida plantea una serie de cuestiones controvertidas: en el primer supuesto, las consecuencias que se derivarían de la muerte justificada del progenitor —p.ej. apreciación de legítima defensa— y, en el segundo caso, la problemática que plantearía si la víctima sobrevive al ataque en la medida en que la privación de potestad aplicaría al resto de hijos, pero no al que ha sufrido la acción violenta en grado de tentativa. Asimismo, la reforma en la ejecución de las medidas de alejamiento no ha tenido en consideración aquellas operadas en este ámbito en el Código Civil, lo que genera lagunas en su aplicación (González Tascón, 2021).

El último aspecto de la parte general del Código Penal modificado por la LOPIVI es aquel relativo a la responsabilidad penal, el cual se proyecta sobre dos cuestiones diferentes, a saber, el perdón del ofendido y los plazos de prescripción. En lo que respecta al primero de ellos, el legislador da un paso más allá de respecto a la reforma del CP del año 2015, negando en virtud de la LOPIVI la validez del perdón del ofendido en todo caso cuando se otorgue a través de representantes legales en supuestos de delitos contra bienes jurídicos eminentemente personales. Sin embargo, se generan dudas para los delitos que no ostentan dicha naturaleza ya que se han eliminado las cláusulas de validez de perdón por representación, por lo que se desconoce si el perdón emitido bajo esta forma produce algún efecto (González Tascón, 2021).

Así las cosas, esta premisa presenta un difícil encaje con la confianza de los poderes públicos que fundamenta la LO 8/2021 en la protección de los menores de edad y a su vez alberga importantes implicaciones, entre ellas un posible cambio de la naturaleza en aquellos delitos para los que se permitía con anterioridad el perdón, ya que, si no existe disponibilidad sobre los bienes jurídicos, deberán ser perseguidos de oficio (Lloria García, 2022).

Por otra parte, la prescripción constituye una de las garantías más relevantes de los Estados de Derecho, puesto que hace referencia a la necesidad del Estado de perseguir o castigar determinadas conductas una vez que ha transcurrido un periodo de tiempo importante. La LOPIVI ha reformado el art. 132 CP relativo a la imposición de los periodos de prescripción[136]. Así las cosas, la principal modificación ha consistido en ampliar

---

[136] Así las cosas, si bien el art. 132 CP mantiene las provisiones generales relativas al cómputo de la prescripción, se incorporan dos excepciones relativas a la edad de la víctima. Por una parte, se mantiene la cláusula vigente desde 1999 en virtud de la cual los plazos de prescripción de determinados delitos empiezan a contar desde la mayoría de edad de la víctima. Los ilícitos imbricados en esta premisa son lis relativos al aborto no consentido, lesiones, torturas, contra la integridad moral, intimidad, el derecho a la propia imagen y la inviolabilidad del homicidio y contra las relaciones familiares. Por otro lado, la prescripción comenzará a contar desde que la víctima cumpla los 35 años para los delitos de homicidio en grado de tentativa, lesiones graves —arts. 159 y 150—, maltrato

los plazos de prescripción al comenzar su cómputo desde que la víctima cumple 35 años en determinados delitos[137] (Lloria García, 2022).

En consecuencia, se hace evidente el fundamento tuitivo de la medida ya que, para determinadas conductas, especialmente aquellas de índole sexual, es posible que las víctimas no tomen conciencia de la entidad de estos comportamientos hasta alcanzar un estado de madurez suficiente. Sin embargo, no se debe perder la perspectiva de las implicaciones que conlleva la aplicación de este tipo de medidas puesto que puede suceder que los delitos en los que existan víctimas menores de edad devengan prácticamente imprescriptibles. En este sentido, una de las principales críticas vertidas sobre esta reforma es la desvirtuación de las finalidades de la prescripción, a saber, no alargar indefinidamente las situaciones jurídicas no resueltas, sin conocer la eficacia de esta medida en términos de prevención, bien general, bien desde la reparación de la víctima (González Tascón, 2021). Por consiguiente, si bien es cierto que la víctima se encontrará facultada por la LOPIVI para reclamar justicia durante un lapso mayor, la doctrina pone el acento sobre la existencia de alternativas que pueden redundar en un mayor beneficio para las víctimas.

En este sentido, entre las medidas de prevención temprana destacan la educación sexual, el apoyo y asistencia a víctimas o la capacitación de las familias. Por su parte, con un carácter reactivo se propone la ejecución de mecanismos de justicia restaurativa puesto que el reconocimiento del daño infligido a

habitual del art. 173.2.CP, delitos contra la libertad, libertad sexual así como los delitos de trata de seres humanos (Lloria García, 2022).

137 La fijación de este tramo de edad resulta de un periodo intermedio entre la propuesta de 30 años contenida en el Anteproyecto y la de 40 años reclamada por algunos actores sociales, como la Asociación Infancia Robada (González Tascón, 2021).

la víctima puede resultar más beneficioso para su proceso de recuperación, reduciéndose los potenciales riesgos de victimización secundaria. En síntesis, se subraya la existencia de otras herramientas cuya conveniencia puede desplazar con elevado grado de acierto la confianza exclusiva en la redacción penal (González Tascón, 2021).

Como resulta posible inferir de lo expuesto, la normativa penal constituye uno de los principales ejes vertebradores de la LOPIVI en materia de prevención ante conductas violentas infligidas a menores de edad. En consecuencia, tal y como advertimos al comienzo de estas líneas, las modificaciones producidas por esta LO también se proyectan sobre la parte especial del Código Penal. Sin embargo, advertimos que el abordaje de estas reformas resultará somero en comparación con el análisis efectuado previamente de las reformas llevadas a cabo en la parte general del CP.

Así las cosas, han tenido lugar reformulaciones de algunas tipologías delictivas, entre las que destacan el tipo de lesiones del art. 148.3, de los delitos sexuales —arts. 180, 183 *quater* y 189.1— o los delitos contra las relaciones familiares —arts. 220.2 y 225 *bis*—. Adicionalmente, se introducen nuevos tipos penales, cuyo fundamento obedece a la necesidad detectada por los poderes públicos y expuesta en el Preámbulo de la norma de adelantar las barreras de protección ante determinadas conductas que se han revelado especialmente graves para la salvaguarda de la vida y de la integridad física, así como por la alarma social generada. El denominador común de las conductas incorporadas al Código Penal es el componente digital o tecnológico en la difusión de los contenidos, factor que amplifica exponencialmente su potencial lesivo (González Tascón, 2021).

Así, los delitos de nuevo cuño se corresponden con los artículos 143 bis, 156 ter, 189 bis y 361 bis, presentando la particularidad de incorporar a los sujetos vulnerables necesitados de especial protección como sujetos pasivos de estas conductas. Estos tipos penales se configuran como delitos de peligro abstracto, haciéndose depender su tipicidad, por tanto, del carácter peligroso de la acción (González Tascón, 2021). Concretamente, estos preceptos hacen referencia a la distribución de contenidos orientados al fomento, promoción o incitación al suicidio —art. 143 bis—, a la autolesión —art. 156 ter—, a la comisión de los delitos de abuso y agresión sexual de los menores de 16 años y de los delitos relativos a la prostitución y a la explotación sexual y corrupción de menores —art. 189 bis— o, por último, el consumo de productos o la ejecución de conductas de ingesta o eliminación de alimentos que pudiesen conllevar un daño para la salud —art. 361 bis— (Lloria García, 2022).

No obstante, a falta de incluir una valoración más extensa en estas líneas sobre las implicaciones de cada una de las reformas producidas en la parte especial del Código Penal, consideramos conveniente aludir en este punto al parecer emitido por la doctrina. En términos generales, si bien las conductas delictivas mencionadas son de reciente incorporación y, por tanto, las valoraciones preliminares pueden resultar no del todo acertadas, se determina que los nuevos tipos penales responden en mayor medida a pretensiones simbólicas que a una verdadera instauración de mecanismos de protección de los menores de edad.

Como colofón a este sucinto análisis de la normativa, se antoja necesario realizar algunas precisiones político–criminales sobre el término violencia, al constituir uno de los ejes principales sobre los que se articula la norma. Sin embargo, la relevancia de este concepto no obedece únicamente a un prisma formal al figurar en el título de la LOPIVI y, suponer, por tanto, uno de los elementos definitorios de la misma. Así las cosas, la definición ofrecida por el legislador en el art. 1.2[138] incluye conductas dolosas, imprudentes o negligentes, incorpora diferentes medios comisivos y resultados, amén de un crisol de bienes jurídicos —salud, integridad física, dignidad, honor, intimidad, entre otros—, aspectos que superan notablemente la concreción inherente al ordenamiento jurídico–penal (Lloria García, 2022).

Por ello, esta amplitud en la definición de violencia presenta un mejor encaje con los postulados de las ciencias sociales, entre las cuales se incardina el saber criminológico. Así, uno de los factores que explican este deslizamiento conceptual del término violencia es la denominada «cultura de la victimidad», en virtud de la cual se sitúa a las víctimas en el centro del discurso, lo que permite la reformulación de los postulados de violencia o de víctimas, ensanchando de este modo su conceptualización (De la Cuesta Aguado, 2019). Esta amplitud en la

[138] A continuación, se facilita la transcripción del apartado 2 del artículo 1 de la LO 8/2021:
«A los efectos de esta ley, se entiende por violencia toda acción, omisión o trato negligente que priva a las personas menores de edad de sus derechos y bienestar, que amenaza o interfiere su ordenado desarrollo físico, psíquico o social, con independencia de su forma y medio de comisión, incluida la realizada a través de las tecnologías de la información y la comunicación, especialmente la violencia digital.
En cualquier caso, se entenderá por violencia el maltrato físico, psicológico o emocional, los castigos físicos, humillantes o denigrantes, el descuido o trato negligente, las amenazas, injurias y calumnias, la explotación, incluyendo la violencia sexual, la corrupción, la pornografía infantil, la prostitución, el acoso escolar, el acoso sexual, el ciberacoso, la violencia de género, la mutilación genital, la trata de seres humanos con cualquier fin, el matrimonio forzado, el matrimonio infantil, el acceso no solicitado a pornografía, la extorsión sexual, la difusión pública de datos privados así como la presencia de cualquier comportamiento violento en su ámbito familiar».

determinación de violencia revela, por tanto, un incremento de sensibilidad social respecto al reproche que merecen ciertas conductas intimidatorias, abusivas o lesivas. Sin embargo, esta demarcación del término ha sido criticada contundentemente por la doctrina penalista al conculcar potencialmente el principio de ultima ratio del Derecho penal, incardinando esta producción normativa en las tendencias del populismo punitivo (De la Cuesta Aguado, 2019). Así, esta amplitud en el concepto de violencia permitiría la entrada de esta rama del ordenamiento jurídico para solventar situaciones que no exigirían apriorísticamente una intervención penal. Por consiguiente, se estima necesaria la cautela en el recurso al Derecho penal por los efectos que pueden derivarse para la salvaguarda de los principios de legalidad y de taxatividad (Lloria García, 2022).

Así las cosas, uno de los principales retos que debe afrontar la LOPIVI en términos de implementación obedece a su vocación integral, donde el crisol de abordajes precisa de una base común donde las diferentes intervenciones puedan brindar un marco tuitivo de referencia a los menores. Por ello, en lo que respecta la esfera penal, debe tomarse una especial cautela en la ejecución de la LOPIVI considerando las implicaciones que pueden derivarse de la misma respecto al disfrute de derechos y libertades de los ciudadanos.

### *2.6. La incidencia de la LO 10/2022, de 6 de septiembre, de garantía integral de la libertad sexual en la configuración de los derechos de las víctimas*

Estimamos conveniente cerrar esta revisión sobre los avances producidos en el ordenamiento jurídico español relativos al reconocimiento y protección de víctimas con una de las normas que mayor controversia ha suscitado en las esferas jurídica, política y social en los últimos tiempos: la Ley Orgánica 10/2022, de 6 de septiembre, de garantía integral de la libertad sexual.

La LOGILS toma como referencia el marco legal tuitivo de las mujeres y niñas construido a nivel internacional por la Convención a Convención para la Eliminación de Todas las Formas de Discriminación contra la Mujer de Naciones Unidas —CEDAW—, el Convenio sobre prevención y lucha contra la violencia contra la mujer y la violencia doméstica del Consejo de Europa —Convenio de Estambul— y el Convenio sobre la lucha contra la trata de seres humanos del Consejo de Europa —Convenio de Varsovia—, amén de, a nivel nacional, el Pacto de Estado contra la Violencia de Género firmado en 2017[139]. Así, las finalidades perseguidas por la LOGILS se recogen de forma genérica en su artículo 1.1., a saber, procurar una plena garantía y protección de la libertad sexual, así como la erradicación de la eliminación de todas las manifestaciones de violencias de índole sexual.

En consecuencia, el abordaje de la libertad sexual combinando los prismas punitivo y tuitivo evidencia la necesidad de adoptar un enfoque holístico, que permita la intervención coordinada, uniforme y coherente de las administraciones a distintos niveles —estatal, autonómico o local— amén de diversos actores sociales. Así, la consecución de estos propósitos pasa por la elaboración de políticas de detección, protección,

---

[139] Se antoja necesario remarcar en este punto que el antecedente directo en la LOGILS lo constituye la Proposición de Ley de Protección Integral de la Libertad Sexual y para la erradicación de las violencias sexuales, presentada en la XII legislatura por el grupo parlamentario confederal de Unidos Podemos-En Comú Podem-En Marea. La elaboración de esta propuesta legislativa comienza tras la firma del Pacto de Estado contra la Violencia de Género, formulando este grupo parlamentario un voto particular —el número 38— a la totalidad del Informe de la Subcomisión sobre este Pacto. Así, el contenido de este voto particular guarda estrechas concomitancias con la redacción actual de la LOGILS (Marín de Espinosa Ceballos, 2023).

prevención, criminalización y asistencia ante la violencia sexual además de la garantía de reparación en términos económicos, sociales y simbólicos. En consecuencia, la LOGILS, al igual que sucediera con anterioridad respecto a la LOPIVI o la LIVG, se enmarca en el mecanismo de la ley integral con el objetivo de abordar este complejo fenómeno desde una perspectiva interdisciplinar.

Sin embargo, la doctrina advierte que el contenido de la LOGILS no pivota sobre la garantía de la libertad sexual y la protección contra las violencias sexuales de forma equilibrada. Así, no se contemplan medidas que persigan la remoción de aquellos controles sociales que resultasen perjudiciales para el desarrollo de la libertad sexual de aquellos colectivos tradicionalmente preteridos de las misma, a saber, personas con una orientación sexual diferente a la normativa, menores de edad o personas discapacitadas, con independencia del riesgo de violencia sexual existente (González Tascón, 2023). En cambio, la violencia se ha tornado en el eje configurador de la LOGILS, orientándose en este sentido la mayor parte de las estrategias introducidas por la norma.

Así las cosas, el legislador alude en las líneas iniciales del apartado III del Preámbulo que la implementación de esta ley integral y novedosa en el ámbito de las violencias sexuales implica realizar modificaciones en distintas ramas del ordenamiento, a saber, administrativo, civil, laboral, procesal o penal. Por consiguiente, cabe inferir de lo expuesto que el grueso de reformas abordará el último de los aspectos mencionados, la esfera punitiva, análisis al que dedicaremos las líneas que siguen, sin detenernos en la polémica suscitada en torno a las consecuencias que se han derivado de su aplicación en algunos supuestos[140].

---

140 La aplicación retroactiva de la LOGILS con la correspondiente rebaja de penas e, incluso excarcelaciones debido a la eliminación de

En este sentido, las modificaciones operadas sobre el Código Penal se hallan contenidas en la Disposición Adicional cuarta, constituyendo un cambio de paradigma respecto a la configuración de los delitos sexuales en nuestro ordenamiento. En este sentido, y con el tanto de redimensionar la tutela de la libertad sexual como de promover la transformación social a través de la eliminación de la denominada «cultura de la violación», se incorpora por vez primera una definición de consentimiento. Así, este concepto, contenido en el art. 178.1 CP, se basa en el modelo afirmativo y da lugar a su vez a la denominación popular de la norma como la «ley del solo sí es sí». No obstante, si bien la existencia de consentimiento

---

la distinción entre abusos y agresiones sexuales fue uno de los efectos inesperados de la vigencia de la norma, incluso para sus propios impulsores. Así, el CGPJ manifestó que a fecha de 1 de septiembre de 2023 se produjeron un total de 1.205 reducciones de condena y 121 excarcelaciones, datos que irán actualizándose de forma periódica, tal y como ha indicado el propio organismo (Comunicación Poder Judicial, 2023). Con independencia de las valoraciones sobre la procedencia o no de esta praxis judicial, se evidenció durante meses una cobertura mediática inusual de esta norma, traduciéndose, en términos políticos y mediáticos, en un clima de inseguridad y miedo de ciudadanía y víctimas. Adicionalmente, se instauró en sendos colectivos un sentimiento de injusticia al concebir las penas elevadas de prisión como la única forma de contener a estos sujetos, que volverían a reincidir si no se diera el cumplimiento de la pena total impuesta por el juez en origen. Habida cuenta de este contexto, en febrero de 2023, el Grupo Parlamentario socialista presentó una Proposición de Ley Orgánica para reformar la LOGILS, cristalizando en la LO 4/2023 de 27 de abril, para la modificación de la LO 10/1995, de 23 de noviembre, del Código Penal, en los delitos contra la libertad sexual, la Ley de Enjuiciamiento Criminal y la LO 5/2000, de 12 de enero, reguladora de la responsabilidad penal de los menores, la cual incidió, mediante la cual se operaron cambios en los delitos de agresiones sexuales de los artículos 178 a 181 del Código Penal (Díaz y García Conlledo y Trapero Barreales, 2023).

resulta inherente al ejercicio de la libertad sexual, su delimitación ha resultado una labor compleja a nivel jurídico. Así, las contribuciones del Consejo Fiscal y del CGPJ en esta materia han cristalizado en la eliminación en el cuerpo legal de las alusiones a la reorientación de la valoración de la prueba, a la atenuación de los problemas probatorios y, por último, las referencias a actos exteriores, concluyentes e inequívocos[141] (Peramato Martín, 2022).

En consecuencia, se suprime la distinción entre agresión y abuso sexual, imbricándose en la primera categoría todos los actos que atenten contra la libertad sexual de una persona y no mediase consentimiento[142]. Si bien esta unificación

---

141 Una de las principales críticas que se han vertido sobre esta articulación del consentimiento expreso alude a una potencial inversión de la carga de la prueba. Sin embargo, esta tesis confunde la "reorientación de la valoración de la prueba" —definida como operación mental consistente en atribuir a cada elemento probatorio su valor de convicción, labor en la que debe primar la perspectiva de género conforme al ar. 49 del convenio del Estambul—, eliminada, tal y como indicábamos *supra,* de la redacción de texto, con la inversión de la carga de la prueba, la cual no podría producirse por los motivos que siguen. En primer lugar, el desplazamiento de este instituto jurídico al investigado o acusado se encuentra vedado en nuestro ordenamiento ya que supondría la conculcación del derecho a la presunción de inocencia del art. 24.2 CE, prerrogativa contenida adicionalmente en textos internacionales reconocidos y firmados por España —Convenio Europeo de Derechos Humanos y Pacto Internacional de Derechos Civiles y Políticos—, amén de por la jurisprudencia —STS 580/2014, Sala de lo Penal, de 21 de julio de 2014 y 2/21, de 13 de enero—. Por consiguiente, el investigado no deberá acreditar que contó con el consentimiento de la persona denunciante, sino que será el Ministerio Fiscal o las acusaciones particulares quienes deberán acreditar que la relación no fue consentida (Peramato Martín, 2022).

142 Esta decisión de fusionar los actos de agresión y abuso sexual para conformar un nuevo tipo penal de agresión sexual, así como la

de tipologías penales constituye el eje nuclear de la reforma, también se operan otras reformas en el Código Penal. En lo que respecta a la Parte General, se modifica, por una parte, la institución del periodo de seguridad *ex* art. 36 CP y, de otra, las disposiciones relativas a la suspensión de condena regulada en

---

eliminación del vocablo "violación" del Código ha sido acogida de una forma dispar en la Academia. Así, un sector de la doctrina es favorable a la reforma en la medida en que materializa los postulados del Convenio de Estambul, evitando la arbitrariedad judicial, así como potenciales revictimizaciones. Por otro lado, otra vertiente doctrinal considera que, si bien con esta medida se ha conectado de una forma mayor con el reproche social asignado a estas conductas, se ha establecido un marco de pena excesivamente amplio para esta tipología penal y sin establecer una graduación de la pena, conculcándose los principios de lesividad y proporcionalidad. Asimismo, el incremento de penas en algunas conductas supone una preterición de la naturaleza de *última ratio* del Derecho penal y el establecimiento de márgenes penológicos amplios presenta contradicciones respecto al principio de legalidad penal. No obstante, se apunta desde esta vertiente doctrinal que exigir únicamente la falta de consentimiento para apreciar la existencia de agresión sexual resuelve los problemas de tipicidad, trasladándose estos al ámbito de la punición. Así, la determinación de la pena basada en los medios comisivos implicará un mayor arbitrio judicial en la graduación de la pena, valorándose, entre otros aspectos, las circunstancias personales del ofensor y la gravedad del hecho. En este sentido, si bien la concesión de un mayor arbitrio judicial es una cuestión valorada positivamente, la introducción de marcos penales excesivamente extensos puede conllevar potenciales riesgos para la seguridad jurídica. Así, la configuración del delito de agresión sexual *ex* 179.1 CP, con un marco de pena de 4 a 12 años puede generar incertidumbre tanto en la ciudadanía como en la judicatura, materializándose en este último caso, resoluciones judiciales imprevisibles y desiguales, dificultando su percepción como justas. En consecuencia, la reformulación de estos tipos penales pone el foco sobre la praxis jurisdiccional y, por tanto, en que los jueces y tribunales fijen criterios derivados de la casuística que permitan garantizar la correcta implementación de estos preceptos (Marín de Espinosa Ceballos, 2023).

el art. 83 CP. Asimismo, entre las reformas de la Parte Especial destaca la incorporación de la «sumisión química» o el empleo de sustancias o psicofármacos que anulen la voluntad de la víctima como modo de comisión de la agresión sexual, así como la agravante específica de género para estos supuestos. Adicionalmente, cabe mencionar la introducción en el art. 173.4 CP de la infracción calificada en el Preámbulo de la LOGILS como «acoso callejero», constituyendo una infracción penal leve y semipública el dirigirse a una persona con connotaciones de carácter sexual que generen una situación objetivamente humillante, hostil o intimidatoria.

Así las cosas, la dimensión material de la LOGILS responde a una doble finalidad: por un lado, al cumplimiento de los postulados contenidos en el Convenio de Estambul y de otro, se evidencia su vocación tuitiva de las víctimas y sus intereses. En este sentido, medidas como la focalización sobre el consentimiento persigue la eliminación de todo atisbo de victimización secundaria, propósito que si bien es aludido específicamente en la Exposición de Motivos de la norma también forma parte de su articulado. Cabe mencionar en este punto uno de los principios rectores recogidos en el art. 2 LOGILS, a saber, el empoderamiento, recogido en la letra g) del precepto, donde se alude específicamente al enfoque victimocéntrico de la norma. Este propósito se materializa en la elaboración de propuestas que, amén de la ya mencionada evitación de la victimización secundaria, potencien la autonomía de las víctimas, ayudando de este modo a la superación de la vivencia delictiva.

Considerando estas finalidades, resulta conveniente resaltar someramente los Títulos IV y VII de la LOGILS al presentar una mayor vinculación con este enfoque tuitivo. Así, el primero de los Títulos mencionados recoge aquellas prerrogativas dedicadas a la asistencia integral especializada y accesible, finalidades que explican la división de este Título IV en dos Capítulos distintos. Por un lado, en el primero de ellos se desarrolla el contenido y garantías comprendidos en este derecho , entre los que figuran el derecho a la información y orientación de las víctimas, asistencia médica y psicológica, atención a necesidades económicas, laborales, de vivienda y sociales, asesoramiento jurídico previo, seguimiento de sus reclamaciones de derechos, servicios de traducción e interpretación, así como la especialización en el tratamiento de víctimas con discapacidad. Asimismo, este Capítulo I contempla las recomendaciones emitidas por el Consejo de Europa al prever centros asistenciales de víctimas de violencias sexuales, así como la promoción del abordaje integral de víctimas de trata y explotación sexual. Por otra parte, el Capítulo II de este Título recoge aquellos aspectos relativos a la promoción de la autonomía económica de las víctimas de violencia sexual. En este sentido, se prevé la implementación de medidas y ayudas en el sector público y privado que permitan la conciliación laboral con la vivencia de violencias sexuales de trabajadoras y funcionarias[143].

---

143 Si bien esta obra se enmarca en el paradigma de las ciencias penales y criminológicas, consideramos conveniente realizar una somera alusión a algunas vicisitudes apreciadas respecto a la vertiente laboral de la LOGILS. Así, la Ley 4/2023, de 28 de febrero, para la igualdad real y efectiva de las personas trans y para la garantía de los derechos de las personas LGTBI suprime del Estatuto de los Trabajadores las referencias a las víctimas de violencias sexuales de algunos preceptos, eliminación que puede obedecer a la tramitación parlamentaria paralelade sendas normas. Así, los artículos del Estatuto de los Trabajadores afectados por esta reforma son el 37.8 —derecho a la reordenación, adaptación o reducción del tiempo de trabajo—, 40.4 y 5 —derecho a la ocupación preferente de otro puesto en otro centro de trabajo-, 45.1. n) —derecho a la suspensión del contrato—, 49.1.m) derecho a la extinción del contrato, 53.4.b) y 55.5.b) -nulidad del despido—. Asimismo, en lo que respecta a la movilidad geográfica, su suprime la alusión a las víctimas de violencias sexuales, se reduce la duración del cambio a seis meses y, adicionalmente, se elimina la indemnización —muy criticada al ser asumida por la empresa sin necesidad de que medie culpa o negligencia por su parte— en los supuestos en que la víctima decida

Por otro lado, consideramos necesario abordar el Título VIII de la LOGILS en la medida en que se consagra la reparación como un derecho fundamental de las víctimas, en concordancia con las obligaciones de derechos humanos establecidas en esta materia. En consecuencia, este Título comprende aquellas prerrogativas concernientes a la indemnización por los daños y perjuicios materiales y morales generados a las víctimas de violencias sexuales imbricadas en la responsabilidad civil derivada de delito. Asimismo, el legislador contempla la adopción de estrategias orientadas a la consecución de la plena recuperación física, psíquica y social de las víctimas, así como las garantías de no repetición, amén de la realización de actuaciones que permitan obtener una reparación simbólica. En lo que respecta a la cristalización de estas medidas, la LOGILS prevé que las administraciones públicas puedan procurar ayudas complementarias para las víctimas en aquellos supuestos en que los recursos de atención y tratamiento resulten insuficientes[144].

---

extinguir el contrato y no volver al antiguo puesto ni retomar el nuevo. No obstante, la LOGILS continúa reconociendo en su art. 38 las prerrogativas señaladas, generándose una situación de inseguridad jurídica sobre el estatus laboral de las víctimas de violencia sexual. Una de las posibles propuestas que se han sugerido desde la doctrina se basa en la incardinación de las violencias sexuales como subcategoría de las víctimas de violencia de género. Así, esta reformulación conceptual permitiría extender la aplicación de las prerrogativas conferidas a este colectivo a aquellas de violencia sexual, reduciéndose de este modo el riesgo de omisiones o duplicidades por parte del legislador (Álvarez Cuesta, 2023).

144 Una de las estrategias enmarcadas en las garantías de no repetición se orienta a la promoción por parte de las Administraciones Públicas de programas dirigidos a la reinserción y, paralelamente, a la prevención de la reincidencia, tal y como se dispone en el art. 55.4 LOGILS. La introducción de este precepto se ha traducido en la modificación de leyes penales con el objetivo de asegurar la participación de las personas condenadas por delitos sexuales en estos programas. Por una parte, la modificación del periodo de seguridad

Así, esta vocación tuitiva de la LOGILS también se deja sentir en las disposiciones finales[145], modificando algunas normas cuyo objeto obedece a la protección y asistencia de las víctimas. En este sentido, la disposición adicional quinta modifica la Ley 35/1995, de 11 de diciembre, de ayudas y asistencia a las víctimas de delitos violentos y contra la libertad sexual en los

---

*ex* art. 36.2 CP ha sido cuestionada por la doctrina en términos de su adaptación a los fines de reinserción social propugnados por el art. 25.2 CE al requerirse para la progresión a tercer grado un informe de aprovechamiento específico del reo de programas diseñados específicamente para delitos sexuales. Por otro lado, la participación en programas formativos de educación sexual y en igualdad es un requisito exigido para la suspensión de condena *ex* art. 83.2 CP así como de los 7, 10, 13 y 19 de la Ley orgánica 5/2000, de 12 de enero, reguladora de la responsabilidad penal de los menores. Así las cosas, González Tascón (2023) señala que, si bien la naturaleza de estos programas no permite su desarrollo a un nivel de normativa general, resulta conveniente elaborar una regulación de mínimos en aquellos supuestos donde estas intervenciones presenten una incidencia directa respecto a los derechos humanos con el objetivo de solventar potenciales problemáticas respecto a su diseño e implementación.

[145] Debemos aludir en este punto la ausencia de disposiciones transitorias, aspecto que ha sido advertido y criticado por la doctrina. Así las cosas, Álvarez García (2023) subraya que este error en la técnica legislativa ha tratado de ser suplido por el legislador de la LOGILS mediante la referencia a las disposiciones transitorias de la LO 10/1995, norma que regula el Código Penal actual. Sin embargo, el derecho transitorio se configura con el objetivo de resolver situaciones "transitorias" y evitar la pendencia entre normas. Por consiguiente, la vigencia de este tipo de disposiciones se hará depender del "agotamiento del conflicto aplicativo entre la nueva y la antigua norma". Asimismo, las disposiciones transitorias se refieren en términos generales, a la ley de la que forman parte, por lo que pertenecerían al Código Penal y, por consiguiente, ya no serían de aplicación al extinguirse las situaciones conflictivas a las que referían (Álvarez García, 2023).

términos analizados *supra*[146]. Sin embargo, consideramos necesario poner el foco sobre la disposición final duodécima en la medida en que pone el modifica la ley nuclear de esta obra, la Ley 4/2015, de 27 de abril, del Estatuto de la víctima del Delito. Así, si bien el contenido de la norma va a ser abordado de forma exhaustiva posteriormente, se antoja conveniente precisar en este punto aquellos preceptos que son modificados por la LOGILS.

En este sentido, son siete los preceptos afectados por la entrada en vigor de la LO 10/2022, a saber, el 3 —derechos de las víctimas—, el 7 —derecho a recibir información sobre la causa penal—, el 10 —derecho de acceso a los servicios de asistencia y apoyo—, 23 —evaluación individual de las víctimas a fin de determinar sus necesidades especiales de protección—, así como los artículos 25 —medidas de protección—, 26 —medidas de protección para menores, personas con discapacidad necesitadas de especial protección— y, por último, el 34 —sensibilización—.

No obstante, si bien algunos de los preceptos mencionados serán abordados con posterioridad en el análisis del Estatuto de la víctima, queremos destacar en estas líneas el contenido del artículo 3, en particular, del apartado 1 al ser el objeto de modificación de la LOGILS. Así, transcribimos su redacción a continuación, destacando en negrita los cambios producidos respecto a la regulación de 2015:

Así las cosas, estimamos conveniente enlazar esta referencia a la posición de las mujeres en la LOGILS. Esta ley integral se configura como una ley de género, en la medida en que su ámbito de actuación se circunscribe, conforme al art. 3.2, a mujeres, niñas y niños que hayan sufrido violencia sexual, tanto en España, independientemente de su nacionalidad y situación

---

[146] Vid. pp. 198-199.

administrativa, como en el extranjero, siempre que posean la nacionalidad española. Esta dimensión de género es reafirmada por el legislador en el Preámbulo de la norma, al poner de manifiesto que las violencias sexuales contra determinados colectivos —mujeres, niños y niñas— constituyen herramientas de discriminación y dominación que perpetúan un sistema social patriarcal[147]. Por este motivo, la LOGILS concibe la violencia sexual como una manifestación de la violencia de género, factor que explica las reformas operadas sobre la LIVG[148] en aras de hacer extensivo el contenido de la norma a las víctimas de violencia sexual (Marín de Espinosa Ceballos, 2023).

En consecuencia, la LOGILS ha devenido en un instrumento significativo en materia de asistencia, protección y reconocimiento de las víctimas de violencia sexual, reforzando su estatus al considerarlas también víctimas de violencia de género. La complejidad del fenómeno de la violencia sexual determina la procedencia de su abordaje a través de una ley integral, implicando numerosas modificaciones que trascienden de la esfera penal, alcanzando dimensiones tales como la laboral, administrativa o social (Álvarez García, 2023).

---

147 La preterición de los hombres adultos del ámbito de aplicación de la norma ha sido duramente criticada por Álvarez García (2023), arguyendo la carente preocupación del legislador por este colectivo cuando es víctima de violencia sexual. No obstante, si bien subraya que la cantidad de comportamientos sexuales lesivos infligidos a hombres resulta cuantitativamente minoritaria, en determinados ámbitos como la prisión —en la que existe una relación de especial protección entre los penados y el Estado— esta tendencia se revierte. Por este motivo, considerando la evidente dimensión de género de la LOGILS, el autor propone, entre otras reformas, la modificación del título de la norma al considerar que los hombres no se encuentran amparados por la misma.

148 Vid. pp. 198-199.

No obstante, el mecanismo de la ley integral, en la medida en que aúna diversos ámbitos de actuación, dificulta su correcta implementación tanto en términos formales como materiales. Por tanto, suscribimos la tesis expuesta por Marín de Espinosa Ceballos (2023), que aboga por la incorporación del tratamiento de la violencia sexual al texto de la LO 1/2004. Así, si bien esta norma supuso un punto de inflexión en el tratamiento de la violencia contra las mujeres, adolecía de ciertos aspectos, como, por ejemplo, la limitación de su ámbito a la mujer pareja o de las conductas consideradas violencia de género. En este sentido, la LOGILS suple estas carencias, aunque la existencia de dos normas integrales que toman una orientación parecida, amén de generar posibles conflictos competenciales, en palabras de la autora

> Divide esfuerzos, disipa recursos, a la vez que dificulta la importante labor de concienciación social que, de manera continuada, se está realizando en relación a esta materia tan sensible, pues traslada a la sociedad que existen dos tipos de víctimas: las de violencia de género y las de violencia sexual, como si ésta última no constituyera violencia género (Marín de Espinosa Ceballos, 2023, p. 8).

Como resulta posible inferir de lo expuesto, la construcción de un marco tuitivo que garantice los derechos y la posición de las víctimas de violencia de género resulta una labor compleja. Así, adoptar una perspectiva holística se presenta como un factor de primer orden debido a la multitud de variables que atraviesan estas conductas lesivas proyectadas sobre las mujeres. No obstante, debemos señalar en este punto que la atención a la diversidad de necesidades que presentan las víctimas no implica un abordaje sectorial de fenómeno. En este sentido, la respuesta brindada desde las instituciones debe ser conjunta, ya que de lo contrario se desvirtuaría la orientación integral de las políticas públicas elaboradas para la prevención y eliminación de la violencia con este componente de género.

## 3. EL RENOVADO PROTAGONISMO DE LAS VÍCTIMAS: ANÁLISIS DE LA LEY 4/2015, DE 27 DE ABRIL, DEL ESTATUTO DE LA VÍCTIMA DEL DELITO

La Ley 4/2015, de 27 de abril, del Estatuto de la víctima del Delito se presenta como producto de la trasposición de la Directiva 2012/29/UE de 25 de octubre de 2012, del Parlamento y del Consejo por la que se establecen normas mínimas sobre los derechos, el apoyo y la protección de víctimas de delitos, y por la que se sustituye la Decisión Marco 2001/220/JAI del Consejo[149]. En consecuencia, el tenor de la normativa española no distará en demasía de la Directiva, proyectando el legislador nacional los contenidos del texto comunitario en los postulados que conforman la LEVID[150]. Sin embargo, consideramos

---

149 Por su parte, la LEVID trata de trasponer adicionalmente Las Directivas 2011/36/UE, de 5 de abril de 2011 contra la trata de seres humanos y la protección de las víctimas y la 2011/93/UE, de 13 de diciembre de 2011, contra el abuso sexual infantil, la explotación sexual y la pornografía infantil (Martínez Atienza, 2018)

150 Asimismo, debemos adicionar que el haber legislativo en esta materia no se limita al tenor de la LEVID sino que esta norma halla su complemento en el Real Decreto 1109/2015, de 11 de octubre por el que se desarrolla la Ley 4/2015, de 27 de abril, del Estatuto de la víctima del delito y se regulan las Oficinas de Asistencia a las Víctimas del Delito. Sin embargo, este texto no regula detalladamente el contenido de la norma principal, sino que precisa aquellos puntos que pueden resultar más problemáticos con el objetivo de asegurar una mejor aplicación de la LEVID. En este sentido, se enfocará especialmente sobre las oficinas, encargadas de velar por la efectividad de las prerrogativas de las víctimas conferidas por la LEVID. Así, estos organismos, dependientes del Ministerio de Justicia o aquellas CCAA que hubieran asumido competencias en este ámbito, conformarán una red de protección de las víctimas en condiciones de igualdad (Jaén Vallejo y Agudo Fernández, 2016). Adicionalmente, este cuerpo legislativo invita a la adopción de protocolos y procedimientos coordinados entre

necesario analizar someramente esta norma con el objetivo de conocer el sistema de tratamiento y asistencia de víctimas vigente desde el año 2015; no obstante, dada la amplitud del objeto de estudio, pondremos el foco sobre el Capítulo dedicado a las prerrogativas conferidas a la víctima, incidiendo especialmente sobre aquellas divergencias que el cuerpo legal presenta respecto a la normativa europea. Así, este bloque, orientado al estudio de los derechos de la víctima recogidos en esta parte del Estatuto, incidirá especialmente sobre dos preceptos, a saber, la intervención de la víctima en la ejecución penitenciaria recogida en el art. 13, así como los servicios de justicia restaurativa del art. 15. Como se verá, sendos preceptos vertebrarán la configuración de este epígrafe.

### *3.1. Consideraciones sobre el Preámbulo y la vocación integral como principio configurador de la norma*

En primer término, consideramos necesario analizar someramente el viraje parlamentario experimentado por la LEVID hasta su entrada en vigor; así, el 25 de octubre de 2013 el Gobierno aprobó el Anteproyecto de Ley Orgánica de Estatuto de Víctimas del Delito, deviniendo en Proyecto de Ley tras la elaboración del Dictamen del Consejo de Estado, los informes del CGPJ y del Consejo Fiscal. No obstante, se produjeron cambios en la denominación del texto al considerarse Ley ordinaria, determinando esta circunstancia su distinta tramitación parlamentaria, la cual culminó de manera exitosa en la aprobación definitiva por la Cámara Baja el 26 de abril de 2015 de la redacción de lo que constituiría el Estatuto de la víctima del Delito (Chozas Alonso, 2015). Así, esta norma se articula sobre un Título Preliminar, dedicado a las disposiciones generales

---

las autoridades competentes, incluyendo en esta categoría a las asociaciones o colectivos de víctimas (De Hoyos Sancho, 2016).

sobre la norma, y cuatro Títulos, abarcando cada uno de ellos aspectos tales como los derechos básicos, la participación de la víctima en el proceso penal y disposiciones generales; asimismo, la LEVID cuenta con dos disposiciones adicionales[151] y una disposición final[152].

En este sentido, la LEVID, que bebe directamente de la directiva 2012/29/UE y encuentra su precedente remoto en la DM 2001, se configura con el objetivo de constituirse en un catálogo general de derechos que compile aquellos de índole procesal y extraprocesal ejercitables por las víctimas directas e indirectas, satisfaciendo de este modo las pretensiones de la sociedad española (García González, 2019). Así las cosas, esta norma persigue brindar a los sujetos afectados por la conducta delictiva una asistencia integral, combinando tanto medidas de orden jurídico como social con la finalidad de procurar la máxima protección y la salvaguarda de los derechos e intereses de las víctimas, así como la prevención de la victimización secundaria con independencia de su situación procesal (García del Blanco, 2017). En otras palabras, el sistema configurado por la LEVID tendente a la defensa de los

---

[151] La primera de ellas versa sobre el establecimiento de un mecanismo de evaluación del sistema de protección y apoyo a las víctimas y la segunda de ellas, sobre la provisión de medios, determinando que las iniciativas recogidas en la norma no pueden suponer una mayor dotación de personal o de ingresos.

[152] El fundamento de esta disposición es plasmar los cambios derivados de la aprobación y vigencia, los cuales inciden sobre la LECrim y el Código Penal —concretamente, en su art. 126— así como el mandato a los Colegios y Consejos de Abogados y Procuradores de modificación de sus respectivos Estatutos con el objetivo de que contemplen como infracción muy grave la vulneración de la prohibición de dirigirse a las víctimas de catástrofes o de delitos con un elevado número de víctimas, esto es, la infracción del art. 8 de la LEVID —periodo de reflexión en garantía de los derechos de la víctima—.

bienes materiales y morales de las víctimas parte de una premisa básica, esto es, el reconocimiento de la dignidad de la víctima (Martínez Atienza, 2018).

Sin embargo, estos propósitos, recogidos en el apartado III de la Exposición de Motivos de la LEVID, se reducen en la práctica a una mera ordenación de las prerrogativas atribuidas a las víctimas de forma general, manteniéndose, por tanto, la vigencia de los derechos desarrollados por las diferentes leyes sectoriales estudiadas *supra.* En consecuencia, la convivencia del régimen general establecido por la LEVID con aquellos específicos orientados a víctimas concretas se traduce en relevantes distorsiones en la aplicación de determinados derechos establecidos en la norma, de ahí que el estudio sobre la delimitación que la LEVID realiza del concepto víctima devenga en una labor fundamental en la comprensión del alcance de la normativa (Carrasco Andrino, 2019).

### *3.2. Concepto de víctima*

El empleo del término «Estatuto» en la nomenclatura de esta norma resulta adecuado si consideramos que la aplicación del régimen contenido en la LEVID se fundamenta sobre la condición personal de sus destinatarios, en este caso, víctimas de delitos (Jaén Vallejo y Agudo Fernández, 2016). Así, la LEVID establece un concepto amplio de víctima en su art. 1 al alcanzar a aquellas que lo hubiesen sido de delitos cometidos en España o perseguibles en este país con independencia de su nacionalidad y de su residencia, legal o ilegal; esta denominación quiebra, por tanto, el criterio de territorialidad contenido tradicionalmente en las normas de materia victimal, plasmados, por ejemplo, en el art. 1 de la Ley 35/1995, de ayuda y asistencia a las víctimas de delitos violentos y contra la libertad sexual[153] o en el art. 6.1 de la Ley 29/2011, de reconocimiento y protección integral a las víctimas del terrorismo (Carrasco Andrino, 2019).

Por su parte, otro de los aspectos que permiten afirmar la consagración de una noción extensa de víctima es la referencia de la LEVID que realiza en su art. 2 a las víctimas directas e indirectas. En consecuencia, esta fórmula abarca, por una parte, a las personas físicas que hubiesen sufrido como consecuencia de un delito un daño o perjuicio personal o patrimonial —lesiones físicas o psíquicas, daños emocionales o perjuicios económicos— (Martínez Atienza, 2018). Por otra, se reconoce la condición de víctima indirecta en los supuestos de desaparición o muerte de la persona afectada por el delito, siempre que no hubiesen intervenido en la ejecución del ilícito, al cónyuge no separado legalmente o de hecho y a los hijos de la víctima o del cónyuge no separado legalmente o de hecho que en el momento de muerte o desaparición de la víctima conviviera con ellos, posición extrapolable a los sujetos que experimentasen análoga relación de afectividad con la víctima y a sus hijos, requiriéndose el factor de convivencia; los progenitores y parientes en línea recta o colateral dentro del tercer grado que se encontrasen bajo su guarda así como las personas sujetas a su tutela o curatela así como en régimen de acogimiento familiar (Martínez Atienza, 2018). Adicionalmente, en el supuesto de no existir los sujetos anteriores, recibirán tal consideración el resto de parientes en

---

153 El ámbito de aplicación de esta Ley se encontraba constreñido adicionalmente a los españoles o nacionales de un Estado Miembro de la UE o extranjeros que gozasen de residencia legal o cuyos Estados contasen con un sistema de ayudas análogas reconocidas para los españoles en su territorio (Carrasco Andrino, 2019).

línea recta y los hermanos, gozando de preferencia aquellos que ostentasen la representación legal de la víctima[154].

Por consiguiente, el legislador no constriñe el ámbito personal de aplicación a los afectados directamente por el delito, sino que lo extrapola a aquellos sujetos que, dada su vinculación con la víctima, experimentan la vivencia del delito a niveles similares de intensidad[155] (Martínez Atienza, 2018). Así, esta ampliación de los destinatarios de la norma se motiva en las consecuencias traumáticas que pueden derivarse de la ejecución delictiva para los afectados, que la Psicología explica empleando el símil de las ondas expansivas en círculos

---

154 Debemos señalar a este respecto que el RD 1109/2015, de 11 de octubre también recoge en su redacción la noción de víctima, si bien se desprende de la concreción de su ámbito subjetivo. Así, en primer lugar, se establece que el acceso a los servicios de atención y asistencia a víctimas no requerirán la interposición previa de denuncia; por otro lado, los hijos menores —o sujetos a régimen de tutela o guardia y custodia— de las mujeres víctimas de violencia de género o de cualquier persona víctima de violencia doméstica podrán acudir a las Oficinas de asistencia a víctimas; por último, se determina que en los supuestos en que los delitos resultasen especialmente graves —tomando como referencia las necesidades y los daños infligidos a la víctima como consecuencia de la ejecución delictiva—, los servicios de asistencia y apoyo prestados por estas Oficinas se harán extensibles a los familiares de la víctima —considerándose por tal las personas unidas por matrimonio o análoga relación de afectividad y los parientes hasta segundo grado de consanguinidad— (Martínez Atienza, 2018).

155 La definición recogida en la LEVID guarda cierto paralelismo con la establecida por la Ley 35/1995, de 11 de diciembre, de ayudas y asistencia a las víctimas de delitos violentos y contra la libertad sexual al reconocer en su art. 2 como víctimas tanto a los sujetos que sufren las consecuencias corporales o psicológicas derivadas del delito como a aquellos que dependieran de ella en los supuestos en que la víctima falleciera por la ejecución delictiva (García Rodríguez, 2015).

concéntricos que generan las piedras arrojadas a un estanque; en el primero de ellos se encontrarían las víctimas directas y en el segundo, los familiares que deben enfrentarse al dolor por la pérdida de sus seres queridos y readaptarse a la situación (García Rodríguez, 2015).

Sin embargo, la LEVID descarta de su ámbito de aplicación a los terceros que hubiesen experimentado algún menoscabo a causa de la ejecución delictiva, es decir, los perjudicados, exclusión que en cierta medida colisiona con la nomenclatura de la LECrim al referirse este cuerpo legal a las figuras del ofendido y del perjudicado (Carrasco Andrino, 2019). Por su parte, resulta destacable la alusión del legislador en exclusiva a las personas físicas, omitiendo, por tanto, toda consideración respecto a las personas jurídicas, ya en calidad de víctimas —pretérición que concuerda respecto a la normativa comunitaria sobre la materia[156]—, ya en el ámbito de la responsabilidad penal de estos sujetos en la medida en que sus acciones ilícitas suelen provocar víctimas colectivas[157], las cuales, a diferencia

---

156 La Jurisprudencia del Tribunal de Justicia de la Unión Europea estima adecuada la exclusión de las personas jurídicas de la definición de víctima, destacando en este sentido los asuntos C-467/05 —De'll Orto— y C-205/09 —Eredics y Sápi—. Así, si bien es cierto que sendas sentencias se pronuncian sobre la exégesis del art.1 a) de la DM 2001/220/JAI, sus argumentos resultan extrapolables al tenor de la Directiva 2012/29/UE (García Rodríguez, 2015).

157 La doctrina distingue en este sentido entre víctimas grupales y difusas; así, en la primera categoría se incardinaría aquel colectivo de personas determinadas que han sufrido de manera directa e individualizada las consecuencias de un hecho delictivo, permitiendo, en consecuencia, la LECrim en su art. 109.2 bis la personación individual de cada víctima, salvo que el juez indicase motivadamente la postulación por representaciones. Por otra parte, la víctima difusa se refiere a un conjunto de sujetos de los que no puede estimarse el daño producido de manera individual puesto que el bien jurídico protegido es de naturaleza colectiva (Carrasco Andrino, 2019).

de la LEVID, sí son abordadas por los diferentes instrumentos internacionales (Carrasco Andrino, 2019).

En consecuencia, si bien la LEVID incorpora adecuadamente los postulados de la Directiva 2012/29/UE se aprecia la falta de ambición del legislador en este aspecto al limitar la definición de víctima al tenor del art. 2.1.a); por consiguiente, la norma prescinde de la de la adopción de un enfoque más amplio aportado por otras organizaciones como la ONU, la cual incardina en este concepto, además de las categorías analizadas previamente, a aquellos sujetos que hubiesen sufrido algún daño o perjuicio derivado de su intervención en el delito, bien en el auxilio de la víctima, bien en evitar que el mismo se perpetre[158] (García Rodríguez, 2015).

Por último, debemos adicionar que el ámbito personal de aplicación analizado *supra* articula el contenido del Título Preliminar de la LEVID, el cual se cierra con el art.3, precepto en el que se establecen las prerrogativas que pueden ser ejercitadas por las víctimas conforme a lo dispuesto en el tenor de la norma.

---

158 No obstante, debemos aducir que esta fórmula ha sido incorporada en cierta medida a nuestro ordenamiento jurídico, tanto a nivel nacional como autonómico. Así, en lo que respecta al primero de los ámbitos, el artículo 59 del Anteproyecto del Código Procesal Penal reconoce como víctima a los ofendidos y perjudicados por el delito objeto de la causa, así como a aquellos que hubiesen experimentado un daño personal o patrimonial por auxiliar a la víctima —durante la comisión delictiva o inmediatamente después— o prevenir el delito. Por su parte, en lo relativo al Derecho autonómico, cabe señalar el Real Decreto 375/2011, de 30 de diciembre, que regula el Servicio de Asistencia a Víctimas en Andalucía, el cual establece en su art. 2.2.a) el acceso a estos servicios de aquellas personas físicas que hubiesen intervenido en los términos previamente señalados (García Rodríguez, 2015).

### *3.3. Estudio del Título I o de los derechos aplicables a la víctima con carácter general*

La LEVID, en concordancia con su objetivo de presentarse como un catálogo general de prerrogativas, compila en su Título I una relación de derechos de aplicación a todas las víctimas, con independencia de que se postulen como parte en el proceso penal, adelantándose la protección incluso a los momentos previos a la incoación del proceso (Luaces Gutiérrez, 2016).

Así, este Título abarca los artículos 4 a 10 de la norma, preceptos que abordan diferentes facultades otorgadas a las víctimas, correspondiéndose cada uno de ellos con los siguientes: derecho a entender y ser entendida; el derecho a la información desde el primer momento con las autoridades competentes; derechos de la víctima como denunciante; derecho a recibir información sobre la causa penal; el establecimiento de un periodo de reflexión en garantía de los derechos de la víctima; derecho a la traducción e interpretación; y, por último, el acceso a los servicios de asistencia y apoyo. Estas disposiciones serán objeto de una revisión somera en las líneas que siguen.

#### a) Derecho a entender y ser entendida (art.4)

En primer término, el derecho a entender y ser entendida recogido en el art. 4 se concibe como una de las materializaciones del derecho a la información ejercitable por la víctima si atendemos al contenido del precepto señalado. En este sentido, si el objetivo último de la prerrogativa consiste en asegurar una correcta comunicación de las autoridades judiciales, fiscales y policiales con la víctima y viceversa una vez incoado el proceso, su consecución implica haber provisto de información suficiente a la víctima con anterioridad a la interposición de la denuncia[159] (Luaces Gutiérrez, 2016). Así, la víctima se encontrará facultada para recibir comunicaciones de forma oral y escrita por parte de las autoridades previamente mencionadas y de las Oficinas de Asistencia a Víctimas en un lenguaje sencillo y accesible. Esta labor conllevará la valoración de las características personales de la víctima, especialmente las relativas a la discapacidad o minoría de edad —en este último supuesto, el receptor de tales comunicaciones será su representante o persona que le asista—. Adicionalmente, se proporcionará asistencia a la víctima desde su primer contacto con los organismos aludidos con el objetivo de hacerse entender ante los mismos, identificándose estas herramientas de apoyo con la interpretación de lengua de signos, así como la ayuda a la comunicación oral de personas sordas, con discapacidad auditiva y sordociegas. En último lugar, se permite el acompañamiento de las víctimas desde el primer contacto con las autoridades por el sujeto que libremente designen.

### b) Derecho a la información (art.5)

Por otro lado, el art. 5, tal y como hemos señalado *supra* guarda una estrecha vinculación respecto al artículo precedente al abordar el derecho a la información, prerrogativa que podrán ejercitar las víctimas desde el primer contacto con los organismos previamente mencionados. Este trámite de información goza de una gran relevancia desde una perspectiva forense en la medida en que ofrece a las víctimas la posibilidad de conocer tanto los derechos que les asisten como las

---

159 La consideración del derecho a entender y ser entendida como una escisión del derecho de información se refleja en cierta medida en el tenor literal del precepto, en tanto que el art. 4 dispone que esta prerrogativa, si bien ejercitable desde la denuncia y durante el proceso penal, incluye aquella información previa que facilite con anterioridad a la interposición de la denuncia.

acciones y pretensiones disponibles durante el proceso penal; no obstante, con el objetivo de que esta información no resulte obsoleta, el legislador prescribe su actualización en cada fase del procedimiento, evitando de este modo la eventual merma de la eficacia en el ejercicio de las disposiciones procesales[160] (García Rodríguez, 2015). Así, este precepto incluye una razonable relación de aspectos incardinados en el derecho a la información, que abarcando desde la letra a) hasta la m), versan sobre cuestiones tales como las medidas de asistencia y apoyo médicas psicológicas o materiales disponibles; los procedimientos de interposición de denuncia o de obtención de asesoramiento y defensa jurídica gratuita; la solicitud de medidas de protección, indemnizaciones a las que pudiera tener derecho , servicios de traducción e interpretación o ayudas para la comunicación; procedimiento para el ejercicio de derechos en los supuestos en que la víctima resida fuera de España; recursos susceptibles de interposición o servicios de justicia restaurativa disponibles, entre otros.

Como podemos comprobar, el derecho a la información se presenta como una prerrogativa cuyo ejercicio si bien resulta fundamental en los primeros momentos tras la comisión delictiva, en los que el sujeto adquiere el estatus de víctima derivado

---

160 Las garantías de información a las víctimas se encuentran reguladas adicionalmente en el art. 109 LECrim, precepto en el que se regula con carácter general el ofrecimiento de acciones para todos los ofendidos por el delito, incluyéndose procedimientos como el abreviado —art. 771.1.1ª LECrim ante sede policial y 776.1 LECrim por el secretario judicial—, ante jurado —art. 25.2 LOTJ— o de menores —art. 4 LORPM— y juicios rápidos —art. 797.1.5ª LECrim— Así, esta regulación procesal completa en cierta medida las disposiciones del art. 15 de la Ley 35/1995, de 11 de diciembre, de ayudas y asistencia a las víctimas de delitos violentos y contra la libertad sexual, en el cual se recogía el deber de información a las víctimas de jueces, magistrados, fiscales y funcionarios públicos (García Rodríguez, 2015).

de la vivencia del ilícito. Sin embargo, pese a la relevancia del precepto, cuenta con graves dificultades en su aplicación práctica debido a los obstáculos que la saturación de los juzgados de instrucción puede presentar en el cumplimiento de deberes de información a la Oficina Judicial, cuyos datos deben actualizarse en cada fase del proceso (Luaces Gutiérrez, 2016).

No obstante, cabe destacar el aspecto recogido en último lugar, esto es, el derecho de las víctimas a ser notificadas de las resoluciones recogidas en el art.7[161]; la relevancia de esta letra m) estriba en que supone uno de los fundamentos para el ejercicio del artículo 13, precepto especialmente controvertido cuyo contenido se analizará posteriormente.

### c) Derechos de la víctima como denunciante (art. 6)

Asimismo, el artículo 6 recoge la posición de la víctima como denunciante, estableciendo el legislador que una vez que las víctimas interponen la denuncia, gozan del derecho a obtener una copia debidamente certificada. Adicionalmente, se brindará a las víctimas asistencia jurídica gratuita y traducción escrita de la denuncia en los supuestos en que no entendiesen o hablasen el idioma oficial del lugar en el que se hubiese realizado este trámite (Martínez Atienza, 2018).

### d) Derecho a recibir información sobre la causa penal (art. 7)

Por su parte, la LEVID, agrega a la visión general del derecho a la información de la víctima aportada por el art. 5 otra de

---

161 Debemos destacar en este punto que la redacción del año 2015 contemplaba que este recurso podía ser satisfecho si la víctima así lo solicitaba; en cambio, con la reforma operada por la LOGILS, se elimina este requisito de solicitud previa, deviniendo este derecho de notificación en preceptivo.

mayor concreción en el art. 7[162], focalizado sobre la recepción por las víctimas de información sobre aquellos aspectos que versen sobre la causa penal (Luaces Gutiérrez, 2016). Así, en virtud de este precepto, la realización de este trámite la faculta para ser informada sin demoras injustificadas, en primer lugar, sobre la fecha, hora y lugar del juicio, además de los términos de la acusación dirigida contra el infractor (Martínez Atienza, 2018). Por añadidura, los datos sobre la causa penal facilitados a las víctimas abordarán aquellas resoluciones que decidan no iniciar el procedimiento penal, que decreten la entrada en prisión o puesta en libertad del infractor, así como la fuga del mismo; las que acuerden la adopción de medidas cautelares o que modifiquen las ya impuestas cuando tuviesen por objeto garantizar la protección de la víctima; aquellas procedentes de cualquier autoridad judicial o penitenciaria que afecten a sujetos condenados por delitos cometidos con violencia o intimidación y que impliquen riesgos para la seguridad de la víctima; las resoluciones que constituyan el objeto del artículo 13 incluirán la parte dispositiva de la misma y un breve resumen del fundamento; y, por último, las sentencias que pongan fin al procedimiento.

Así las cosas, en los supuestos de personación formal de la víctima en el proceso, las resoluciones mencionadas serán notificadas a su procurador y comunicadas a la misma víctima mediante correo electrónico.

---

[162] La modificación del artículo 5 señalada en la previa nota al pie también afecta a la redacción de este precepto, ya que para hacer efectivo el derecho de información no ya se precisa que la víctima haya solicitado la notificación de las resoluciones legalmente establecidas en virtud del art. 5.1 m), sino que se efectuará de forma directa.

Asimismo, el apartado segundo del art. 7 abarcará adicionalmente la «dimensión negativa» de este derecho al posibilitar que las víctimas expresen su deseo de no ser informadas de los extremos mencionados, sin perjuicio de que esta decisión pueda revocarse en un momento posterior; no obstante, esta prerrogativa quedará sin efecto en los supuestos en que el envío de esta información suplementaria resulte preceptivo para la sustanciación del proceso (Luaces Gutiérrez, 2016).

Por su parte, el art. 7.3 dispone que las víctimas de violencia de género serán informadas de las resoluciones relativas a la prisión o puesta en libertad del infractor o de la imposición o modificación de medidas cautelares sin que resulte necesaria la anuencia de la víctima, salvo que esta exprese su voluntad de no recibirlas en los términos aludidos *supra.*

Por último, este precepto permite en su apartado 4 que las víctimas soliciten información sobre el estado del procedimiento, potestad condicionada a que la facilitación de estos datos no menoscabe la sustanciación del proceso.

### e) Periodo de reflexión en garantía de los derechos de la víctima (art. 8)

El artículo 8 establece el periodo de reflexión en garantía de los derechos de la víctima, proscribiendo el legislador, en consecuencia, que abogados y procuradores puedan dirigirse a víctimas, directas o indirectas, de catástrofes, calamidades públicas u otras actuaciones susceptibles de constituir delito que hubiesen provocado un elevado número de víctimas con carácter inmediato a la vivencia de estos sucesos (Ley 4/2015). Así, con el objetivo de que las víctimas puedan asimilar y adaptarse a la nueva realidad de forma racional, se establece un plazo de 45 días a partir del cual se permitirá a sendos colectivos ofrecer sus servicios profesionales, lapso que quedará sin efecto si la víctima *motu proprio* decide solicitar este tipo de asistencia jurídica[163] (Martínez Atienza, 2018).

**f) Derecho a la traducción e interpretación (art. 9)**

Por otro lado, el artículo 9 regula el derecho a la traducción e interpretación. Esta prerrogativa se encuentra estrechamente relacionada con el derecho a la información recogido en los arts. 5 y 7 previamente aludidos por los óbices que presenta el ejercicio de estas facultades de forma eficaz cuando los sujetos encargados de hacerlos valer desconocen el idioma oficial o la lengua autonómica cooficial, dificultades que se traducirían en una vulneración de la tutela judicial efectiva. Por consiguiente, con el objetivo de evitar posibles conculcaciones de esta prerrogativa constitucional, la cobertura del art. 9 LEVID se extrapola a aquellos sujetos que, si bien comprenden el idioma, presentan limitaciones auditivas o de expresión oral, esto es, personas con sordera, ceguera, mudez o discapacidad que alteren estos sentidos (Luaces Gutiérrez, 2016).

Así, el único condicionante que se requiere para el acceso a este tipo de servicios es ser víctima de un delito, con independencia de su condición o no de parte durante el proceso o de la autoridad ante la que declare —fiscales, jueces o policías— o

---

163 En este sentido, cabe apostillar que el periodo de reflexión en los casos de catástrofes o sucesos con víctimas múltiples se desarrolla en términos similares en el art. 4 del Real Decreto 1109/2015, de 11 de diciembre al establecer el plazo de 45 días, revocable por voluntad de la víctima. Sin embargo, una novedad que presenta este precepto respecto a la LEVID es el mandato contenido en el apartado segundo de incluir en aquellos protocolos de coordinación para la asistencia de víctimas previsiones para hacer efectivo el cumplimiento de este periodo de reflexión (Martínez Atienza, 2018).

de la que reciba información, incluyéndose, por tanto, entre estos organismos los servicios de asistencia y apoyo (Luaces Gutiérrez, 2016).

En este sentido, de manera somera, el art. 9 dispone que las víctimas que presenten este tipo de características gozarán, de forma gratuita, del derecho a ser asistidas por un intérprete en la toma de declaración o en su intervención como testigo; a la traducción de las resoluciones del art. 7.1 y del 12 —sobreseimiento de la causa— y de aquella información que resulte esencial para el ejercicio de las prerrogativas contenidas en el Título II, pudiendo justificar las víctimas la esencialidad de determinados documentos; por último, estos sujetos serán informados en una lengua que comprenda, de la fecha, hora y lugar del juicio.

Por su parte, en cuanto a los cauces para hacer efectivo este derecho, el legislador determina que la asistencia de intérprete podrá efectuarse mediante videoconferencia o cualquier otra herramienta telemática, acordando el juez de oficio o a instancia de parte la vía presencial cuando se estimen riesgos para la integridad de la víctima. Asimismo, la traducción escrita de documentos se podrá ser sustituida excepcionalmente por un resumen oral con el objetivo de garantizar la igualdad de armas procesales (Martínez Atienza, 2018).

Adicionalmente, la denegación de este derecho por parte del juez o la policía resulta recurrible en apelación y ante el juez de instrucción, respectivamente. Sin embargo, pese a la omisión de la norma respecto a la negativa por parte de la fiscalía, esta resulta equiparable a los supuestos de denegación policial (Luaces Gutiérrez, 2016).

Por último, cabe resaltar la extensión de este art. 9 LEVID desde un punto de vista formal como muestra de la ambición que persigue este precepto en la consecución de sus objetivos para los que, sorprendentemente, no existe una dotación económica adecuada, circunstancia que compromete de forma seria su aplicación real. Este desfase entre fines y presupuesto se halla en la Disposición Adicional Segunda de la Ley 4/2015 en virtud de la cual la norma se autoimpone un coste cero (Luaces Gutiérrez, 2016).

**g) Derecho de acceso a los servicios de asistencia y apoyo (art. 10)**

Como colofón a este catálogo de prerrogativas se halla el artículo 10, regulador el derecho de acceso de los servicios de asistencia y apoyo. El tenor del precepto dispone que todas las víctimas se serán acreedoras, de forma gratuita y confidencial a los servicios de esta índole prestados tanto por las Administraciones Públicas como por las Oficinas de Asistencia a Víctimas en los términos reglamentariamente establecidos. Asimismo, se extiende el ejercicio de esa prerrogativa a los familiares de las víctimas cuando los delitos hubiesen generado perjuicios de especial gravedad (Martínez Atienza, 2018). Por su parte, se faculta a aquellos funcionarios que entren en contacto con las víctimas a derivar su tratamiento a las Oficinas cuando el delito resulte de entidad o la víctima lo solicite. Asimismo, la LEVID prevé que los derechos de asistencia y protección compilados en los Títulos I y III puedan ser ejercitados por los menores de edad y aquellos menores sujetos a tutela, guarda y custodia de las víctimas de violencia de género, sexuales o doméstica

### *3.4. La intervención de la víctima como principal novedad de la Ley 4/2015: abordaje del artículo 13*

**a) El encaje legal de la participación activa de la víctima en la ejecución penal**

El tenor de la Ley 4/2015, de 27 de abril, del Estatuto de la víctima del Delito produce cambios sustanciales en la posición procesal de la víctima al ampliar exponencialmente los cauces de intervención de la víctima en el proceso penal (García del Blanco, 2017).

Así las cosas, este avance halla su materialización normativa en el Título II de la LEVID, el cual, bajo la rúbrica «participación de la víctima en el proceso penal» compila varias prerrogativas tendentes a este fin. En este sentido, la norma recoge los derechos relativos a la participación activa a lo largo del proceso, la comunicación y revisión del sobreseimiento de la investigación a instancia de la propia víctima, participación en la ejecución, reembolso de gastos, servicios —gratuitos— de justicia restaurativa y devolución de bienes, abarcando los artículos 11 a 18 (González Pérez, 2019); relación de prerrogativas que, a su vez, pueden subdividirse atendiendo a su naturaleza procesal o extraprocesal (Gómez Colomer, 2015).

Por un lado, las víctimas se encontrarán facultadas para actuar como parte procesal, y, por tanto, ejercitar su derecho genérico de participación en virtud de los artículos 11, 14 a 16 —participación activa, reembolso de gastos, justicia restaurativa y justicia gratuita—. Por otro, este mismo Título II recoge aquellos derechos que pueden hacer valer las víctimas sin necesidad de postularse como parte en el proceso penal, evidenciando, por consiguiente, la complejidad en la sistematización de estos extremos; así, los derechos de comunicación e impugnación de sobreseimientos, la participación en la ejecución penal o la denuncia de delitos cometidos en la UE —arts. 12, 13 y 17— no se pueden calificar como derechos de participación en la medida en que su ejercicio no requiere su condición de parte, sin perjuicio de su postulación posterior en esta posición (Gómez Colomer, 2015).

No obstante, pondremos el foco sobre el reconocimiento de la intervención de las víctimas en la ejecución de la sentencia condenatoria, prerrogativa sin parangón en el entorno comunitario, con tradiciones jurídicas más restrictivas en la concesión del derecho a intervenir en el proceso penal[164] (González Pérez, 2019). Así, la introducción *exclusiva* en la Ley 4/2015 de este derecho recogido en el art. 13 obedece a la voluntad del legislador español de rebasar el derecho de mínimos dispuesto por la Directiva 2012/29/UE, texto en el que la redacción del art.6 dejaría atisbar un acercamiento entre sendos preceptos. Sin embargo, esta labor de exégesis resultaría forzada si consideramos el contenido del artículo aludido en último lugar, cuyo tenor permite la notificación de las víctimas de determinadas resoluciones previa solicitud, prerrogativa que en absoluto se corresponde con el derecho de las víctimas a participar en el cumplimiento de penas privativas de libertad mediante la interposición de recursos que versen sobre esta materia (Plasencia Domínguez, 2016).

Sin embargo, la participación activa otorgada por la Ley 4/2015 a la víctima en distintos momentos de la ejecución penitenciaria no interfiere en las acciones tratamentales (García del Blanco, 2017). Así, el tratamiento penitenciario pivota sobre dos ejes fundamentales, a saber, la reeducación y reinserción social. En este sentido, mientras la primera de ellas persigue modificar aquellos aspectos de la personalidad del interno que han conducido a la ejecución delictiva, paliando déficits y potenciando aptitudes positivas, la segunda trata de minimizar los efectos negativos del internamiento mediante los contactos con el mundo exterior, materializados fundamentalmente en comunicaciones y permisos de salida (Nistal Burón, 2015). Adicionalmente, cabe apuntar que el tratamiento penitenciario se incardina, junto a otras esferas tales como el régimen penitenciario —retención y custodia y mantenimiento de una convivencia ordenada— y las prestaciones asistenciales

---

164 Vid. nota núm. 101 —pp. 160-161— que aborda los diferentes sistemas de participación de las víctimas existentes en la tradición jurídica europea.

—alimentaria, religiosa y social—, en las actividades llevadas a cabo por la Administración Penitenciaria durante el cumplimiento de la condena. Por consiguiente, se evidencia la naturaleza administrativa de este tipo de actividades, sobre las que la LEVID no dota a la víctima de ninguna suerte de intervención activa (Nistal Burón, 2015).

No obstante, ciertos sectores consideran razonable que la víctima desempeñe un rol activo en el momento de la clasificación y progresión a tercer grado de tratamiento. Este planteamiento se sustenta sobre la máxima «quien puede lo más, puede lo menos» ya que la regulación actual permite que las víctimas recurran aquellos autos del JVP que confieren mayores cotas de libertad, por ejemplo, concesiones de libertad condicional. En consecuencia, nada obstaría para extrapolar la intervención de las víctimas al control de los terceros grados, actualmente limitado a la impugnación del Ministerio Fiscal[165] (Nistal Burón. 2015).

Por tanto, y ante el surgimiento de eventuales controversias que pudiera suscitar la concesión a las víctimas de una posición activa en el sistema penal y penitenciario, abandonándose de este modo el protagonismo pasivo de las víctimas otorgado por la LO 7/2003 de reforma del CP previamente abordada (Nistal Burón, 2015), la LEVID contiene en su preámbulo una suerte de justificación a la decisión de introducir esta medida en su redacción. El apartado VI de la Exposición de Motivos afirma que el monopolio estatal del *ius puniendi* no proscribe la facilitación a las víctimas de ciertos instrumentos de participación

---

165 La única referencia de la LEVID que se asemeja a este tipo de prerrogativas es la contenida en el art. 7.1 e), precepto en virtud del cual se permite que la víctima sea notificada de aquellas resoluciones o decisiones penitenciarias que afecten a sujetos condenados por delitos cometidos con violencia o intimidación y que supongan un peligro para la seguridad de las víctimas (Leganés Gómez, 2015).

en el sistema penal y penitenciario debido al carácter complementario de sendos mecanismos. Asimismo, otros motivos que se arguyen en defensa de la intervención de las víctimas en la ejecución penitenciaria es, por una parte, su limitación a las penas por aquellos delitos de entidad grave, garantizándose de este modo la confianza y colaboración de las víctimas con el sistema de justicia; y, por otra, el respeto de esta prerrogativa al principio de legalidad y de reinserción de las penas recogidos en los apartados 1 y 2 respectivamente del art. 25.2 CE en la medida en que las resoluciones serán adoptadas en última instancia por los tribunales.

Por otro lado, los detractores de la concesión legal de esta prerrogativa a las víctimas critican esta decisión desde varias perspectivas. En primer término, aluden a la idiosincrasia del proceso penal español, que permite la intervención de la víctima en la fase de declaración, pero proscribe, en contrapartida, la actuación de la acusación particular en la ejecución penitenciaria. Así las cosas, en esta etapa la labor se encuentra atribuida a los tribunales sentenciadores y de vigilancia penitenciaria, por una parte, y al Ministerio Fiscal y al penado, de otra, con el objetivo de no conculcar los fines constitucionales de resocialización de las penas del art. 25.2 CE (Plasencia Domínguez, 2016). Relacionado con esta premisa, dicha corriente doctrinal arguye que la intervención de las víctimas en la ejecución penal, además de no constituir una cuestión procesal sino vinculada al cumplimiento y ejecución de la condena, carece de desarrollo en los principales textos normativos que componen nuestro haber jurídico en esta materia, a saber, la LECrim, el CP o la LO 1/1979, de 26 de septiembre, General Penitenciaria —en adelante, LOGP— (Manzanares Samaniego, 2014).

En consecuencia, la exclusión de las víctimas en esta fase de cumplimiento de la condena, atribuida a la Administración Penitenciaria, no se traduce en una situación de indefensión o desamparo para ellas. En este sentido, la labor de un órgano de relevancia constitucional como el Ministerio

Fiscal persigue la salvaguarda de sus intereses legítimos, mandato que se desprende del tenor del art.3.10 del Estatuto Orgánico del Ministerio Fiscal (Nistal Burón, 2015), del art. 124.1 CE[166] y del 773.1 LECrim[167]. Por tanto, habida cuenta de la estrecha vinculación existente entre las víctimas y este organismo, se hubiese preferido la implementación de mecanismos que mejoren y garanticen la comunicación fluida entre ambos al reconocimiento de legitimación de las primeras para impugnar determinadas resoluciones del JVP[168] (Plasencia

---

166 «El Ministerio Fiscal, sin perjuicio de las funciones encomendadas a otros órganos, tiene por misión promover la acción de la justicia en defensa de la legalidad, de los derechos de los ciudadanos y del interés público tutelado por la ley, de oficio o a petición de los interesados, así como velar por la independencia de los Tribunales y procurar ante éstos la satisfacción del interés social».

167 «El Fiscal se constituirá en las actuaciones para el ejercicio de las acciones penal y civil conforme a la Ley. Velará por el respeto de las garantías procesales del investigado o encausado y por la protección de los derechos de la víctima y de los perjudicados por el delito».

168 En este sentido, cabe destacar que los vocales que elaboraron el voto particular en al informe del proyecto del CGPJ sobre el Anteproyecto de Ley Orgánica del Estatuto de la víctima propusieron una formulación alternativa del art. 13 en los siguientes términos:
«1. Toda víctima que haya realizado la solicitud a la que se refiere el apartado m) del art. 5.1, será 04/06/2020 6 / 11 informada de las decisiones judiciales o de la administración penitenciaria que afecten a sus legítimos intereses, aunque no se hubieren mostrado parte en la causa. Cuando las circunstancias personales del reo y su evolución lo permitan o aconsejen, la comunicación que se libre a la víctima incluirá el ofrecimiento de los servicios de justicia restaurativa a los fines a que se refiere el art. 15 de esta Ley, y contendrá información clara y precisa acerca de su finalidad, naturaleza y características en los términos previstos en los apartados 2 y 3 de aquel precepto.
2. Las víctimas podrán:
a) Interesar al Ministerio Fiscal que se impongan al liberado condicional las medidas o reglas de conducta previstas por la ley que consideren necesarias para garantizar su seguridad,

Domínguez, 2016). Por último, el tercero de los argumentos esgrimidos en este sentido estima que la introducción de esta prerrogativa en el tenor de la Ley 4/2015 revela, por una parte, el profundo desconocimiento de la realidad penitenciaria al conculcar los fines resocializadores del art. 25.2 CE, y, por otra, las concesiones a las asociaciones de víctimas como producto de una política criminal impregnada de connotaciones subjetivas y emocionales[169] (García del Blanco, 2017).

Por el contrario, aquellos sectores favorables a la intervención de la víctima en la ejecución penal fundamentan su postura en la naturaleza de derecho de mínimos de la Directiva 2012/29/UE, tendente a homogeneizar las diferentes regulaciones de los Estados Miembros; adicionalmente, manifiestan que la omisión de esta prerrogativa en la redacción del texto normativo no se da de forma plena. Esta premisa

---

cuando aquel hubiera sido condenado por hechos de los que pueda derivarse razonablemente una situación de peligro para la víctima;

b) Facilitar al Ministerio Fiscal cualquier información que resulte relevante para resolver sobre la ejecución de la pena impuesta, las responsabilidades civiles derivadas del delito, o el comiso que hubiera sido acordado».

169 La controversia acerca del contenido del art. 13 LEVID no se limitó al plano teórico o doctrinal, permeabilizando en la esfera parlamentaria. En este sentido, durante el debate parlamentario sobre el Proyecto de Ley en la Cámara Baja, el Consejo Fiscal y el CGPJ incluyeron en sus respectivos informes reservas sobre la posterior Ley 4/2015 y especialmente, del precepto previamente aludido; asimismo, cabe destacar la presencia de un voto particular en el documento elaborado por la segunda de las instituciones mencionadas presentado por D.ª Roser Bach Fabregó y D.ª María Concepción Sáez Rodríguez, que secundaron los también vocales, D. Álvaro Cuesta Martínez, D.ª Clara Martínez de Careaga García, D. Rafael Mozo Muelas, D. Enrique Lucas Murillo de la Cueva y D.ª Mercè Pigem Palmés (Plasencia Domínguez, 2016).

se sostiene como producto de la conjugación, por una parte, de su Considerando 11, en virtud del cual se permite que los diferentes Estados amplíen la relación de derechos contemplados en la Directiva con la finalidad de procurar mayores niveles de protección a sus ciudadanos, y, por otra, de la garantía de participación de la víctima como uno de los objetivos que figuran en el tenor en la norma comunitaria. En concordancia con este planteamiento, la decisión del legislador español de incrementar la intervención de la víctima no resulta disruptivo, al menos, en el plano abstracto, respecto al contenido de la Directiva 2012/29/UE (Luaces Gutiérrez, 2016). Asimismo, frente a la tesis expuesta *supra* por la coordinación entre el Ministerio Fiscal y las víctimas, los defensores del aumento de la participación de las víctimas en la ejecución penal esgrimen la divergencia de criterios adoptados por el Ministerio Público y la acusación particular, que, si bien no implica la existencia de un *animus vindicanti* por parte de las víctimas, impide su actuación conjunta (González Pérez, 2019).

Así, una vez enmarcado el debate suscitado en torno a este precepto en los términos expuestos, se antoja necesario abordar el tenor del art. 13[170] con el objetivo de analizar, la forma

---

170 En este sentido cabe destacar la Proposición de Ley Orgánica de mejora del régimen de protección de la víctima del delito presentada por el Grupo Parlamentario Popular en el Congreso de los Diputados el 23 de abril de 2021. La elaboración de este documento se justificó principalmente sobre la insuficiencia del sistema para satisfacer las necesidades de las víctimas de delitos, poniendo el acento sobre las consecuencias derivadas de la victimización secundaria en el proceso de recuperación de las víctimas. Por este motivo, la Proposición pretendía modificar algunos preceptos de la LOPJ, LOGP y, por último, del Estatuto de la víctima. En lo que respecta a esta última normativa, resulta especialmente significativa la alusión que realiza el documento a las lagunas existentes en la configuración de su derecho a la participación a la ejecución penitenciaria. En

en que el legislador introduce la intervención de la víctima en la ejecución penal en el ordenamiento español, así como su encaje en el sistema punitivo actual.

### b) Revisión del contenido del artículo 13 LEVID

En primer término, desde una perspectiva formal, cabe señalar la deficiente técnica legislativa que revela la redacción de este precepto, tanto por su excesiva extensión como por la complejidad de su redacción al contar con numerosas remisiones externas e internas —aproximadamente nueve—; estas circunstancias dificultan la compresión del art. 13 por lectores avezados, intensificándose estos óbices en las personas legas en la materia. En consecuencia, la configuración de este precepto resulta paradójica si atendemos a su fundamento último, esto es, la consolidación de las prerrogativas de la víctima prescindiendo de asistencia jurídica, la cual, sin

---

consecuencia, amén de las reformas de otros preceptos, se preveía la ampliación del ámbito de aplicación del artículo 13, permitiendo, por una parte, la interposición de recursos por la víctima —o por las asociaciones de víctimas— ante las resoluciones de la Junta de Tratamiento que determinen la aplicación del 100.2 RP en la determinación del régimen penitenciario. Asimismo, en virtud de esta norma, las víctimas se encontrarían facultadas para presentar alegaciones ante las resoluciones de la Junta de Tratamiento en materia de concesión de terceros grados, permisos de salida o flexibilización del grado penitenciario. Así, resulta significativo en términos político-criminales, por una parte, la ausencia del artículo 15 —acceso a los servicios de justicia restaurativa— en la relación de preceptos que precisaban de reforma. Por otro lado, resulta especialmente reseñable el contexto en el que se enmarca esta elaboración legislativa debido a la polémica suscitada debido a los *ogni etorri* —marchas de bienvenida a las personas excarceladas pertenecientes a ETA—.

embargo, se presenta como trámite esencial para comprender el sentido del precepto (De Paúl Velasco, 2015)[171].

[171] Con el objetivo de comprender mejor este epígrafe, facilitaremos a continuación la transcripción del art. 13:
«Artículo 13. Participación de la víctima en la ejecución
1. Las víctimas que hubieran solicitado, conforme a la letra m) del artículo 5.1, que les sean notificadas las resoluciones siguientes, podrán recurrirlas de acuerdo con lo establecido en la Ley de Enjuiciamiento Criminal, aunque no se hubieran mostrado parte en la causa:
a) El auto por el que el Juez de Vigilancia Penitenciaria autoriza, conforme a lo previsto en el párrafo tercero del artículo 36.2 del Código Penal, la posible clasificación del penado en tercer grado antes de que se extinga la mitad de la condena, cuando la víctima lo fuera de alguno de los siguientes delitos:
1.º Delitos de homicidio.
2.º Delitos de aborto del artículo 144 del Código Penal.
3.º Delitos de lesiones.
4.º Delitos contra la libertad.
5.º Delitos de tortura y contra la integridad moral.
6.º Delitos contra la libertad e indemnidad sexual.
7.º Delitos de robo cometidos con violencia o intimidación.
8.º Delitos de terrorismo.
9.º Delitos de trata de seres humanos.
b) El auto por el que el Juez de Vigilancia Penitenciaria acuerde, conforme a lo previsto en el artículo 78.3 del Código Penal, que los beneficios penitenciarios, los permisos de salida, la clasificación en tercer grado y el cómputo de tiempo para la libertad condicional se refieran al límite de cumplimiento de condena, y no a la suma de las penas impuestas, cuando la víctima lo fuera de alguno de los delitos a que se refiere la letra a) de este apartado o de un delito cometido en el seno de un grupo u organización criminal.
c) El auto por el que se conceda al penado la libertad condicional, cuando se trate de alguno de los delitos a que se refiere el párrafo segundo del artículo 36.2 del Código Penal o de alguno de los delitos a que se refiere la letra a) de este apartado, siempre que se hubiera impuesto una pena de más de cinco años de prisión.

Por su parte, en lo que respecta al ámbito material, el artículo 13 aúna dos niveles de participación o protagonismo de la víctima, directo en el apartado 1 e indirecto en el apartado 2 (Plasencia Domínguez, 2016), cuestiones que analizaremos en las líneas siguientes.

*b.1) El protagonismo directo de la víctima en la ejecución penitenciaria o el reconocimiento del derecho a recurrir*

El protagonismo activo de la víctima se regula en el art. 13.1 LEVID, cuyo contenido puede sintetizarse del siguiente modo: aquellas víctimas de delitos especialmente graves y que

---

La víctima deberá anunciar al secretario judicial competente su voluntad de recurrir dentro del plazo máximo de cinco días contados a partir del momento en que se hubiera notificado conforme a lo dispuesto en los párrafos segundo y tercero del artículo 7.1, e interponer el recurso dentro del plazo de quince días desde dicha notificación.

Para el anuncio de la presentación del recurso no será necesaria la asistencia de abogado.

2. Las víctimas estarán también legitimadas para:

a) Interesar que se impongan al liberado condicional las medidas o reglas de conducta previstas por la ley que consideren necesarias para garantizar su seguridad, cuando aquél hubiera sido condenado por hechos de los que pueda derivarse razonablemente una situación de peligro para la víctima;

b) Facilitar al Juez o Tribunal cualquier información que resulte relevante para resolver sobre la ejecución de la pena impuesta, las responsabilidades civiles derivadas del delito o el comiso que hubiera sido acordado.

3. Antes de que el Juez de Vigilancia Penitenciaria tenga que dictar alguna de las resoluciones indicadas en el apartado 1 de este artículo, dará traslado a la víctima para que en el plazo de cinco días formule sus alegaciones, siempre que ésta hubiese efectuado la solicitud a que se refiere la letra m) del apartado 1 del artículo 5 de esta Ley».

hubieran solicitado ser notificadas en virtud del art. 5.1.m) y sin necesidad de postularse previamente como parte durante el proceso tienen derecho a formular alegaciones con anterioridad a que el JVP adopte ciertas resoluciones de relevantes implicaciones en el cumplimiento de la condena[172]. Por su parte, con independencia del efectivo planteamiento de alegaciones, las víctimas podrán recurrir aquellas resoluciones que le sean notificadas, labor que deberá efectuarse conforme a las disposiciones de la LECrim, esto es, con asistencia de procurador y letrado (De Paúl Velasco, 2015).

---

172 La nomenclatura que se emplee para denominar este tipo de competencia son resulta baladí si consideramos las diferentes actividades que confluyen en la ejecución de la pena privativa de libertad; en primer lugar, hallamos la ejecución de penas, función estrictamente jurisdiccional, consistente en garantizar el cumplimiento de las penas privativas de libertad conforme a lo dispuesto en leyes y reglamentos, ordenando el ingreso del penado en un centro penitenciario, así como su retención y custodia. La segunda de las acciones es aquella relativa al cumplimiento de condena, de naturaleza administrativa y, asignando a la Administración penitenciaria las labores de custodia, reeducación y resocialización de los internos. Por último, la tercera actividad se denomina control jurisdiccional de la actividad penitenciaria, la cual, si bien se encuentra atribuida a los JVP, no se identifica con una actividad jurisdiccional en sentido estricto, afirmándose dicha naturaleza, en cambio, desde una perspectiva de mayor amplitud; así, las actuaciones de los JVP en este ámbito se dirigen a la comprobación de la salvaguarda de los derechos fundamentales de los penados no afectados por el fallo condenatorio. En síntesis, la ejecución de la sentencia condenatoria corresponderá al órgano sentenciador y la competencia en el cumplimiento de la pena privativa de libertad se atribuirá a la administración penitenciaria bajo la tutela del JVP (Nistal Burón, 2015).

### i. Consideraciones críticas sobre el levantamiento del periodo de seguridad del art. 36.2 CP

Así, la primera resolución susceptible de alegaciones y recursos por parte de las víctimas serán los autos del JVP en virtud de los cuales se levante el periodo de seguridad del art. 36.2 CP, permitiendo, por tanto, la clasificación del penado en tercer grado antes de que se extinga la mitad de la condena. No obstante, esta prerrogativa se encuentra limitada a las víctimas de delitos de homicidio, aborto, lesiones, contra la libertad, de tortura y contra la indemnidad moral, contra la libertad e indemnidad sexuales, robo con violencia e intimidación, terrorismo y trata de seres humanos (González Pérez, 2019). Sin embargo, cabe realizar varias matizaciones a este subapartado a) de la LEVID, especialmente en lo referido al conjunto de delitos recogidos en la norma.

En este sentido, la relación *numerus clausus* de tipos penales estipulados por el legislador en este precepto permite inferir apriorísticamente que cualquier sujeto víctima de estos delitos podría recurrir el paso a tercer grado penitenciario, planteamiento erróneo por varios motivos. Con carácter preliminar, resulta fundamental la distinción entre tercer grado *per se*, competencia exclusiva del centro directivo, y aquel decretado previamente a la extinción del periodo de seguridad ,potestad discrecional atribuida al JVP, al constituir la base de los argumentos que ulteriormente se aportarán (González Pérez, 2019).

Una vez aclarado este extremo, la relación establecida en este precepto carece de la depuración suficiente, aproximándose a funciones de índole estética e, incluso, cosmética en detrimento de la adquisición de un carácter más técnico, circunstancias que comprometen en cierta medida la eficacia del artículo (Renat García, 2015). Como muestra de lo apuntado, cabe señalar, en primer lugar, el inadecuado empleo del plural en la fórmula «delitos de homicidio» en el ordinal primero del listado; sin embargo, esta redacción deberá interpretarse como alusión a la rúbrica del Título I del Libro II CP «del homicidio y sus formas», ya que, de lo contrario, una exégesis estricta se traduciría en la imposibilidad de recurrir las decisiones del JVP previamente aludidas en materia de asesinato, proscripción incongruente si consideramos que la conducta tipificada en los arts. 139 y 140 reciben un reproche penal mayor que el delito de homicidio[173] (Renat García, 2015).

Por su parte, resulta sorprendente la incorporación de los ilícitos de terrorismo, en la medida en que constituyen tipologías delictivas expresamente excluidas por el art. 36.2 CP de la potestad del JVP de determinar el régimen general de cumplimiento para estas conductas; a este extremo debe adicionarse que no todos los delitos se encuentran castigados por penas superiores a 5 años, lapso requerido para la imposición del periodo de seguridad[174]. Por consiguiente, se concibe que la introducción del terrorismo en este listado obedece a la satisfacción de las pretensiones fiscalizadoras de las víctimas estos delitos que, sin embargo, deviene en una medida ineficaz (Renat García, 2015). Adicionalmente, se aprecian esta suerte de *incongruencias* en la inclusión de los delitos contra la libertad

---

173 La inclusión de todos los tipos del Título I en la fórmula «los delitos de homicidio» representa importantes implicaciones al entenderse subsumida en la misma la conducta recogida en el apartado 4 del art. 143, cuyo contenido resulta especialmente sensible —ayuda o cooperación al suicidio por petición expresa de la víctima— en este sentido, recurrir una decisión favorable del JVP respecto al victimario que actuó por motivos exclusivamente piadosos se traduciría en su victimización, lo cual resulta paradójico si consideramos que la misma procede de una víctima indirecta (Renat García, 2015).

174 En este sentido, cabe destacar el art. 758.1 CP en virtud del cual se castiga el enaltecimiento o justificación del terrorismo y la humillación, menosprecio o descrédito de las víctimas o sus familiares con penas de 1 a 3 años (Renat García, 2015).

e indemnidad sexuales, ya que, si bien es cierto que las víctimas podrán recurrir esta decisión del JVP relativa a aquellos condenados a penas superiores a los 5 años de prisión por cualquiera de los tipos contenidos en el Título VII del Libro II CP, hallan el veto del legislador en los términos definidos previamente para los delitos del art. 183 y los contenidos en el Capítulo V —prostitución, explotación sexual y corrupción de menores— cuando la víctima fuese menor de trece años (Renat García, 2015).

Por otro lado, cabe destacar la referencia a los delitos de robo con violencia e intimidación tipificados en el art. 242 CP y plasmados en el ordinal séptimo de la enumeración de ilícitos del art. 13.1 LEVID dado que las penas privativas de libertad atribuidas a estas conductas no rebasan los cinco años, factor que determina la futilidad de esta alusión (Renat García, 2015). Asimismo, esta problemática se presenta de forma similar, por una parte, en los delitos contra la libertad en tanto que los únicos tipos que rebasan el lapso de cinco años requerido para la imposición del periodo de seguridad son aquellos relativos a la detención ilegal, secuestros y amenazas a un colectivo; y, por otra, los delitos de tortura y contra la integridad moral, en los que el delito de tortura *stricto sensu* —art. 174 CP— constituye el único ilícito de este Título que contempla una penalidad superior a los cinco años (De Paúl Velasco, 2015).

Adicionalmente, en esta relación de delitos no figuran aquellos que protegen bienes jurídicos colectivos, tales como los perpetrados contra el mercado y los consumidores —arts. 281.2, 282 bis o 285.2—, aquellos que criminalizan el blanqueo de capitales —art. 301 CP—, la corrupción de autoridad o funcionario público previsto en los arts. 286 *ter* y *quarter* o la financiación ilegal de partidos políticos —304 *bis*.3 en relación con 304 *bis*.2 *bis.2* y art. 304 *ter*.3— (De Paúl Velasco, 2015). Considerando que algunos de los tipos mencionados fueron objeto de reforma por la LO 1/2015, se aprecia la falta de univocidad del legislador en la elaboración de esta norma y la LEVID; sin embargo, no deja de resultar llamativa la exclusión de unos delitos que presentan una elevada incidencia en el momento actual y que constituyen el epicentro de la cobertura mediática, salvo que esta omisión obedezca a objetivos diferentes de la salvaguarda de los derechos e intereses de las víctimas afectadas, esto es, del resto de la sociedad[175] (Renat García, 2015).

Por su parte, en lo que respecta a esta prerrogativa recogida en la letra a) del art. 13.1 LEVID, debemos recordar que, por un lado, conforme al art. 106.5 del Reglamento Penitenciario en relación con el art. 103.4 de este mismo cuerpo legal, la clasificación del penado en tercer grado es una facultad atribuida en exclusiva al Centro Directivo. Por consiguiente, la interposición de recurso por la víctima ante autos emitidos por el JVP que versen sobre esta materia no implica la impugnación

---

175 La única ley de ámbito nacional que en cierta medida tutela los intereses de las víctimas afectadas por delitos socioeconómicos y de corrupción es la Proposición de Ley de Medidas de Lucha contra la Corrupción, presentada por el Grupo Parlamentario Ciudadanos en sucesivas legislaturas —la primera vez en diciembre de 2016 y, al segunda, en diciembre de 2019— encontrándose actualmente en fase de tramitación. Así, el objetivo último de la norma consiste en tutelar a los denunciantes de la corrupción —figura reconocida por el término anglosajón *whistleblowers*— especialmente en el ámbito de la Administración Pública, que carece de protocolos de protección para estos sujetos a diferencia de la esfera privada, en los que algunos de ellos se han implantado con un relativo grado de éxito. Esta Proposición de ley prevé, entre otras cuestiones, la creación de un organismo independiente —orgánica y funcionalmente—, esto es, la Autoridad Independiente de la Integridad Pública, la proscripción al Gobierno de concesión de indultos para estos tipos delictivos, el reconocimiento de la asistencia jurídica gratuita para los denunciantes de estas prácticas o la colaboración entre el organismo previamente mencionado y la Agencia Tributaria (Ragués I Vallès, 2017).

de una decisión clasificatoria en tanto que este trámite corresponde a la Administración Penitenciaria; en todo caso, el pronunciamiento positivo del JVP facilita la progresión de grado del penado, que si bien no resulta vinculante para la decisión que finalmente adopte la Junta de Tratamiento, elimina trabas en el proceso de cambio de régimen de vida (Renat García, 2015).

Por último, resulta necesario abordar otro punto que, en cierta medida, *quiebra* las pretensiones de las víctimas de mantenimiento del penado en segundo grado como consecuencia de la imposición del periodo de seguridad. En este sentido, y en el supuesto de que el recurso de la víctima prosperase, vinculándose así el acceso al tercer grado con un requisito temporal, la Administración Penitenciaria dispondría de una herramienta adicional para combinar medidas de los diferentes grados de cumplimiento *ex* art. 100.2 del Reglamento Penitenciario —en adelante, RP—. Así, esta prerrogativa permite, en virtud del principio de individualización científica contemplado en el art. 72 LOGP, que el Equipo Técnico proponga un modelo de ejecución en el que se coordinen aspectos del segundo y tercer grado de cumplimiento, programa que será remitido al JVP tras la aprobación de la Junta de Tratamiento y el Centro Directivo, sin perjuicio de que resulten inmediatamente ejecutivas a partir de este acuerdo. Por consiguiente, si bien el JVP podría satisfacer los intereses de la víctima al resolver positivamente su recurso en virtud del art. 13.1.a) LEVID, la Administración Penitenciaria se hallaría facultada para invocar el principio de flexibilización y solicitar al JVP la aprobación de medidas de mayor laxitud, lo cual se materializaría en una suerte de tercer grado encubierto, desarticulándose de este modo eventuales pretensiones vindicativas (Renat García, 2015).

#### ii. La impugnación del retorno al régimen general de cumplimiento

En segundo lugar, la letra b) del art. 13.1 LEVID faculta a las víctimas recurrir aquellos autos dictados por el JVP por los que se acuerde, en virtud del art. 78.3 CP que el cómputo de los plazos para la concesión de beneficios penitenciarios, permisos de salida o la libertad condicional se refiera al límite de cumplimiento de la condena y no a la suma de penas impuestas. Esta prerrogativa podrá ejercitarse en los supuestos en que el penado se encontrase castigado por los delitos de la relación expuesta en la letra a) o por aquellos cometidos en el seno de un grupo u organización criminal (González Pérez, 2019).

No nos detendremos excesivamente en el análisis de esta disposición al no entrañar elevados niveles de complejidad, lo cual no obsta para resaltar aquellos aspectos especialmente criticables de este precepto. En lo que respecta a cuestiones formales, se aprecia de nuevo la divergencia de criterios entre el legislador de la LO 1/2015 y del Estatuto al referirse este último a artículos derogados expresamente por la reforma del Código Penal, como el art. 78.3, supresión planteada en este Proyecto de Ley aprobado por el Congreso de los Diputados desde el año 2013. Por consiguiente, la referencia a disposiciones eliminadas de nuestro ordenamiento y la falta de alusión a institutos jurídicos que vieron la luz con esta reforma y gozan de gran relevancia en el momento actual, por ejemplo, la prisión permanente revisable, evidencian la desidia y la ausencia de una seria voluntad armonizadora por parte del legislador. Así, estos defectos resultan ofensivamente flagrantes si consideramos que sendas normas se elaboraron en el mismo Ministerio (Renat García, 2015).

Por su parte, en lo relativo a los aspectos de índole material, resulta obligada la remisión al tenor del art. 78 CP con el objetivo de comprender más adecuadamente el sentido y alcance del contenido del art. 13.1.b) LEVID, precepto que presenta una incidencia directa sobre la ejecución de las penas privativas de libertad. En este sentido, la decisión del juez de calcular la concesión de permisos, beneficios penitenciarios, tercer grado o libertad condicional sobre la totalidad de las penas impuestas responderá a los mismos criterios establecidos para el levantamiento del periodo de seguridad del art. 36.2 CP. Por consiguiente, para adoptar este tipo de decisiones por el JVP se requerirá, por una parte, una evaluación individualizada y favorable a la reinserción del penado[176], y, por otra, la audiencia, al Ministerio Fiscal, Instituciones Penitenciarias y las *demás partes*; así, si asimilamos este colectivo con la figura de las víctimas, exégesis ampliamente cuestionada y debatida[177], convendremos en que la LEVID en este punto atribuye un trato diferenciado a las víctimas por los motivos que expondremos en las líneas que siguen.

En este orden de cosas, si conjugamos el tenor del art. 78 CP y el de la letra b) del art. 13.1 LEVID hallamos diferencias sustanciales. Por un lado, el primero de los preceptos limita la participación de las víctimas a ser oídas, lo cual implica su postulación previa como parte en el proceso a través de

---

176 Esta prognosis, elaborada por la Junta de Tratamiento, abordará extremos tales como la asunción o no del delito, el respeto a las víctimas o la realización con resultado positivo de programas de tratamiento orientados a suplir carencias del interno o deficiencias en su socialización (Renat García, 2015).

177 La delimitación del alcance de esta fórmula ha suscitado un gran debate doctrinal, en la medida en que desde diferentes sectores se han mantenido tesis que, por una parte, identifican a la «víctima» —sujeto pasivo o perjudicado— con «parte», prescindiendo, por tanto, de aquellos sujetos que ejercitaron la acción penal, y, por otra, aquellas que afirman con rotundidad que los sujetos que deben ser oídos en estos trámites son, precisamente, aquellos preteridos por el planteamiento previamente señalado, esto es, la acusación particular y popular —si existiera—, postura última que se considera más adecuada (Renat García, 2015).

la acusación particular o popular. Sin embargo, el tenor de la LEVID permite que la víctima formule alegaciones ante la decisión del JVP de hacer efectivo el régimen general de cumplimiento, eximiendo a la víctima, no obstante, de la obligación de constituirse como parte en el proceso, solicitándose únicamente para el ejercicio de esta prerrogativa que comunique su deseo de ser notificada de aquellas resoluciones vinculadas al proceso en virtud del art. 5.1.m). Por otra parte, el análisis del contenido de sendos preceptos evidencia la estratificación de las víctimas mediante el empleo de la tipología delictiva como criterio diferenciador.; En este sentido, mientras que el trámite de audiencia del art. 78 CP se dirige a las *demás partes*, categoría en la que se subsumen, por tanto, la generalidad de las víctimas al no realizarse ninguna referencia adicional, la posibilidad de recurrir las decisiones del JVP en el sentido reflejado por la lera b) del art. 13.1 LEVID se limita a las víctimas de los delitos recogidos en el listado de la letra a) o de aquellos perpetrados en el seno de una organización o grupo criminal (Renat García, 2015).

Por consiguiente, podría apuntarse con relativo grado de acierto que la redacción del art. 13.1.b) LEVID confiere mayores cotas de protagonismo a las víctimas que las alcanzadas con el tenor del art. 78 CP. En este sentido, el Estatuto completa el derecho de las víctimas a ser oídas con anterioridad a la emisión de una resolución en materia de aplicación del régimen general de cumplimiento con la facultad *ex post* de recurrir estas mismas decisiones judiciales (Renat García, 2015). No obstante, la capacidad de actuación real de las víctimas en este trámite no se corresponde con la amplitud que infiere de la redacción de la letra b) del art. 13.1 LEVID, desajuste generado por las omisiones del legislador respecto a las reformas operadas en el CP en virtud de la LO 1/2015, evidenciándose de este modo las repercusiones que los aspectos formales presentan respecto al plano material del Estatuto. Así, la supresión del antiguo apartado segundo del art. 78 CP en virtud del cual se contemplaba la obligación del tribunal de computar la concesión de beneficios penitenciarios, permisos, progresiones de grado o libertad condicional en supuestos concretos —etras a), b), c) y d) del art. 76.1 CP— sobre la totalidad de las penas impuestas cuando el castigo susceptible de cumplimiento resultase inferior a la mitad de la suma de los impuestos se traduce en la discrecionalidad del juez sentenciador en la adopción de estas decisiones, disminuyéndose, por tanto, la intervención de las víctimas en este aspecto (García del Blanco, 2017).

Adicionalmente, cabe apuntar los eventuales problemas de legitimación que pueden derivarse como consecuencia de la referencia que la letra b) del art. 13.1 LEVID realiza respecto al art. 78 CP, dificultades que no se constriñen únicamente a la esfera jurídico–procesal, agregándose de este modo valoraciones de índole filosófica sobre la justicia y aceptabilidad de este precepto (García del Blanco, 2017). Así, considerando que el art. 78 CP aborda cuestiones relativas al concurso real de delitos plasmado en el art. 76 CP, resulta cuestionable la legitimidad de la que gozaría una víctima en los supuestos de pluralidad delictiva —y de víctimas— para impugnar una resolución judicial en solitario, violentando la voluntad del resto de víctimas que desean mostrarse ajenas a la ejecución de la pena privativa del penado, confiriéndole una suerte de «sobrelegitimación» en esta materia (García del Blanco, 2017).

### iii. El recurso ante concesiones de libertad condicional

Por su parte, el apartado c) del art. 13.1 LEVID permite recurrir el auto por el que se concede al penado la libertad condicional, siempre que se trate de delitos contenidos en el segundo párrafo del art. 36.2 CP —delitos de organizaciones y grupos terroristas y delitos de terrorismo del Capítulo VII del Título XII del Libro II del CP, ilícitos cometidos en el seno de una organización o grupo criminal, abusos y agresiones sexuales a menores de 16 años del art. 183 CP y delitos de prostitución y explotación sexual y corrupción de menores— o en la relación de tipologías delictivas contenidas en la letra a) del art. 13.1 LEVID.

La redacción de este precepto revela nuevamente la desconexión del legislador de la LEVID respecto a los cambios operados en el CP en virtud de la LO 1/2015, gozando de gran relevancia los abordados en materia de libertad condicional —en adelante, LC— al pasar de considerarse una suerte de «cuarto grado penitenciario» a una modalidad de suspensión de la condena. Este cambio de criterio ha supuesto negativas repercusiones en el cumplimiento de la condena y en la resocialización del penado, extremos ampliamente reivindicados por la doctrina y profesionales penitenciarios. Así, una muestra significativa de la desatención de la LEVID a estas modificaciones la constituye el reconocimiento del Estatuto de la legitimación de la víctima para intervenir sobre aquellos trámites que versen sobre la LC; prerrogativa, que, sin embargo, no halla una fórmula homóloga en el texto punitivo al obviar el legislador del CP toda alusión a la audiencia de la víctima con carácter previo al pronunciamiento del tribunal correspondiente, ya el juez sentenciador, ya el JVP para el resto de supuestos, sobre la concesión de este instituto jurídico[178] (Plasencia Domínguez, 2016).

---

[178] Con carácter adicional, la regulación que el art. 80.6 CP establece respecto a la audiencia del ofendido sobre la suspensión de la condena también resulta ilustrativa de la descoordinación existente entre sendos textos normativos; en este sentido, el legislador del CP limita el mencionado trámite, por un lado, al momento previo a la adopción de una decisión por parte del tribunal, y, por otra, a aquellos delitos privados —perseguibles únicamente por denuncia o querella del ofendido—. Así, la única manera de solventar esta disonancia pasa por realizar una exégesis integradora y extensiva del contenido del apartado 2 del art. 13 del Estatuto, precepto en

Por consiguiente, y, partiendo de esta premisa, cabe realizar algunas observaciones sobre el contenido de la letra c) del art. 13.1 LEVID que en última instancia cuestionan la adecuación y efectividad de la legitimación activa de la víctima para impugnar aquellos autos en cuya virtud se decrete la LC[179].

En primer término, debemos apuntar que el art. 90.1 CP establece los requisitos para la concesión de la LC, entre los cuales figura, en su letra a), la clasificación del penado en tercer grado como *conditio sine qua non* para determinar la procedencia de la LC ordinaria. Por tanto, se infiere de esta exigencia que, en cualquiera de las aristas contempladas en este art. 13.1 LEVID —ejecución de los delitos recogidos en el párrafo segundo del art. 36.2 CP, o los contenidos en la relación dispuesta en la letra a), con independencia del establecimiento o no del periodo de seguridad— la clasificación en tercer grado no se presenta como producto de una decisión voluble e inconsciente de la Administración Penitenciaria al derivarse del análisis previo y razonado por el personal cualificado que compone las Juntas de Tratamiento, que ulteriormente es ratificado por la Subdirección General de Tratamiento y Gestión Penitenciaria[180]. Asimismo, en aquellos supuestos en que el proceder

---

cuya virtud se legitima a las víctimas para facilitar al juez o tribunal cualquier dato relevante en la resolución sobre la ejecución de la pena impuesta (Plasencia Domínguez, 2016).

179 En este sentido, una gran parte de la doctrina determina que se produce un salto cualitativo elevado al permitir la participación de la víctima en la concesión de un régimen de semilibertad como lo es la libertad condicional, planteándose esta corriente doctrinal por qué el legislador no ha extendido este nivel de participación a otras modalidades de cumplimiento, como el tercer grado (González Pérez, 2019).

180 Así, desde el punto de vista positivo, existen numerosas disposiciones en la normativa penitenciaria que regulan la progresión y cambios de grado, especialmente del régimen ordinario al tercer grado,

de la Administración resultase de dudosa justificación, el art. 107 RP obliga a la notificación del Ministerio Fiscal, dentro de los tres días siguientes de la fecha de su adopción de aquellas resoluciones relativas a la clasificación o progresión en tercer grado junto con el informe elaborado por la Junta de Tratamiento; exigencias, como vemos, tendentes a evitar todo atisbo de desviaciones en el proceder de la Administración (Renat García, 2015).

Por su parte, no cabe la invocación de los requisitos restantes establecidos en las letras b) y c) del art. 90.1 CP para la consecución de la libertad condicional —cumplimiento de ¾ partes de la condena y observancia de buena conducta— como fundamento de la impugnación de aquellos autos que

---

por resultar el supuesto más habitual. En este sentido, cabe destacar el establecimiento de factores susceptibles de valoración para determinar la procedencia de estas modificaciones de grado en el apartado 2 del art. 106 RP – cambio positivo de aquellos aspectos vinculados con la actividad delictiva manifestados en la conducta global del interno, traducidos en una concesión de niveles más elevados de confianza, y, por tanto, en la atribución de responsabilidades que conlleven un mayor margen de libertad. Adicionalmente, cabe destacar los criterios establecidos en la Instrucción 9/2007, de 21 de mayo para la concesión del tercer grado, entre los que figuran la obtención de valoraciones normales o superiores en aquellas actividades calificadas como prioritarias en el Programa Individualizado de Tratamiento —PIT—; la inclusión del penado en programas que puedan realizarse en la comunidad; permisos disfrutados sin incidencias o, en el caso de no haberlos obtenido, que el tiempo en prisión y la conducta del penado determinen la procedencia de la concesión del tercer grado; ausencia de sanciones disciplinarias; por último, en los delitos de extrema gravedad o que hubiesen generado alarma social se estudiarán las circunstancias y programas que el penado deba seguir en aras de evitar que la configuración de los mismos dificulte el cambio de grado. Asimismo, el art. 72.5 LOGP establece la satisfacción de responsabilidad civil como requisito ineludible para la progresión de grado (Renat García, 2015).

la concedan esta medida. Así, este veto se motiva, por una parte, en la naturaleza aritmética de la primera de las exigencias, y, por otra, en la objetividad inherente a la segunda al equiparase el comportamiento adecuado con la ausencia de faltas disciplinarias graves o muy graves. Sin embargo, la subsistencia de los postulados de la LO 7/2003 que exigen la petición de perdón expresa a las víctimas en los delitos de terrorismo u organizaciones criminales como condición para el acceso del penado al tercer grado —art.72.6 LOGP— o disfrutar de la libertad condicional —art. 90.8 CP— como una de las demostraciones de abandono inequívoco de estas actividades delictivas y de colaboración con las autoridades cobra un nuevo sentido con el art. 13 LEVID. En este orden de cosas, la conjugación de los preceptos señalados devendría en un factor revulsivo para la satisfacción de aquellas pretensiones vindicativas albergadas por las víctimas al hallar su sustrato en la negativa del penado a pedir disculpas por el delito cometido; no obstante, en el supuesto en que este perdón hubiera acontecido, la impugnación de la víctima basada en términos vengativos se deslegitimaría al sustentarse en argumentos vacíos de contenido (Renat García, 2015).

Así, la última de las apostillas que realizaremos referidas a este precepto abordará la satisfacción de la responsabilidad civil por el penado como requerimiento adicional para la concesión de la LC, cláusula recogida en el art. 90.1 *in fine* que, a su vez, remite a los apartados 5 y 6 del art. 72 LOGP. Por tanto, de la lectura de estos preceptos podría desprenderse la consideración del impago como otro mecanismo que se agrega a la batería de recursos ya apuntados que permiten a la víctima expresar su disconformidad respecto a la suspensión de la condena del interno bajo el instituto de la libertad condicional. No obstante, esta consigna no resulta plenamente acertada puesto que, si atendemos al tenor del apartado 4 del art. 90 CP, se palia la contundencia de la afirmación señalada ya que, por una parte, se determina la naturaleza facultativa al disponer que el juez «podrá» denegar la libertad condicional, y, por otra, esta negativa se fundamentará en la falta de cumplimiento del penado respecto a su compromiso de pago «conforme a su capacidad».

En este sentido, el empleo de esta fórmula no es azarosa ni mucho menos baladí en tanto que establece que la imposibilidad de satisfacer el montante de la responsabilidad civil no implica una rémora para la obtención de la LC. En consecuencia, devendrá en un argumento estéril para fundamentar cualquier suerte de recurso contra autos judiciales que concedan la suspensión de la condena; sin embargo, estas impugnaciones resultarán plenamente admisibles si la víctima aporta datos que evidencien que el penado no está satisfaciendo voluntariamente la responsabilidad acordada, facultad que se incardina en el apartado 2 del art. 13 LEVID sobre el que nos detendremos en el siguiente epígrafe con el objetivo de clarificar las diferencias existentes entre este apartado y el art. 13.1.c) del Estatuto.

#### *b.2) Protagonismo indirecto de la víctima o intervención no contenciosa regulada en el art. 13.2 LEVID*

El Estatuto regula una modalidad no contenciosa de intervención de la víctima en la ejecución penal, la cual no se encuentra condicionada a ninguna manifestación previa de la víctima en el proceso salvo el trámite de información del art. 5.1.m), requisito también establecido como sabemos, para el ejercicio de las prerrogativas contenidas en el art. 13.1 LEVID (De Paúl Velasco, 2015). Así, esta modalidad de intervención, regulada en el apartado 2 del art. 13, permite a la víctima, en la letra a), interesar que se impongan al liberado condicional aquellas medidas o reglas de conducta tendentes a salvaguardar su seguridad siempre que los hechos que motivaron la sentencia condenatoria pudieran derivar en una situación de peligro para ella. Por su parte, la víctima se encuentra habilitada en virtud de la letra b) para facilitar aquella información que resulte de relevancia en las decisiones que se adopten sobre la ejecución de la pena, la satisfacción de la responsabilidad civil o el comiso acordado (Ley 4/2015).

Así, si bien la regulación de este protagonismo indirecto de la víctima en la ejecución de la sentencia no plantea apriorísticamente problemas, el análisis detenido de las facultades recogidas en el apartado 2 del art. 13 revela ciertas disfuncionalidades que plasmaremos en las líneas que siguen. Por un lado, en lo referido a la visión integral del precepto, se considera que el Ministerio Fiscal podría haber canalizado las acciones contenidas en este precepto, prescindiéndose de la reforma operada por la Ley 4/2015 en este sentido (De Paúl Velasco, 2015).

Por su parte, las valoraciones realizadas sobre el tenor de la letra a) del art. 13.2 LEVID se orientan en dos direcciones, a saber, la falta de alusión al listado de delitos plasmados en el art. 13.1.a) del Estatuto, produciéndose, por una parte, una ampliación sustancial del ámbito de aplicación al incrementarse las posibilidades de las víctimas para proponer medidas; y, por otra, la limitación en el ejercicio de esta prerrogativa a la petición de aquellas obligaciones o prohibiciones tendentes a salvaguardar la integridad de la víctima. Sin embargo, debe realizarse una exégesis taxativa de los términos «seguridad» y «situación de peligro» con el objetivo de no sobredimensionar el alcance la norma. En consecuencia, la solicitud de la víctima deberá circunscribirse a aquellas disposiciones que alberguen como única finalidad evitar riesgos para la integridad de sus bienes jurídicos individuales fundamentales; así, de los nueve condicionantes para la suspensión de la ejecución establecidos por el art. 83.1 CP, únicamente responden a los fines aducidos las cuatro primeras normas[181]

---

[181] En este orden de cosas, el art 83.1.1º CP recoge la prohibición de aproximarse a la víctima, a sus familiares u otras personas, a sus

al determinar el apartado 3 de este precepto la obligación de comunicar la imposición de estas normas a las Fuerzas y Cuerpos de Seguridad del Estado, los cuales velarán a su vez por su cumplimiento (Renat García, 2015).

Asimismo, la concesión a la víctima de la posibilidad de solicitar la imposición por el tribunal al liberado condicional de aquellas medidas que considere en aras de salvaguardar su integridad revela un profundo anquilosamiento del legislador del Estatuto respecto a la redacción penal del año 2010, obviando las modificaciones operadas —una vez más— por la LO 1/2015. Esta reforma, como hemos tenido ocasión de comprobar previamente, incide sobre la configuración del instituto de la LC al calificarla como modalidad de suspensión de la condena. En este sentido, el art. 90.5 CP obliga al juez a revocar la libertad cuando se aprecien «cambios en las circunstancias que no permitan mantener el pronóstico de falta de peligrosidad»; partiendo de esta consigna, evidencia la futilidad de la intervención de la víctima en la LC mediante la petición de medidas tuitivas de su integridad ya que, en el supuesto de existir esta situación de peligro —ya *erga omnes*, ya focalizada en la víctima concreta— no se habría aprobado la LC y, por ende, tampoco la suspensión de la condena (Renat García, 2015).

---

domicilios, lugares de trabajo u otras ubicaciones habitualmente frecuentados por ellos, así como comunicarse con ellos. Por otro lado, el art. 83.1.2º CP la prohibición de contactar con personas pertenecientes a un grupo determinado cuando se infiera que tal relación pueda brindar al penado oportunidades de comisión delictiva; asimismo, el art. 83.1.3º CP dispone el mantenimiento del lugar de residencia en una ubicación determinada, pudiéndose vetar eventualmente su abandono o ausencia del mismo. Por último, en virtud del el art. 83.1.4º CP se prohíbe residir en un lugar determinado o acudir al mismo.

Por otro lado, cabe mencionar que la referencia del Estatuto al factor de peligrosidad no alude a manifestaciones, comportamientos o la propia evolución del penado sino a los hechos que motivaron la sentencia condenatoria. En consecuencia, circunscribir el pronóstico criminal de un sujeto a la tipología delictiva cometida —entidad del ilícito perpetrado y del bien jurídico menoscabado por la conducta— se traduce en pronunciamientos erróneos; así, considerar el reproche penal de los delitos como criterio de ponderación desemboca en efectos no deseados al poder advertir la presencia de un peligro inexistente mientras obvia aquel que se encuentra latente —posibles amenazas, rencores y deseos de venganza del penado hacia la víctima—. En este sentido, se pone el foco sobre otros factores que resultan más cercanos a la realidad penitenciaria y que, por tanto, fundamentan la elaboración de un diagnóstico más acertado sobre la procedencia de la puesta en libertad del penado, donde resultan relevantes los datos suministrados por los funcionarios de prisiones —unidades de patios y de galerías así como la Jefatura de Servicios—, que paralelamente se plasmarán en los informes del Equipo Técnico y de la posterior Junta de Tratamiento[182] (Renta García, 2015).

En último lugar, la facultad recogida en el apartado b) permite a la víctima aportar datos importantes para la ejecución de la condena. Así, esta prerrogativa goza de relevancia si consideramos que esta información puede fundamentar en cierta medida la decisión del tribunal a la sustitución o suspensión de la condena, así como la posibilidad de condicionar la suspensión; resoluciones que afectan a la víctima en tanto que

---

[182] Entre aquellos aspectos susceptibles de ser destacados cabe mencionar los hechos, manifestaciones, declaraciones de intenciones, expresiones enunciadas durante el internamiento o con ocasión de salidas al exterior que revelen sentimientos de resentimiento o venganza que determinen la adopción de medidas tuitivas para con la víctima (Renat García, 2015).

*liberan* del cumplimiento de una pena privativa de libertad. Sin embargo, del tenor del Estatuto se aprecia una deficiente ponderación de las implicaciones de estas acciones al no brindar a las víctimas pautas de intervención adecuadas, desfase que se explica en parte al constituir una competencia atribuida al juez sentenciador y no al JVP. En este sentido, el Consejo Fiscal proponía en su informe la inclusión de las resoluciones relativas a la suspensión o sustitución de la condena como materias susceptibles de impugnación en los mismos términos que las recogidas originalmente en el art. 13.1 LEVID (González Pérez, 2019).

#### *b.3) Análisis de las principales vicisitudes referidas al procedimiento de intervención de la víctima en la ejecución penal (art. 13.3 LEVID)*

La regulación del protagonismo directo e indirecto de la víctima en la ejecución penal contenido en el apartado 1 y 2 del art. 13 LEVID analizado *supra* se complementa con el apartado 3 de esta disposición, el cual, además de constituir la cláusula de cierre del artículo, determina el procedimiento para el ejercicio de estas prerrogativas. En este sentido, se prescribe la obligación del JVP de poner en conocimiento de la víctima su voluntad de dictar alguna de las resoluciones establecidas en el apartado 1, estableciendo un lapso de cinco días para que esta pueda alegar aquellos extremos que considere necesarios conforme al art. 5.1.m) LEVID.

Así, este deber judicial debe conjugarse con los últimos incisos del apartado 1, en los que se fijan plazos de 5 y 15 días para que las víctimas informen al secretario judicial su voluntad de impugnar la resolución e interpongan el recurso, respectivamente, sin requerir asistencia letrada. Por tanto, la puesta en común de sendas disposiciones revela las disfunciones que la notificación a las víctimas puede generar en la tramitación de los expedientes penitenciarios (Plasencia Domínguez, 2016), extremos que abordaremos a continuación.

En primer término, debemos señalar la ausencia de comunicación entre el juez sentenciador y el JVP en la fase de ejecución penal, exceptuándose las resoluciones del primero sobre los recursos planteados ante el segundo en materia de clasificación. Por consiguiente, el JVP desconoce, apriorísticamente, si en relación con un penado concreto, las víctimas han manifestado su intención de participar en la ejecución; óbice que podría sortearse mediante la labor de remisión por el juez sentenciador al centro penitenciario y de reproducción de dichos datos por este organismo en la documentación dirigida al JVP en materia de recurso.

Así, la complejidad inherente a este trámite de doble comunicación se traduce en un gran número de omisiones y errores en su realización, deficiencias que se intensifican, por una parte, en los supuestos de condenas extensas, donde los tiempos entre la manifestación de la voluntad de la víctima de ser notificada al ingreso del penado en prisión, y desde este ingreso a la comunicación por JVP de estas cuestiones transcurren de forma dilatada[183] (De Paúl Velasco, 2015). Por otra,

[183] Esta dilación del procedimiento puede entrañar dificultades adicionales en lo referido a la localización de la víctima en aras de proporcionarle información sobre las vicisitudes del procedimiento. Así, cabe la posibilidad de que la dirección proporcionada por la víctima en un primer momento como requisito esencial para ejercitar el derecho de información del art. 5 LEVID no se corresponda con la vigente en el momento actual; en consecuencia, recae sobre la víctima la obligación de actualizar estos datos en la medida en que la comunicación por el tribunal se considera producida con la remisión de la información a la dirección facilitada ya que cualquier diligencia de investigación en estos términos cristalizaría en demoras injustificadas y graves para el penado (De Paúl Velasco, 2015). Asimismo, estas consideraciones resultan extrapolables a la

este desfase se evidencia en los casos de pluralidad de víctimas de las que se desconoce su domicilio actual y deben ser localizadas a tales efectos a nivel nacional, europeo, o, incluso, extracomunitario; esta circunstancia debe complementarse con la dificultad inherente a la configuración de vías que permitan a los tribunales tener conocimiento de las víctimas que desean ser notificadas en un procedimiento que hasta el momento se encontraba conformado únicamente por el Ministerio Fiscal y el penado. En consecuencia, estos óbices se traducen en demoras en un proceso que debería ser rápido en su sustanciación y resolución al hallar su sustrato en el derecho fundamental del interno a la libertad, como sucede en las valoraciones de concesión de libertad condicional (Plasencia Domínguez, 2016).

Adicionalmente, el deber de actualizar la información de los derechos de la víctima no recae sobre los JVP, circunstancia que se fundamenta, por un lado, en la falta de autonomía de esta obligación al considerarse una intervención fragmentaria incardinada en la etapa de ejecución atribuida al juez sentenciador; y, por otro, en la carencia de un procedimiento destinado a estas finalidades en la praxis habitual de los JVP[184] (De Paúl Velasco, 2015).

Por otro lado, el tenor de este apartado dispone que se «dará traslado» a la víctima, sin precisar los términos a los que se refiere esta fórmula, pudiéndose equiparar a la significación

---

comunicación por correo electrónico, materializada en los inconvenientes derivados de la constancia de la recepción de los datos, solventándose esta problemática al determinar que la remisión de los datos por esta vía resultará efectiva al día siguiente de su envío, fórmula aplicable a cómputos de plazos (De Paúl Velasco, 2015).

184 En este orden de cosas, los JVP no elaboran un expediente del interno desde el momento en el que ingresa en prisión al cual incorporar las diversas vicisitudes acontecidas durante el cumplimiento de la condena, lo que en última instancia dificulta la labor de informar a la víctima de forma actualizada (De Paúl Velasco, 2015).

que este trámite adquiere en los ámbitos forense y procesal, a saber, la facilitación de determinado material que conforma el proceso con el objetivo de que la parte formule adecuadamente sus alegaciones. Sin embargo, la indeterminación de esta consigna deviene en un extremo problemático en aquellos ámbitos que albergan información especialmente sensible sobre los sujetos como el penitenciario —salud física, mental, valoraciones subjetivas de los profesionales, entre otros—; así las cosas, se exige una especial cautela en la elección de la información que figura en el expediente del interno que será proporcionada posteriormente a la víctima. En consecuencia, el contenido de la expresión «dar traslado» se equiparará con aquel incluido en las comunicaciones oficiales, cabiendo su ampliación cuando las circunstancias lo exijan con los datos del expediente penitenciario. No obstante, esta información se limitará a aquella de índole objetiva, a saber, el resumen de la situación penal y penitenciaria (De Paúl Velasco, 2015).

En último lugar, cabe realizar algunas observaciones en materia de recursos que el Estatuto considera susceptibles de interposición. Así, la LEVID determina que las víctimas podrán impugnar las resoluciones del JVP de acuerdo con las disposiciones de la LECrim, fija de forma superflua que, para el anuncio de la ejecución de dicho trámite no se necesitará de asistencia letrada. Sin embargo, el interrogante surge de la conjugación de los regímenes configurados por la LECrim y la LOPJ ya que mientras la primera requiere para los recursos de reforma y apelación la presencia de procurador y abogado, la Disposición Adicional 5ª LOPJ[185] establece que el interno

[185] Otra cuestión relevante que se deriva de la exégesis de la Disposición Adicional 5ª LOPJ y del tenor del art. 13 LEVID es la naturaleza suspensiva o no de los recursos interpuestos por la víctima, dado que el tenor del último precepto no hace referencia alguna a este tipo de cuestiones. Adicionalmente, su aprobación no modifica la DA 5ª LOPJ, disposición que alude al efecto suspensivo de

únicamente precisará de abogado —no procurador— para el recurso de apelación, pudiendo interponer por sí mismo el de reforma, sin ninguna otra formalidad; esta dualidad de sistemas se justifica en la desigual posición que ocupan la víctima y el interno durante la sustanciación del proceso al encontrarse este último privado de libertad, circunstancia que impide apreciar identidad de razón en sendos supuestos y que, por tanto, veda la aplicación del régimen del segundo a la primera. Asimismo, la LEVID no precisa el tipo de recurso susceptible de interposición —presumiéndose, por tanto, que aludirá al de reforma—, brindándose un plazo insólitamente extenso de 15 días, imbricándose en este lapso la búsqueda de asistencia letrada; no obstante, este lapso puede verse suspendido hasta la designación provisional de abogado y procurador como consecuencia del ejercicio por parte de la víctima del derecho a la

---

los recursos interpuestos contra el JVP en materia de clasificación y concesión de libertad condicional de penados por delitos graves que pudiese originar su excarcelación. En consecuencia, el debate se fundamenta sobre dos posiciones diferentes, a saber, por un lado, la consideración de que las impugnaciones de la víctima no generan efectos suspensivos al no preverse expresamente en la redacción del art. 13 LEVID y no modificarse el tenor de la DA 5ª LOPJ; y, por otro, estimar que el contenido del art. 13 LEVID integra la DA 5ª LOPJ, y, en consecuencia, los recursos de las víctimas interpuestos ante el JVP resultarán suspensivos cuando el tribunal se pronuncia expresamente sobre los requisitos previamente aludidos. Sin embargo, la tesis que goza de un mayor grado de acierto será la primera de ellas, afirmándose, en consecuencia, que los recursos interpuestos por las víctimas en este sentido carecen de efecto suspensivo. Este planteamiento es sostenido sin perjuicio de que, por una parte, el JVP pueda informar al centro penitenciario del que dependa el reo de la ejecución de este trámite en aras de que este pueda llevar a cabo las acciones oportunas, y, por otra, que el Fiscal pueda valorar la suspensión del caso o adherirse a su estimación cuando se le dé traslado de la impugnación llevada a cabo por la víctima (Plasencia Domínguez, 2016).

asistencia jurídica gratuita, circunstancia que se traducirá una tramitación del expediente con mayor grado de dilación (De Paúl Velasco, 2015).

### *3.5. La introducción de la dimensión reparadora en el Estatuto: análisis de la regulación de la justicia restaurativa del artículo 15*

#### a) Una primera aproximación a la justicia restaurativa: postulados y notas caracterizadoras

La justicia restaurativa se define, en términos generales, como un proceso voluntario y dialogado que, separándose de la vía penal ordinaria, persigue generar un espacio de comunicación entre víctima y victimario que permita al segundo responsabilizarse del daño generado a la primera, reparándose de este modo las relaciones individuales y sociales afectadas por el delito. En este sentido, si bien el origen de esta institución como sistema de resolución de conflictos se remonta al siglo pasado[186], la implementación de la justicia restaurativa en nuestro país

---

[186] En este sentido, el primer encuentro entre víctima y victimario con fines terapéuticos y de reparación se enmarcó en el programa VOM —*Victim Offender Mediation*—, desarrollado en Ontario —Canadá—, durante el año 1974, cuya relevancia estribó en la fijación de las notas caracterizadoras de la justicia restaurativa actual (Arrona Palacios, 2012). Por otro lado, la implementación de las conferencias y círculos restaurativos como prácticas reparadoras se produce a lo largo del S. XX en el ámbito anglosajón. La configuración de estas estrategias restaurativas presenta un profundo sustrato proveniente de las minorías étnicas o indígenas —especialmente, los maoríes— en los que la comunidad ocupaba una posición relevante en la resolución de conflictos. Así, los círculos y conferencias gozan de especial relevancia en la justicia juvenil más que en los procesos de adultos, y además, no se limitan a la participación de víctima y victimario sino que esta

dista mucho de constituir una práctica generalizada. El concepto de justicia restaurativa no resulta unívoco al subsumir todas aquellas alternativas tendentes la resolución del conflicto entre víctima e infractor, trascendiendo, por tanto, del ámbito de la mediación. En este sentido, constituyen prácticas restaurativas las conferencias de grupo familiar, los círculos sentenciadores o paneles restaurativos, entre otras (Galindo Perpiñán, 2019). En consecuencia, se evidencia la naturaleza elástica, multidimensional y polifacética de la justicia restaurativa (Walklate, 2016).

Así las cosas, la justicia restaurativa se configura como un nuevo modelo de justicia diferente al proceso penal tradicional, trascendiendo de la verdad «jurídica» y abarcando otras cuestiones que interesan a víctimas y victimarios (Varona Martínez, 2020a). En este sentido, atiende las características de los sujetos afectados por la comisión delictiva —infractor, víctima y comunidad— con el objetivo de que resuelvan el conflicto en el contexto de un proceso de carácter no punitivo, reparativo y deliberativo, restaurándose de este modo las relaciones sociales dañadas por el hecho ilícito (Arrona Palacios, 2012). Sin embargo, la configuración de la justicia restaurativa se hará depender del modelo de política criminal asumida por cada Estado. Por consiguiente, su concepción como herramienta complementaria podrá estribar desde formulaciones más tradicionales, más alternativas o hasta aquellas que la consideran de forma ajena al proceso. Este último caso resulta significativo dado que se orientará, al igual que sucede con los menores, al resarcimiento de sentimientos heridos por el conflicto penal (García Fernández, 2017).

En este sentido, la justicia restaurativa, por su configuración, supone el contrapunto respecto a la victimología narrativa y apuesta por la vertiente conversacional de la disciplina,

---

es extendida a personas cercanas al conflicto así como a profesionales en la materia (Redondo Almandoz y Ríos-López, 2020).

centrada sobre la influencia del contexto en la autopercepción de las víctimas. De este modo, se produce una redimensión de la victimología como ciencia integradora, abierta a nuevas experiencias y discursos sobre la victimidad que no se corresponden con la visión preponderante (Varona Martínez, 2020a). Asimismo, la justicia restaurativa desarticula aquellos postulados que identifican resiliencia con invulnerabilidad enunciados por la victimología positiva. Así las cosas, la focalización sobre las fortalezas de las víctimas que realiza la justicia restaurativa no puede resultar óbice para considerar aquellas injusticias que afectan tanto al individuo como a la sociedad en su conjunto y cuyo abordaje resulta necesario (Varona Martínez, 2020a).

Por lo tanto, la justicia restaurativa trasciende del mero intercambio de información con el objetivo de alcanzar una verdad jurídica, sino que permite establecer un espacio para el diálogo y el encuentro entre posturas y discursos de víctima y victimario, apriorísticamente irreconciliables. Por ello, las conversaciones que tengan lugar durante esos procesos serán preparadas y cuidadas con el objetivo de no resultar revictimizadoras (Varona Martínez, 2020a). En concordancia con lo dispuesto *supra*, la reparación perseguida por la justicia restaurativa se concibe como un proceso y no como un resultado (Varona Martínez, 2020a). Asimismo, cabe resaltar que tal y como apuntábamos en líneas previas, el diálogo no resulta necesariamente bilateral, sino que puede darse a un nivel grupal o comunitario, donde la labor de las personas facilitadoras deviene en elemento clave para el éxito del encuentro (Varona Martínez, 2020a).

Por consiguiente, la preparación es inherente a los procesos restaurativos, articulados de forma general en una serie de fases, cuyas notas fundamentales se esbozarán a continuación. En primer término, se produce el trabajo individual de la persona facilitadora con los intervinientes, en el que se manifiesta la voluntariedad de la participación y adicionalmente, se produce la gestión individualizada respecto a las expectativas y contenido de ese potencial encuentro (Varona Martínez, 2020a).

Tras el trabajo realizado, este encuentro previsiblemente tendrá lugar, articulándose en una serie de etapas. Así, en primer término, se expondrán las pautas principales que guiarán el encuentro, relativas al respeto, confidencialidad y honestidad. Posteriormente, se presentará a los intervinientes, lo cual se seguirá de la narración de lo acontecido, así como sus efectos en las vidas de los participantes. En un tercer estadio se producirá el reconocimiento del daño con la consiguiente formulación de propuestas para su reparación y seguimiento, buscándose un cierre final. Por consiguiente, si bien estos procesos no se encuentran completamente guionizados en tanto existe cierto margen de improvisación, su estructuración facilita el cumplimiento de los objetivos marcados para estos procesos (Varona Martínez, 2020a).

### b) El desajuste entre la praxis restaurativa y la regulación reparadora en nuestro país: una visión crítica

La praxis de los procesos reparadores en nuestro país contrasta con el haber jurídico existente sobre esta materia restaurativa. En este sentido, contamos con algunas experiencias desarrolladas esencialmente en el ámbito penitenciario, entre las que cabe mencionar la conocida *Vía Nanclares* en materia de terrorismo realizada en el año 2011, el *Programa Diversidad*, desarrollado por la Secretaría General de Instituciones Penitenciarias que desde el año 2018 aborda la reparación en delitos de odio, o el establecimiento de un *Protocolo* en el año 2019 con el objetivo de complementar la regulación existente de la praxis de la justicia restaurativa en la ejecución penitenciaria que resulte extrapolable a todos los centros penitenciarios del país[187].

---

[187] Esta iniciativa se encuentra actualmente en su segunda edición, fue promovida por el CGPJ, la Fiscalía General del Estado, la

Sin embargo, la producción jurídica nacional se caracteriza, en términos generales, por sus parcas y escasas referencias a la institución de la justicia restaurativa. Así las cosas, si bien es cierto que recientemente se han producido avances a nivel sectorial o autonómico en la esfera reparadora con la aprobación de la Ley Foral Navarra 4/2023, de 9 de marzo, de Justicia Restaurativa, Mediación y Prácticas Restaurativas Comunitarias, cuya implementación deberá ser valorada desde una perspectiva político–criminal, no contamos en nuestro haber legislativo con una norma que regule en exclusiva la institución de la justicia restaurativa en España. En este sentido, si bien existen precedentes jurídicos a nivel internacional que abordan esta materia[188], el panorama español respecto a la regulación de la justicia restaurativa resulta difuso.

---

Secretaría General de Instituciones Penitenciarias y se desarrollaría en tres centros penitenciarios. Así, este Protocolo fue implementado en los centros penitenciarios de Burgos y de Sevilla, en este último caso, en colaboración con la Fiscalía Provincial así como en el Centro de Inserción Social "Máximo Carrera" de Valladolid, con el apoyo del Juzgado de Vigilancia Penitenciaria nº1 de Castilla y León. Por su parte, el objetivo de este proyecto se orienta a conjugar los fines reparadores de la justicia restaurativa con los propósitos de reeducación y reinserción social del penado recogidos en el art. 25 CE así como en el art. 1 LOGP y 2 RP, poniendo el foco en este caso en aquellos internos que cuenten con un estadio avanzado en el cumplimiento de la condena (de Marcos Madruga, 2021).

188 Cabe destacar someramente a este respecto la labor legislativa de la Organización de las Naciones Unidas, la Corte Penal Internacional, el Consejo de Europa y la Unión Europea en el ámbito reparador. En lo que respecta a la ONU, si bien reconoce el derecho a la reparación y restitución de las víctimas, cabe señalar el Manual sobre Programas de Justicia Restaurativa publicado por la Oficina de Naciones Unidas contra la Droga y el Delito —UNODC— en el año 2006, reeditándose en el año 2020. Este documento incide especialmente sobre el establecimiento de pautas comunes para la ejecución

Así, es cierto que la justicia reparadora es introducida por el legislador nacional respecto al proceso de menores en virtud de la LORPM del año 2000, donde se contemplan el principio de oportunidad y mediación para el sobreseimiento del proceso en aquellos supuestos en que exista acuerdo entre víctima e infractor *ex* arts. 19 y 51.3. Sin embargo, en lo que respecta al proceso penal de adultos, si bien se han elaborado algunos proyectos legislativos en este sentido, no han llegado a incorporarse a nuestro ordenamiento jurídico. Destacan en este sentido, por una parte, el borrador del Anteproyecto de la Ley de Enjuiciamiento Criminal del año 2011 y el borrador del Anteproyecto del Código Procesal Penal de 2013. Sendos cuerpos legislativos no alcanzaron la entrada en vigor debido al adelanto electoral y a la falta de consenso, respectivamente. No obstante, aunque ambos borradores dotaron de estatus jurídico a la justicia restaurativa, apenas fue desarrollada, encomendando esta labor a las oficinas de asistencia a víctimas (Galindo Perpiñán, 2019).

---

de la justicia restaurativa en todos los estados. Asimismo, la CPI con la aprobación del Estatuto de Roma en el año 1998 se pone de manifiesto la reparación de la víctima como elemento que trasciende a la mera indemnización. En lo que respecta al Consejo de Europa, si bien se han elaborado numerosas Recomendaciones en esta materia, destacándose aquellas publicadas en los años 1983, 1985, 1987 o 2018, cabe reseñar la Recomendación CM/Rec(2023)2 del Comité de Ministros a los Estados miembros en materia de derechos, servicios y apoyo a las víctimas de delitos, aprobada el 15 de marzo de 2023. La relevancia de este texto estriba, amén de en su reciente aprobación, en la compilación de los avances en justicia restaurativa producidos por las diferentes instituciones internacionales con el objetivo de abordar integralmente este sistema. Por último, en lo que respecta al acervo comunitario, destacan la Decisión Marco de 2001 y la Directiva del año 2012, textos que han sido examinados con anterioridad y que vertebran el paradigma europeo de tutela a las víctimas (San Juan Bello, 2023).

En este orden de cosas, la aproximación más cercana tanto cronológica como material a la regulación de la justicia restaurativa la hallamos en el Anteproyecto de la Ley de Enjuiciamiento Criminal del año 2020[189]. Este texto, si bien tampoco llegó a entrar en vigor, se llegó a hacer pública una memoria de impacto normativo en enero de 2021, lo que denota un mayor nivel de avance en su tramitación parlamentaria respecto a sus predecesoras. Así, bajo la premisa de adaptación del Anteproyecto a las necesidades de la sociedad actual, se aborda la justicia restaurativa como un derecho ejercitable por la víctima[190] y estrechamente vinculado al principio de oportunidad en la medida en que será sustanciado a propuesta del Ministerio Fiscal durante el proceso penal[191]. Una vez desarrollado este encuentro, que no

---

189 Adicionalmente, resulta conveniente reseñar en este punto que hay otros proyectos legislativos gestándose actualmente sobre esta materia, pero que no se han materializado aún en textos normativos definidos. Así, el 18 de abril de 2022 se clausuró la mesa de trabajo del grupo institucional de la LECrim por la entonces ministra de justicia Pilar Llop (Gabinete del Ministerio de Justicia, 2022), lo que denota la preocupación pro esta materia desde una perspectiva gubernamental.

190 Este enfoque victimocéntrico ha sido criticado por algunas voces de la doctrina en la medida en que, dado que este cuerpo legal se refiere a la sustanciación del proceso penal, no puede existir una prevalencia de una parte sorbe otra en el desarrollo del mismo. Adicionalmente, esto podría suponer la conculcación del principio de igualdad de armas procesales, inherente a todo procedimiento.

191 En este sentido, debemos destacar que el Anteproyecto del año 2020 alude en varias ocasiones a la institución de la justicia restaurativa. Así, aunque nosotros hemos incidido especialmente sobre la regulación ofrecida en el Capítulo III (artículos 181-185) del Título IV «Las formas especiales de terminación del procedimiento penal», del Libro I «Disposiciones generales», también hallamos otras referencias a lo largo de su articulado. Cabe resaltar la introducción de este

podrá abarcar más de tres meses, si se deriva en un resultado positivo podrá decretarse el archivo de la causa o la conformidad. Asimismo, estos procesos tendrán la voluntariedad, gratuidad, oficialidad y confidencialidad como ejes vertebradores (San Juan Bello, 2023).

Como resulta posible inferir de lo expuesto, han sido varios los intentos del legislador por introducir la justicia restaurativa como un mecanismo de resolución de conflictos en nuestro ordenamiento jurídico. Sin embargo, la única materialización legislativa que se ha producido respecto a esta institución hasta el momento la hallamos en el artículo 15 del Estatuto[192], Por este motivo, nos dedicaremos en las líneas que siguen a analizar el contenido e implicaciones de este precepto en la normativa victimal vigente en España.

---

mecanismo en los delitos privados, concretamente, en el artículo 800, Título II "Procedimiento por delito privado" del Libro VIII "De los procedimientos especiales". Asimismo, el artículo 896 también contempla la institución de la justicia restaurativa. Este precepto se enmarca en la Sección 2ª "Sentencia condenatoria" del Capítulo IV "Procedimiento general de ejecución" del Libro IX "De la ejecución penal" (San Juan Bello, 2023).

192 También hallamos referencias a la justicia restaurativa en el Real Decreto 1109/2015, de 11 de diciembre, por el que se desarrolla la Ley 4/2015, de 27 de abril, del Estatuto de la víctima del delito, y se regulan las Oficinas de Asistencia a las Víctimas del Delito. No obstante, se ha omitido el análisis de este texto legislativo al no contenerse de forma específica regulación sobre la misma, aludiéndose a ella de forma tangencial.

### c) El abordaje de la justicia restaurativa desde el Estatuto de la víctima: análisis de los artículos 3 y 15

#### *c.1) Implicaciones de la reforma del artículo 3 LEVID en la aplicación de los procesos restaurativos: ¿Protección o limitación?*

El artículo 3 LEVID constituye, tal y como apuntábamos al comienzo de este bloque, una categoría general dado que contiene las prerrogativas que las víctimas pueden ejercitar en virtud del Estatuto. No obstante, goza de especial relevancia en la regulación y praxis de los procesos reparadores o restaurativos. Esta tesis se fundamenta en la reforma operada por la LOGILS respecto a la redacción de su apartado 1, tenor que a continuación trascribimos, resaltando los cambios en negrita respecto a la formulación de 2015:

> 1. Toda víctima tiene derecho a la protección, información, apoyo, asistencia, atención y **reparación**, así como a la participación activa en el proceso penal y a recibir un trato respetuoso, profesional, individualizado y no discriminatorio desde su primer contacto con las autoridades o funcionarios, durante la actuación de los servicios de asistencia y apoyo a las víctimas y, **en su caso**, de justicia restaurativa, a lo largo de todo el proceso penal y por un período de tiempo adecuado después de su conclusión, con independencia de que se conozca o no la identidad del infractor y del resultado del proceso.
>
> **En todo caso estará vedada la mediación y la conciliación en supuestos de violencia sexual y de violencia de género.**

Como vemos, el análisis de esta modificación legislativa se encuentra estrechamente vinculado al ámbito restaurativo, aunque se desprende de la lectura del precepto una restricción progresiva del recurso a la reparación. Así, al comienzo se alude a esta institución como prerrogativa que puede ser ejercitada por las víctimas; posteriormente, la introducción de la fórmula «en su caso» precediendo a la justicia restaurativa reduce su potencial aplicación al configurarse como una alternativa residual en el sistema penal. Por último, la tercera limitación es aquella que alberga un carácter más directo y, adicionalmente, más restrictivo en la medida en que prohíbe la mediación y conciliación en los casos de violencia sexual y de género.

Esta limitación a la aplicación de medidas reparadoras no resulta nueva en nuestro ordenamiento jurídico, ya que la LIVG la contemplaba en su artículo 44.5 para las víctimas de violencia de género, que, con la LOGILS, extiende esta proscripción a las víctimas de violencia sexual. Adicionalmente, el artículo 15 del Estatuto de la víctima, relativo a los servicios de justicia restaurativa, que será abordado posteriormente, requiere para su aplicación que esta no se encuentre vedada para el delito objeto de reparación (Carrizo González–Castell, 2022).

Sin embargo, las implicaciones derivadas de esta prohibición presentan una gran relevancia tanto en términos jurídicos como de aplicación práctica[193]. En primer término, vedar a las

---

[193] En este sentido, consideramos necesario resaltar en este punto un proyecto llevado a cabo por el Laboratorio de Teoría y Práctica de la Justicia Restaurativa de la Universidad del País Vasco en el año 2019, el cual apostó por la música contemporánea como motor del proceso reparador en supuestos de violencia de género. Así, se trabajó de forma separada con tres colectivos diferentes, a saber, con un grupo de hombres condenados por violencia de género inscritos al programa Gakoa como alternativa a la prisión; por otro lado, con hombres internos en la prisión de Martutene y, por último, con profesionales en esta materia, uniéndose dos víctimas de violencia de género. Todos ellos adoptaron el formato de círculos restaurativos, si bien su celebración tuvo lugar en distintas ubicaciones —oficina de penas alternativas, prisión y campus universitario, respectivamente, todas ellas en San Sebastián— (Varona Martínez, 2020a).

La premisa de estos encuentros fue la experiencia vivencial sobre la violencia de género a través de la interpretación de la obra contemporánea escrita por Francisco José Ríos-López para guitarra

víctimas de este acceso a procesos reparadores choca frontalmente con las finalidades de promoción de autonomía de las víctimas y su empoderamiento predicada por la LOGILS en su art. 2.g), aludido *supra.* Asimismo, tal y como indica Carrizo González–Castell (2022), desvirtúa las finalidades de participación activa de la víctima recogida en la Ley 4/2015, reduciendo sustancialmente esta proscripción la proactividad de las víctimas en la toma de decisiones relativas a su proceso de recuperación. En suma, si el propósito del legislador es permitir a las víctimas el acceso a procesos que conlleven una reparación que trascienda de aspectos económicos o punitivos, esto debe pasar por el reconocimiento de las víctimas, tanto

---

*PARADIGMA II: y el olvido recordó vuestras ausencias.* Esta composición hace referencia a las figuras de víctima y victimario así como al ciclo de violencia establecido por Leonor Walker, incidiendo, asimismo, sobre los hijos menores que presencian este tipo de conductas. Así, tras la ejecución de la pieza, se dio lugar al intercambio emocional generado por la obra partiendo de las diferentes experiencias de los participantes respecto a la violencia de género, vertebrándose de este modo el diálogo restaurativo. En este sentido, Redondo Almandoz y Ríos-López (2020) acuñan el término "música restaurativa" para definir estos encuentros, en la medida en que la música y la justicia albergan numerosas concomitancias, entre las cuales destaca que sendas disciplinas reflexionan sobre el problema de forma profunda, brindando respuestas alternativas tras un proceso de valoración meditada. No obstante, los autores advierten que una de las posibles críticas que podrían verterse sobre este proyecto se orientarían a la carente interacción víctima-victimario en los encuentros restaurativos. Frente a esto, se arguye la existencia del resto de elementos que conforman este tipo de encuentros, a saber, el diálogo, la voluntariedad, la respuesta activa y reintegradora del victimario, la reparación victimal y, por último, el apoyo social y comunitario. Sin embargo, no se descarta en futuras ediciones del proyecto realizar estos encuentros de forma simultánea con víctimas y victimarios debido al potencial que presenta la reparación a través de elementos musicales (Redondo Almandoz y Ríos-López, 2020).

de su dignidad como de su capacidad y libertad de decisión. Por consiguiente, la ejecución de procesos restaurativos debe fundamentarse sobre el consentimiento de las partes y su desarrollo en condiciones de igualdad, limitándose, por tanto, el recurso a las prohibiciones legales en esta materia (Carrizo González-Castell, 2022).

Asimismo, una lectura goza relevancia para la comprensión del alcance de esta modificación de la LOGILS es *Reflexión crítica sobre la prohibición normativa española para desarrollar procesos de mediación en violencia de género y violencia sexual*, elaborado por el Laboratorio de Teoría y Práctica de Justicia Restaurativa del Instituto Vasco de Criminología en el año 2023. Este documento adquiere la forma de comunicado y ha sido suscrito tanto por profesionales de la investigación como de la práctica en justicia restaurativa con el objetivo de manifestar su posición contraria a la proscripción de la mediación en supuestos de violencia sexual, tesis basadas en la praxis, evidencias científicas y documentos legales, así como en estándares internacionales de referencia en la materia.

En primer término, se determina que, si bien esta prohibición halla su fundamento en el artículo 48 del Convenio de Estambul, la exégesis de este precepto realizada por el legislador español resulta errónea, condicionando de este modo la procedencia de su introducción. Así, la prohibición contemplada en el artículo mencionado únicamente aplica a la obligatoriedad de los procesos alternativos de resolución de conflictos, incluida la mediación y la conciliación, para todas las formas de violencia compiladas en el Convenio. Por consiguiente, es la mediación obligatoria la institución prohibida en este instrumento internacional, la cual se encuentra alejada de la naturaleza y práctica de la justicia restaurativa. Adicionalmente, se subraya que la mediación y conciliación no pueden equipararse a la justicia restaurativa entendida como categoría general (Laboratorio de Teoría y Práctica de Justicia Restaurativa, 2023).

Por su parte, se revisan críticamente los argumentos esgrimidos sobre los potenciales efectos negativos de la mediación fundamentados tanto en la vulnerabilidad de las víctimas de violencia de género y sexual como en la privatización de la justicia al sustraer estos conflictos de la praxis judicial. Así, se subraya la voluntariedad y la evitación de la victimización secundaria como notas caracterizadoras de la justicia restaurativa, a lo que se añade la preparación de estos procesos por personas correctamente formadas en la materia, cuya intervención se da a instancia de la autoridad judicial y es supervisada por la fiscalía. Asimismo, la existencia de protocolos de actuación en el ámbito restaurativo amén de memorias e informes de ejecución ofrecen garantías en el desarrollo de estos encuentros; en consecuencia, no se producirán si se carece de preparación o deseo de intervenir por algún participante o se dé una situación de desequilibrio entre las partes (Laboratorio de Teoría y Práctica de Justicia Restaurativa, 2023).

Por su parte, el comunicado remarca la existencia de otros mecanismos restaurativos que trascienden de la mediación o la conciliación que gozan de un gran potencial reparador, como, por ejemplo, los círculos restaurativos. La justicia restaurativa redimensiona el concepto de recuperación, que pasa por el intercambio y el diálogo, así como por la asunción de la víctima de un mayor protagonismo dentro de la sustanciación del proceso. Además, en lo relativo a la violencia de género y sexual, permite que las víctimas puedan retomar sus vidas y que los infractores asuman mayores cotas de responsabilidad en este proceso de recuperación. Concretamente, en lo que respecta a este tipo de violencias acontecidas en el ámbito familiar, se pone el acento sobre la intervención empoderadora que puede producirse en las relaciones familiares. Estas tesis se refuerzan con los resultados obtenidos de diversos estudios a nivel comparado, en los que se ha demostrado que las víctimas de violencia sexual participantes en estos encuentros han reducido su estrés postraumático y el miedo, aumentando paralelamente la calidad de sus relaciones sociales y encontrándose capacitadas para hablar de la vivencia delictiva (Laboratorio de Teoría y Práctica de Justicia Restaurativa, 2023).

Por último, este documento cierra aludiendo a la no discriminación en la ejecución de procesos restaurativos, incidiendo especialmente sobre la interseccionalidad. Así, la prohibición legal con carácter general a las mujeres adultas de la jurisdicción penal víctimas de violencia sexual implica su exclusión de las ventajas desarrolladas en el documento que se derivan de los procesos restaurativos. A esta circunstancia debe adicionarse la contradicción existente en el propio ordenamiento respecto a esta proscripción, dado que se permite la mediación y la conciliación cuando el infractor es menor, con independencia de la edad de la víctima —mujer—[194].

#### *c.2) Análisis del contenido e implicaciones del artículo 15 LEVID*

El acceso a los servicios de justicia restaurativa se encuentra regulado en el artículo 15 del Estatuto y persigue que la víctima pueda obtener una reparación de índole material y moral de los perjuicios causados por la comisión delictiva (Miguel Barrio, 2020). Con esta regulación se produce un cambio de paradigma puesto que se incorpora por vez primera al ordenamiento jurídico un instrumento que prima la reparación sobre el castigo y establece como principios rectores el diálogo

---

[194] La disposición adicional séptima de la LOGILS modifica algunos preceptos de la LORPM, entre ellos, el apartado 2 del artículo 19. En el párrafo segundo de este apartado se indica que la conciliación carecerá de efectos cuando se trate de los delitos recogidos en los Capítulos I y II del Título VIII del Código Penal. Sin embargo, la conciliación resultará válida cuando la víctima haya solicitado este proceso expresamente y el menor hubiese realizado la medida accesoria de educación sexual y de educación para la igualdad.

e igualdad entre las partes. Así, los actores involucrados podrán contar, si bien bajo supervisión jurisdiccional, con una posición más activa dentro del proceso y alcanzar un acuerdo adaptado a sus necesidades que no implique la intervención preceptiva de un tercero (Miguel Barrio, 2020).

No obstante, la fascinación inicial experimentada por la configuración de este cuerpo normativo en materia reparadora ha dejado paso paulatinamente a los estudios que han evidenciado las limitaciones de esta norma, amén de aquellos aspectos que precisan de matización o subsanación. En primer término, resulta posible asegurar que el tenor de este precepto defiende un concreto modelo de política criminal en el que la justicia restaurativa es concebida como un derecho del que las víctimas son las únicas titulares (Francés Lecumberri, 2018).

La mencionada exclusividad en el recurso a la justicia restaurativa se justifica en el Preámbulo de la norma, concretamente, en su apartado VI. En este sentido, si bien el legislador alude en este epígrafe a los diferentes derechos que la víctima puede hacer valer, resulta especialmente significativo el último de los párrafos, relativo al acceso a la justicia restaurativa. En él se indica la «desigualdad moral que existe entre víctima e infractor», planteamiento tras el que subyacen sesgos y consideraciones subjetivas del legislador sobre las personas que cometen delitos, que en cierto modo justifica la decisión de conceder tal prerrogativa solamente a la víctima (Francés Lecumberri, 2018).

No obstante, el enfoque victimocéntrico establecido por la LEVID en las prácticas restaurativas debe analizarse considerando el contexto en el que se enmarca, lo que delimita a su vez los medios empleados y los objetivos propuestos. Así, la Directiva 2012/29/UE, de la que, recordemos, emana el vigente Estatuto de la víctima, sitúa a esta como protagonista del ejercicio de las prerrogativas propuestas por la norma (Francés Lecumberri, 2018). En este sentido, en su art. 12.1. a) insta a las autoridades, sin concretar a los encargados de llevar a cabo esta labor, que los procesos resulten seguros para la víctima, sin generar por tanto eventuales victimizaciones secundarias. (Tamarit Sumalla, 2020). Sin embargo, la adopción de esta perspectiva no obsta para realizar una revisión crítica sobre el contenido de su trasposición, materializado en el artículo 15 LEVID.

En primer término, resulta conveniente señalar que, si bien la LEVID reproduce de forma cuasi paralela el contenido de la Directiva 2012/29/UE, existen dos significativas excepciones que a su vez determinan la configuración de la justicia restaurativa en el panorama nacional. Por un lado, se produce la equiparación de la justicia restaurativa y mediación penal cuando en realidad la última constituye uno de los procesos en los que aquella puede materializarse, pero no el único (Subijana Zunzunegui, 2017). Así las cosas, el hecho de que el legislador español se refiera a la fórmula «servicios de justicia restaurativa» y posteriormente lo alterne de forma indistinta con el término mediación denota la adopción de un enfoque europeísta (Miguel Barrio, 2020), que no se corresponde con las concepciones y la praxis de la justicia restaurativa en nuestro país. La segunda diferencia respecto al texto comunitario se refiere a la interdicción de los procesos de mediación —que no a otras formas de justicia restaurativa— en determinados casos (Subijana Zunzunegui, 2017), cuestión que será abordada posteriormente.

Por su parte, en la estipulación de los requerimientos cuyo cumplimiento resulta preceptivo para el acceso a los servicios de justicia restaurativa, se evidencia de nuevo la diferente posición que ocupan víctima e infractor en la sustanciación del proceso. Así, el requisito relativo al suministro de información con el objetivo de que el consentimiento a someterse a este sistema no se encuentre viciado, únicamente resulta obligatorio en caso de la víctima, deduciéndose la misma naturaleza para el caso del infractor, al no constar referencia expresa en su redacción (Serrano Hoyo, 2016). Esta omisión de la figura del victimario se evidencia nuevamente en el requisito relativo a la exigencia de que estos procesos no causen mayor aflicción, tanto en términos de seguridad, como en perjuicios materiales y morales, poniendo el foco únicamente sobre la víctima[195].

Por su parte, otros requisitos cuyo cumplimiento se plantea de forma obligatoria son aquellos referidos al reconocimiento de hechos esenciales por parte de los infractores y el deber de confidencialidad de los encuentros, que deberá ser procurado por los profesionales intervinientes en dicho proceso[196] (Serrano Hoyo, 2016). Asimismo, el marco de exigencias se cierra con un requisito negativo, a saber, que el delito que vincula a víctima y victimario no se encuentre vedado para los procesos restaurativos, como sucede, por ejemplo, con aquellos que

---

195 Sin embargo, la adopción de un enfoque victimo-céntrico en la dimensión tuitiva del proceso restaurativo no explica *per se* la omisión del legislador referida a las ventajas que presenta para el victimario el sometimiento a estos intercambios, ya de índole sustantiva -atenuación de la responsabilidad en virtud del artículo 21.5 CP-, ya procesal —suspensión, sobreseimiento, conformidad, entre otros—, con independencia de que dichas prerrogativas se recojan en los textos legales de referencia, a saber, Código Penal y Ley de Enjuiciamiento Criminal (Francés Lecumberri, 2018).

196 Así, la adhesión al deber de confidencialidad se plasma de manera meridiana para los profesionales con respecto a terceros en el desarrollo de su labor en procesos restaurativos; sin embargo, esta exigencia no se plantea en términos extrapolables para víctima e infractor. Por consiguiente, en el supuesto de que dicha confidencialidad se quiebre por los denominados "mediados", se cuestiona, por una parte, la exigencia de eventuales responsabilidades derivadas del incumplimiento y, de otra, la eficacia probatoria o no de lo acontecido en el seno del intercambio restaurativo (Serrano Hoyo, 2016).

castigan la Violencia de Género[197] (Serrano Hoyo, 2016). Esta cuestión goza de relevancia si atendemos al tenor del artículo 3 previamente abordado, en virtud del cual se proscribe la mediación y conciliación en los casos de violencia de género, pero no se hace referencia los procesos restaurativos en estos supuestos, generándose debates en torno a su procedencia y aplicación en estos supuestos.

Así las cosas, suscribimos las palabras de Serrano Hoyo (2016) cuando asevera que la redacción actual del artículo 15 supone la oportunidad perdida del legislador para configurar la justicia restaurativa como un verdadero modelo de justicia, tanto por su formulación como un servicio para la víctima, como por sus flagrantes omisiones en puntos esenciales. En este sentido, cabe apuntar el silencio que guarda la norma sobre los principios inherentes a esta forma de resolución de conflictos —voluntariedad, flexibilidad, oficialidad o gratuidad—, a la correcta formación de los profesionales intervinientes y su actuación basada en la objetividad, neutralidad e imparcialidad (Galindo Perpiñán, 2019).

Como colofón a este sucinto análisis del artículo 15 LEVID, consideramos necesario apuntar alguno de los paradigmas que debe abordar el legislador español en aras de configurar la justicia restaurativa como una institución efectiva en su praxis para la resolución de conflictos de índole penal. Por un lado, retomamos la fórmula «oportunidad perdida» predicable de este precepto, puesto que han sido omitidas por la regulación española aquellas alternativas formuladas en el considerando

---

197 La exclusión de los delitos de Violencia de Género del ámbito de la justicia restaurativa ha generado debate en los sectores doctrinal y jurisprudencial, que critican la generalidad de la cláusula, abogando, en consecuencia, por la valoración de cada caso concreto en aras de estimar la procedencia o no de los intercambios restaurativos (Serrano Hoyo, 2016).

46 de la Directiva, tales como las conferencias familiares o los círculos de sentencia (Miguel Barrio, 2020).

Así, algunas de las propuestas político–criminales formuladas a este respecto se centran en la incorporación de los círculos de sanación como prerrogativa susceptible de ser ejercida durante el proceso, pero también con carácter extraprocesal por su importante componente restaurativo[198] (Miguel Barrio, 2020). Otro de los retos que deberá ser abordado por la institución de la justicia restaurativa lo constituirá la correcta gestión e incorporación de las nuevas tecnologías —incluida la Inteligencia Artificial— a sus prácticas. En este sentido, la situación de la emergencia sanitaria provocada por la COVID–19 en el año 2020 evidenció la necesidad de conjugar los nuevos sistemas de la sociedad de la comunicación a los métodos restaurativos tradicionales, tanto a nivel legislativo como fáctico (Varona Martínez, 2020b). Si bien es cierto que en el último bienio se han implementado iniciativas a nivel autonómico que han perseguido la sustanciación de los procesos reparadores *online*, todavía queda mucho camino por recorrer hasta alcanzar una «telejusticia restaurativa» accesible de forma general a todos los sujetos interesados (Varona Martínez, 2020b).

---

198 La introducción de dinámicas, originadas en Canadá como *victim support services* o *victim support circles,* conocidas más actualmente bajo la fórmula *victim healing circles,* no se presentarían como un elemento disruptivo respecto a la configuración actual de la LEVID debido a su configuración, que pivota sobre dos ejes principales. Por un lado, no se precisa la admisión por parte del infractor de su responsabilidad en los hechos, en la medida en que su intervención no tendrá lugar. Por otro lado, estas prácticas ponen el foco en la reparación moral de la víctima y su sanación mediante la intervención de diferentes colectivos que conforman la comunidad, a saber, profesionales, miembros de asociaciones de víctimas o personas cercanas a la víctima que, con sus conocimientos y experiencia ayuden a la víctima a procesar y superar la vivencia del hecho delictivo (Miguel Barrio, 2020).

*Capítulo IV*

# *Abordaje del estatuto de la víctima desde la praxis. La perspectiva de la judicatura, las oficinas de víctimas y del asociacionismo*

## 1. OBJETIVOS Y METODOLOGÍA

Tal y como hemos comentado en el capítulo anterior, el Estatuto de la víctima, debido a sus características y configuración, ha supuesto una normativa clave en el reconocimiento y tutela de los intereses y derechos de las víctimas al compilar en un mismo texto aquellas prerrogativas que pueden ser ejercitadas por ellas. Por ello, hemos considerado que el abordaje de las estrategias en materia de protección y garantía de los derechos de las víctimas no deben constreñirse a un ámbito meramente teórico que, si bien relevante, no deja de resultar insuficiente. Asimismo, debemos considerar que el Estatuto de la víctima lleva formando parte del sistema tuitivo de víctimas desde el año 2015 sin haber experimentado apenas reformas, estabilidad legislativa que nos permite realizar un análisis desde la praxis. En consecuencia, este trabajo perseguirá comprobar si efectivamente la LEVID constituye una norma de referencia en su dimensión aplicada.

Por este motivo, la vertiente práctica de este estudio se articula desde una triple perspectiva al aunar la visión de aquellos colectivos que presentan una mayor vinculación con este cuerpo legislativo: la judicatura, las oficinas de asistencia a víctimas y, por último, las asociaciones de víctimas. Cabe mencionar en este punto que, con el objetivo de aglutinar el mayor número de perspectivas posible en torno al sistema de protección de víctimas, se intentó establecer contacto con la Fiscalía de víctimas, que tras varias conversaciones por vía telefónica, declinó finalmente participar en el estudio.

Particularmente, del ámbito de la judicatura se ha recogido la visión de los jueces sentenciadores y de vigilancia penitenciaria. Las personas que han prestado su colaboración han sido, respectivamente, Carmen Guil Román, magistrada de la Sección Tercera de la Audiencia Provincial de Barcelona y, por otro lado, Florencio de Marcos Madruga, Juez de Vigilancia Penitenciaria del Juzgado nº1 de Castilla y León, ubicado en Valladolid. La elección de estos órdenes jurisdiccionales obedece a la estrecha relación que presentan respecto al Estatuto, tanto en su aspecto material como formal, lo que permite aportar una visión integral de la norma desde la labor jurisdiccional.

Por otro lado, las oficinas de asistencia a víctimas encuentran su sustento normativo en el Real Decreto 1109/2015, texto mediante el cual se regulan sus funciones, composición y ámbito de actuación. La importancia de estas entidades resulta fundamental en el tratamiento y asistencia de las víctimas en la medida en que se erigen como una suerte de «puentes» entre víctimas y jueces, suponiendo, adicionalmente, la puerta de entrada de las víctimas al contenido del Estatuto en términos de ejercicio de derechos y de tutela. No obstante, resulta necesario apostillar en este sentido que la asistencia a las víctimas no resulta homogénea en todo el territorio nacional, existiendo en algunos territorios una tradición en materia de víctimas que resulta anterior a la vigencia de la LEVID. Es por ello que se ha recabado información procedente de dos oficinas de víctimas pertenecientes al ámbito vasco y catalán al disponer de una mayor experiencia en este ámbito debido a que su creación se produjo con anterioridad a la vigencia del Estatuto, facilitándose de este modo las comparaciones respecto a la situación preestatutaria. En este sentido, Antonio José Perdices Mañas fue entrevistado por su condición de miembro del equipo jurídico de la oficina de asistencia a víctimas de Bilbao.

El tercer pilar que vertebra este análisis práctico de la LEVID lo conforma el tejido asociativo victimal. Así las cosas, las asociaciones de víctimas constituyen el altavoz mediático e institucional que permite visibilizar las necesidades e intereses de las personas afectadas por el delito, por lo que incorporar su parecer respecto a una ley que les afecta directamente como es el Estatuto, resulta clave en el estudio. En este sentido, el estudio ha incorporado las aportaciones realizadas por Rosa María Trinidad Coronado, presidenta de la asociación Stop Violencia Vial, referente en la tutela de las personas afectadas por los delitos contra la seguridad vial en cualquiera de sus formas. Por otro lado, hemos considerado necesario recabar la percepción respecto al Estatuto de una asociación que, si bien no se dedica al tratamiento de víctimas en exclusiva, enriquece notablemente el estudio en la medida en que se dedica la práctica de la justicia restaurativa desde el tercer sector. Este organismo es la Asociación de Mediación para la Pacificación de Conflictos —conocida por las siglas AMPC—, Virginia Rodríguez Fragoso, como trabajadora social y facilitadora de programas de justicia restaurativa dentro de la asociación.

En este sentido, en lo que respecta a la metodología empleada para la obtención y el tratamiento de información, se ha optado por la adopción de un enfoque eminentemente cualitativo en tanto que el estudio persigue conocer las experiencias de los tres sectores aludidos *supra* respecto a la aplicación práctica del Estatuto de la víctima. Entre los instrumentos cualitativos existentes se ha elegido la entrevista semiestructurada debido a su mayor flexibilidad en tanto que esta técnica permite incorporar preguntas o cuestiones que no se hubiesen contemplado al comienzo del encuentro debido, enriqueciendo notablemente el intercambio entre las personas entrevistadas y la entrevistadora. Así, después de un primer contacto por vía telefónica en el que se explicaban los objetivos del proyecto y tras la respuesta positiva de las personas requeridas a colaborar en el estudio, se remitía la entrevista con el objetivo de que pudiesen conocer su contenido de antemano y se fijaba una fecha para realizar estos encuentros. Si bien la mayoría de las entrevistas se realizaron de forma telemática, en tanto que esta vía contaba con una mayor capacidad de adaptación a los compromisos profesionales de las personas entrevistadas, también se produjo el desplazamiento a las ciudades de Madrid y Valladolid para realizar dos de las entrevistas que componen este estudio. Todos los encuentros fueron grabados y transcritos en la forma que se plasma en los anexos de esta obra, así como en las citas que se incluyen a lo largo de este capítulo, contando adicionalmente con el consentimiento de todas las personas entrevistadas para su grabación y publicación.

Relacionado con esto último, debemos resaltar que una de las personas entrevistadas, miembro del equipo técnico de una de las oficinas de víctimas de Cataluña, comunicó su voluntad de mantener su intervención con el condicionante de no facilitar su nombre y posición concreta dentro de la oficina. Por este motivo, las alusiones que se realicen a su intervención se realizarán bajo las siglas PBR con el objetivo de salvaguardar su anonimato.

Adicionalmente, en lo que respecta al número de entrevistas realizadas fueron nueve, de las cuales seis conforman la muestra del estudio. El descarte de tres de las entrevistas que originalmente iban a formar parte de la investigación, dos pertenecientes a asociaciones de víctimas, y otra a una entidad coordinadora de oficinas de asistencia a víctimas, obedeció fundamentalmente a dos razones. Por una parte, uno de los motivos fue el desacuerdo de una de las personas entrevistadas con la transcripción de la entrevista y, por otro, la falta de correspondencia del contenido de las dos entrevistas restantes con las finalidades de la investigación, al no obtenerse de ellas información sobre la vertiente aplicada del Estatuto.

Por su parte, advirtiendo las diferentes perspectivas que iban a conformar la dimensión práctica de este estudio, se elaboraron diferentes guiones de entrevista con el objetivo de adecuarse a la naturaleza profesional de cada persona entrevistada. Asimismo, esto permitiría incrementar el potencial de las entrevistas en términos de obtención de información detallada sobre la temática abordada. En este sentido, se han analizado varios preceptos contenidos en los Títulos I, II y IV de la LEVID, entre los cuales destacan el derecho a la información, la participación de la víctima en la ejecución, los servicios de justicia restaurativa o la cooperación entre los profesionales en la atención a víctimas o las oficinas de asistencia a víctimas, incluyéndose en este punto algunos preceptos del Real Decreto 1109/2015, que desarrolla el Estatuto. Así, se ha buscado la correspondencia de las preguntas formuladas con aquellos aspectos de la LEVID que han sido destacados a lo largo de la revisión bibliográfica de esta norma, permitiendo de este modo obtener un sustrato práctico que permita reforzar las tesis doctrinales expuestas con anterioridad.

Sin embargo, resulta preciso subrayar en este punto el lugar destacado que ocupan dos preceptos de la norma, deviniendo en puntos cardinales de todos los encuentros: los artículos 13 —participación de la víctima en la ejecución— y 15 —servicios de justicia restaurativa—. La elección de ambas disposiciones como ejes pivotantes del estudio no es baladí; en efecto, estos artículos materializan la naturaleza dual del Estatuto por conjugación cuasi imposible de dos tesis diametralmente opuestas en el saber victimológico. Así, ambos artículos, separados por apenas un precepto en su ubicación sistemática, proyectan por un lado la vertiente vindicativa de la norma permitiendo a la víctima de determinados delitos en virtud del artículo 13, como ya vimos, recurrir determinadas disposiciones relativas al levantamiento del periodo de seguridad y del régimen del penado. Por otra parte, con la introducción del artículo 15 en el Estatuto, el legislador aboga por la perspectiva reparadora en la resolución del conflicto generado por el delito, aportando, en este sentido, soporte legal del que carecía hasta aquel momento la institución de la justicia restaurativa para adultos en nuestro país.

Como colofón, resulta conveniente resaltar las principales limitaciones de las que adolece el estudio, así como el planteamiento de posibles líneas de investigación que podrían abordar futuros proyectos sobre esta materia. Primeramente, en lo que respecta al ámbito metodológico, habría resultado interesante incorporar la dimensión cuantitativa al estudio. En este sentido, el empleo de cuestionarios hubiese resultado una herramienta adecuada para conocer de forma generalizada el parecer de los colectivos seleccionados sobre la implementación del Estatuto. Así las cosas, los datos obtenidos de esta estrategia metodológica hubiesen complementado y enriquecido notablemente las tesis plasmadas en las líneas siguientes. Por otro lado, en lo que respecta a la muestra escogida, si bien resulta suficiente para los objetivos marcados por un estudio eminentemente exploratorio como el que se presenta, hubiese sido deseable contar con la colaboración de un mayor número de participantes. Aludimos especialmente al ámbito asociativo puesto que permitiría mostrar la diversidad inherente a la experiencia de la victimización, especialmente respecto a su visión del Estatuto al constituir las víctimas las principales destinatarias de la norma. En este orden de cosas, hubiese resultado interesante incorporar la perspectiva del Ministerio Fiscal, especialmente de aquellos fiscales dedicados a las víctimas y a vigilancia penitenciaria, por las aportaciones que hubiesen podido realizar respecto al sistema de protección de víctimas desde este sector de la judicatura.

En último lugar, en lo que respecta a futuras investigaciones, amén de solventar las limitaciones presentadas por este estudio, se sugiere la ampliación de su objeto al Real Decreto 1109/2015, de 11 de diciembre, por el que se desarrolla la Ley 4/2015, de 27 de abril, del Estatuto de la víctima del delito, y se regulan las Oficinas de Asistencia a las Víctimas del Delito. Esta propuesta se fundamenta en la estrecha vinculación existente entre sendos cuerpos normativos, por lo que sería recomendable que ulteriores abordajes político–criminales sobre esta materia considerasen qué reformas podrían operarse sobre este Real Decreto en aras de garantizar su efectiva aplicación.

Una vez expuestas las principales vicisitudes de la vertiente práctica de este estudio, dedicaremos el resto del capítulo a analizar el contenido de las entrevistas, así como los resultados obtenidos de las mismas. Así, con el objetivo de facilitar su lectura y comprensión, se dividirá su abordaje en diferentes bloques temáticos, en los que se analizarán, entre otros, el derecho a entender y ser entendida, la configuración del derecho a la información, el derecho a participar en la ejecución penitenciaria, el acceso a los servicios de justicia restaurativa, y, por último, se expondrá las diferentes valoraciones que las personas entrevistadas realizan respecto al Estatuto. Por su parte, el contenido de este capítulo se complementará con un epígrafe final dedicado a la elaboración de propuestas de mejora sobre el Estatuto con el objetivo de aumentar su efectividad.

## 2. ANÁLISIS DE LOS PRECEPTOS SELECCIONADOS DEL ESTATUTO Y PRINCIPALES IMPLICACIONES

### *2.1. El derecho a entender y ser entendida como eje central del Estatuto*

Uno de los aspectos que han resultado más significativos tras el análisis de las entrevistas es la relevancia que todos los participantes, bien de forma explícita, bien implícitamente, brindan al artículo 4 de la LEVID, motivo por el que hemos estimado incluirlo en este estudio práctico del Estatuto[199]. Así, en virtud de este precepto se reconoce el derecho a entender y ser entendida, cuestión que no resulta baladí ya que su aplicación efectiva permite que el resto de las prerrogativas contenidas en la norma puedan ser ejercitadas. En consecuencia, estimamos conveniente resaltar en este punto la aportación que realiza Carmen Guil, que considera el artículo 4 como eje vertebrador del Estatuto:

---

[199] Así las cosas, estimamos conveniente transcribir en este punto el tenor literal del precepto, ya que en las líneas siguientes se abordarán varias cuestiones relacionadas con el contenido del artículo, a saber, la interposición de denuncia, el empleo de un lenguaje accesible o el acompañamiento de la víctima.
«Toda víctima tiene el derecho a entender y ser entendida en cualquier actuación que deba llevarse a cabo desde la interposición de una denuncia y durante el proceso penal, incluida la información previa a la interposición de una denuncia.
A tal fin:

a) Todas las comunicaciones con las víctimas, orales o escritas, se harán en un lenguaje claro, sencillo y accesible, de un modo que tenga en cuenta sus características personales y, especialmente, las necesidades de las personas con discapacidad sensorial, intelectual o mental o su minoría de edad. Si la víctima fuera menor o tuviera la capacidad judicialmente modificada, las comunicaciones se harán a su representante o a la persona que le asista.
b) Se facilitará a la víctima, desde su primer contacto con las autoridades o con las Oficinas de Asistencia a las Víctimas, la asistencia o apoyos necesarios para que pueda hacerse entender ante ellas, lo que incluirá la interpretación en las lenguas de signos reconocidas legalmente y los medios de apoyo a la comunicación oral de personas sordas, con discapacidad auditiva y sordociegas.
c) La víctima podrá estar acompañada de una persona de su elección desde el primer contacto con las autoridades y funcionarios».

> «Para mí, la clave del Estatuto de la víctima es el derecho a entender y a ser entendida porque ahí se focalizan esencialmente los derechos que como persona tiene la víctima y esos los continuamos vulnerando una y otra vez, al menos desde mi punto de vista».

Con relación al proceso penal, debemos destacar la relevancia de la que goza la interposición de la denuncia en términos de aplicación del artículo 4, constituyendo la clave de bóveda del precepto. En este sentido, su redacción dispone que el derecho a entender y ser entendida debe darse desde que la denuncia es presentada, así como durante todo el proceso penal, amén de la información que reciba con carácter previo a este momento. En este sentido, se subraya por las personas entrevistadas un aspecto que resulta fundamental para comprender las implicaciones y el contenido del Estatuto. La LEVID hace referencia a la víctima del delito, por lo que no sería necesaria la interposición de denuncia, al menos apriorísticamente, para ejercitar las prerrogativas contenidas en la ley. De lo contrario, la LEVID se referiría a la acusación particular, cuyo estatus se encuentra desarrollado por la LECrim.

> «No tendríamos que perder de vista que este Estatuto es de víctima y no de acusación particular. Por eso, cuando la víctima se ha constituido en parte procesal, evidentemente tiene derechos, diríamos, de mayor rango o de mayor en un estadio más alto. Por lo tanto, aquí lo que se trataba de contemplar era los derechos que tiene la persona que, habiendo sufrido un delito, no ha querido constituirse en parte. Por lo tanto, si no se ha constituido en parte es que no tiene un profesional abogado a su lado para que le explique en qué consiste todo y, por lo tanto, les será mucho más difícil entenderla cuanto más ambigua sea la ley» (PBR).

> «Es cierto que las víctimas tienen una vinculación casi inevitable con el proceso penal, de hecho, la aprobación del Estatuto ha provocado la modificación de la Ley de Enjuiciamiento Criminal en varios artículos, pero esto no quiere decir que su intervención sobre ellas deba constreñirse únicamente al proceso penal. Al contrario, su tratamiento se da antes, durante y después de este proceso, sobre todo teniendo en cuenta que

tanto el propio Estatuto, como la Directiva de 2012, así como las resoluciones de la ONU en esta materia ponen el acento sobre la coordinación entre los diferentes servicios sociales y el marco temporal que da el proceso penal no es suficiente para que esto se produzca de forma adecuada» (Antonio Perdices).

Sin embargo, los trabajadores de las oficinas de víctimas entrevistados afirman que la atención a las víctimas no se encuentra vinculada necesariamente a la interposición de denuncia, tal y como exponemos en las líneas siguientes.

«No existen requisitos para que les atendamos, basta únicamente con que se "sientan víctima"; esto es bastante provechoso en el sentido de que muchas veces hace que la víctima, antes de denunciar, pueda recibir un asesoramiento de qué le espera o qué va a obtener del sistema judicial o con qué se va a encontrar. Eso hace a veces hace más llevadero el propio funcionamiento del sistema judicial, que no es baladí para las víctimas, es una carga bastante importante para ellas» (PBR).

«La persona, con independencia de que haya puesto o no denuncia, se pone en contacto con la oficina, se le toma una serie de datos, se le abre una ficha y a partir de ahí se entrevista con los distintos profesionales» (Antonio Perdices).

No obstante, las personas entrevistadas admiten que con frecuencia estas labores de acompañamiento o asistencia en la mayor parte de las ocasiones se dan con carácter posterior a la denuncia, lo que redunda, tal y como señalábamos en líneas previas, un mayor riesgo de victimización secundaria.

«Es cierto que lo ideal sería que las víctimas recurriesen a las oficinas antes de comenzar el procedimiento o de presentar la denuncia porque necesitarían de esa tranquilidad o sosiego que les permitiese incluso identificarse como víctimas y buscar los recursos para salir de esa situación [...].

A fin de cuentas, nos centramos en las denuncias y en el posible fallo condenatorio como única vía posible de resarcimiento y nos olvidamos del resto de cuestiones que afectan a la víctima y que la denuncia, si la víctima no se encuentra preparada, puede ahondar en ese sufrimiento porque desconocen lo "arisco" que

> puede llegar a ser el ámbito judicial. Por tanto, puede pasar que después de todo el proceso, teniendo en cuenta las dilaciones que habitualmente experimentan los procesos judiciales, lleguen a decir eso de "si lo llego a saber, no denuncio". [...]. Por la situación de urgencia que se da con las víctimas, muchas dan este primer paso de denunciar sin conocer las consecuencias. Esto es algo en lo que afortunadamente se ha venido apreciando cierta sensibilización desde el sector policial, ya que cuando la víctima ha sufrido un delito del tipo que sea, lo habitual hasta hace relativamente poco era preguntarle si prefería ir primero al médico o poner la denuncia o al revés; en el segundo caso se le decía que si acude al juzgado de guardia se puede ir redactando la denuncia o incluso la solicitud de una "orden de protección", y así no era necesario tener que esperar al abogado... Esta especie de "chantaje emocional" al final lo que provocaba en la víctima es que sea incapaz de tomar una decisión de forma sosegada, lo que, como decía, gracias a la sensibilización de los agentes estas conductas se están reduciendo y, en definitiva, redunda a favor de la víctima» (Antonio Perdices).

Esta misma asociación del tratamiento asistencial a la víctima con su condición de parte en el proceso penal es sostenida por la judicatura, especialmente por Carmen Guil:

> «Si no hay proceso penal no aplicamos Estatuto de la víctima, salvo puntualmente en alguna tipología delictiva, como en la trata de seres humanos donde hay una previsión legal, o por descontado los delitos de violencia de género en los que ha habido mucho más avance y muchos más recursos asistenciales. Sin embargo, en todos los demás, si la víctima no denuncia, no tiene ningún tipo de protección, ni tampoco de información, ni de acceso a las oficinas de atención a la víctima. Yo opino que eso es justo lo contrario de lo que preveía la ley. A fin de cuentas, se continúa manteniendo en el proceso penal una intención de extraer de la víctima la información que esta nos puede dar con relación al delito, pero no estamos dispuestos a todo lo demás. [...]
>
> Continuamos vinculando la atención victimológica a la posición en el proceso. O sea, la víctima que denuncia es una víctima a la que se le otorga algún tipo de protección, que tiene derecho a ayudas, pero la que no denuncia no adquiere

esa condición, sin tener en cuenta que el proceso penal tiene sus reglas. Muchas veces, por ejemplo, puede acabar en una sentencia absolutoria [...] Lo que indica [...] en la mayor parte de casos que no hay suficiencia probatoria para condenar, no que el delito no se haya cometido. Sin embargo, hacemos depender todas las ayudas, el apoyo, las asistencias a la posición en el proceso, y yo creo que es esa es la clave del fallo del sistema» (Carmen Guil).

En resumen, la magistrada sintetiza las vicisitudes de esta problemática con la siguiente declaración:

«Aunque hay artículos del Estatuto que disponen expresamente que serán aplicados antes de la denuncia, en la práctica su ejecución se condiciona a la interposición [de la misma]» (Carmen Guil).

Como vemos, durante las entrevistas se han vertido opiniones críticas sobre la necesidad de la interposición de denuncia para ejercitar los derechos contemplados en la LEVID. Sin embargo, las posiciones contrarias a la configuración de la LEVID trascienden de aspectos meramente procesales e inciden directamente sobre postulados de índole victimológica. Así las cosas, la tesis subyacente tras el requerimiento o, en su caso, la preferencia de la interposición de denuncia para el ejercicio de determinados derechos es la prelación de la víctima que denuncia, es coherente en su relato y se sobrepone a lo ocurrido, caracteres que se corresponden con los estándares de víctima ideal fijados tradicionalmente por la doctrina.

«No todas las víctimas están en condiciones de denunciar, de explicar y de someterse a un proceso de forma inmediata a la comisión del delito. Parece que estamos enviando el mensaje de que la mejor víctima es la que denuncia inmediatamente, y eso se hace sin entender el proceso victimológico que hay detrás, la situación emocional que tienen las víctimas en determinados delitos. [...]. Sin embargo, seguimos con este pensamiento, estos prejuicios y estereotipos: la víctima considerada sincera es la que denuncia inmediatamente, es la que está muy afectada emocionalmente y llora, la que te explica todo y te lo dice sin fisuras, sin cambios, sin contradicciones.

Lo normal es que la víctima dude, que cambie de opinión, que esté insegura, que la víctima no sea capaz de explicar, tenga bloqueos o que aparezcan informaciones añadidas al primer relato. Creo que a nivel de proceso penal no se tiene en cuenta, sobre todo, porque pocas veces las partes proponen prueba sobre el proceso victimológico y las reacciones de las víctimas. De ahí que continuamos con muchísimos prejuicios y esquemas establecidos y pese al Estatuto de la víctima y la evolución en victimología de los últimos años, esos prejuicios o ideas preconcebidas no han cambiado» (Carmen Guil).

En suma, la magistrada apostilla lo siguiente:

«El sistema continúa siendo muy poco amable para la persona que ha sufrido un delito y mucho menos amable cuando la persona está dudando sobre si denuncia o no».

Este planteamiento conecta de forma directa con la vivencia de la experiencia delictiva y la condición de víctima que propicia el Estatuto, dando lugar a nuevas tesis sobre la victimidad. A este respecto, encontramos divergencia de opiniones en los diferentes sectores entrevistados, que oscilan en considerar la victimización como una experiencia vital de la que es posible sobreponerse, o, por el contrario, un suceso que forma parte intrínseca del sujeto, que forma parte de su condición vital.

«Si nos constreñimos únicamente al proceso penal, es muy probable que se encasille a la víctima en ese ataque a su dignidad que ha sufrido como consecuencia de un delito y es lo que ha motivado el proceso penal. En cambio, su transición, si lo queremos llamar así, hacia su recuperación o restauración tiene que partir de su salida de no querer ser más "víctima" entendida en términos penales, momento donde también precisa de la intervención y del ejercicio de derechos que se encuentran recogidos en el Estatuto. Por tanto, puedo aceptar los términos "víctima" y "delito" pero la introducción del proceso penal en esta fórmula frenaría de una forma sustancial la intervención, haciendo de algo temporal como sería la condición de víctima una cuestión permanente o incluso, definitoria del sujeto» (Antonio Perdices).

En esta aportación, Antonio Perdices manifiesta que la condición de víctima trasciende a la sustanciación del proceso penal, si bien esto resulta clave para la obtención de determinadas ventajas o ayudas. No obstante, es importante destacar los riesgos que pueden derivarse de constreñir el estatus de víctima al proceso debido al potencial freno que esto puede suponer para su transición hacia la recuperación. Así, Perdices insiste en la nomenclatura de la norma, en la que se hace referencia a los términos «víctima» y «delito», ya que añadir «proceso penal» implicaría limitar notablemente la complejidad inherente a la experiencia de la victimización. Adicionalmente, debemos apostillar en este punto que, nuevamente, la adición de «proceso penal» daría lugar a concomitancias respecto a la LECrim.

Así las cosas, Rosa Trinidad refuerza las tesis expuestas *supra* sobre la aplicabilidad del Estatuto basada en la existencia de un delito, evidenciando la desprotección de la víctima en los supuestos en los que, si bien se ha producido un daño a la víctima, este no ha podido ser calificado como tal:

> «Víctimas somos todos, claro, pero para contar con esa consideración a efectos legales debe existir un delito. A veces, con las muertes en carretera, pueden darse una serie de circunstancias —negligencias o despistes— que provoquen que finalmente no nos encontremos ante un delito, y por tanto esa víctima no existiría, al menos a un nivel jurídico».

Por su parte, la presidenta de la asociación «Stop Violencia Vial» incide también sobre el concepto de víctima y la experiencia del trauma, resaltando las fases que ella ha detectado como consecuencia del tratamiento continuado con víctimas en su asociación:

> «Después de haber tratado tantos años con diferentes tipos de víctimas, he llegado a la conclusión de que nuestro colectivo es muy complejo y que cada persona es distinta a la hora de gestionar todos los procesos derivados de esta experiencia. Lo que sí es cierto es que existe una primera "fase" digamos, que es común a todas las víctimas, en la que prevalece la

> exaltación o la euforia, si se puede decir así, porque comprueban por sus propios medios que las leyes no son justas y que nos hacen doblemente víctimas no funcionan, son un despropósito y que deben cambiarse de alguna forma. Sin embargo, esto corresponde a un primer estadio porque muchas de ellas pierden esa fuerza que tenían al principio y con el paso de los años pueden darse dos situaciones diferentes: bien asumir esa situación como válida o bien, acomodarse en esa posición de víctimas» (Rosa Trinidad).

En lo que respecta a la letra a) del precepto, varios participantes en el estudio han manifestado que la adaptación del contenido de la LEVID a un lenguaje que sea verdaderamente comprensible por el público general y particularmente, por los destinatarios de la norma continúa siendo una tarea pendiente. Así, el cumplimiento de este mandato se traduce, tal y como señalan las personas entrevistadas, en una aplicación del Estatuto real, ya que se les debe brindar a las víctimas la posibilidad de conocer los derechos que le resultan aplicables sin necesidad de albergar conocimientos jurídicos:

> «Este catálogo, debido al lenguaje empleado, para las víctimas no deja de ser algo "simbólico" porque es muy difícil que comprendan su contenido... Se necesita a una persona que entienda de Derecho para que pueda explicarlo, como sucede aquí [Oficinas de Asistencia a Víctimas] con el servicio jurídico» (Antonio Perdices).

> «Ni hemos adaptado el lenguaje como nos exige el Estatuto y otras regulaciones posteriores, ni hemos garantizado que las víctimas puedan acceder al Estatuto. Me refiero sobre todo a aquellos casos en que, por ejemplo, sean extranjeros y cuenten con algún problema idiomático o aquellas que tengan algún déficit de comprensión, bien sea por baja cultura, bien sea por algún tema de discapacidad. Continuamos haciendo el mismo trato generalizado y, por lo tanto, incumpliendo lo que dice el Estatuto» (Carmen Guil).

Por su parte, el miembro del equipo técnico de la Oficina de Atención a Víctimas entrevistado en el ámbito catalán, cuestiona la procedencia de la letra c) de este artículo —acompañamiento de la víctima por una persona de su elección—, debido a la inexactitud de su formulación y a las posibles contradicciones que pueden existir respecto a la LECrim:

> «Bajo mi punto de vista, tendría que especificar dónde puede ser acompañado de esta persona y en qué trámites procesales, porque si lo que se refiere es a que puede venir y esperar en un sillón del juzgado a ser por una persona de confianza, me parece un derecho absurdo, porque una persona puede ir, por ejemplo, al médico, con quién quiera, no es necesario que una ley se lo diga.
>
> Cuando estamos reconociendo el derecho a ser acompañada por una persona de su elección, estamos considerando que esta persona forme parte de los de los actos judiciales, como, por ejemplo, la constitución de la sala, que esté como público o su presencia en la declaración. Esto entraría en una grave contradicción con la LECrim, que no prevé que estos actos personales puedan realizarse delante de otras personas. Por lo tanto, no tendría que lanzarse aquí un derecho, sino proponer una modificación o una ampliación de la LECrim, porque si no esto no sirve de nada» (PBR).

### *2.2. La configuración del derecho a la información en el Estatuto: una visión crítica*

Otro de los puntos que resultó objeto de análisis durante las entrevistas fue el derecho a la información, regulado de forma genérica en el artículo 5 y, específicamente, respecto a la causa penal en el artículo 7 del Estatuto.

PBR ilustra en una de sus intervenciones la dimensión práctica que adquiere la aplicación de estos artículos:

> «Los artículos 5 y 7, cuando se refiere a los derechos a recibir información sobre la causa me parecen mejorables [...]. Es uno de los derechos más básicos y no se está cumpliendo porque está mal redactado, mal definido y en realidad no se está indicando quién tiene que ser prestatario de esta obligación» (PBR).

La alusión en primer término a la experiencia de las oficinas de asistencia a víctimas resulta obligada en la medida en que estos organismos se erigen como el recurso al que deberían acudir las víctimas, al menos apriorísticamente, para ejercitar este derecho de información. En este sentido, Antonio Perdices dispone lo siguiente:

> «Nuestra función como oficina, en general, es facilitar información sobre estos derechos de forma detallada porque somos conscientes de la complejidad del Estatuto, así como la forma más adecuada de ejercerlos, pero sabemos que no llegamos a todas las víctimas, por lo que solemos impartir formaciones a los agentes policiales, especialmente a la Ertzaintza y a la policía local [...].
>
> Para cumplir con la obligación de informar, la Ertzaintza tiene un formulario de los derechos recogidos por el estatuto en varios idiomas que es suministrado a las víctimas, pero es tanta la información que muchas veces "mueren de éxito" [...] Ahora bien, la Corte Europea de Derechos Humanos ha concluido que la mera entrega de un listado de derechos, si bien es algo recomendable, no puede valorarse como informar, porque se precisa de la explicación por parte de personal especializado y la víctima no solo debe ser escuchada, sino sentirse realmente escuchada, y para eso hay que dedicarle tiempo».

Por consiguiente, se revela que la facilitación del contenido del Estatuto con el objetivo de hacer valer las prerrogativas que lo conforman no implica satisfacer el derecho a la información de las víctimas. En este sentido, Carmen Guil refuerza con su intervención esta tesis:

> «[...]lo que tendría que significar el Estatuto de la víctima, que debiera ser una mejora a nivel de información o de ejercicio de derechos, no se ha producido. De hecho, ahora con la reforma de los artículos 109 y 110 LECrim notificamos tres hojas de derechos, pero ni hemos adaptado el lenguaje como nos exige el Estatuto y otras regulaciones posteriores, ni hemos garantizado que las víctimas puedan acceder al Estatuto».

Así las cosas, estas mismas carencias resultan extrapolables al trámite de la información sobre la causa penal recogido en el artículo 7 del Estatuto. No obstante, si bien el análisis de este precepto se ha centrado fundamentalmente sobre la comunicación de los permisos penitenciarios, existen determinados aspectos que resultan predicables para la totalidad del precepto.

En primer término, una de las cuestiones clave para la aplicación del precepto es la vinculación existente entre los juzgados y las oficinas de víctimas, ya que de esto se hace depender que efectivamente esta información pueda ser transmitida a las víctimas.

Sin embargo, tanto los profesionales de las oficinas como los miembros de la judicatura entrevistados en este estudio coinciden en su negativa a la existencia de comunicación entre sendos organismos. Así lo ilustran en varias aportaciones realizadas durante las entrevistas, cuyos extractos se facilitan a continuación:

> «El problema es que no todo el mundo sabe que existe esta oficina después de 32 años, ni siquiera en el juzgado, y esto es especialmente grave, porque desconoce de nuestra existencia las personas que se encuentran en la puerta de al lado... Pues bueno, es algo complicado. No se puede explicar este desconocimiento por parte del entorno judicial puesto que existen tres "Acuerdos interinstitucionales" promovidos por el Gobierno Vasco y las administraciones y agentes involucrados en la materia [judiciales, policiales, sanitarios, Abogacía, etc.], de los que surge el concepto de "ventanilla única", también motivado por el "coste cero" del Estatuto» (Antonio Perdices).
>
> «Te diría que desgraciadamente no la hay [comunicación entre los juzgados y oficinas].
>
> [...] Además, los juzgados nos dicen que no tienen tiempo para explicárselo a las víctimas, que es mejor que lo hagamos nosotros, pero nosotros como oficina no sabemos en qué momento procesal exacto se encuentran, ya que puede suceder, por ejemplo, que hayan librado un oficio y no lo sepamos. Por tanto, para que este derecho esté garantizado tiene que haber una obligación de prestación por parte de los órganos

> judiciales y no está regulada en la ley [...]. Estos derechos se tienen que leer y el letrado de administración de justicia tiene que cerciorarse que realmente ha entendido lo que se le está comunicando y entiendo que esto aplica igual para el detenido, el imputado, el acusado o para la víctima. Para que nazcan los derechos que están plasmados en una ley, tienen que comunicarse desde los juzgados porque hasta que no se haga no van a empezar a surtir efectos» (PBR).

Así las cosas, uno de los miembros del equipo técnico perteneciente a una de las Oficinas de Asistencia a Víctimas del ámbito catalán hace mención durante la entrevista a una de las prácticas que suele darse con carácter habitual en el tratamiento de víctimas y que revela la falta de conexión entre los juzgados y estos organismos:

> «Cuando llega la víctima se le hace un ofrecimiento de acciones y en este trámite ex 109.10 LECrim se le facilita un documento en el que se le pregunta que si quiere ser atendida por las oficinas. Pues bien, ese documento en algunos juzgados no se entrega, en otros juzgados a lo mejor aparece firmado, pero a lo mejor la víctima luego nos manifiesta que tampoco tenía conciencia de que lo había manifestado» (PBR).

Por su parte, el colectivo de la judicatura también hace referencia a esta carente vinculación entre oficinas y juzgados:

> «El nexo debería ser la oficina a la víctima, que es lo más fácil y que la oficina de la víctima mantuviese actualizados sus datos. Así el juzgado podría comunicar todas estas cuestiones a la oficina y a su vez, esta se encargaría de las relaciones con la víctima. Pero esto no funciona así... El sistema al final es formal, no real» (Florencio de Marcos).

> «Considerando la información a la que se refiere el artículo 7 sobre el estado del procedimiento, ya no solamente las resoluciones que puedan afectar a la libertad o no, que eso podría afectar directamente a la seguridad de la víctima, sino sobre todo los que afectan a la información de cómo está el proceso seguimos sin darlas, salvo que la víctima esté personada. Considero que es una grave conculcación de los derechos de las víctimas, salvo de aquellas que se personan en la causa» (Carmen Guil).

Así las cosas, una de las razones que se arguyen para motivar esta falta de comunicación entre juzgados y oficinas, amén de la deficiente dotación presupuestaria de estas últimas, cuestión que se abordará en epígrafes posteriores, es la extensión del territorio donde se localizan sendos organismos:

> «Esa colaboración [entre oficinas y juzgados] existe. Y esto se debe principalmente a que somos pocas personas trabajando en materia de víctimas, pues son cuestiones que no atraen a tanta gente de forma habitual. Tiene que haber un interés compartido para que la comunicación sea más fluida, tanto a nivel institucional como asociativo y eso solo sucede en demarcaciones o en partidos judiciales pequeños, por tomar una unidad "jurídica" de medida» (Antonio Perdices).

En este sentido, resulta extrapolable a este respecto una aportación realizada por Florencio de Marcos que, si bien se realizó en el contexto de la dilación de los procesos debido al efecto suspensivo de los recursos en materia penitenciaria, se adapta a la cuestión que nos hallamos abordando en estas líneas:

> «Esta dilación [de los recursos penitenciarios] se da en función del territorio. En Valladolid, por ejemplo, es irrelevante porque solemos tardar como dos semanas, apenas somos 300.000 habitantes. Por ejemplo, en un Madrid, olvídate. Meses» (Florencio de Marcos).

Sin embargo, esta tesis relativa a la extensión del territorio se matiza por PBR, defendiendo que la ratio funcionario/víctima debería corresponderse, al menos teóricamente, con la densidad poblacional, salvaguardándose de este modo la idoneidad de las proporciones:

> «El número de habitantes también influye, claro. Aunque también es cierto que cuantos más habitantes tenga la ciudad más juzgados tendría que haber, al menos de forma teórica. Por lo tanto, la ratio por funcionario básicamente tendría que ser siempre la misma, aunque en algunos esté superada» (PBR).

En lo que respecta a la información sobre la causa penal contenida en el artículo 7 del Estatuto, resulta conveniente señalar con carácter preliminar una de las aportaciones de Carmen Guil durante la entrevista. Así, la magistrada subraya la procedencia de orientar esta información a las implicaciones que pueden derivarse del proceso penal con el objetivo de evitar potenciales victimizaciones secundarias derivadas de su desconocimiento:

> «Desde mi punto de vista, habría que explicarle a la víctima lo que supone el proceso penal, porque no hacerlo supone una de las vulneraciones más flagrantes de sus derechos; a fin de cuentas, a lo que me refería del derecho a entender también es comprender lo que es un proceso penal. A la víctima hay que explicarle que su versión va a ser sometida a un chequeo. Y que el chequeo puede llegar a su persona, a su forma de vida, y que en muchas ocasiones se va a ver cuestionada e incluso ofendida por considerar que no se la cree y que eso forma parte de las reglas del juego. Yo creo que si se explica en unos términos y en un lenguaje plenamente adaptado, todos estaríamos de acuerdo en estos principios. [...] Esa pedagogía que hay que hacer en relación al proceso y aplicarla a nivel social, pero desde luego hay que hacerla a nivel individual con las víctimas. Porque yo creo que eso les permitiría afrontar el proceso de otra manera» (Carmen Guil).

Así las cosas, una de las cuestiones que se recogen en este artículo es «la resolución por la que se acuerde no iniciar el procedimiento penal». Entre las vías existentes para finalizar el procedimiento penal, algunas de las personas entrevistadas aludieron al tratamiento que se realiza del sobreseimiento, motivo por el cual remarcamos en las líneas siguientes las principales tesis extraídas al respecto.

Por una parte, Carmen Guil señala la gestión del sobreseimiento en la praxis judicial:

> «Continuamos teniendo muchísimos casos en los que la víctima no es informada del sobreseimiento. Lo dice la ley y no se hace. En muchas ocasiones lo sabemos porque la víctima va a buscar la información ("¿qué ha pasado con esto, no se me

> ha dicho nada, no?") y entonces es cuando se entera, aunque hay muchos más casos. Por ejemplo, experiencias de ciudadanos que han sufrido la muerte de un familiar y que deben pasar por la vía penal al haberse realizado la autopsia (como casos de accidentes de tráfico). En esos casos continuamos diciéndoles a las víctimas que no pueden saber, que no tienen derecho a ninguna información porque no están personadas en la causa. Respuesta contraria al Estatuto y al derecho a recibir información».

Por otro lado, desde la actividad de las Oficinas de víctimas, PBR también alude al abordaje de los casos de sobreseimiento, si bien lo vincula con el artículo 12[200] del Estatuto, en virtud del cual se permite que la víctima pueda revisar el sobreseimiento dictado:

---

200 El tenor literal del artículo es el siguiente:
"Artículo 12. Comunicación y revisión del sobreseimiento de la investigación a instancia de la víctima.

1. La resolución de sobreseimiento será comunicada, de conformidad con lo dispuesto en la Ley de Enjuiciamiento Criminal, a las víctimas directas del delito que hubieran denunciado los hechos, así como al resto de víctimas directas de cuya identidad y domicilio se tuviera conocimiento.
   En los casos de muerte o desaparición de una persona que haya sido causada directamente por un delito, se comunicará, conforme a lo dispuesto en la Ley de Enjuiciamiento Criminal, a las personas a que se refiere el apartado b) del artículo 2. En estos supuestos, el Juez o Tribunal podrá acordar, motivadamente, prescindir de la comunicación a todos los familiares cuando ya se haya dirigido con éxito a varios de ellos o cuando hayan resultado infructuosas cuantas gestiones se hubieren practicado para su localización.
2. La víctima podrá recurrir la resolución de sobreseimiento conforme a lo dispuesto en la Ley de Enjuiciamiento Criminal, sin que sea necesario para ello que se haya personado anteriormente en el proceso."

> «Cuando el estatuto dice "se tendrá que notificar el auto de sobreseimiento que podrá recurrir de conformidad a la LECrim", la LECrim hace referencia a una parte que tiene abogado y procurador. Esto quiere decir que una víctima que desee intervenir en este estadio tan avanzado del proceso solo para esto tendrá que buscar un abogado y procurador, que le dé tiempo a plantear este recurso... Al final son derechos muy difíciles de ejercitar, con muchas preguntas que no son contestadas».

Por último, la presidenta de la Asociación «Stop Violencia Vial» también alude durante la entrevista al sobreseimiento y su relevancia para las víctimas, incidiendo especialmente sobre la modalidad de sobreseimiento libre:

> «Considero que es una barbaridad que continúe vigente el auto de sobreseimiento libre en la Ley de Enjuiciamiento Criminal. No discuto la procedencia de la medida cuando se ha llevado a cabo una investigación exhaustiva y se determina que no ha existido responsabilidad por parte de alguna persona en concreto; en cambio, que se pueda dictar sin haber realizado una mínima instrucción o investigación supone una verdadera vulneración de los derechos de las víctimas. Por tanto, se debería reformular esta institución para garantizar que las investigaciones se llevan a cabo de forma diligente» (Rosa Trinidad).

Así las cosas, otro de los aspectos que fue evaluado por las personas entrevistadas fue la gestión de la información de aquellas resoluciones en materia penitenciaria que pudiesen afectar a la víctima, entre las que hemos destacado los permisos penitenciarios. La relevancia de esta cuestión obedece a triple foco relacional existente para que este artículo pueda ser aplicado de forma efectiva, a saber, por una parte, entre los órganos judiciales, esto es, jueces de vigilancia penitenciaria y sentenciadores, y, por otra parte, la vinculación existente entre la judicatura y las oficinas ya mencionada, además de la relación de la víctima con todos estos organismos en términos de obtención de información. Desde una perspectiva general, resulta posible afirmar que la ejecución de este precepto —o la falta del mismo— evidencia de forma significativa las carencias apreciadas por las personas entrevistadas en el análisis del derecho a la información *ex* art. 15 LEVID. Por consiguiente, el hecho de que entre los distintos órdenes jurisdiccionales no se cuente con un canal de comunicación efectivo y que las Oficinas no dispongan de información actualizada sobre la causa compromete notablemente el acceso de las víctimas a dicha información.

Así, Carmen Guil sintetiza con elevado grado de acierto la problemática de la que adolece el sistema asistencial de víctimas en este punto:

> «Es incompatible con el cumplimiento de las funciones que la OAVD [Oficina de Atención a las Víctimas de Delitos] no tenga acceso a los datos de un expediente judicial esencialmente porque forma parte del Departamento de Justicia. Los juzgados continuamos actuando como si el Estatuto de la víctima no existiera y como si no se hubieran creado las oficinas, como si las oficinas no tuvieran una función ni las víctimas unos derechos».

Por su parte, en la vinculación que debe existir entre los jueces sentenciadores y los de vigilancia penitenciaria en el cumplimiento de esta prerrogativa para llevar a término estos derechos, existen algunas apreciaciones que deben realizarse al respecto.

En primer término, Florencio de Marcos matiza el contenido de este precepto haciendo alusión a las resoluciones concretas que pueden ser notificadas desde los juzgados de vigilancia penitenciaria:

> «Yo distingo dos facetas en el juez de vigilancia penitenciaria, una de ejecución y otra de cumplimiento. Cuando nos referimos a la información sobre el estado del procedimiento del artículo 7 es ejecución, no cumplimiento, por tanto, el juez de vigilancia debe informar de las cuestiones que afectan al cumplimiento. [...]. Las cuestiones que no afectan al Estado del procedimiento como las sanciones, permisos, limitaciones regimentales, aislamientos, quejas, es decir, lo que es

> cumplimiento, no tengo porqué informar a la víctima porque no se refiere a cuestiones materiales de procedimiento».

Por consiguiente, los permisos penitenciarios no se incardinarían, al menos apriorísticamente, en este precepto. Sin embargo, De Marcos apunta que

> «nosotros los notificamos todos [los permisos], entonces [la víctima] ya tendría la información. Tanto como si la pide expresamente como si no. De hecho, ha habido algunas personas que nos han pedido que no le volvamos a notificar nada».

Asimismo, destaca el escaso interés que suscita este tipo de información:

> «Parece que al 90% no le interesa lo más mínimo. Es rarísimo que alguien te diga algo. [...] No tiene aplicación práctica, no sé por qué, me imagino que por desconocimiento. En nuestro caso suele interesarle a pocas personas, la verdad».

Sin embargo, debemos puntualizar respecto a esta afirmación que para que el juez pueda trasladar esta información sobre los permisos y otras cuestiones relativas a la causa, debe contar con la información que ha sido suministrada a los jueces sentenciadores, desconociendo estos últimos a su vez la existencia de concesión de estos permisos:

> «En cuanto a los permisos penitenciarios, los jueces sentenciadores no dan ninguna información de los de los permisos, pero porque no conocen, o sea, no saben nada ellos de cómo se está ejecutando la pena porque esa información la tiene el juez de vigilancia penitenciaria. Claro, el juez de vigilancia para informar tiene que hacerlo con la información que le da el órgano sentenciador» (Carmen Guil).

Considerando que sendos profesionales de la judicatura pertenecen a órdenes jurisdiccionales y partidos judiciales diferentes, es probable que la idiosincrasia de cada uno de los lugares varíe. No obstante, hay una nota característica y es la escasa vinculación entre ambos juzgados con carácter general, lo que resulta determinante para el cumplimiento de otras cuestiones recogidas en el artículo 7, a saber, las resoluciones del artículo 13, incidiendo Carmen Guil a este respecto sobre la evidente falta de conexión:

> «La comunicación continúa sin ser sin ser buena ni tampoco fluida en estos casos [resoluciones del artículo 13] y que, por lo tanto, no se está dando cumplimiento a lo que dice la ley. Sí que es cierto que durante un tiempo estuvimos trabajando un compañero y yo en la sala de vigilancia penitenciaria de Barcelona durante dos años, creo recordar que durante 2017. Durante esa época sí que se estaban notificando algunas cosas, pero muy, muy puntualmente. Entonces la inmensa mayoría no se notificaban, por eso la dificultad que tenía el órgano de enjuiciamiento de proporcionar los datos era incluso mayor en aquel momento, pero me consta que eso no ha habido una mejora sustancial de esto, al menos aquí en Cataluña, que es lo que yo conozco. Me temo que en el resto de España sucederá igual».

Asimismo, desde la judicatura apuntan que la falta de actualización de información sobre la víctima, especialmente sobre sus datos de contacto, dificulta en gran medida el cumplimiento de este derecho de información recogido en el artículo 7:

> «La información de los derechos de la víctima se hace en cada fase del procedimiento, por lo que se debe de actualizar. En otras palabras, cuando se inicia el procedimiento debe darse una primera información en instrucción; cuando pasa a enjuiciamiento se debería volver a hacer —aunque no creo que lo esté haciendo— y cuando pasa ejecución, igual y según otros tribunales [sección décima Audiencia Provincial de Alicante] debería actualizarse también en fase penitenciaria como si fuera algo distinto... Entonces imagínate. Primero, según esto, habría que informarla cuatro veces. Que no es verdad, que ya digo yo que esto no lo hace nadie, yo creo que ni una. Aún así, en todo caso, lo harán en la fase inicial. Pero en las demás, ¿tú crees que cuando se va a celebrar el juicio se informa a la víctima otra vez de todos estos derechos que tiene? No, estoy seguro. ¿Cuándo dicta sentencia y pasa ejecución, le informas otra vez [a la víctima] de todos los derechos? Yo creo que no, estoy seguro. Y desde luego, fase penitenciaria... No tiene sentido, es

decir, teóricamente se le daría cuando ingresa y tantas veces como cambie de juzgado de vigilancia. Dudo que se esté cumpliendo, aunque esa es mi opinión» (Florencio de Marcos).

«A las víctimas no se les hace un seguimiento de la información para tenerla actualizada y saber dónde está, dónde vive, cuál es su correo electrónico. Nosotros tenemos un sistema de volcado de datos, TEMIS, donde deberían aparecer todos los datos actualizados de la víctima o si directamente desea ser notificada o no. La cuestión es que a esa plataforma no puede acceder la OAVD. Al final, la tecnología y la propia cobertura legal también contribuyen a que esa información a la víctima no llegue, aunque la ley lo ponga muy fácil al disponer que se debe tener alguna forma de contacto con la víctima. Claro, en los casos donde la víctima cambia de correo electrónico y no da los datos, es ella la que se colocaría en una situación de no querer saber, pero cuando la víctima ha facilitado un correo electrónico, me parece que es de una sencillez extrema enviarle una notificación y que no se cumple por desajustes entre las administraciones» (Carmen Guil).

Así las cosas, la magistrada manifiesta la intensificación de esta problemática de actualización de la información cuando son dos los órganos jurisdiccionales sobre los que se sustancia la causa penal, a saber, instrucción y enjuiciamiento:

«No hablemos de los jueces de instrucción porque si estos problemas [de actualización de información] los tenemos en los órganos de enjuiciamiento, que se lleva por el mismo órgano, imagínate cuando estamos ante un proceso que se ha llevado a cabo entre el juzgado instrucción y enjuiciamiento, que siempre son dos distintos. No se han hecho bien las cosas en instrucción porque al final la única garantía es para aquella víctima que está personada. Entonces ahí hay un déficit por parte del Ministerio Fiscal que viene obligado por su Estatuto orgánico, un déficit de los LAJs y un déficit imputable a todos los demás, porque la ley nos obliga a todos o debiera obligarnos a todos. Por eso yo soy muy crítica».

En suma, esta falta de comunicación entre juzgados se proyecta en la gestión de las oficinas de atención a víctimas, que carecen de los datos adecuados, tanto en lo que respecta a los datos personales propiamente dichos como a las resoluciones objeto de comunicación.

> «Sí que se han hecho adelantos, ahora hay más comunicación que antes, pero al ser punto de coordinación las oficinas tendríamos que recibir todas las resoluciones, o al menos los autos que acuerdan una orden de protección o que la dejan sin efecto o cualquier otra medida que afecte la seguridad de la víctima. Y eso no ocurre siempre.
>
> Esta relación no es fluida porque la información que se nos facilita muchas veces no es concreta o faltan datos de contacto» (PBR).

Así las cosas, PBR ilustra en su intervención uno de los principales retos a los que se enfrenta el Estatuto en la garantía de estas prerrogativas:

> «Yo creo que la comunicación entre juzgados y oficinas es el punto de partida para que funcione el Estatuto, porque por mucho que tenga ese derecho a ser atendida por la oficina, pero no se nos indica que existe este caso, evidentemente no vamos a contactar con esta víctima. Es indispensable que haya una buena comunicación para que todo empiece a fluir» (PBR).

En este punto conviene remarcar algunas críticas vertidas en aquellos casos en que la notificación a la víctima de las cuestiones contempladas en el art. 7 se produce. Así las cosas, Carmen Guil subraya el potencial revictimizador que albergan aquellas notificaciones cuyo contenido no ha sido correctamente explicado, abundándose de este modo en el sentimiento de indefensión de la víctima:

> «Esa notificación tampoco se hace adecuadamente en los casos que se lleva a término, porque enviar una resolución así, "a la bravas" diciéndole que la persona que cometió el delito va a salir de prisión puede producir unos efectos victimizadores bastante más graves que los que trata de evitar el derecho de información. Desde mi punto de vista, creo que continuamos haciendo exactamente igual y reivindico que el cumplimiento de la ley siempre es cosa nuestra, aunque estoy en franca minoría» (Carmen Guil).

Adicionalmente, la magistrada incide sobre la necesidad de mejorar el lenguaje empleado en las sentencias y el carácter «personal» de la notificación a la víctima, ya que, recordemos, para ser comunicada no necesita encontrarse personada en el proceso:

> «Las sentencias en muchas ocasiones tampoco se notifican a la víctima, salvo que esté personada. Para tratar de remediar eso, yo, por ejemplo, en los esquemas que utilizo para elaborar las sentencias uno de los aspectos que permanecen fijos es "notifíquese a la víctima". Además, es una notificación personal con independencia de que esté personada, porque parece que si está personada se lo notificamos al abogado y es suficiente, pero no es así [...]. Otro de los aspectos a mejorar es el lenguaje que utilizamos en la sentencia. En la mayor parte de casos, la víctima no entiende absolutamente nada. Lo mismo sucede en relación con la prisión o la puesta en libertad».

Por su parte, y ahondando en la vertiente material del artículo, el miembro técnico de la Oficina de Atención a Víctimas del ámbito catalán subraya las concomitancias que este precepto alberga respecto al contenido de la LECrim. En consecuencia, el hecho de que no se produzcan diferencias significativas entre sendos cuerpos normativos, dificulta conocer las implicaciones de la introducción de este artículo en el Estatuto.

> «Aunque la LECrim establece que tendrá derecho de acceso a la causa quien tenga un interés legítimo, no hace falta poner dos artículos en el Estatuto para dejarlo igual que con la LECrim y si lo que quiere es dar algo más porque es víctima y no solo perjudicado, habrá que especificar qué es lo que se está dando de más, que no aparece» (PBR).

Asimismo, estimamos conveniente cerrar este análisis de la vertiente práctica del derecho a la información de los artículos 5 y 7 del Estatuto con la visión de las víctimas y su experiencia respecto a este precepto.

En este sentido, Rosa Trinidad incide sobre el desconocimiento de las víctimas en término de ejercicio de sus derechos y que, por consiguiente, deben ser debidamente informadas. En este sentido, ilustra de forma clara los desafíos del Estatuto respecto a las garantías del derecho a la información para con las víctimas:

> «La gente quiere saber, pero en la mayor parte de las ocasiones desconocen a dónde tienen que dirigirse para solicitar información. Yo, de hecho, me enteré de casualidad, cuando mantuve una reunión con una persona que trabajaba en las Oficinas de Asistencia a Víctimas y me dijo que eran ellos quienes suministraban esa información sobre el Estatuto. De hecho, ahora puedo procurar a las víctimas información más certera sobre ello, ya que hasta ese momento recorrían los juzgados de forma infructuosa porque no podían conseguir información y al menos ahora sabemos dónde tienen que dirigirse. [...]
>
> Aunque se han producido avances en la garantía del derecho a la información de las víctimas, no ha llegado a constituirse como un derecho plenamente accesible, y, cuando efectivamente se ejercita, muchas veces llega tarde» (Rosa Trinidad).

### *2.3. La participación de la víctima en la ejecución desde la praxis, ¿Existe una aplicación real del artículo 13?*

#### a) Consideraciones sobre el Preámbulo de la norma relativo al mantenimiento del ius puniendi estatal: ¿argumento falaz?

El análisis del artículo 13 constituye la piedra angular del estudio dado que su inclusión en el Estatuto trascendió el derecho de mínimos establecido por la Directiva del año 2012. Así las cosas, este precepto pivota sobre la participación de la víctima en la ejecución penitenciaria, prerrogativa inédita hasta el momento en el ordenamiento jurídico español. Debido al punto de inflexión que marca este artículo respecto a la regulación anterior, el legislador justifica su introducción en el Preámbulo de la norma en su apartado VI, en el cual dispone en términos generales que esta participación no conllevará la pérdida del monopolio estatal en la ejecución. Asimismo, tampoco se verá vulnerado el principio de legalidad en la medida en que la decisión última corresponderá a la autoridad judicial, no comprometiéndose, por tanto, la reinserción de la persona privada de libertad. Esta cuestión constituye una primera aproximación al precepto objeto de análisis, por lo que se ha solicitado a las personas entrevistadas su valoración al respecto.

Así las cosas, debido a su carácter inherentemente jurídico, se ha formulado esta cuestión específicamente a los miembros de la judicatura, aunque también la técnica de la oficina de asistencia a víctimas en Cataluña se ha pronunciado sobre este punto.

La postura del juez de vigilancia penitenciaria y respecto a esta justificación es plenamente opuesta. Estas argumentaciones se califican de «pomposas» y «falaces» al marcar unos supuestos límites que ya existían con anterioridad. Sin embargo, PBR se desmarca parcialmente de las tesis defendidas por la judicatura al defender que esta parte del Preámbulo constituye un reconocimiento, si bien formal, a la víctima de un estatus superior, que trasciende de una labor testimonial:

> «En este caso, se le ha querido dar a la víctima un protagonismo mayor, determinando que es importante escuchar a esta persona quien, aun no constituyéndose como parte procesal, sigue siendo el sujeto pasivo del delito».

Por su parte, Florencio de Marcos resulta especialmente incisivo al determinar que, efectivamente, el monopolio continúa perteneciendo al Estado porque la decisión de la víctima en última instancia se encuentra determinada por los jueces ya que forma parte de la ejecución y este trámite, por definición, es de naturaleza pública. En consecuencia, afirmar que el monopolio de la ejecución es Estatal es redundante.

> «[...] Es que el monopolio siempre lo va a ser [del Estado], porque siempre la ejecución es judicial, pero la ejecución es monopolio también del Estado bajo ese criterio [implicación de

> la víctima controlada por la decisión judicial]. Porque ¿quién ejecuta? El juzgado, que es autoridad pública. Que esa petición de las partes que sea con control no es relevante porque si no hay una resolución, no se ejecuta nada, salvo en el orden administrativo ya que en esos casos la administración es quien se ejecuta a sí misma».

En esta misma línea se posiciona Carmen Guil, evidenciando la vulneración constitucional que supondría no reconocer el monopolio del Estado en la ejecución:

> «No puedes permitir el derecho a la víctima a incidir en estas cuestiones [ejecución penitenciaria], y defender que el Estado continúa con el monopolio del castigo. Faltaría más. Es la consecuencia lógica porque, de lo contrario, se estaría vulnerando directamente la Constitución».

Así, PBR mantiene una postura similar, poniendo el acento sobre la falta de vinculación del parecer de la víctima en la labor jurisdiccional, en este caso, de ejecución.

> «[...] En ningún momento el parecer de la víctima es vinculante [...]. En ningún momento creo que eche por tierra el monopolio que sigue teniendo el Estado en la ejecución de las condenas, porque desconozco las veces que se ha fallado siguiendo el parecer de la víctima, pero yo creo que en muy pocas ocasiones. A fin de cuentas, el Tribunal es profesional y sabe cuándo a esta persona se le tiene que conceder esto o no y qué beneficios a nivel de integración social va a suponer y, por lo tanto, el hecho de que tengas una víctima diciendo "no quiero que se lo des" es prácticamente imposible que esto te decante en tu en tu decisión profesional y objetiva».

Asimismo, De Marcos subraya una cuestión relevante en el Preámbulo que determina, en última instancia, el sentido y orientación del artículo 13:

> «se está dando la intervención a la víctima en una cuestión de derecho público como es la ejecución, por lo que estaríamos reconociendo un interés privado en una cuestión en la cual, en principio, el interés es exclusivamente público».

En consecuencia, estaríamos asistiendo ante una «privatización de la ejecución», donde los intereses de la víctima podrían colisionar con las finalidades de reeducación y reinserción contempladas en el art. 25.2 CE. El juez lo ilustra del siguiente modo:

> «Esta premisa, además, es contradictoria con las finalidades de la pena, porque si sus objetivos se orientan fundamentalmente a la reeducación y reinserción como se plasma en el artículo 25 CE, en la medida en que ahora estoy dando intervención a la víctima, ¿Quién va a creerse que la víctima va a jugar con el principio de reinserción? La víctima, lógicamente, va a defender sus intereses, que desde luego la reeducación y la reinserción... Pues no creo yo que esté en esa línea, al menos prima facie. [...] Lo normal es que vaya a ser el principio retributivo, lógico. En ese caso, entonces, desde ese punto de vista, me parece que es un poco privatizar la ejecución» (Florencio de Marcos).

Asimismo, de Marcos subraya la eventual banalización que podría producirse respecto a esta intervención, reduciéndose a un mero método de presión para garantizar el pago de las responsabilidades civiles, retrasando, adicionalmente, la ejecución del resto de trámites:

> «[...] En estas cosas juegan finalidades extrañas a veces... Es utilizar el instrumento [...] en un delito de "menor entidad" respecto al asesinato, como pudieran ser unas lesiones o similares en que si la víctima interviene puede ser tomado como una vía más simple para cobrar las responsabilidades civiles. Porque es así. De hecho, yo he tenido otro [...] [donde] las alegaciones de la víctima se basaban en que la persona condenada no pagaba porque había realizado un alzamiento de bienes, pero no me presentaron ni una prueba, por lo que no pude valorar el 72.5 CP, que es el de la voluntad de pago como uno de los motivos para denegar la libertad condicional. Como digo, esta intervención puede servirte para intentar presionar y que te paguen, jugando un poco con unos principios ajenos a lo que es el ámbito de derecho penal. Ese es el riesgo. Y también retrasa, claro».

Como colofón, estimamos conveniente cerrar este primer epígrafe de consideraciones preliminares sobre el artículo 13 del Estatuto con las apreciaciones que realiza tanto la magistrada como la técnica de la oficina de asistencia a víctimas en Cataluña respecto a las connotaciones ideológicas y finalidades subyacentes tras este precepto:

> «[...] En realidad existe un claro sesgo ideológico en este aspecto, es decir, favorecer a determinadas víctimas que quieren incidir en esta fase y que a partir de la introducción del artículo 13 pueden hacerlo». (Carmen Guil)
>
> «El legislador quiso aparentar que daba voz a las víctimas, pero en realidad ha hecho tan complejo el ejercitarlo que carece de sentido y además no presenta ninguna vinculación con la regulación aprobada hasta el momento» (PBR).

Esta última intervención se encuentra estrechamente relacionada con las vicisitudes relativas a la formulación y aplicación del precepto, cuestiones que serán abordadas en el siguiente epígrafe.

### b) Consideraciones formales y materiales sobre el articulo: su aplicabilidad real

El análisis de las vertientes formal y material de este artículo resulta verdaderamente interesante por la diversidad de argumentos brindados por los participantes en el estudio, donde la praxis constituye el telón de fondo de las diferentes perspectivas abordadas. Así las cosas, resultó especialmente significativo el empleo de la misma fórmula por los miembros de la judicatura cuando analizaron este artículo, que fue afirmar que el legislador «se pasó de frenada» con la introducción de este artículo en la LEVID.

Esta tesis, cuya comprobación resulta relativamente sencilla tras la lectura de las entrevistas facilitadas en los anexos de la obra, enmarca la postura sostenida en términos generales por los profesionales vinculados a la ejecución del Estatuto. Así, sus intervenciones al respecto se encontrarán mostradas a continuación, constituyendo el objeto de estudio en las líneas que siguen.

Así, este artículo es calificado por varios participantes en términos generales como «error» o como «derecho formal, de apariencia». Con carácter preliminar al abordaje del artículo y en aras de facilitar la comprensión, dividiremos el análisis en las dos dimensiones que conforman el artículo 13, a saber, de un lado, la participación directa y, en segundo lugar, la indirecta.

*b.1) Análisis de la participación directa*

La intervención directa de la víctima se encuentra regulada en el apartado 1 del precepto. Así el legislador, en virtud del artículo 13, faculta a las víctimas a recurrir las resoluciones cuyo contenido abordaremos a continuación «conforme a la Ley de Enjuiciamiento Criminal, aunque no se hubieran mostrado como parte en la causa». Esta fórmula, tal y como revela PBR, puede plantear problemas desde la perspectiva del principio de legalidad:

> «La LECrim parte de la base de que, acorde a este principio de legalidad, se debe detallar perfectamente quién puede intervenir y en qué momento del proceso puede hacerlo. Para intervenir en un proceso tienes que ser una parte procesal, pero de repente el Estatuto determina que esta persona llamada víctima puede participar. Considerando esto, ¿la participación en los procesos no era de las partes? Aquí sí que veo que hay un grave problema de concepto».

Por consiguiente, la técnica determina que la aplicación de este artículo genera una doble problemática: la obligatoriedad o no de constituirse en parte y la existencia de posibles contradicciones respecto a la LECrim.

«La perversión de este artículo viene en la fórmula "aunque no se hubieran mostrado parte en la causa". Claro. Estamos regulando un estatuto de víctima, no es necesario que hagan este apunte porque estamos considerando sujetos que no se han personado en la causa, si no, estaríamos refiriéndonos a acusación particular y para eso ya tenemos la LECrim. Además, añade la frase de "podrán recurrirlas de acuerdo a lo dispuesto en la Ley de Enjuiciamiento Criminal". Para empezar, esto implica un recurso de apelación y que, por tanto, se haga con abogado y procurador, que no le estás exigiendo en el artículo 13. Para continuar, es evidente que no es necesario que se hayan presentado como parte en la causa, porque son víctimas y no acusación particular, pero ahora les están obligando a personarse porque si no, no se puede hacer de conformidad a la LECrim y se le obligas a personarse y entra en contradicción con la LECrim que prohíbe personarse antes de las medidas definitivas.

A fin de cuentas, este artículo [13] viene a decirle a la víctima "tú a partir de este momento puedes constituirte en parte" pero en realidad ya tenemos un artículo en la LECrim que nos indicaba hasta qué momento procesal nos podemos constituir en parte, y no es precisamente en fase de ejecución, es antes del juicio, concretamente hasta la apertura del juicio oral, momento de calificación provisional. Por lo tanto, el Estatuto entraría en una contradicción tremenda con la LECrim cuando esta primera señala en el artículo 13 que podrán recurrir respecto a lo que dispone en la LECrim, vemos que no es tal. Por tanto, los obstáculos que te encuentras serían más de procedimiento que de contenido» (PBR).

Por consiguiente, se generan dudas en la ejecución del precepto dado que nuestro sistema procesal permitía a la víctima con anterioridad al Estatuto intervenir en el proceso si se había constituido como parte hasta la calificación provisional, que ahora entiende ampliado a la fase definitiva por la reforma del art. 110 LECrim operada por la LEVID:

«Yo hice la interpretación de que si esto venía a mejorar la situación que tiene cualquier ciudadano significa que te está dando más. Si antes lo teníamos hasta la conclusión provisional significa que ahora necesariamente tiene que ser hasta la conclusión

> definitiva, porque si no, no tiene sentido y hay jurisprudencia en este sentido del Tribunal Supremo, yo la he alegado» (PBR).

Así las cosas, PBR subraya el protagonismo que se le brinda a la víctima en este artículo, enmarcado en la fase ejecutiva, mientras que, en la fase declarativa, la cual goza de mayor relevancia para la víctima en términos de intervención, su participación es inexistente. Para ilustrar esta tesis, hace referencia a la institución de la conformidad y sus implicaciones:

> «En la conformidad, realmente, no se tiene en cuenta a la víctima porque la LECrim nos habla en todo momento de la acusación particular. Por tanto, la víctima no está constituida como parte [...]. Es cierto que hay muchos fiscales que por razones éticas o de empatía sí que llaman a la víctima o al menos a nosotros de que van a alcanzar una conformidad y que no será necesario, por tanto, contar con su declaración. Esto debemos recordar que pertenece a la fase declarativa y que, aunque me parece muy positivo que los profesionales cuenten con un elevado grado de empatía, no están obligados a hacerlo.
>
> Y ahora, en un momento de fase ejecutiva como es el que hace referencia el artículo 13, sí que se ve necesario escuchar a la víctima. Quizá hubiera sido más necesario escucharla antes de tomar la decisión de que se le condenaba o no».

Del mismo modo, esta dimensión material entronca con algunos déficits detectados en la vertiente formal del precepto, algunos de los cuales son señalados por De Marcos:

> «En términos formales, qué decir... No se puede hacer un artículo en el que se refiere a una ley derogada. Además, las remisiones están equivocadas todas, no se entiende nada y no se puede consentir. La ley tiene que ser algo, pero esta y todas, que cualquier persona que sepa leer y escribir pueda entender lo que significa. No valen las excusas, tendrían que haber actualizado la redacción. Primer problema formal. Luego, cuando hablamos de los periodos de seguridad también se hace referencia a supuestos imposibles».

Como vemos, esta intervención refuerza los argumentos expuestos por la doctrina en la revisión del precepto relativos a la dificultad que muestra su redacción debido a sus múltiples alusiones tanto internas como externas al Estatuto. En este sentido, cabe destacar la relación de delitos contemplada en la letra a) del apartado 1, que será abordada con posterioridad. Esta enumeración, pese a su ubicación sistemática, resulta aplicable al numeral completo, por lo que su inclusión en una letra concreta resulta confusa. En lo que respecta a la mención de la ley derogada, el juez hace referencia al art. 78.3 CP el cual fue eliminado en por la reforma del Código Penal del año 2015, modificación que no se traspasó a la LEVID[201]. Por su parte, la mención a los «supuestos imposibles» en la imposición del periodo de seguridad se refiere al hecho de que para alguno de los delitos contemplados en el artículo 13 este periodo de seguridad no puede resultar exonerable en ningún caso.

Una vez planteado los conflictos que plantea la praxis del precepto en términos de participación directa, nos detendremos en las distintas vías en las que esta se materializa. En este sentido, se permite el recurso ante tres supuestos diferentes, a saber, el levantamiento del periodo se seguridad del art. 36.2CP con la posible progresión a tercer grado; en segundo lugar, el cómputo de los permisos, progresión de grado, libertad condicional o beneficios penitenciarios sobre el límite de las condenas y no sobre el total de las penas impuestas; y, por último, sobre la concesión de la libertad condicional.

201 Este precepto hacía referencia a que el cómputo de los plazos para la concesión de beneficios penitenciarios, permisos de salida o la libertad condicional solo podía circunscribirse al límite de cumplimiento de la condena y no a la suma de penas impuestas. No obstante, el análisis de la dimensión formal del artículo 13 LEVID se aborda en las páginas 163 y siguientes.

En primer término, analizaremos las vicisitudes del artículo 13.1. a), relativas al levantamiento del periodo de seguridad *ex* art. 36.2 CP. Tal y como indicamos *supra*, en esta letra se dispone una relación de delitos que permite a las víctimas de estos ilícitos ejercitar los derechos que brinda el apartado en su integridad. Por este motivo, consideramos necesario exponer algunas de las intervenciones de los participantes en el estudio con relación a este punto.

Por un lado, De Marcos pone el acento sobre las dificultades interpretativas que plantea la indefinición de las categorías generales contenidas en esta relación de delitos, especialmente en lo que respecta al homicidio. Así, también subraya la condición de ley especial del Estatuto, aspecto que limita, por tanto, su exégesis:

> «También quiero remarcar la relación de los delitos, sobre todo el primero de ellos, cuando se hace referencia a los "delitos de homicidio", ¿Y el asesinato? Mira, yo tuve un caso de esos y me tocó hacer una interpretación pues eso, de aquella manera. Más teniendo en cuenta que el Estatuto de la víctima es una ley excepcional y que, por tanto, no se puede hacer extensiva».

Por su parte, Carmen Guil abunda sobre la enumeración de los delitos contemplados en el precepto, cuya inclusión no ha obedecido, al menos apriorísticamente, a criterios de gravedad:

> «Para empezar, viendo los delitos que se contienen en el artículo 13 creo que desde luego no son los delitos más graves. Podríamos estar de acuerdo en un delito de homicidio o de aborto, pero, por ejemplo, el de lesiones tiene un tipo básico, agravado e incluso privilegiado y no hace distinción entre ellos. [...] Lo mismo sucede con los delitos contra la libertad y ya no hablemos contra la libertad sexual, que pueden ir desde un tocamiento hasta la violación múltiple, por ejemplo. Claro, tú no puedes tratar estos delitos como una única categoría de delitos "muy graves". Es cierto que podríamos convenir quizá en delitos de terrorismo —aunque también hay muchos y diversos delitos— o la trata de seres humanos.

> Lo que yo propondría sería definir más las tipologías delictivas que entran en esta categoría, porque es cierto que hay delitos como el robo con fuerza que no se encuentra incluido. O ya no hablemos de la seguridad vial con el riesgo que provocan».

Por consiguiente, resulta posible inferir de las intervenciones expuestas las decisiones político–criminales subyacentes tras la elaboración de este precepto, siendo una de las principales la relación de las víctimas contenidas en el mismo, aspecto que determina en última instancia la aplicabilidad del artículo. Así las cosas, hemos considerado oportuno traer a este punto la respuesta que Rosa Trinidad aporta respecto a los motivos que han podido conducir a la falta de inclusión de su colectivo en la redacción del precepto:

> «Yo creo que se debe principalmente a la confluencia de tres motivos. En primer lugar, la creencia generalizada de los legisladores y operadores jurídicos de que las muertes en la carretera suponen el precio que se debe pagar por el progreso. A fin de cuentas, estos planteamientos se encuentran ampliamente aceptados y asumidos socialmente y estos profesionales no dejan de proyectar estas tesis en sus esferas de actuación.
>
> Un segundo factor sería que no luchamos lo suficiente porque hay muy pocas personas que alcen la voz. Cuando suceden estas tragedias, es algo que produce tanto dolor que no tienes fuerzas para enfrentarte a esto, a lo que debe sumarse en muchas ocasiones la falta de capacidad, recursos o conocimientos para hacer nada.
>
> En tercer lugar, y aunque lo he comentado antes, creo que puede influir el hecho de que haya una compensación económica por la vía civil. A veces se cree que como te han pagado una cantidad determinada por la vida o los daños causados a tu ser querido, ya no puedes decir nada. Y no es así.
>
> Al final la conjunción de todos estos factores son los que hacen que no se nos tenga en cuenta».

Así las cosas, en lo que respecta a las implicaciones derivadas de la concesión del recurso ante posibles autos de levantamiento del periodo de seguridad emitidos por el juez de vigilancia penitenciaria, Carmen Guil destaca la naturaleza punitivista de esta disposición al orientarla únicamente hacia la progresión al tercer grado:

> «[Este artículo] parte de otra premisa que para mí es punitivista cien por cien, que es permitir ese derecho cuando es una posible clasificación de tercer grado antes de la mitad de la condena. Por lo tanto, la víctima no tendría nada que decir si se cumple la pena de prisión en primer o segundo grado. ¿Cómo se le ocurre al legislador que puede haber otro modo de cumplimiento más beneficioso para la víctima? Entonces, ¿también estamos prescindiendo de lo que dice la Ley General Penitenciaria? A fin de cuentas, lo que dispone la LOGP —que, desde luego se hizo en un momento mucho más progresista que el actual— es que la clasificación se corresponde con la necesidad de intervención con aquella persona se corresponde con las circunstancias y la evolución que la persona ha hecho en varios aspectos: el laboral, la red familiar y social... En definitiva, existen una serie de datos que se le brindan a la administración penitenciaria para motivar una clasificación en primero, segundo o tercer grado. En cambio, el legislador estima que las víctimas no tienen nada que decir en el primer grado y en el tercero sí. Pero ¿por qué? A fin de cuentas, si se trata de una clasificación en primer grado, la víctima es muy probable que esté de acuerdo, pero en cambio, el tercero antes de la mitad de la condena seguro que no».

En consecuencia, tras esta formulación del precepto subyacen dos aspectos estrechamente relacionados: la confusión del cumplimiento íntegro con el cumplimiento efectivo de las penas y la asimilación del paradigma vindicativo como única postura que puede ser adoptada por las víctimas con carácter general:

> «Se mantiene esta visión punitivista de que el cumplimiento de la pena tiene que ser desde el primer día hasta el último [...] el legislador está presumiendo que la víctima desea que el ofensor cumpla desde el primero hasta el último día. [...] Sin embargo, no deja de ser una manipulación absoluta de los deseos de las víctimas, lo que se hace más grave si además contamos con que se está extendiendo entre la población como si fuera una verdad no discutida. Cuando trabajas con víctimas y

> te enfocas en sus intereses y necesidades, la inmensa mayoría de ellas no contestan que su victimario "se pudra en prisión". Quizá puede darse en algún momento del proceso victimizador, pero desde luego no de forma permanente ni generalizada» (Carmen Guil).

Así las cosas, en la medida en que este precepto se encuentra estrechamente relacionado con las labores de los juzgados de vigilancia penitenciaria, el juez Florencio de Marcos se ha pronunciado sobre la relevancia que el levantamiento del periodo de seguridad ex art. 13.1 a) presenta en términos de praxis judicial:

> «Yo llevo 26 años de juez de vigilancia [penitenciaria]. Y he tenido una exoneración de periodos de seguridad. Ya te dice lo numéricamente importante que es el asunto, inexistente. Es un tema meramente teórico, porque además tiene que haber sentencias con periodo de seguridad, lo que no suele ser habitual en la praxis judicial. Ya solo es exonerable en los periodos potestativos, es decir, en estos casos cuando la impone el tribunal sentenciador, no en los delitos que llevan implícita. [...]. Hay supuestos en los cuales lo ponga el tribunal sentenciador, creo que no he visto ninguno. Ya digo que es una cosa extrañísima.
>
> Además, aquí hay un problema formal, porque los delitos de terrorismo según el artículo 36 CP no son exonerables. Son supuestos imposibles, al igual que sucede en los delitos sexuales y en los de menores. Por tanto, no puedo conceder la participación en un procedimiento que no va a existir. [...]
>
> Por tanto, lo único que hace es retrasarte las resoluciones».

Como vemos, la imposición del periodo de seguridad, salvo en los casos en los que resulta preceptivo, apenas alberga relevancia en la práctica, por lo que esta facultad, al menos apriorísticamente, quedaría vacía de contenido puesto que las víctimas no pueden participar en procesos que no van a acontecer. No obstante, ante la posibilidad de que la víctima reclame el mantenimiento del periodo de seguridad, hemos preguntado al juez si sería probable dejar esta pretensión sin efecto por la vía del art. 100.2RP[202], precepto en virtud del cual se permite la flexibilización de los regímenes mediante la combinación de características de los diferentes grados.

Florencio de Marcos ha afirmado que esta práctica jurisdiccional se realizaba con asiduidad hasta los autos del Tribunal Supremo del 21 de julio de 2020, relativos al *Procès*. A partir de ese momento se han endurecido los criterios que permitían esta discrecionalidad jurisdiccional, por lo que la combinación entre el segundo y tercer grado no se da en la praxis judicial actual.

> «Actualmente se exige, en primer lugar, que exista un programa que no se puede ejecutar de otra manera, que eso viene en la propia norma, pero ahora se liga este programa a la tipología delictiva, con lo cual... Yo aquí ya no apruebo ninguno. Porque es que no hay, por lo que ha quedado vacío de contenido. En esos términos, teóricamente a lo mejor puede darse un caso, pero es muy difícil. [...]. Por eso el 100.2 es la única manera de darle un cauce legal a esto [vincular la trayectoria delictiva con los programas desarrollados en prisión], flexibilizando los criterios. Pero esto no puede darse entre segundo y tercer grado, que quizá antiguamente habría algún programa, pero ahora ya no».

Por su parte, la letra b) del apartado 1 del artículo 13 hace referencia al segundo recurso que puede interponerse, a saber, ante los autos del JVP por el que se estime que el cómputo de los beneficios penitenciarios, permisos de salida, clasificación en tercer grado o libertad condicional se realizará sobre el límite de cumplimiento de condena y no sobre la suma total de las penas impuestas. En lo que respecta a su dimensión práctica, el juez de Marcos subraya su carácter meramente teórico y

---

202 El posible empleo del art. 100.2RP para dejar sin efectos la posible resolución en sentido positivo de los recursos presentados por la víctima *ex* art. 13 LEVID se aborda en las páginas 173 y siguientes.

de apenas aplicación en la praxis judicial debido a los problemas que genera en la acumulación de condenas:

> «Esto, como pasaba con los periodos de seguridad, es más un caso de teoría que de práctica, pero no por eso deja de dar problemas. Por lo general, la clasificación en tercer grado no tiene plazo salvo en un caso, cuando tiene periodo de seguridad alguna de las penas que metes en el en el cúmulo. Tú metes en el cúmulo una pena que lleva periodo de seguridad en tercer grado, con lo cual llega a plazo. Pero el Tribunal no ha hecho uso de la facultad de fijar en el 78 periodo de seguridad... ¿Seguiría en ese caso vigente el periodo de seguridad? Esto no tiene solución conocida. ¿Y qué pasa si se ha hecho uso y hay penas que si lo tienen y otras que no? También puede ser que la pena resultante tenga un periodo de seguridad más amplio que la que resultante del cúmulo, o sea, es lo típico que hace al precepto ininteligible».

No obstante, abundando en las implicaciones que se generan de esta disposición, planteamos los supuestos de concurso real, donde existen varias víctimas por diferentes delitos y, llegado el caso, la intervención de una de ellas pueda condicionar al resto, que no deseaban participar en la ejecución. El juez de Marcos afirma que, si bien esto no suele darse habitualmente en la praxis judicial, pueden derivarse problemas si efectivamente esta participación unilateral se produce sin contar con el resto de víctimas:

> «Aunque lo que estamos tratando es un caso muy de libro, no es tan raro que en supuestos de homicidio múltiple con cuatro víctimas, por ejemplo, la que haya tenido un resultado más bueno se persone y condicione las acciones de las otras tres que puede ser que hayan muerto. Eso puede suceder y es ahí nuevamente donde te cuestionas la coherencia del sistema».

Así, este primer apartado del artículo 13 se cierra con la letra c) en virtud del cual, para determinados delitos, se permite el recurso por las víctimas ante la concesión de la libertad condicional. Florencio de Marcos señala que, si bien existe más casuística en torno a este precepto al ser empleado por las víctimas con mayor asiduidad, subraya su carácter formal debido al momento de cumplimiento en el que la libertad condicional tiene lugar.

> «A diferencia de los anteriores casos, lo que sí que existen muchas son [recursos a] muchas libertades condicionales, al menos son de las que más he tenido, pero claro, la libertad condicional se concede normalmente a las 3/4 partes o a las 2/3 partes, es decir, periodo final de cumplimiento de la condena. Conclusión. ¿Por qué motivo te puedes oponer en un periodo final de cumplimiento de una condena a la concesión de la libertad condicional? No hay motivo, es muy difícil que prospere. Normalmente, si ya estás en valoración de una libertad condicional, quiere decir que tienes que estar previamente en tercer grado, llevando un tiempo en ese régimen de cumplimiento. Cómo va a ser cuestionable en ese momento la resocialización de una persona que llevará un año o dos en tercer grado. Es más formal que real».

Por consiguiente, la ejecución del precepto se torna inviable en la praxis, lo que adicionalmente se traduce en la negativa de los tribunales ante las pretensiones de las víctimas:

> «[...]En cuanto a si se las ha tenido en consideración [a las víctimas], nunca se les ha hecho caso en los que yo he tenido. Porque yo las que recuerdo, una fue de un supuesto de un 196 RP, es decir, libertad condicional por enfermedad terminal, donde el informe dejaba muy claro que iba a morir. La otra era un tema económico, una descapitalización pero no probaba nada, que me tocó a mí, comprobar que efectivamente, el penado era insolvente. Por eso te digo esa es mi experiencia con ellas, totalmente inútil».

En lo que respecta a las cuestiones procedimentales de este apartado, destacamos, por un lado, el efecto de los recursos como una de las cuestiones cuya relevancia precisa ser analizada. Así, la LEVID dispone en este artículo que la víctima tendrá 5 días para informar de su voluntad de recurrir y 15 días para presentar este recurso; sin embargo, no precisa si suspenderán o no el procedimiento en curso. El juez de Marcos confirma que resulta aplicable la disposición adicional quinta de la LOPJ, en virtud de la cual se dispone que los efectos en materia de clasificación o libertad condicional albergarán efecto suspensivo. Así, esta tesis se encuentra ratificada por la jurisprudencia del Tribunal Supremo, tal y como señala en su intervención:

> «[...] Dos sentencias recientes del Tribunal Supremo, la 965/2022 y 966/2022 dictadas en unificación de doctrina equiparan los efectos de la reforma a la apelación. De este modo, recursos contra la administración provocan efecto suspensivo. Esto hace que, por ejemplo, durante el régimen anterior los terceros grados salían a la calle mientras se resolvía el recurso, pero ahora no pueden hacerlo hasta que el fiscal o las partes informen de que no recurren.
>
> Entonces claro, como juez sabes que ciertas resoluciones no van a llegar a término, pero aún así tienes que esperar. Se dilata que una persona pueda obtener el tercer grado o salir en libertad condicional».

Por otra parte, la LEVID dispone que «Para el anuncio de la presentación del recurso no será necesaria la asistencia de abogado». Sin embargo, guarda silencio sobre la asistencia letrada y de procurador para la interposición de recurso, aspecto que es calificado por la magistrada Carmen Guil como un fallo en la técnica legislativa:

> «Se le da un plazo a la víctima de 15 días siguientes a la notificación para interponer el recurso, y lo lógico es que se presente con abogado y procurador para poder recurrir. Esto es así porque de lo contrario estaríamos obviando la estructura del proceso, que se caracteriza porque solo pueden recurrir los técnicos, es decir, el abogado y procurador a los que me refería antes, puesto que la víctima solo tiene una "voz personal", digamos.
>
> Que a fin de cuentas el Estatuto no indique expresamente la necesidad de abogado refleja nuevamente la deficiente técnica legislativa de la norma. En resumen, sí que necesita un abogado, al menos para interponer el recurso, no para anunciar, pero sí para presentarlo. Eso mismo necesita para interesar que se le pongan determinadas condiciones al que sale en libertad condicional».

### *b.2) Abordaje de las implicaciones de la participación indirecta*

Esta última afirmación entronca con la participación indirecta regulada en el artículo 2 de este artículo 13, en virtud de la cual se establece que la víctima podrá interesar al juez que este imponga determinadas reglas de conducta a la persona liberada condicionalmente cuando pueda derivarse una situación de peligro y, además, facilitar determinada información que resulte relevante para la imposición de la condena.

La intervención del juez de Marcos clarifica la futilidad de esta prerrogativa al remarcar que la libertad condicional se concede bajo una serie de criterios y que, si existe una situación de inseguridad para la víctima, la libertad condicional no va a llegar a término:

> «[...]Normalmente [estos trámites] no sirven de mucho porque la libertad condicional implica un tercer grado previo, por tanto, siendo objetivo, si supone un peligro para tu seguridad, no la voy a conceder [...]».

Así las cosas, Carmen Guil subraya nuevamente la indefinición de esta facultad en cuestiones procesales, dado que no se determina si resulta necesario realizar estos trámites de información con asistencia letrada. Adicionalmente, apunta las posibles contradicciones que este apartado presenta respecto a la Ley Orgánica General Penitenciaria en términos de ejecución:

> «Al final, toda la estructura del artículo choca, yo creo, con varias cosas, no solamente la línea de ejecución de penas, sino con su propia regulación, porque a todo esto no hemos cambiado la Ley Orgánica General Penitenciaria ni el Reglamento Penitenciario. Este artículo 13 se introdujo, si no recuerdo mal, sin cambios en la Ley General penitenciaria donde se establecía qué se puede recurrir y quién es competente para hacerlo, y hasta ese momento era el Ministerio Fiscal o el letrado del penado. Así que o cambiamos la LOGP o tenemos dos leyes que son contradictorias, ya que le están dando a la víctima una representación de la que carecía hasta entonces. Es cierto que esto suele darse en algunas normas, pero esto es uno de los casos clamorosos».

En este sentido, PBR ilustra esta problemática relativa a la asistencia letrada al afirmar que, cuando intentaron tramitar este recurso, el Colegio de Abogados informó a la Oficina de que no podían facilitarles abogados de oficio para el trámite de ejecución:

> «Nos ofrecimos para mediar en las designas con el Colegio de Abogados porque pensábamos que no nos iban a admitir el recurso por un defecto de forma por no tener abogado y procurador. Pero nuestra sorpresa vino cuando el Colegio de Abogados nos informó de que en la ejecución no se designa abogado».

Asimismo, De Marcos duda sobre la procedencia de introducir esta prerrogativa ya que estos datos se podrían haber facilitado a la persona letrada con anterioridad, sin necesidad, por tanto, de facultar la intervención de la víctima en este punto:

> «Igualmente, es una información que podía suministrar al abogado antes de que se recogiese ese derecho, con lo cual regularlo a estas alturas no tiene mucho sentido».

Así las cosas, sendos profesionales de la judicatura coinciden en considerar que la intervención de la víctima en este punto obedece a cuestiones de prueba de la condición económica del penado por ocultación de bienes o cuestiones similares de las que el juzgado no tendría conocimiento.

Sin embargo, Guil y de Marcos aseguran que la participación indirecta de la víctima apenas se da en la praxis judicial:

> «En cuanto a si esto tiene aplicación, es aún más raro que se dé este que el anterior [recurso ante el levantamiento del periodo de seguridad]. De hecho, cuando nos ha pasado en la sección, algunos compañeros se han extrañado de que la víctima viniera a dar este tipo de información y les he recordado que tenía derecho. Ellos suelen preguntar que por qué no vienen con abogado y la respuesta es la misma, que el estatuto legitima a las víctimas a facilitar información» (Carmen Guil).

> «Sin embargo, esto únicamente funciona en sitios pequeños, donde la víctima puede conocer la realidad del acusado, pero en sitios grandes lo veo difícil, la verdad» (Florencio de Marcos).

Así, De Marcos subraya la asimilación que se produce de la víctima como un elemento probatorio, resultando difícil que se produzca el abandono o separación de su condición de víctima al revivir el suceso desde perspectivas distintas:

> «A fin de cuentas, la víctima se encontraría desempeñando funciones de investigación que estarían encomendadas al juzgado de ejecución. Al final, con esto, no hace por progresar y abandonar su condición de víctima, viviendo la experiencia una y otra vez».

Por su parte, este precepto cierra con el apartado 3, el cual dispone que el JVP deberá dar traslado de estas resoluciones con el objetivo de que las víctimas puedan presentar los recursos pertinentes. Sin embargo, debemos reseñar con carácter preliminar al análisis de este precepto el evidente olvido del legislador de la reforma operada por la LOGILS en el Estatuto. En este sentido, mientras que en el 13.3 se requiere que la víctima haya solicitado el trámite de información *ex* art. 5.1.m), este mismo precepto dispone que la víctima deberá recibir tal información sin necesidad de requerirlo previamente.

En relación con este apartado, Carmen Guil incide nuevamente sobre los déficits en el cumplimiento del derecho a la información, lo que determina que este apartado apenas resulte de aplicación. Asimismo, independientemente de estas carencias, la magistrada evidencia la escasa relevancia del artículo 13 en términos cuantitativos:

> «En el tiempo que estuvimos en la sala de vigilancia quizá tuvimos un recurso de una víctima. [...] No tuvimos más, pero he de reconocerte que no recuerdo exactamente el momento exacto en el que sucedió, quizá 2017. [...]. Además, para ello tienes que haber dado traslado a la víctima antes de resolver para que pueda presentar alegaciones, y ya comenté que este derecho de información cuenta con demasiadas lagunas, y este artículo no es una excepción. Igualmente, con independencia de las reservas que tengo sobre la ejecución de este derecho de información, dudo mucho que haya un número elevado de víctimas que estén ejercitando los derechos que aquí se prevén».

Esta última afirmación relativa a la escasa intervención de las víctimas en la ejecución enlaza con la actividad de las oficinas de víctimas con relación al artículo 13.

Por un lado, PBR evidencia la escasa trascendencia de este precepto en términos fácticos debido en parte a la inseguridad sobre las implicaciones de la ejecución del artículo, lo que desincentiva a las víctimas a intervenir en la fase de ejecución penitenciaria:

> «Yo solo llevo dos años en la oficina, pero en dos años solo me han llegado dos casos. [...] En ambos casos querían ir con abogado de turno de oficio, y para una de ellas sí que es cierto que llegué a hacer la consulta, pero en la otra no porque las propias víctimas, viendo todo lo que implicaba ejercitar este artículo, decidieron no hacerlo. A fin de cuentas, tenían que esperar unos días, pero no sabían si durante esa espera le iban a conceder las resoluciones al penado o iba a quedar en suspensión porque tampoco se especifica de forma precisa... Problema de contenido. Al final, las dos dijeron "yo creo que no quiero hacerlo". He de decir que no se lo planteé en estos términos críticos y les daba la posibilidad de que planteásemos un escrito o un parecer, pero al final son ellas las que dicen "es igual, si es que no me van a hacer caso, ¿de qué va a servir que yo diga que no quiero que se lo concedan?" Hasta ellas lo ven».

En el mismo sentido se pronuncia Antonio Perdices, evidenciando que apenas se producen demandas por las víctimas de información o ejecución del artículo 13 en su oficina:

> «En lo que respecta a la actividad de mi oficina, no sé si en otras se hará, no me consta que se ejercite el artículo 13 con carácter habitual. Solo hubo un caso que yo recuerde en el año 2016 [...]».

Así las cosas, Perdices afirma que en todo caso este precepto se articularía como otra vía que se le ofrece a las víctimas para obtener información sobre el penado o la causa, pero no como una intervención real ya que los elevados costes inherentes a la participación desincentivan a la incoación de este tipo de procesos:

> «Puede ser que haya víctimas que utilicen este artículo, pero suele hacerse, como indicaba, como una forma de obtener información, aunque los costes económicos, sociales e institucionales que se derivan como consecuencia de la aplicación de este precepto provoca que apenas sea activado [...]. Por tanto, considerando que lo único que van a obtener del ejercicio de este derecho va a ser la obtención de información, a la gran mayoría de las víctimas no les compensa iniciar este proceso».

En consecuencia, Antonio Perdices pone el acento sobre la conveniencia de explorar otro tipo de intervenciones sobre la víctima que trasciendan de la esfera vindicativa con el objetivo de asistirla de forma adecuada durante su proceso de recuperación tras la vivencia delictiva.

> «Al final, de lo que me he dado cuenta con la escasa aplicación de este artículo es que las víctimas lo que priorizan es la protección, seguridad y tranquilidad, que muchas veces viene dada por el acceso a esta información, del acompañamiento, del saber que hay un recurso de apoyo... [...] Por tanto, se debe incidir en mayor medida sobre la parte preventiva que en aquellas cuestiones meramente vindicativas, ya que con ello no se va a obtener una recuperación efectiva de la víctima. Cuando la víctima siente un apoyo, ya sea bien mediante tratamiento, ya mediante protección, no suele recurrir a otro tipo de recursos como los que brinda el artículo 13».

Como colofón a este análisis del artículo 13, consideramos necesario aludir a las consideraciones de las víctimas sobre la conveniencia y viabilidad de este derecho. Así las cosas, dado que las víctimas de seguridad vial no se encontrarían subsumidas apriorísticamente en este precepto, salvo homicidio o lesiones atendiendo a la relación de delitos expuesta en art. 13.1.a), hemos considerado pertinente preguntar sobre la potencial inclusión de su colectivo en este precepto.

En este sentido, Rosa Trinidad afirma que le gustaría que los delitos contra la seguridad vial se encontrasen contemplados en este artículo. Sin embargo, reconoce que este derecho quedaría desvirtuado si las dificultades en su aplicación lo tornan en una prerrogativa inaccesible para las víctimas:

> «Considero que nuestras víctimas deberían estar incluidas [en el artículo 13] con el objetivo de que aquellas que lo deseen puedan aportar aquella información que consideren oportuna, o, al menos, dar su parecer sobre determinadas cuestiones que le puedan afectar. Ahora bien, no podemos negar que la justicia es lenta y compleja, lo que provoca un gran desgaste emocional en las víctimas, que en muchas ocasiones terminan por tirar la toalla porque no tienen más fuerzas. Por ello, creo que sería positivo contar con este derecho, pero si resulta dificultosa su aplicación y además tampoco existen garantías de que vaya a obtenerse una respuesta positiva... No sé si compensa, la verdad».

### *2.4. La proyección de la justicia restaurativa desde el Estatuto: experiencias y propuestas de mejora*

El segundo de los ejes sobre el que pivota este análisis del Estatuto es el relativo a la reparación contenido en el artículo 15 de la LEVID, relativo a los servicios de justicia restaurativa.

No obstante, al igual que sucedía con el artículo 13, el legislador alude a la institución de la justicia restaurativa en el apartado VI del Preámbulo, en el que el legislador subraya «la desigualdad moral» existente entre víctima e infractor, lo que determina la orientación de la justicia reparadora hacia la víctima. Merece la pena destacar en este punto la interpretación que realizan PBR y Virginia Rodríguez sobre esta cuestión, debido a las consideraciones diametralmente opuestas que esta afirmación presenta para la jurista de la Oficina de atención a víctimas en Cataluña y la Trabajadora de la Asociación de Mediación para la Pacificación de Conflictos —AMPC—, respectivamente.

Por un lado, PBR considera que esta desigualdad moral se debe a la relación de poder que subyace tras la comisión delictiva, en la que el agresor se sobrepone en cierta manera sobre la víctima. Adicionalmente, concibe la justicia restaurativa orientada a la víctima en clave de «suma–cero», ya que los derechos que son reconocidos a las primeras implican una pérdida de libertad para las personas penadas:

> «Yo creo que cuando se refiere a esto, quizás alude a que la persona que ha sido capaz de cometer el delito es la persona que está por encima de ti, como una capacidad de control o asedio, diríamos. Por eso creo que no es desacertado decir que existe una desigualdad moral entre la persona que ha cometido el delito y la que no.
>
> Al final esto no deja de ser una moneda con dos caras y que todo lo que le das a uno se lo estás quitando al otro. Por ejemplo, si le das prerrogativas a la víctima inevitablemente le estás quitando libertad al agresor y viceversa. Por eso no lo considero desacertado» (PBR).

Por el contrario, Virginia Rodríguez ubica esta desigualdad en términos de responsabilidad de la reparación, en la que la persona victimaria tendría un papel preponderante al haber ocasionado el daño:

> «Esta "desigualdad moral" deberíamos interpretarla en términos de responsabilidad que alberga cada parte en cuanto a la reparación. [...] Existe un daño derivado de ese delito y alguien tiene que asumir la responsabilidad de repararlo. Por consiguiente, si nos enfocamos en la reparación sí existiría una desigualdad puesto que le correspondería al victimario, pero el ejercicio de este derecho no responde exclusivamente a las víctimas. La reparación del daño, si queremos que resulte eficaz, debe englobar a todos los sujetos implicados en la justicia restaurativa, aunque desde perspectivas, evidentemente, diferentes».

Así las cosas, debemos destacar que el enfoque victimocéntrico dispuesto en el Estatuto no se está desarrollando actualmente en la ejecución de los servicios de justicia restaurativa ya que el trabajo restaurativo se está llevando a cabo desde los centros penitenciarios. En consecuencia, la iniciativa suele provenir en su mayor parte de los victimarios, tal y como señalan Florencio de Marcos y Virginia Rodríguez:

> «El gran problema es que estamos yendo del victimario a la víctima, cuando debería ser al revés, pero así es más fácil, claro. Como el tema de las víctimas no lo tenemos organizado debido a la ausencia de oficinas de víctimas lo estamos haciendo desde lo que tenemos. De este modo, primero se trabaja con el victimario y una vez que tenemos unos victimarios que pueden servir para el programa de Justicia restaurativa, empezamos a buscar víctimas. Entonces, si encuentro víctimas directas, genial y si no, jugamos con víctima indirecta u otras modalidades de Justicia restaurativa que oye, hay varias. Pero es un sistema un poco raro. Eso es lo que tenemos hoy en día porque no tenemos otra opción» (Florencio de Marcos).

> «[...] La iniciativa de participación debe proceder del interno en primer lugar. [...] Nosotros desarrollamos nuestras acciones desde la petición de los victimarios porque son aquellas de las que tenemos conocimiento. Además, en la ejecución de estos procesos restaurativos entra en juego la interpretación que realicen las Comunidades Autónomas de las competencias que le hayan sido atribuidas en este ámbito. Relacionado con esto, debemos señalar que la ejecución de los procesos restaurativos no es homogénea, puede variar de un centro penitenciario a otro» (Virginia Rodríguez).

Una vez realizadas estas consideraciones preliminares, analizaremos a continuación los aspectos más destacables del artículo 15, labor que nos ocupará durante el resto del epígrafe.

En primer término, la mayoría de las personas técnicas entrevistadas coinciden al subrayar la escasa regulación de la justicia restaurativa en el Estatuto, aspecto que determina en parte su escasa ejecución en el momento actual.

> «La regulación de la justicia restaurativa en el Estatuto no existe como tal, es una breve pincelada, por eso defiendo que debería existir una regulación, aunque abierta, porque la justicia restaurativa no es normativa» (Florencio de Marcos).

> «Valoro positivamente su inclusión [de la justicia restaurativa], porque lo dice la Directiva [de 2012] también, pero por otra, claro, la regulación es muy deficitaria» (Carmen Guil).
>
> «Apenas hay regulación, se quiso recoger en el Estatuto para que conste que existe, pero no tiene una proyección. [...] Diríamos que es el gran desconocido de nuestro sistema judicial» (PBR).

En este sentido, conviene destacar la intervención de Virginia Rodríguez, la cual pivota sobre el avance que este artículo ha producido en términos de dotar de soporte legal a las prácticas que se venían realizando con anterioridad a la vigencia del Estatuto. Asimismo, si bien considera que la regulación de la justicia restaurativa resulta deficitaria, pone de manifiesto el riesgo que existiría de desvirtuar la institución si se formaliza en exceso, ya que la versatilidad se presenta como una de sus principales características:

> «Lo que permite este artículo es dotar de un sustento legal a prácticas que veníamos desarrollando con anterioridad, facilitando nuestra labor. Asimismo, nos ha permitido acercarnos a realidades implementadas en otros países con respecto a las cuales nosotros percibíamos cierta sensación de estancamiento ya que carecíamos de normativa que nos procurase este avance.
>
> No considero que este precepto sea suficiente pero sí hemos de admitir que ha constituido una herramienta poderosa para empezar a implementar la justicia restaurativa en España con unas bases más sólidas. Sin embargo, debemos ser especialmente cautelosos con la regulación que se haga y no caer en el error de intentar formalizarla en exceso, ya que en ese caso la esencia de la justicia restaurativa se perdería».

Por su parte, la configuración del precepto en términos formales influye en la implementación de los procesos restaurativos en virtud del Estatuto. Así, tal y como indica Carmen Guil, si bien la distinción entre mediación y justicia restaurativa se entiende superada, al menos desde un plano teórico, el legislador las equipara al referirse a cuestiones tales como el reconocimiento de hechos o la confidencialidad. En consecuencia, el tenor del artículo 15 se orienta especialmente a aquellos encuentros celebrados antes del juicio y no los desarrollados con carácter posterior, lo que limita notablemente la ejecución del precepto:

> «La exigencia de ese reconocimiento de los hechos esenciales, tal y como se encuentra recogido en la norma, puede dar lugar a una interpretación muy restrictiva de las posibilidades que creo que no responden a la realidad de la justicia restaurativa. Lo que es obligado, evidentemente, es que la víctima haya prestado su consentimiento, igual que en el caso de la persona presuntamente responsable.
>
> A fin de cuentas, creo que la distinción, al menos a día de hoy entre mediación penal y justicia restaurativa está absolutamente superada, aunque tengo mis reservas en cuanto a la situación en 2015 y que refleja el artículo del que hablamos. No todos los procesos restaurativos pasan por un encuentro y por un acuerdo, lo que hace al artículo 15 muy restrictivo y ello ha supuesto un lastre en la mayor parte de lugares donde no hay servicios de Justicia restaurativa. [...].
>
> El artículo 15 no parece que esté refiriéndose a la fase de cumplimiento de la pena, sino a la fase previa. Por tanto, yo creo que está pensando más en clave de mediación que en términos de justicia restaurativa por las alusiones al secreto profesional en relación con los hechos, por poner un ejemplo. Por ello creo que dicho precepto se refiere a los procesos previos al juicio. De ahí la importancia de salvaguardar, por supuesto, la confidencialidad, etcétera, pero eso tiene bastante menos importancia cuando el proceso se inicia en la fase de ejecución de sentencia [...]».

Así las cosas, consideramos necesario abundar sobre la equiparación entre justicia restaurativa y la mediación ya que es un error que se reproduce habitualmente en la praxis, lo que compromete sustancialmente el alcance del precepto. En este sentido, las dos personas entrevistadas pertenecientes a las oficinas de asistencia a víctimas remarcaron la prohibición que existía en la justicia restaurativa para los casos de violencia de género, proscripción que únicamente tiene lugar en los procesos de mediación sobre esta materia. En consecuencia, esta percepción errónea se presenta como un obstáculo de cara a potenciales colaboraciones con profesionales del tercer sector en la ejecución de procesos restaurativos:

> «Uno de los factores que limita notoriamente esta colaboración es, como señalaba previamente, el desconocimiento de la naturaleza y aplicaciones de la justicia restaurativa, que conduce a identificarla exclusivamente con la mediación, o como una alternativa para beneficiar al victimario. Este planteamiento erróneo provoca que se constriñan las posibilidades de realizar otro tipo de prácticas que pueden llegar incluso a ser mucho más restaurativas para todas las personas afectadas por el delito» (Virginia Rodríguez).

Por ello, la intervención de Virginia Rodríguez resulta clarificadora a este respecto al poner el acento sobre la necesidad de valorar la adecuación de los procesos restaurativos partiendo de un enfoque victimocéntrico y no desde la prohibición o restricción para determinadas tipologías delictivas:

> «Hay que recalcar en primer lugar el hecho de que efectivamente, para los casos de violencia de género únicamente se encuentra prohibida la mediación, pero no la justicia restaurativa en su conjunto. Ahora bien, en mi opinión, la realización de un proceso restaurativo no debería depender de una restricción legal o prohibición sino de las necesidades y la realidad que presente esa víctima. A fin de cuentas, si la víctima no denuncia o se archiva un caso, cabe la posibilidad de que esa convivencia se retome, del mismo modo que si el infractor por violencia de género, tras extinguirse su condena, volviese a ese entorno, el encuentro sería cuasi inevitable. Creo que es importante hacer una valoración individualizada de cada caso y poder plantear la intervención más pertinente y segura».

Asimismo, otros de los argumentos que se arguyen respecto al escaso recurso de la justicia restaurativa por los operadores jurídicos, ya en sede judicial, ya en oficinas, obedece a la consideración de estos procesos como revictimizadores, por lo que esta información no es suministrada a la víctima:

«Cabe la posibilidad de que tanto los profesionales o los jueces de los tribunales sentenciadores como de vigilancia penitenciaria desconozcan estos procesos y que, por tanto, tampoco se encuentren preparados para realizar ese contacto, a través del secretario judicial o con el abogado para hacerle llegar esta información a la víctima. Asimismo, si no se encuentran familiarizados con estos procesos, será difícil que puedan realizar una valoración sobre los datos que se le suministran a la víctima. Nosotros no tenemos constancia del seguimiento que se realice de estos contactos, por lo que cuando pasan muchos meses desde la propuesta del encuentro restaurativo y no recibimos respuesta, interpretamos que la víctima no desea realizar ese proceso, aunque tampoco tenemos confirmación de esta negativa.

Asimismo, los fiscales de víctimas o profesionales que se encuentran en las oficinas de víctimas, pueden considerar que estos procesos serían pueden ser más revictimizantes que beneficiosos para las víctimas y que, con el objetivo de protegerlas, se opte por no comunicar estos procesos» (Virginia Rodríguez).

En consecuencia, Virginia Rodríguez remarca que la correcta preparación de los participantes constituye uno de los puntos clave para que estos procesos puedan llegar a término:

«Ahora bien, para realizar estos procesos, resulta fundamental que tanto víctima como victimario se encuentren lo suficientemente preparados para afrontar ese encuentro y sean conscientes de las implicaciones que conlleva. Por este motivo, si apreciamos que existen desajustes insalvables, a pesar de esa preparación previa o prohibiciones expresas, se pueden plantear otras alternativas, como por ejemplo optar por encuentros con víctimas no directas, ya que cabe la posibilidad de que exista una víctima que, si bien no ha sido la del victimario en concreto, haya otra persona víctima que se encuentre preparada y necesite de este encuentro. La ejecución de esta modalidad indirecta también ha resultado tremendamente importante tanto para víctima como para victimario, pero también para el entorno».

Adicionalmente, se pone el foco sobre la diversidad y potencial de los procesos restaurativos, que trascienden del encuentro entre víctima y victimario:

> «Por consiguiente, no debemos enfocarnos exclusivamente en una sola forma de acceder a procesos restaurativos. Puede ser que las demandas provengan de la víctima, victimario o de la comunidad y que desde diferentes perspectivas se comience a construir ese proceso de reparación, adecuado a cada caso.
>
> [...] En los casos en los que la víctima va a dar su testimonio en un grupo de diálogos restaurativos, puede serlo de un delito similar de las personas que se encuentren en el grupo, pero no tiene por qué "compartir delito" con los 10 o 12 internos que formen parte de ese grupo. Ahora bien, si se ha realizado un buen trabajo con los victimarios enfocado en la responsabilización, las diferencias en el delito no tendrían por qué afectar al sentimiento de empatía y reparación hacia la víctima» (Virginia Rodríguez).

En lo que respecta a la ejecución de los procesos restaurativos, tanto las oficinas como asociaciones especializadas ponen el foco sobre la relevancia que alberga el derecho a la información para hacer llegar la existencia de estos mecanismos a las víctimas:

> «Satisfacer el derecho a la información resulta fundamental en términos restaurativos porque una persona informada es libre de elegir aquella opción que le resulte más conveniente tomando en consideración todos aquellos elementos que le permitan tomar una decisión» (Antonio Perdices).
>
> «Para que estos procesos prosperen y puedan desarrollarse en la práctica, resulta fundamental que se suministre información sobre los mismos para que pueda conocerse este recurso y sus implicaciones. En lo que respecta a la demanda de las víctimas, si efectivamente los están solicitando, no nos están llegando estas propuestas» (Virginia Rodríguez).
>
> No obstante, para que estos trámites de información y ejecución puedan llegar a término, se precisa de un buen funcionamiento de las oficinas, lo que no está sucediendo actualmente. En este sentido, las personas participantes en el estudio apuntan que los déficits en materia de recursos logísticos y

humanos que experimentan las oficinas dificultan la intervención adecuada sobre las víctimas, especialmente, en términos restaurativos:

«Es cierto que se debe contar con unos instrumentos para poder llevarla a cabo. En primer lugar, tiene que haber unas oficinas de verdad, no nominales y una vez que en las oficinas exista una auténtica comunicación de información con el órgano sentenciador a través de una base de datos, por ejemplo, ya podría comenzarse con la implementación de la justicia restaurativa. Trabajar con ellas sería lo primero y de ahí ya veríamos qué modelo de justicia restaurativa escogemos. Lo que estamos haciendo actualmente es probar distintas fórmulas. La justicia restaurativa en España es un experimento hoy en día» (Florencio de Marcos).

«En lo que respecta a nuestra oficina, somos bastantes proclives y, de hecho, cuando vemos algún caso, lo proponemos al juzgado, sobre todo casos de violencia, entre vecinos, entre familia, doméstica [...] en definitiva, cosas que se puedan reparar. [...] [Sin embargo], no hay unos equipos y claro, quién va a derivar a la gente si nosotros somos cuatro, muy poco, muy poco» (PBR).

En esta misma línea se pronuncian los trabajadores del tercer sector al abogar por la profesionalización de la justicia restaurativa, objetivo que pasaría por una mayor coordinación entre oficinas y asociaciones especializadas en justicia restaurativa. Adicionalmente, se subraya la necesidad de contar con partidas presupuestarias mayores de cara a asegurar la correcta ejecución de estos servicios.

«A esta manera de proceder [falta de información a las víctimas] se suma también la saturación que experimentan las oficinas y la falta de recursos. Así, esta problemática podría solventarse, en aquellas oficinas en las cuales no existen profesionales preparados para la ejecución de los servicios de justicia restaurativa, a través del contacto y coordinación con los profesionales dedicados a la justicia restaurativa. Pero la escasez de recursos humanos es un obstáculo para materializar estas iniciativas. [...] Somos conscientes de la necesidad de profesionalización que requiere la asistencia a víctimas: la implantación de la justicia restaurativa no puede llevarse a

> acabo de forma efectiva si no existe un presupuesto y/ o una apuesta real y efectiva por parte de los poderes públicos» (Virginia Rodríguez).

Por su parte, resulta conveniente destacar en este punto que, salvo excepciones, tanto las personas trabajadoras de las oficinas como las del tercer sector han evidenciado que apenas se producen demandas de las víctimas a los servicios de justicia restaurativa. En este sentido, si bien a lo largo del epígrafe se han señalado algunos motivos que podrían explicar este silencio de las víctimas, tales como la falta de información, la infradotación de las oficinas o su abordaje desde el entorno penitenciario, hemos considerado oportuno recabar la experiencia de las víctimas respecto a la institución de la justicia restaurativa.

La presidenta de la Asociación Stop Violencia Vial considera que estos procesos resultan muy sensibles para las víctimas por el grado de exposición que supone. Por consiguiente, Rosa Trinidad apuesta por la correcta preparación de víctima y victimario con el objeto de prevenir posibles revictimizaciones, poniendo asimismo el acento sobre la diversidad en la experiencia reparadora:

> «Hay que darle la oportunidad de que la víctima decida hacer lo que considere oportuno, dentro de los marcos establecidos, porque no todo vale [...].
>
> En una de estas sesiones [de colaboración con las oficinas de asistencia a víctimas aportando su testimonio], fue un chico que sufrió un accidente de moto [...] y se encontró con la persona que le causó ese daño. Él no sabía que el infractor iba a estar allí y evidentemente no se encontraba preparado para ello. Le resultó tan duro que no ha querido volver a participar en encuentros como estos. También quiero mencionar que la Universidad del País Vasco organizó en Donostia una jornada donde víctimas y victimarios de varios delitos estuvimos allí, mezclados. Fue un primer intento de la Universidad, pero lo cierto es que no sé qué valoración hacer sobre ello. Luego, también en Vitoria se llevaron a cabo encuentros de carácter

> experimental, donde participaron algunas de nuestras socias, una mujer muy fuerte y que supo llevar muy bien su duelo. Ella nos comentó que no le aportó mucho, pero tampoco le supuso un gran dolor o sufrimiento».

En lo que respecta a la petición de disculpas, se valora positivamente por Rosa Trinidad, aunque atiende nuevamente a las diferentes circunstancias que rodean a las víctimas, lo que hace que no pueda considerarse como una afirmación general:

> «[...] Nunca se pide perdón. De hecho, hay muchas víctimas que me dicen "si me hubieran pedido perdón, hasta le hubiera perdonado". [...] El hecho de que no pidan perdón duele más. Sin embargo, no se puede generalizar, es algo muy personal. De hecho, tenemos socios que no quieren saber nada del victimario, ni que les pidan perdón, ni tener ningún tipo de contacto, mientras que otros hubieran valorado positivamente las disculpas».

Por consiguiente, pese a que la justicia no resulta aplicable a todos los casos debido a la diversidad inherente a la experiencia delictiva, no podemos obviar el potencial reparador que presenta para las víctimas siempre que los encuentros se desarrollen de manera adecuada y con la debida preparación. En este sentido, ninguna de las víctimas entrevistadas ha mostrado su negativa frontal a la implementación de estos mecanismos, si bien se infiere de sus intervenciones la necesidad de continuar trabajando en justicia restaurativa con el objeto de que resulte accesible y verdaderamente reparadora para las víctimas que decidan afrontar estos procesos.

En este sentido, tal y como afirma Virginia Rodríguez en el contexto de su intervención con víctimas desde la asociación:

> «En última instancia, esa reparación puede traducirse en empoderamiento y que la persona vaya desprendiéndose progresivamente de ese rol de víctima, que al final es lesivo para ella puesto que no le permite avanzar».

### *2.5. Las Oficinas de Asistencia a Víctimas: entre la infradotación y la sobrededicación a determinadas tipologías delictivas*

Un aspecto que ha resultado tangencial durante el desarrollo de las entrevistas ha sido el análisis de la situación de las oficinas de víctimas en nuestro país desde la vigencia del Estatuto, motivo por el cual hemos considerado conveniente realizar un abordaje separado de esta cuestión. En este sentido, a lo largo del capítulo, se ha expuesto de forma más o menos evidente que las oficinas de asistencia a víctimas resultan claves para que pueda garantizarse la ejecución de las prerrogativas contenidas en el Estatuto.

Así, por su configuración se erigen como organismos de conexión entre las instancias judiciales y las víctimas, constituyéndose como el primer recurso al que acudirían estas últimas en materia de asesoramiento. Sin embargo, el desarrollo de sus funciones halla una limitación importante en la disposición adicional segunda de la LEVID, en la cual se dispone que esta ley tendrá un «coste cero» al no permitirse que esta ley pueda implicar un incremento en las dotaciones de personal o en los recursos empleados. La introducción de esta cláusula se comprende atendiendo al contexto de crisis económica en el que la aprobación de esta norma se enmarca. Sin embargo, nueve años después de la vigencia de esta norma, la situación de las oficinas no ha variado pese a los cambios económicos y políticos acontecidos.

En consecuencia, de las intervenciones de los participantes en el estudio se desprenden dos características predicables de las oficinas de víctimas, sobre las cuales pivotará el contenido del epígrafe: la infradotación y la sobrededicación a los casos de violencia de género.

Por una parte, la falta de recursos de las oficinas ha sido manifestada por las personas entrevistadas como una de las causas que explican que el sistema de atención a víctimas constituya un aspecto más formal que real, con la consiguiente conculcación de las finalidades del Estatuto:

«[...] Las víctimas continúan sin tener un tratamiento y un espacio donde ser adecuadamente atendidas. Es cierto que hay excepciones, pero no son generalizadas a todas las víctimas. Entonces, la forma en que se han desarrollado las oficinas de atención a la víctima en toda España pone en evidencia que es un trabajo que no se está haciendo, es decir, que la inversión que se ha hecho a nivel estatal, más allá de aprobar una ley de Estatuto de la víctima, es absolutamente insuficiente en la mayoría de partidos judiciales» (Carmen Guil).

«Podrían hacerse cosas interesantes con oficinas bien configuradas, donde estas realizasen un registro con la información que reciban de los tribunales sentenciadores y, con la información que recibiesen de las víctimas, generar una especie de base de datos a la que poder recurrir» (Florencio de Marcos).

«El verdadero recurso con el que contamos es la imaginación. [...] Lo ideal sería contar con la presencia de mayor personal dedicado a la atención de la víctima en todos los ámbitos a través de convocatorias de empleo público. [...]. Ahora bien, en lo que esta situación se resuelve, de momento vamos sirviéndonos de opciones intermedias, que pueden tener carácter oficial o extraoficial. En lo que respecta a las primeras, nuestra oficina siempre ha tenido muy buena relación con la Fiscalía [...] lo que nos ha permitido plantearles ciertas dudas relacionadas con la gestión de determinadas actuaciones. [...] Por otra parte, y como te comentaba, de forma extraoficial, dado que siempre somos las mismas personas las que transitan los mismos lugares, eso hace que exista cierta confianza entre nosotros y que podamos dirigirnos a otros operadores jurídicos para trasladarles algunos aspectos. [...] Sin embargo, estas soluciones no dejan de suponer un "parche" en el sentido de que con estos medios se trata de paliar unas carencias asistenciales que el sistema posee, consecuencia, a su vez, del coste cero del Estatuto» (Antonio Perdices).

«Realmente considero que las oficinas no tienen los recursos necesarios.

Lo primero, recursos personales, es decir, de profesionales que trabajan en la oficina. Por ejemplo, la oficina donde yo trabajo, abarca, como mínimo, aunque no los he contado, 50 juzgados, sin tener en cuenta a los de instrucción, y nosotros somos cuatro técnicos. Con esta ratio realmente no podemos hacer el acompañamiento que realmente necesita la víctima.

> Muchas veces lo tenemos que hacer de forma superficial y confiar en que la derivación a determinados servicios le resulte útil a la víctima. Somos conscientes que formamos parte de un engranaje, no lo tenemos que hacer todos nosotros. Pero es demasiado el volumen de información si todos los juzgados realmente enviasen la documentación que tendrían que mandar según la ley y para nosotros sería prácticamente inviable poderla atender» (PBR).

En este punto conviene resaltar la apreciación que realiza Rosa Trinidad sobre las consecuencias que se derivan de la insuficiente financiación de las Oficinas. Así, estima que su asociación mantiene una buena relación con estos organismos en términos generales. Sin embargo, son conscientes de su infradotación, por lo que ellos cuentan con un asesor jurídico propio que pueda resolver las dudas que se les plantee a las víctimas, con el objetivo de no mantener en el tiempo un estado de «incertidumbre» que resulta muy lesivo para ellas:

> «Tenemos una buena relación con las oficinas y colaboramos todo lo que sea posible, pero también somos conscientes de que no hay recursos suficientes y se encuentran saturadas porque tienen que atender a todo tipo de víctimas. Por este motivo, contamos en la asociación con un asesor jurídico que trata de suplir esta función que harían las oficinas con el objetivo de tramitar estas cuestiones más rápidamente, ya que las víctimas no pueden mantener esa incertidumbre durante un tiempo prolongado. [...] Necesitan ese asesoramiento, más considerando que se encuentran atravesando momentos especialmente complicados cuando recurren a nosotros».

Así las cosas, la mención que realiza la presidenta de la asociación Stop Violencia Vial, sobre la atención de las oficinas a todo tipo de víctimas nos permite detenernos brevemente sobre las funciones y actividades que estas realizan.

En este sentido, ambos profesionales de las Oficinas de Atención a Víctimas coinciden al considerar que los servicios ofrecidos son esencialmente de «acompañamiento» de la víctima antes, durante y después del proceso penal, aspecto que se vincula con la implícita exigencia de la interposición de denuncia previamente abordada. Así, pese a este consenso, cada uno de los técnicos desgrana las funciones desempeñadas por las oficinas de víctimas, con los extractos que a continuación se presentan:

> «A fin de cuentas, lo que perseguimos con nuestra intervención es [...] empoderarla, en el sentido de que conozcan sus derechos, ya que solo así, sabiendo de su existencia, pueden exigir su cumplimiento o incluso, elegir no ejercerlos, pero siempre desde el conocimiento» (Antonio Perdices).

Adicionalmente, Antonio Perdices afirma la existencia de cinco categorías de derechos que resultan merecedores de una especial atención por parte de las oficinas debido a su componente eminentemente humano:

> «[...] Distingo una esfera compuesta donde se interrelacionan cinco de ellos [derechos]: el derecho a la información, al acompañamiento, protección, participación en el procedimiento y reparación. Esta esfera debe ser tomada con especial cariño y consideración porque dentro de ella siempre se encuentra una persona; una persona que ha sufrido un ataque a su dignidad».

Asimismo, PBR destaca la naturaleza interdisciplinar de las oficinas, aspecto que enriquece de forma sustancial su intervención, erigiéndose en un recurso, al menos apriorísticamente, de referencia para las víctimas:

> «Este planteamiento inicial es quizá uno de los más relevantes que se les ha asignado a las oficinas. Es un estudio transversal de todo lo que atañe a estos hechos y esto sí que me parece algo que es beneficioso porque una persona puede acudir a un abogado y le informará de la parte jurídica; puede acudir a un psicólogo y le ayudará en su recuperación emocional, pero es muy difícil tener a veces una institución que aúne todos estos campos. Además, no es solo derivarlas [a las víctimas] a servicios sociales, jurídicos o psicológicos sino también, cuando hay algún problema, vuelven a nosotros, las volvemos a redirigir o monitorizar que todo vaya bien».

En este sentido, la multidisciplinariedad previamente aludida presenta una estrecha vinculación respecto a la plantilla de las oficinas, habitualmente compuestas por juristas, psicólogos y trabajadores sociales. Por este motivo, hemos considerado adecuado introducir en las entrevistas realizadas a los técnicos la cuestión relativa a la potencial cabida de la Criminología dentro las oficinas. Así, en sus respuestas se pone el acento sobre la colaboración externa que existe con el ámbito académico, ya debido a la presencia de alumnos de prácticas del grado en Criminología con el objetivo de completar su formación, ya con el personal investigador, en términos de auditar o valorar las funciones de las oficinas, que permita asimismo visibilizar de las actividades desarrolladas por las oficinas.

No obstante, si bien se subraya el posible desempeño de las labores de jurista por los profesionales de la Criminología, se guarda silencio respecto a la posibilidad de contemplar esta figura como un puesto autónomo dentro de las oficinas. Por consiguiente, la reflexión en torno al valor y papel de la Criminología deviene en una tarea de primer orden para reconfigurar la estructura y configuración de aquellos organismos donde su presencia se torna evidente ya que las víctimas constituyen una de sus principales áreas de estudio.

Por su parte, resulta adecuado mencionar con relación a la actividad de las oficinas el tipo de víctimas que suele acudir a estos recursos. Así, los técnicos advierten que no existe un perfil concreto de víctima atendiendo a su nivel sociocultural o situación económica, existiendo diversidad a este respecto. Sin embargo, existe una tipología de víctimas que prevalece en términos cuantitativos sobre las demás, esto es, las de violencia de género. En este sentido, Perdices señala que en su oficina, durante el año 2022, «el 84% de las víctimas atendidas fueron de violencia de género». En consecuencia, este dato nos permite ahondar sobre el segundo aspecto que caracteriza la actividad de las oficinas de asistencia a víctimas en el momento actual, a saber, la sobrededicación a los casos de violencia de género.

Así las cosas, PBR expone que las oficinas han devenido en una suerte de entidad coordinadora de las órdenes de protección, lo que en cierta medida determina su actividad. En este sentido, cuando preguntamos sobre la prevalencia de víctimas directas o indirectas en el recurso a los servicios prestados por la oficina, en la segunda modalidad se enmarcarían los familiares de las mujeres fallecidas, solicitando especialmente labores de acogimiento o asesoramiento en términos de ayudas.

Esta orientación cuasi exclusiva a la violencia de género se ha traducido en la elaboración de protocolos de actuación y un tratamiento más adecuado de este tipo de víctimas. Esta intervención especializada es valorada positivamente por las personas entrevistadas, ya que este fenómeno, por su lesividad a todos los niveles y las formas en las que se materializa, precisa de unas herramientas que resulten verdaderamente efectivas para su prevención y asistencia cuando efectivamente estos actos han acontecido. Esta necesidad de inversión de los poderes públicos para paliar la incidencia y efectos de la violencia contra las mujeres no resulta óbice para estimar adecuada la intervención resto de víctimas de otras tipologías delictivas, las cuales presentan necesidades que deben ser atendidas por el sistema en términos generales y por las oficinas en primera instancia. Así, destacamos dos extractos de las entrevistas realizadas que ilustran de forma clara el planteamiento expuesto en estas líneas.

> «El hecho de que atendamos más a este tipo de mujeres por la concienciación que existe a nivel nacional y supranacional sobre estas materias [violencia de género] no quiere decir que no atendamos a otro tipo de víctimas, como, por ejemplo, de robos. Lo que sucede es que, debido a la situación de desamparo que sufren las víctimas de violencia de género, se han elaborado una serie de protocolos que deben seguirse en estos casos. Sin embargo, para el resto de delitos no existen, en términos generales, estos protocolos cuando las víctimas pueden encontrarse también en una situación de desamparo. En estos casos, lo que hacemos es aplicar lo que dispone de forma "residual", digamos, el Estatuto de la víctima o la LECrim, como

> sería, por ejemplo, poner un biombo para evitar que la víctima pueda ver a su agresor. Es decir, al final los protocolos desarrollados sobre violencia de género han tenido efectos positivos sobre el resto de victimizaciones, pero echamos de menos la existencia de instrucciones específicas para otras victimizaciones, ya que esto nos facilitaría enormemente la comunicación con los jueces» (Antonio Perdices).
>
> «También hay que tener en cuenta que en muchos lugares las oficinas únicamente tienen solo a una persona o dos. No dan abasto, claro. Además, hay una sobre dedicación a la violencia de género y a las órdenes de protección, con abandono del resto de víctimas. Por ejemplo, una víctima de una tentativa de asesinato, está bastante menos protegida que una víctima de violencia de género. La violencia de género continúa siendo un problema de primer orden y exige recursos, pero también el resto de víctimas» (Carmen Guil).

Esta desigual distribución de los recursos entre tipologías delictivas también es advertida por las víctimas. En este sentido, la presidenta de la asociación Stop Violencia Vial pone de manifiesto la división existente entre las víctimas «de primera» y «de segunda». Así, esta distinción implícita entre víctimas no solo genera diferencias en la atención prestada sino también en la defensa y ejercicio de derechos de las víctimas como colectivo.

> «Haciendo una comparativa en términos cuantitativos con una persona sensibilizada con las necesidades de las víctimas como colectivo, vimos que las víctimas en carretera superaban ampliamente a las víctimas de violencia de género. Sin embargo, los recursos que se derivan a este segundo tipo de víctimas son ampliamente superiores a los dedicados a los de la violencia vial. Ahora bien, con esto no quiero restar relevancia a la violencia de género porque considero que constituye una auténtica barbaridad y que debe ser un problema cuya solución no es fácil y que precisa de la lucha de todos para eliminarla. Lo que defiendo es que hay víctimas "de primera" y "de segunda" y las nuestras se encuentran enmarcadas en esta última categoría, desgraciadamente. Mientras los legisladores y los operadores jurídicos no sean conscientes de ello, no vamos a poder avanzar en la consecución de nuestros derechos» (Rosa Trinidad).

Asimismo, Rosa Trinidad abunda sobre esta cuestión, señalando que la distinción entre víctimas en términos formales se proyecta en la esfera material del Estatuto, materializándose en un tratamiento diferenciado, lo que impide que la LEVID pueda aplicarse de forma equitativa:

> «Las víctimas de violencia vial no aparecemos recogidas en la norma. Es cierto que el Estatuto se encuentra orientado a "la víctima", pero también lo es el hecho de que parecen otros tipos de víctimas y las nuestras ni se mencionan. Al final, realiza esa distinción entre víctimas que no debería darse si queremos que se aplique de forma equitativa».

En consecuencia, este tratamiento a todas luces insuficiente para las víctimas del resto de tipologías delictivas debido a la carencia de recursos, unido a la infradotación de las oficinas a todos los niveles, provoca que el sistema de justicia preste a las víctimas un trato estandarizado, burocrático y ajeno a sus necesidades. Estas circunstancias, amén de constituir una conculcación grave de las finalidades perseguidas por el Estatuto, se presentan como terreno abonado para las victimizaciones secundarias, que culminan con la sensación de hastío y desencanto de las víctimas. Así las cosas, la aportación realizada por Carmen Guil ilustra perfectamente el planteamiento expuesto en este punto. En este sentido, si realmente se quiere contar con víctimas que colaboren con el sistema, este debe brindarles apoyo y protección y no sentirse abandonadas por el mismo, aspectos que pasan inevitablemente por el reconocimiento de su posición de víctimas. Sin embargo, resulta importante aclarar que el cumplimiento de estos objetivos no se corresponde con la satisfacción de sus pretensiones a nivel procesal, identificadas habitualmente con la condena del victimario.

> «Lo que tenemos es, en el mejor de los casos, un trato estandarizado a la víctima, ese que la Directiva quería evitar. A fin de cuentas, considerando esto desde una perspectiva egoísta, si tú quieres que una víctima colabore contigo debes tener ese un trato deferente con ella. Si no, tienes una víctima abandonada, enfadada, frustrada que cuando llega a juicio está harta de

> nosotros y además con absoluta razón, por lo cual su actitud "negativa", diríamos, responde a un rechazo hacia el sistema. Y yo creo que las Administraciones Públicas, especialmente, desde la administración de Justicia se debería analizar por qué se nos valora tan mal por parte de la de la ciudadanía. ¿Por qué tenemos una ratio de valoración tan baja? No estoy hablando de que hayamos condenado o absuelto, estoy hablando de todo el trato intermedio, estas explicaciones, por ejemplo, en la conformidad o comentar el por qué se ha suspendido el juicio. Son cosas básicas, pero que da igual y que el Estatuto tampoco ha cambiado, entonces...».

Así las cosas, consideramos necesario cerrar este epígrafe con una intervención de la magistrada que sintetiza de forma adecuada todas las cuestiones analizadas en estas líneas:

> «A fin de cuentas, hemos creado las oficinas, pero no hemos dotado de medios, o sea, no nos hemos creído realmente estas obligaciones asumidas como Estado y como comunidad con las víctimas de los delitos» (Carmen Guil).

### *2.6. Valoración general del Estatuto: una ley con potencial, pero de escasa aplicación. Su relación con la LECrim*

El Estatuto de la víctima, por su naturaleza y objetivos, supuso un importante avance desde una perspectiva victimal al aunar en el mismo cuerpo jurídico las diferentes prerrogativas aplicables al conjunto de víctimas. Así las cosas, varios de los entrevistados destacan esta como una de las principales virtudes del Estatuto al configurar un marco tuitivo inexistente hasta el año 2015:

> «Yo creo que el Estatuto fue un avance, supuso un antes y un después en el tratamiento de las víctimas [...]. [Generalizó] el trato victimológico para cualquier tipo de delito, no solo en delitos terroristas o violencia de género, que era donde se había avanzado significativamente más hasta ese momento. El Estatuto de la víctima pretendía aplicar estos principios tuitivos a cualquier víctima de cualquier delito. Y yo creo que eso

realmente no ha supuesto un cambio con el Estatuto, es decir, los juzgados hemos incorporado unos buenos modelos de notificación de los derechos a las víctimas, por ejemplo, pero en el fondo, al menos en la parte que yo conozco, no ha habido un cambio significativo. Continuamos haciendo exactamente igual, por lo tanto, lo que tendría que significar el Estatuto de la víctima, que debiera ser una mejora a nivel de información o de ejercicio de derechos, no se ha producido» (Carmen Guil).

«Me parece, socialmente hablando, un punto importante de adelanto en cuanto a víctimas, es decir, antes no teníamos nada, y ahora tenemos un Estatuto de la víctima. La constituye como tal [a la víctima], no se limita a un simple estatus, pero sí que es verdad que analizada como una ley de defensa de los derechos de protección de los derechos de las víctimas, me parece muy insuficiente [...]. Este Estatuto a veces creo que le pide mucho la víctima, como una actuación muy proactiva, estar muy al tanto de todo, lo que provoca que estos derechos resulten difícilmente aplicables» (PBR).

«En cuanto a las aportaciones que realiza el Estatuto a la tutela y protección de las víctimas es configurarse como un catálogo que recoge todos los derechos que puede necesitar una persona que ha sido afectada por un delito para actuar en un momento dado.

Ahora bien, uno de los principios que se predica en la norma es la generalidad y entender las implicaciones de esto es fundamental para establecer los límites de esta ley. [...] A fin de cuentas, es complicado que una sola norma pueda amparar de una forma satisfactoria las necesidades de los millones de personas que potencialmente pueden encontrarse bajo esta norma si no le damos previamente cierta "forma", amoldándonos, por tanto, a sus demandas. En otras palabras, esta ley recoge aquellas cuestiones respecto a las cuales se pueden ejercitar derechos para irlas adaptando posteriormente a cada persona» (Antonio Perdices).

Como puede inferirse de las intervenciones expuestas, si bien la aprobación de la norma resulta positiva en términos generales, existen una serie de carencias que comprometen notablemente el potencial de la norma para constituir un cuerpo legal aplicable en materia de protección y garantía de los derechos de las víctimas.

Así las cosas, a lo largo de este capítulo se ha realizado un análisis crítico de la norma, si bien no ha dejado de ser sectorial puesto que las diferentes vicisitudes del Estatuto han sido abordadas de forma separada. Por este motivo, consideramos necesario ofrecer en este último epígrafe una visión general del Estatuto con el objetivo de localizar la matriz que nos permita comprender las dificultades subyacentes tras esta falta de aplicación. En este sentido, las diferentes aportaciones de las y los participantes en el estudio evidencian que los principales déficits del Estatuto forman parte de un continuo, transitando entre la falta de conocimiento y de voluntad en su aplicación. Así, si bien esta tesis resulta hasta cierto punto reduccionista en su formulación inicial, comprobaremos en las líneas siguientes cómo las diferentes intervenciones la dotan de contenido y completan su sentido.

Esta falta de familiarización con el Estatuto es advertida de alguna u otra forma por todos los sectores entrevistados, lo que no deja de resultar significativo si consideramos que se encuentra vigente desde el año 2015. Sin embargo, las consecuencias que se derivan de la ausencia de conocimiento respecto a este cuerpo legal albergarán connotaciones distintas, dependiendo de la posición que ocupe respecto a la misma.

Por una parte, en el supuesto de las destinatarias de la norma, las víctimas, ya ha sido analizado con anterioridad de forma tangencial cuando abordábamos la deficiente cobertura del derecho a la información por el Estatuto. Sin embargo, consideramos necesario traer a este punto algunas observaciones realizadas por la presidenta de la asociación Stop Violencia Vial, donde pone de manifiesto su incapacidad para valorar la idoneidad del Estatuto ya que no cuentan con conocimientos suficientes de la norma como para realizar un análisis fundamentado de la misma:

> «El Estatuto debería resultar una herramienta útil para la víctima, porque entiendo que para algo se creó. Sin embargo, también he de decir que lo que no se conoce, no existe y esto

> creo que es lo que le ha sucedido al Estatuto. Considero que no se le ha dado la publicidad que se debería y la sociedad en general, no tiene conocimiento de su existencia, por lo que no puedo valorar si el Estatuto resulta útil o no en este momento» (Rosa Trinidad).

Por otro lado, resulta especialmente destacable algunas consideraciones que los operadores jurídicos respecto a este desconocimiento generalizado de la norma. En este sentido, se presume que las personas cuyo desempeño profesional se encuentra estrechamente vinculado con la realidad victimal deberían mostrar una mayor vinculación con la norma, aspecto que no se corresponde con la realidad.

En consecuencia, tal y como puntualiza Carmen Guil, los problemas de los que adolece la norma no responden tanto a su configuración formal como a la aplicación que se realiza de la misma. Al igual que sucedía con las aportaciones de las víctimas, la magistrada manifiesta que la falta de aplicación del Estatuto impide que pueda realizarse una valoración objetiva del mismo:

> «El punto clave no es que haya una previsión legal, sino cómo estamos aplicando el Estatuto. Por tanto, creo que los déficits que arrastra son más en la aplicación que en la propia regulación. Por ello, si no aplicamos el Estatuto, no podemos decir si es bueno o malo» (Carmen Guil).

Adicionalmente, la magistrada apunta que, pese a que resulta generalizada la falta de concienciación de los operadores jurídicos respecto al Estatuto, la carencia de recursos materiales limita su aplicación para aquellos profesionales que persiguen hacer de la LEVID una norma efectiva. No obstante, señala asimismo la necesidad de disponer de personal especializado en víctimas en la composición de las oficinas judiciales, organismos que, por su naturaleza, resultan esenciales para garantizar la aplicabilidad del Estatuto:

> «[Uno de los aspectos] que explica en parte que no la estemos aplicando [...] se debe a una cuestión actitudinal de los operadores jurídicos. Me refiero sobre todo a jueces, fiscales y letrados de administración de justicia. Yo, por ejemplo, estoy rodeada de compañeros concienciados con el trabajo que hacemos y del trato deferente con la víctima, pero también soy consciente de los obstáculos con los que nos encontramos para que el estatuto pueda ser efectivo, sobre todo de índole material. Por ejemplo, en las oficinas de víctimas, donde no hay suficientes efectivos. También quiero destacar la estructura de la oficina judicial porque considero que este es el punto clave para que se pueda aplicar el Estatuto, tanto desde el letrado desde la administración de justicia como hasta el último funcionario, tiene que existir esa concienciación para que se pueda alcanzar un funcionamiento correcto de esta ley. Adicionalmente, creo que sería necesario, contar con personal especializado en víctimas en las oficinas judiciales [para] superar estas carencias actitudinales respecto a la necesidad de cumplir con el Estatuto y que se convierta en una ley efectivamente aplicada».

Asimismo, Antonio Perdices señala que la distinta implicación que experimentan las oficinas respecto a los tribunales en cuanto a la aplicación del Estatuto obedece al tiempo dilatado de trabajo de las primeras con las víctimas, siendo anterior aprobación de la LEVID. Sin embargo, también indica que los nueve años de vigencia de la norma —ocho cuando se realizó la entrevista— ha sido un lapso suficiente como para producirse una completa adaptación del Estatuto a todos los niveles:

> «Es cierto que los juzgados van acostumbrándose a trabajar con el Estatuto de la víctima; es normal, por otra parte, hay que tener en cuenta que lleva ocho años en vigor. Ahora bien, a veces se sorprenden del contenido de algunos artículos y de que ciertos derechos se encuentren recogidos en la ley. No obstante, debemos tener en cuenta que el personal de la administración de justicia parte de un punto de vista distinto al nuestro, porque desde las oficinas llevamos trabajando con las víctimas desde hace más tiempo y aplicando ciertos derechos que actualmente gozan de ese soporte legal, pero nosotros ya lo veníamos haciendo con anterioridad, lo que hace que estemos acostumbrados».

No obstante, resulta ilustrativa la aportación que Rosa Trinidad realiza sobre las implicaciones que alberga la falta de voluntad jurisdiccional en la aplicación del Estatuto, vaciando su contenido y desvirtuando sus objetivos iniciales:

> «Considero que los jueces deberían aplicar el Estatuto o, al menos, valorarlo a la hora de emitir resoluciones que, en la mayor parte de los casos, afectan a la víctima. Si esto no se hace, si no existe una ejecución real del Estatuto, al final son palabras vacías».

Así, esta resistencia al cambio cristaliza en una aplicación cuasi generalizada de la LECrim en supuestos donde debería ser el Estatuto la norma de referencia, relegándose, por tanto, a un segundo plano. Esta praxis encuentra su fundamento, amén de en la «comodidad» que experimentan los operadores jurídicos respecto a la LECrim en sus labores habituales, en las concomitancias que existen entre este cuerpo legal y el Estatuto, priorizándose la primera en tanto que brinda un mayor estatus y garantías a las víctimas.

> «Esta Ley [Estatuto de la víctima] es un escrito poco conocido, lo que genera problemas. Por ejemplo, en lo que comentábamos de la actualización de la información en cada fase del proceso estoy seguro de que no lo hace nadie o muy pocas personas. ¿Por qué? Porque es más cómodo acudir a la Ley de Enjuiciamiento [Criminal], que no hace mención ninguna a nada de esto. Entonces eso no se está cumpliendo, estoy seguro de ello» (Florencio de Marcos).

> «Con la situación actual, parece que [la judicatura] tiene[n] al Estatuto como una ley más, que a veces no saben a ciencia cierta si les vincula o no les vincula y desconocen si realmente tienen que actuar de conformidad a una o de conformidad a otra. Y la verdad, siempre optan claramente por la por la LECrim» (PBR).

> «La LECrim como es evidente, al regular el proceso penal de una forma más amplia tiene más fuerza que el Estatuto por su ámbito de aplicación; sin embargo, no podemos obviar la dejación en la aplicación que se ha hecho de este último. Al final más allá de la falta de medios, hay una resistencia al

> cambio. Sea como sea, el Estatuto acaba relegándose a una mera categoría reglamentaria o como una especie de código de buenas prácticas, pero careciendo de la efectividad esperada» (Carmen Guil).

Atendiendo a este proceder, se evidencia una suerte de jerarquía entre sendas normativas, en la que suele prevalecer la LECrim en términos generales. Por consiguiente, algunos profesionales se plantean la posibilidad de subsumir el Estatuto en la LECrim en aras de paliar la falta de voluntad en la aplicación del Estatuto, garantizándose a su vez que las prerrogativas contenidas en la LEVID resulten efectivamente implementadas. Así las cosas, resultan especialmente ilustrativas las aportaciones realizadas por Carmen Guil y PBR en este sentido:

> «Me parece beneficioso que se haya dado un paso adelante en cuanto a protección de víctimas, pero creo que hubiera sido más útil haber promovido una modificación de la LECrim. A fin de cuentas, establecer como una especie de "decálogo" de derechos que no sabes cómo se van a cumplir o concretar, al final desvirtúa el contenido de la norma porque son mayores las excusas para no aplicarlo. [...] Por eso, creo que si se hubiera incluido en la LECrim nos hubiéramos ahorrado muchas duplicidades [y] hubiera dilucidado muchas dudas [...]» (PBR).

Adicionalmente, el miembro técnico de la oficina de atención a víctimas de Cataluña subraya la potencial vinculación de los operadores jurídicos respecto al Estatuto con su efectiva introducción en la LECrim:

> «El hecho de que formara parte del articulado de la LECrim, aunque fueran menos artículos hubieran sido más útiles y provechosos que tantos artículos fuera de ella porque hubiera vinculado de una forma más intensa a los órganos judiciales».

Así, la magistrada pone el foco en que, si bien la subsunción del Estatuto en la LECrim resulta una alternativa congruente de cara a garantizar el cumplimiento de las prerrogativas contempladas en el Estatuto, esto debe pasar por la aprobación de una nueva Ley de Enjuiciamiento Criminal:

> «Yo creo que el Estatuto de la víctima debería incluirse dentro de la Ley de Enjuiciamiento Criminal, para que hubiera, como decía, una aplicación efectiva. Pero para ello, necesitaríamos una nueva Ley de Enjuiciamiento criminal. Teníamos un buen proyecto una vez más, pero ha quedado en un cajón [Anteproyecto de Ley de Enjuiciamiento Criminal del año 2020]. Volviendo al tema, considero que la única manera de hacer las cosas bien es incluir en la LECrim cuestiones como el tratamiento de las víctimas, al menos aquellos aspectos que tengan que ver con el proceso, donde el Estatuto ha introducido cambios» (Carmen Guil).

Por su parte, uno de los ejes clave para la buena ejecución del Estatuto se plantea en torno a la institución del Ministerio Fiscal. Así, algunos participantes entrevistados consideran que un refuerzo de su papel de garante en la tutela de los derechos de las víctimas podría traducirse en una aplicación más ágil de la LEVID. De este modo, se podría asegurar la participación de las víctimas por los cauces adecuados, con independencia de que forme o no parte del proceso penal:

> «No niego que la víctima deba intervenir, que puede hacerlo, pero esta debería articularse a través de otras formas que ya existen en otros países. En este sentido, sería positivo que la víctima, a través del Ministerio fiscal, pudiera articular sus pretensiones» (Florencio de Marcos).

> «De hecho, con los fiscales vamos avanzando, aunque todavía es necesario llamarles e insistirles para que realicen ciertas acciones [...]. Creo que los fiscales deberían tener siempre la obligación de escuchar a la víctima porque el papel lo soporta todo y ellos están acostumbrados, es su trabajo diario. De ahí que en muchos casos se lean simplemente las conclusiones cuando se encuentran con un expediente extenso, siendo "uno más". Muchas veces en esos documentos está el relato de lo que ha sucedido, por lo que contar con la voz de la víctima sería recomendable para, al menos, dar a estas cuestiones la importancia que merecen» (Rosa Trinidad).

## 3. PRINCIPALES VALORACIONES EXTRAÍDAS TRAS EL ANÁLISIS DE LAS ENTREVISTAS

Consideramos necesario compilar en este epígrafe las conclusiones inferidas de las entrevistas realizadas que han sido objeto de análisis a lo largo de este capítulo con el objetivo de brindar una visión general de las experiencias en torno al Estatuto. Así, los profesionales entrevistados han realizado diferentes aportaciones partiendo de su vinculación con el Estatuto, diversidad que se ha traducido en riqueza en términos de análisis al permitir el abordaje de la norma desde un mayor número de perspectivas. Sin embargo, desde la judicatura, las Oficinas de Asistencia a Víctimas y desde el tejido asociativo han mostrado pareceres similares respecto a determinadas cuestiones concernientes a la LEVID, resultando conveniente resaltarlas en este punto.

Una de las cuestiones clave que se destacan es la necesidad tácita de denuncia para ejercitar las prerrogativas recogidas en el Estatuto, aspecto que resulta contradictorio respecto a la naturaleza y finalidades de la LEVID, orientada en términos generales a las víctimas de delitos con independencia de la interposición de denuncia. Así, el hecho de que la denuncia se presente como una suerte de puerta de entrada al disfrute de determinados derechos resulta indicativo de dos cuestiones. Por un lado, resulta posible inferir la existencia de una prelación de víctimas, favoreciéndose a aquellas que denuncian y que, por consiguiente, se imbrican en el sistema penal, respondiendo de este modo a los estándares de víctima ideal expuestos por la disciplina victimológica. Por otra parte, esta priorización del mecanismo de denuncia responde a la insuficiencia de recursos como factor que atraviesa la aplicación del Estatuto en su integridad, ya que la única vía para realizar un seguimiento de las víctimas y conocer de su existencia es su vinculación con el sistema penal. Sin embargo, en múltiples ocasiones las víctimas desconocen las implicaciones de imbricarse en el sistema penal, constituyendo un terreno abonado para eventuales victimizaciones secundarias.

En este sentido, dos de los preceptos cuya relevancia resulta clave para la prevención de revictimizaciones en el ámbito judicial es el derecho a entender y ser entendida contemplado en el artículo 4 y el derecho a la información recogido en el artículo 5, para aquellas cuestiones de carácter general y, el artículo 7, para aquellas vicisitudes relacionadas con la esfera penal. Sin embargo, la deficiente configuración de estos artículos determina su escasa aplicabilidad. En este sentido, sin voluntad de reproducir el examen sobre estas prerrogativas realizado *supra*, se precisa que, por un lado, el sistema resulte accesible para las víctimas en términos de inteligibilidad con normas y protocolos claros y comprensibles, carentes de parquedad. Por otra parte, una de las carencias fundamentales que presenta el derecho a la información es la indeterminación respecto a los profesionales responsables de tal obligación ya que, si bien serían las oficinas en primera instancia, no cuentan con mecanismos suficientes para hacer llegar esta información. Por tanto, si bien las oficinas carecen de soporte normativo, devienen en la práctica en entidades formadoras de las Fuerzas y Cuerpos de Seguridad del Estado en materia de derechos victimales, al presentar un mayor potencial de intervención con las personas afectadas por un delito.

No obstante, estas deficiencias se intensifican cuando la información se refiere a la causa penal, donde los juzgados y oficinas acusan la falta de reciprocidad en la comunicación. Por consiguiente, estas últimas no pueden cumplir uno de los propósitos que motivaron su creación, esto es, erigirse en punto de conexión entre las víctimas y la actividad jurisdiccional. Una de las razones aducidas para fundamentar esta ausencia de conexión es la densidad de población, resultando posible, por tanto, realizar un seguimiento más cercano de la víctima en partidos judiciales pequeños. Sin embargo, la ratio funcionarios per cápita debería ser proporcional a la dimensión de los núcleos urbanos, por lo que se evidencia nuevamente la insuficiencia de recursos en sendos ámbitos. Adicionalmente, resulta conveniente destacar otro aspecto que limita de forma determinante la interacción entre ambos organismos y es la escasa familiarización de la praxis judicial con las disposiciones estatutarias, lo que, unido a la ausencia de protocolos de actuación efectivos, vacía de contenido este derecho a la información referido a la causa penal.

En lo que respecta a la participación de las víctimas en la ejecución penitenciaria contemplado en el artículo 13, todos los colectivos entrevistados se pronunciaron contrarios a su aplicación, si bien la negativa de cada uno de ellos se modula atendiendo a la vinculación que presenta con el Estatuto. Así, en lo que respecta al tejido asociativo, si bien la persona entrevistada no se pronunció abiertamente en contra, admitió desconocer el contenido del artículo 13 y sus implicaciones, aunque evidenció la existencia de dinámicas de prelación de víctimas al no encontrarse el colectivo al que ella representaba contenido en su redacción —víctimas de delitos contra la seguridad vial—. En este sentido, una vez expuestas las vicisitudes prácticas del precepto, la entrevistada admitió que las dificultades en su ejercicio no compensaban los potenciales beneficios que pudieran derivarse del mismo. Por consiguiente, se infiere de esta experiencia que la falta de conocimiento obedece nuevamente a las fallas que presenta este derecho a la información, en este caso aplicables a la participación en la ejecución.

Así, respecto a la incidencia que presenta este artículo en la actividad de juzgados y oficinas, las personas pertenecientes a sendas esferas profesionales manifiestan la escasa trascendencia del precepto, no llegando a alcanzar la decena de casos en ninguna de las instituciones consultadas. Sin embargo, aunque la selección muestral no resulta representativa nos permite conocer las vicisitudes que rodean a este precepto desde la praxis.

Así, desde las oficinas se han manifestado casos de víctimas que, mostrándose dispuestas en un primer momento a ejercitar el artículo 13, una vez expuesto el contenido del artículo y los trámites asociados al mismo, han desistido en su aplicación. Adicionalmente, los profesionales entrevistados han manifestado que en gran número de ocasiones este precepto se ha concebido como una suerte de mecanismo para obtener más datos sobre la causa penal, lo que revela nuevamente la ineficacia del artículo respecto a sus propósitos iniciales junto a las deficiencias ya aludidas en la garantía de los derechos de información.

En lo relativo a la actividad jurisdiccional, la judicatura no revela una especial trascendencia del artículo en el levantamiento del periodo de seguridad, instituto jurídico cuya imposición potestativa resulta marginal en la praxis. No obstante, las personas entrevistadas pertenecientes a este ámbito han destacado la utilidad de este precepto en la facilitación de datos por parte de las víctimas que determinen la negativa a la concesión de la libertad condicional, o, en el supuesto donde se lleve a término, la asignación de medidas alternativas. Los profesionales de la judicatura advierten, sin embargo, que esta orientación del precepto debe tomarse con suma cautela ya que las alegaciones que se fundamenten deben disponer de elementos probatorios suficientes, lo que motiva que esta labor deba ser desempeñada por los tribunales ya que serán estas instituciones las que en última instancia tomen la decisión. Así, esta incorporación tácita de la víctima a las funciones de investigación desarrolladas por instancias jurisdiccionales hace que la víctima no pueda desmarcarse de esta condición, postergando en consecuencia su proceso de recuperación al mantenerse en una posición vindicativa permanentemente.

Por añadidura, las personas entrevistadas ponen de manifiesto el contraste existente entre el escaso potencial del artículo en términos de aplicación con el elevado riesgo de revictimización que presenta. Así las cosas, la configuración de este precepto genera unas expectativas a la víctima de intervención en la ejecución penitenciaria que en la práctica no se cumplen debido a los inconvenientes expuestos en las diferentes intervenciones. Esto se traduce en un aumento de la desconfianza e insatisfacción de las víctimas respecto a un sistema que brinda derechos sin garantizar su efectivo ejercicio.

Por su parte, existe una convergencia generalizada en los colectivos entrevistados en la necesidad de contar con una regulación más específica de la justicia restaurativa. Así, si bien es cierto que el Estatuto ha introducido esta institución de manera específica en el ordenamiento, no la ha dotado de contenido suficiente para que constituya un recurso aplicable con carácter general. No obstante, pese a que las diferentes aportaciones han puesto el foco en que una excesiva concreción de la justicia restaurativa, esto supondría despojarla de la flexibilidad que le resulta inherente, por lo que la indefinición que caracteriza actualmente al sistema reparador español precisa de una revisión y mejora. En este sentido, si se persigue que la justicia restaurativa se constituya en un recurso accesible para las víctimas, los profesionales dedicados a la intervención victimal deben conocer la naturaleza y finalidades de esta institución, ya que algunas intervenciones han manifestado que la falta de derivación a los servicios de justicia restaurativa no llega a producirse por la consideración de la justicia restaurativa como un proceso revictimizador.

Así las cosas, la facilitación de información sobre justicia restaurativa pasa en primer término por superar la errónea identificación del proceso reparador con la mediación, cambio de paradigma que también debe proyectarse en la norma. Esta confusión alberga importantes implicaciones para la aplicación de procesos de justicia restaurativa en determinados delitos como la violencia de género para los que se encuentra proscrita la mediación, pero no el resto de mecanismos que componen la justicia restaurativa, por ejemplo, los círculos.

Por su parte, los distintos profesionales han evidenciado que los procesos restaurativos siguen partiendo del entorno penitenciario, lo que obedece en parte nuevamente a la escasa dotación de las oficinas de víctimas en este sentido, precisando de profesionales formados y de recursos que permitan a la víctima tomar la iniciativa en estos procesos. Por consiguiente, en aras de paliar estas carencias, la colaboración con entidades del tercer sector especializadas en materia restaurativa constituye una estrategia de suma relevancia en la consecución de estos objetivos, al resultar estas instituciones más accesibles a las víctimas. La comunicación entre sendos organismos deviene en un factor clave para garantizar que la víctima dispone de los elementos de juicio para poder tomar una decisión respecto a los procesos restaurativos con el fundamento suficiente, despojado de prejuicios y creencias. En este sentido, se debe procurar un desarrollo similar en todo el ámbito nacional, atendiendo las vicisitudes de cada territorio, con el objetivo de que las víctimas dispongan de la posibilidad de acceder a estos servicios independientemente de su lugar de residencia.

Asimismo, otro de los aspectos abordados durante las entrevistas fue el relativo a la configuración de las oficinas de asistencia a víctimas. La mayor parte de intervenciones evidenciaron la sobrededicación de estas entidades al abordaje de la violencia de género, fenómeno que debido a su entidad e incidencia precisa un mayor número de herramientas para ser combatido, tesis que fue defendida por las y los participantes. Sin embargo, el déficit de recursos aducido en numerosas ocasiones a lo largo del estudio actúa en detrimento de las víctimas del resto de categorías delictivas, ahondándose en la división entre víctimas «de primera» y «de segunda» al no disponer estas últimas del mismo acceso a estos organismos, que, en muchas ocasiones, desconocen. Así, esta falta de conocimiento resulta también predicable del entorno judicial, que opera al margen de las oficinas, atención separada que redunda en perjuicio de las víctimas, ajenas a las vicisitudes del sistema penal.

Así las cosas, esta carente familiarización con los recursos asistenciales en materia de víctimas por los operadores jurídicos resulta sintomática de uno de los déficits que limitan de forma decisiva la aplicación del Estatuto: su falta de publicidad. Este cuerpo legislativo resulta poco conocido en términos generales, desde las propias víctimas, que desconocen las prerrogativas que le son conferidas en virtud de esta norma hasta la judicatura, que tienen la Ley de Enjuiciamiento Criminal por norma de referencia en materia de protección de víctimas. Esta dinámica en la praxis jurisdiccional obedece, tal y como han expuesto algunas personas entrevistadas, a la comodidad y seguridad que supone aplicar la LECrim en comparación a un cuerpo legislativo como el Estatuto, que no ha sabido reivindicar su autonomía respecto a este primer cuerpo legal. En este sentido, la falta de implicación de los operadores jurídicos respecto a la LEVID se ha traducido en el surgimiento de algunas voces que apuestan por la refundición de sendas normativas en aras de garantizar la puesta en práctica de la LEVID, solución que no resulta clara debido a la diferente naturaleza que, al menos apriorísticamente, presentan ambas leyes.

Por consiguiente, tal y como ha sido expuesto a lo largo de este epígrafe conclusivo, el Estatuto presenta numerosas deficiencias que constriñen su potencial. Así las cosas, el contenido de las diferentes entrevistas nos brindan las herramientas necesarias para poder realizar una humilde revisión ex post de la norma, labor poco frecuente en la implementación de políticas públicas relacionadas con la delincuencia. Por ello, considerando que el Estatuto de la víctima forma parte de nuestro ordenamiento jurídico en el año 2015 sin experimentar cambios sustanciales en su redacción, estimamos conveniente realizar en el capítulo que cierra esta obra una somera propuesta político–criminal partiendo que aúne las principales reflexiones compiladas en estas líneas.

*Capítulo V*

# *Futuribles del estatuto de la víctima, ¿hacia dónde nos dirigimos? Una propuesta político–criminal*

Resulta posible afirmar, a la luz de lo expuesto durante la obra, la deficiente trasposición que el legislador español realiza de la Directiva 2012/29/UE en materia de derechos, protección y apoyo de las víctimas de delitos en el contexto jurídico nacional. Así, el Estatuto de la víctima presenta un difícil encaje en un sistema acusatorio formal o mixto como el español, que tradicionalmente ha conferido a las víctimas un mayor margen de actuación en comparación a sus homólogos europeos. Ilustra lo expuesto el reconocimiento constitucional del derecho a la tutela judicial efectiva del art. 24 CE, de la acusación popular en el art. 124 CE o del art. 110 LECrim, precepto que faculta a los perjudicados por el delito a postularse como parte en el proceso. Adicionalmente, cabe resaltar la orientación de las últimas reformas del CP —especialmente las llevadas a cabo en los años 2003, 2010 y 2015— que paulatinamente han incorporado a la víctima como figura clave en determinados institutos penales —petición de perdón, audiencia en la imposición, suspensión o cese de medidas de seguridad, entre otros—, fenómeno que conlleva la introducción de elementos subjetivos en una disciplina eminentemente objetiva como el derecho penal.

Tal y como hemos señalado a lo largo de este trabajo, el sistema español en materia de víctimas presenta una vasta producción normativa orientada, con independencia de su rango, al reconocimiento, protección y reparación de los sujetos que han sufrido las consecuencias del delito. Sin embargo, el contenido de la LEVID refleja la limitada y escasa ambición del legislador nacional en su elaboración, desvirtuando y vaciando de contenido los propósitos de vocación integral plasmados en el Preámbulo de la norma. En este sentido, las disposiciones del Estatuto constituyen una trasposición cuasi literal de los preceptos recogidos en la Directiva, obviándose las vicisitudes del sistema, diferentes al resto de tradiciones europeas. En consecuencia, esta omisión del legislador cristaliza en la configuración de una norma caracterizada por sustanciales omisiones, errores y duplicidades en su contenido. Así las cosas, la LEVID no logra aglutinar todas las disposiciones de los diferentes cuerpos normativos aplicables a los sujetos afectados por el delito, sin constituir, por tanto, un régimen unitario o «Estatuto» que garantice una mayor seguridad jurídica. Esta problemática precisa ser solventada con relativa celeridad ya que la falta de concreción en el sistema de garantías aplicables a víctimas e infractores no hace sino perpetuar el paradigma de «suma–cero», imposibilitando cualquier suerte de acercamiento o reconciliación.

Este sucinto análisis sobre las principales problemáticas que afronta actualmente el sistema tuitivo victimal en términos generales y, particularmente, el Estatuto de la víctima, revela que la protección y garantía de los derechos de las víctimas es una labor inacabada a nivel interno. En consecuencia, la toma de decisiones político–criminales se erige como aspecto clave si la construcción de un sistema tuitivo eficaz, eficiente y efectivo para las víctimas constituye verdaderamente un objetivo relevante para los poderes públicos y no obedece a cuestiones meramente electoralistas. Como sabemos, la elaboración de políticas criminales, al igual que sucede con el resto de políticas públicas, debe realizarse con suma cautela debido a las implicaciones que pueden derivarse de las mismas. Sin embargo, en la medida en que la cuestión que estamos abordando incide directamente sobre uno de los colectivos más vulnerables del sistema penal, las víctimas, la reflexión se torna en una exigencia de primer orden.

Somos conscientes del ingente trabajo legislativo que subyace tras la elaboración de cada norma, por lo que no pretendemos sustituir la compleja labor del legislador, sino más bien presentar las reflexiones derivadas de esta investigación en este formato, con el objetivo de contribuir a la discusión sobre esta materia.

Así las cosas, con el objetivo de facilitar la comprensión de esta propuesta político–criminal, este último capítulo se configurará en seis ejes que serán desarrollados a continuación.

## 1. LA RECONFIGURACIÓN DEL DERECHO A ENTENDER Y A SER ENTENDIDA DEL ART. 4 DEL ESTATUTO

Una de las conclusiones más significativas extraídas tras el análisis de las entrevistas ha sido el abordaje del artículo 4, al erigirse como precepto que constituye el denominador común al resto de derechos de la LEVID. Sin embargo, el derecho a entender y ser entendida presenta ciertas lagunas y carencias en su dimensión teórica y aplicada, aspecto que compromete en cierta medida la ejecución del resto de prerrogativas contenidas en el Estatuto. En este sentido, resulta necesaria una reformulación del precepto que facilite su adecuada implementación y, por consiguiente, la ejecución del mismo por los profesionales vinculados con la atención a las víctimas.

Así, las mejoras que potencialmente se produjesen de este precepto deberían pivotar sobre cuatro puntos, a saber, en primer lugar, subrayar el acceso de todas las víctimas a las prerrogativas contenidas en el Estatuto, especialmente aquellas que no hubieran interpuesto denuncia. En segundo lugar, debe apostarse por la consecución de un lenguaje accesible, prerrogativa que no debe limitarse al Estatuto sino a todo el ordenamiento jurídico con el objetivo de facilitar la comprensión de las normas tanto a las personas legas como expertas en Derecho. En este sentido, y en tercer lugar, resultaría conveniente incorporar el empleo del lenguaje inclusivo tanto en la propia redacción de la norma como en la propia atención a las víctimas, con el objetivo de reducir al máximo potenciales prácticas discriminatorias. Por último, en lo que respecta al acompañamiento por una persona de su elección, si bien es una cuestión obvia que no precisaría de aclaración, consideramos que no debería suprimirse del precepto. Sin embargo, dado que este trámite puede producirse con independencia de que se haya interpuesto o no denuncia, deberán remarcarse ambas circunstancias.

En este sentido, la interposición de denuncia remitirá a los arts. 110 y 433 LECrim que regulan esta cuestión al constituirse la víctima como parte del proceso penal. No obstante, debemos resaltar en este punto la necesidad de revisión de sendos preceptos en aras de evitar posibles contradicciones entre el Estatuto y la LCErim. Por su parte, se añadirá un apartado d) en la que se establecerá la obligación a los profesionales del ámbito judicial, policial y asistencial de las Oficinas de garantizar que los intercambios con las víctimas se producen de forma comprensible para ellas. Como colofón, se adicionará una cláusula de cierre formulada en términos negativos al establecer que este derecho no se encuentra ejecutado con la mera facilitación a las víctimas de documentos de carácter informativo, aunque estos se encuentren en el lenguaje que a la víctima le resulte comprensible.

Así, la propuesta de redacción de este precepto se articularía en los siguientes términos:

«**Artículo 4. Derecho a entender y ser entendida.**

Toda víctima tiene el derecho a entender y ser entendida en todas las intervenciones que se desarrollen por los diferentes profesionales en materia de asistencia y tratamiento desde la comisión delictiva.

No resultará necesaria la interposición de denuncia para poder ejercitar este derecho.

A tal fin:

a) Todas las comunicaciones con las víctimas, orales o escritas, se harán en un lenguaje claro, sencillo, accesible e inclusivo, de un modo que tenga en cuenta sus características personales y, especialmente, las necesidades de las personas con diversidad funcional cualquiera que sea su manifestación o su minoría de edad. Si la víctima fuera menor o tuviera la capacidad judicialmente modificada, las comunicaciones se harán a su representante o a la persona que le asista.

b) Se facilitará a las víctimas, desde su primer contacto con las autoridades o con las Oficinas de Asistencia a las Víctimas, la asistencia o apoyos necesarios para que pueda hacerse entender ante ellas. Entre estos mecanismos se encontrará incluida la interpretación en las lenguas de signos reconocidas legalmente y los medios de apoyo a la comunicación oral de personas con discapacidad de carácter auditivo, visual o cognitivo.

c) La víctima podrá estar acompañada de una persona de su elección desde el primer contacto con las autoridades y funcionarios, así como con el personal de las oficinas de asistencia a víctimas, aunque no hubiera interpuesto denuncia. En los supuestos en los que esta denuncia se hubiera producido, el acompañamiento se dará en la fase de declaración por la persona letrada y por aquella que la víctima considere oportuno, conforme a los artículos 110 y 433 de la Ley de Enjuiciamiento Criminal.

d) Los funcionarios y autoridades del ámbito policial, judicial o de las Oficinas de Asistencia a las Víctimas encargados de la asistencia y protección de víctimas deberán garantizar la comprensibilidad de los intercambios que se produzcan mediante la elaboración e implementación de protocolos de actuación atendiendo a su concreta actividad.

No se considerará satisfecho este derecho con la mera presentación de folletos informativos o documentos análogos en el lenguaje solicitado por la víctima».

## 2. EL REFUERZO DEL DERECHO A LA INFORMACIÓN: LA REFORMA DE LOS ARTÍCULOS 5 Y 7 DEL ESTATUTO

Otra de las prerrogativas analizadas profusamente en el estudio ha sido el derecho a la información contemplado en los artículos 5 y 7 de la LEVID. Así, mientras el artículo 4 se presenta como marco general para el desarrollo del resto de prerrogativas, el derecho a la información se erige como clave de bóveda del Estatuto, ya que, si las víctimas carecen de datos actualizados tanto a nivel general como de la causa penal, resultará verdaderamente difícil que puedan ejercitar los derechos que le han sido estatutariamente reconocidos.

Así, una de las fallas principales que presenta el precepto es la carente alusión a los organismos que deben facilitar la información contenida en el Estatuto. Consideramos que, si bien este derecho únicamente puede garantizarse mediante la actuación coordinada de los profesionales del ámbito judicial, policial y de oficinas, entendemos que son estos últimos los que deben erigirse como la entidad de referencia a la que deben dirigirse las víctimas para recabar información. Esta tesis se sustenta en la naturaleza y finalidades de las Oficinas plasmadas tanto en el Estatuto como en su Real Decreto de desarrollo 1109/2015, debiendo figurar en este último de forma más evidente la constitución de estas oficinas como cauce de comunicación entre las víctimas y la esfera judicial. Sin embargo, la revisión de este cuerpo normativo, si bien necesaria, supera sustancialmente los objetivos marcados en este trabajo.

Por su parte, debe producirse la distinción del estatus de «víctima» respecto a las situaciones de «ofendido» o «perjudicado», más vinculadas estas últimas al proceso penal. Por ello, debe plasmarse explícitamente en los artículos 5 y 7 que estos derechos pueden ser ejercitados por las víctimas con independencia de que hubiesen interpuesto denuncia y su presentación como parte en el proceso penal, en cuyo caso les serán de aplicación las disposiciones contenidas en la LECrim.

Adicionalmente, para que el derecho a la información, tanto en su dimensión «general» como aquella orientada al proceso penal, pueda resultar efectivo debe contarse, primeramente, con unas oficinas dotadas de recursos materiales, humanos y logísticos suficientes para atender estas necesidades. En este sentido, unas oficinas infradotadas como las actuales no pueden ofrecer una atención personalizada a las víctimas, constituyendo este trato estandarizado terreno abonado para la existencia de victimizaciones secundarias. Por ello, la información proporcionada de forma personal debe aparecer explícitamente en el precepto.

Por su lado, debe existir una comunicación fluida en dos niveles, a saber, por una parte, entre las oficinas y los juzgados y, de otra, entre los jueces de vigilancia penitenciaria y los sentenciadores, siendo este segundo nivel especialmente relevante en aquellas cuestiones relativas a la ejecución de penas. Así, evidenciar la necesidad de que exista esta conexión entre los diferentes organismos en contacto con la realidad de las víctimas se traducirá en una mayor implicación de la esfera judicial, fortaleciéndose así el Estatuto. En consecuencia, se debe plasmar esta necesidad de comunicación adaptándose atendiendo al tenor y finalidad de los artículos.

Así las cosas, la nueva formulación del artículo 5 se propone en los siguientes términos:

«**Artículo 5. Derecho a la información.**

1. Toda víctima tiene derecho, desde el primer contacto con las autoridades y funcionarios a recibir, de manera inmediata, información adaptada a sus circunstancias y condiciones personales y a la naturaleza del delito cometido y de los daños y perjuicios sufridos. No será necesaria la interposición de denuncia para poder ejercitar este derecho.

2. Las Oficinas de Asistencia a las Víctimas serán los organismos encargados de procurar la información contenida en los siguientes apartados:

a) Medidas de asistencia y apoyo disponibles, sean médicas, psicológicas o materiales, y procedimiento para obtenerlas. Dentro de estas últimas se incluirá, cuando resulte oportuno, información sobre las posibilidades de obtener un alojamiento alternativo.

b) Derecho a denunciar y, en su caso, el procedimiento para interponer la denuncia y derecho a facilitar elementos de prueba a las autoridades encargadas de la investigación.

c) Procedimiento para obtener asesoramiento y defensa jurídica y, en su caso, condiciones en las que pueda obtenerse gratuitamente.

d) Posibilidad de solicitar medidas de protección y, en su caso, procedimiento para hacerlo.

e) Indemnizaciones a las que pueda tener derecho y, en su caso, procedimiento para reclamarlas.

f) Servicios de interpretación y traducción disponibles.

g) Ayudas y servicios auxiliares para la comunicación disponibles.

h) Procedimiento por medio del cual la víctima pueda ejercer sus derechos en el caso de que resida fuera de España.

i) Recursos que puede interponer contra las resoluciones que considere contrarias a sus derechos.

j) Datos de contacto de la autoridad encargada de la tramitación del procedimiento y cauces para comunicarse con ella.

k) Servicios de justicia restaurativa disponibles, en los casos en que sea legalmente posible.

l) Supuestos en los que pueda obtener el reembolso de los gastos judiciales y, en su caso, procedimiento para reclamarlo.

m) a ser notificada de las resoluciones a las que se refiere el artículo 7. A estos efectos, la víctima podrá designar una dirección de correo electrónico o, en su defecto, una dirección postal o domicilio, al que serán remitidas las comunicaciones y notificaciones por la autoridad.

3. Los juzgados y tribunales deberán suministrar de oficio a las Oficinas la información que obre en su poder sobre la relación de prerrogativas expuestas en el apartado 1.

En aras de garantizar la obtención de información actualizada sobre la causa, se asegurará la efectiva comunicación ente los órganos jurisdiccionales y Oficinas mediante la elaboración de protocolos de actuación en los términos que estatutariamente se determinen, siendo obligatoria la incorporación de lo siguientes extremos:

a) Nombre del Juzgado y del juez o jueza responsable de la causa, dirección electrónica, postal y número de teléfono institucionales.

b) Número de expediente.

c) Nombre de la víctima y del penado.

d) Tipo de resolución que es comunicada a la oficina, clasificándolas atendiendo a la nomenclatura fijada por el Estatuto.

A aquellas víctimas que se hubieran constituido como parte en el proceso penal les serán aplicables las disposiciones de la Ley de Enjuiciamiento Criminal en esta materia.

4. Esta información será actualizada en cada fase del procedimiento, para garantizar a la víctima la posibilidad de ejercer sus derechos».

Por su parte, si bien la redacción del artículo 7 apenas será modificada, se incidirá especialmente sobre la necesidad de emplear un lenguaje accesible en la comunicación con las víctimas amén de la necesaria comunicación entre el orden jurisdiccional penal —sentenciador— y penitenciario:

«**Artículo 7. Derecho a recibir información sobre la causa penal.**

1. Toda víctima será informada de manera inmediata de la fecha, hora y lugar del juicio, así como del contenido de la acusación dirigida contra la persona infractora con independencia de que se hubiera constituido o no en parte en el proceso penal. Así, se le notificarán las siguientes resoluciones:

a) La resolución por la que se acuerde no iniciar el procedimiento penal.

b) La sentencia que ponga fin al procedimiento.

c) Las resoluciones que acuerden la prisión o la posterior puesta en libertad del infractor, así como la posible fuga del mismo.

d) Las resoluciones que acuerden la adopción de medidas cautelares personales o que modifiquen las ya acordadas, cuando hubieran tenido por objeto garantizar la seguridad de la víctima.

e) Las resoluciones o decisiones de cualquier autoridad judicial o penitenciaria que afecten a sujetos condenados por delitos cometidos con violencia o intimidación y que supongan un riesgo para la seguridad de la víctima. En estos casos y a estos efectos, la Administración penitenciaria comunicará inmediatamente a la autoridad judicial la resolución adoptada para su notificación a la víctima afectada.

f) Las resoluciones a que se refiere el artículo 13.

Estas comunicaciones incluirán, al menos, la parte dispositiva de la resolución y un breve resumen del fundamento de la misma, y serán remitidas a su dirección de correo electrónico. El lenguaje empleado por los tribunales en estas comunicaciones deberá ser comprensible para personas legas en Derecho. Excepcionalmente, si la víctima no dispusiera de una dirección de correo electrónico, se remitirán por correo ordinario a la dirección que hubiera facilitado. En el caso de ciudadanos residentes fuera de la Unión Europea, si no se dispusiera de una dirección de correo electrónico o postal en la que realizar la comunicación, se remitirá a la oficina diplomática o consular española en el país de residencia para que la publique.

Si la víctima se hubiera personado formalmente en el procedimiento, las resoluciones serán notificadas a su procurador y serán comunicadas a la víctima en la dirección de correo electrónico que haya facilitado, sin perjuicio de lo dispuesto en el apartado siguiente.

2. Las víctimas podrán manifestar en cualquier momento su deseo de no ser informadas de las resoluciones a las que se refiere este artículo, quedando sin efecto la solicitud realizada.

3. Cuando se trate de víctimas de delitos de violencia de género, les serán notificadas las resoluciones a las que se refieren las letras c) y d) del apartado 1, sin necesidad de que la víctima

lo solicite, salvo en aquellos casos en los que manifieste su deseo de no recibir dichas notificaciones.

4. Asimismo, se le facilitará, cuando lo solicite, información relativa a la situación en que se encuentra el procedimiento, salvo que ello pudiera perjudicar el correcto desarrollo de la causa.

5. Los Letrados de Administración de Justicia deberán velar por la adecuada comunicación de los tribunales sentenciadores y de vigilancia penitenciaria en lo relativo a las resoluciones contenidas en las letras c), d), e) y f) del apartado 1 de este artículo».

## 3. ¿ES NECESARIA LA CONTINUIDAD DEL ARTÍCULO 13 EN EL ESTATUTO? LA DISYUNTIVA ENTRE SU ELIMINACIÓN O SU MODIFICACIÓN SUSTANCIAL

El análisis del artículo 13 constituye uno de los preceptos clave del análisis práctico del Estatuto debido, por una parte, a su evidente superación del derecho de mínimos marcado por la Directiva de 2012 y, de otra, por su difícil encaje en el sistema tuitivo victimal español. En este sentido, permitir la intervención de las víctimas en la ejecución penitenciaria alberga importantes implicaciones desde una perspectiva político–criminal, puesto que abre la puerta a la introducción de elementos vindicativos en la ejecución de la pena, produciéndose una potencial conculcación de los fines resocializadores establecidos en el art. 25.2 CE. Sin embargo, las entrevistas realizadas han evidenciado que este precepto presenta numerosas carencias que lo tornan en impracticable, lo que avoca inevitablemente al cuestionamiento sobre la procedencia, no tanto de su introducción, dado que forma parte del Estatuto desde el año 2015, sino de su mantenimiento en este cuerpo normativo.

A la luz de lo expuesto, desde este estudio abogamos por la supresión del artículo 13 del Estatuto ya que consideramos que su redacción actual genera unas falsas expectativas a las víctimas con respecto a su protagonismo en la ejecución de penas, resultando en la mayor parte de los supuestos revictimizadoras y contrarias a su proceso de recuperación. En este sentido, la consideración de las víctimas como interlocutoras válidas en el sistema penal debe producirse por otro tipo de mecanismos que no impliquen la imbricación de las prerrogativas de las personas víctimas y victimarias en una relación de «suma–cero» que tan lesiva resulta para ambas partes. No obstante, la consecución de esta premisa determina una reformulación profunda de algunos aspectos del sistema, de lo que nosotros ofreceremos solo algunas propuestas cuya implementación consideramos que podrían traducirse en una mejora sustancial de la posición de las víctimas en el sistema penal.

En primer término, consideramos que el acompañamiento institucional resulta clave durante su proceso de recuperación, con independencia de que haya decidido formar parte del proceso penal mediante la interposición de denuncia y su ulterior intervención en el proceso a través de la acusación particular. No obstante, la asistencia a las víctimas durante el proceso penal goza de gran relevancia ya que es en estos momentos —antes, durante y después de la celebración del juicio— donde debe demostrarse que su participación no se reduce a un aspecto meramente instrumental, sino que su voz es tenida en cuenta por los operadores jurídicos.

Estas estrategias podrían abarcar desde una mayor facilitación de información hasta un mayor protagonismo durante este iter procesal, incentivándose de este modo que las relaciones que se articulen en torno al sistema sean de coordinación y no de subordinación, reduciéndose de este modo potenciales victimizaciones secundarias. Así las cosas, una institución que resulta ilustrativa respecto a su necesidad de reformulación es la conformidad regulada en los arts. 655, 688, 784.3 y 787 de la LECrim. La orientación de esta reforma debería enfocarse en garantizar un efectivo conocimiento y participación de la víctima en tanto que las sentencias condenatorias con las que suelen culminar este tipo de procesos se limitan habitualmente a la negociación entre el Ministerio fiscal y la parte acusada, sin que la víctima pueda intervenir o al menos saber las razones que conducen a ese pronunciamiento judicial. Así, debemos recordar en este punto que el sistema procesal español se configura respecto al modelo acusatorio o mixto lo que brinda mayores garantías a la persona afectada por el delito a través de la figura de la acusación particular. Sin embargo, se precisa de reformas en el ámbito procesal orientadas a favorecer una mayor participación de las víctimas durante este periodo, presentando una incidencia directa en el fortalecimiento de la esfera tuitiva victimal.

No obstante, en el supuesto de que la supresión del artículo 13 resultase excesivamente disruptiva, podría optarse por una opción de compromiso que pasaría por el mantenimiento del precepto a través de una reforma integral del mismo.

En primer término, debe tomarse una decisión sobre las víctimas facultadas para ejercitar este precepto, ya que la redacción original establece que la acción de recurrir deberá llevarse a cabo conforme a lo dispuesto en la Ley de Enjuiciamiento Criminal. Así las cosas, el párrafo segundo del art. 110 LECrim dispone que no es necesario que las personas perjudicadas se presenten como parte en la causa para el ejercicio de los derechos de restitución, reparación e indemnización. Sin embargo, el contenido del artículo 13 no resulta subsumible en estas categorías, resultando necesario que, conforme a lo dispuesto en el párrafo primero del art. 110 LECrim se hubieran constituido como parte antes del trámite de calificación del delito o, en su caso, del juicio oral, adhiriéndose en su caso, al escrito del Ministerio Fiscal. Por consiguiente, se infiere de lo expuesto que el artículo 13 únicamente puede ser ejercitado por las víctimas que se hubieran constituido como parte en el proceso, con el objetivo de no incurrir en contradicciones respecto a la Ley de Enjuiciamiento Criminal.

En lo que respecta a la participación directa, si se mantiene el auto del JVP por el que se autoriza el levantamiento del periodo de seguridad como una de las instituciones susceptibles de recurso, la configuración del apartado 13.1 a) deberá modificarse sustancialmente. Por una parte, en tanto que solo pueden recurrirse los periodos de seguridad potestativos, se eliminarían la relación de categorías delictivas contenidas en su relación actual ya que la imposición de periodo de seguridad por el juez de forma facultativa indica la gravedad del delito cometido. Esta ampliación a todos los delitos desterraría la prelación de víctimas en este artículo, al menos desde una perspectiva formal.

Así, la imposición de los periodos de seguridad potestativos se extrapolaría a la letra b) de este primer apartado del artículo 13, con la necesaria eliminación de la referencia al art. 78.3 CP al encontrarse derogado, plasmándose la formulación correcta. Adicionalmente, en este apartado debe solventar aquellos supuestos en los que concurran una pluralidad de víctimas debido a la naturaleza que alberga el precepto aludido, cabiendo la posibilidad de que todas ellas no sean proclives a esta participación en la ejecución. Por ello, se exigirá un consenso unánime para que este apartado resulte aplicable. En aquellos supuestos en los que las víctimas guarden silencio, se presumirá la negativa de la víctima fundamentada en el principio penal *in dubio pro reo.*

Por su parte, la letra c) relativa a la concesión de la libertad condicional será suprimida del tenor del artículo en la medida en que la configuración actual de esta institución determina que no podrá ser llevada a cabo si no puede mantenerse el pronóstico de la falta de peligrosidad que motivó la libertad condicional conforme al art. 90 CP.

Por otro lado, la participación directa contenida en el apartado segundo del artículo 13 no presentaría la necesidad de ser reformado en profundidad en la medida en que su objetivo es informar al juez de algunos aspectos que pueden ser relevantes y que no hubiesen sido tenidos en cuenta para la imposición de determinadas medidas. No obstante, se incluirá una cláusula de cierre en la que se plasme la necesidad de que esta comunicación a los tribunales presente forma de recurso y se encuentre fundamentada con arreglo a Derecho, precisándose la asistencia de profesionales de la abogacía y la procuraduría. Asimismo, debido a la naturaleza de las medidas contempladas en este apartado, este trámite podrá realizarse en cualquier momento durante la ejecución de la medida.

Una vez expuestas las consideraciones anteriores, se ofrece en las siguientes líneas la propuesta de reforma del artículo.

«**Artículo 13. Participación de la víctima en la ejecución.**

1. Las víctimas que se hubiesen constituido como parte en el proceso penal en los términos establecidos por la Ley de Enjuiciamiento Criminal podrán recurrir las siguientes resoluciones:

a) El auto por el que el Juez de Vigilancia Penitenciaria autoriza, conforme a lo previsto en el párrafo tercero del artículo 36.2 del Código Penal, la posible clasificación del penado en tercer grado antes de que se extinga la mitad de la condena. No podrán recurrirse los periodos de seguridad determinados obligatoriamente por la norma, siendo objeto de recurso únicamente aquellos impuestos potestativamente por el juez o jueza.

b) El auto por el que el Juez de Vigilancia Penitenciaria acuerde, conforme a lo previsto en el artículo 78.1 del Código Penal, que los beneficios penitenciarios, los permisos de salida, la clasificación en tercer grado y el cómputo de tiempo para la libertad condicional se refieran al límite de cumplimiento de condena, y no a la suma de las penas impuestas, cuando la víctima lo fuera de algún delito para el que haya sido impuesto un periodo de seguridad de forma potestativa por el tribunal o de un delito cometido en el seno de un grupo u organización criminal. Se necesita el consenso unánime de las víctimas afectadas para la ejecución de este apartado. El silencio de las víctimas respecto a esta cuestión se presumirá negativo.

2. El juez o jueza de vigilancia penitenciaria deberá dar traslado a la víctima de las resoluciones contenidas en el apartado 1 antes de que sean aprobadas. En este tiempo, la víctima deberá anunciar al letrado de administración de justicia competente su voluntad de recurrir e interponer el recurso dentro del plazo de quince días desde dicha notificación, asistida por abogado y procurador.

3. Las víctimas estarán también legitimadas para informar sobre las siguientes cuestiones:

a) Interesar que se impongan a la persona liberada condicional las medidas o reglas de conducta previstas por la ley que consideren necesarias para garantizar su seguridad si no hubiesen sido determinadas por el juez o jueza en la concesión de la libertad condicional.

b) Facilitar al juez o tribunal cualquier información que resulte relevante para resolver sobre la ejecución de la pena impuesta, las responsabilidades civiles derivadas del delito o el comiso que hubiera sido acordado.

Este trámite de información podrá llevarse a cabo en cualquier momento durante la ejecución de la medida siempre que se encuentre correctamente fundamentado con arreglo a Derecho. Deberá presentarse en formato de recurso y se requerirá la asistencia de abogado y procurador».

## 4. LOS RETOS DE LA CONFIGURACIÓN ESTATUTARIA DE LA JUSTICIA RESTAURATIVA: LA APUESTA POR UNA MAYOR DEFINICIÓN E IMPLEMENTACIÓN DE LOS PROCESOS REPARADORES

La introducción de la justicia restaurativa a través del artículo 15 representa, por su parte, el intento del legislador por dotar de naturaleza reparadora al Estatuto, erigiéndose como contrapeso a los elementos vindicativos introducidos por el artículo 13. Así, si bien este precepto resulta un avance respecto a la situación preestatutaria precisa ser reformulado con el objetivo de dotar de soporte legislativo a las intervenciones restaurativas.

En primer término, debe superarse la confusión entre justicia restaurativa y mediación, entendiendo que se tratan de instituciones diferentes con objetivos distintos. De lo contrario, como sucede actualmente, la equiparación de la mediación con la justicia restaurativa supone un importante freno al desarrollo de estrategias restaurativas. Por ello, resultaría conveniente introducir en el art. 15 LEVID un primer apartado donde se aportase la definición de justicia restaurativa con el objetivo de evitar confusiones respecto a la mediación, que nosotros incluiremos partiendo de las definiciones aportadas en el capítulo III de esta obra. Adicionalmente, deberá establecerse que las estrategias desarrolladas reglamentariamente se enmarcarán en el ámbito penitenciario, pivotando principalmente sobre los diálogos, conferencias y círculos restaurativos, amén de los talleres que puedan desarrollarse sobre esta materia, de forma similar a lo dispuesto en la Ley Foral 4/2023, de 9 de marzo, de justicia restaurativa, mediación y prácticas restaurativas comunitarias.

Por consiguiente, la adopción de un enfoque victimocéntrico en la ejecución de iniciativas restaurativas debe resultar prioritario con el objetivo de no causar potenciales revictimizaciones, exigencia que no implica la minusvaloración de la participación de la persona victimaria y la comunidad en estos encuentros. Esta premisa se traduce en dos modificaciones fundamentales que deben operarse sobre el precepto.

En primer término, se debería enfatizar en este precepto el papel de las oficinas de asistencia a víctimas como organismos de referencia en la facilitación de información sobre los procesos restaurativos. En este sentido, se establecería la previsión estatutaria sobre la creación de servicios de justicia restaurativa como un departamento propio dentro de las oficinas. No obstante, en aquellos supuestos donde esto último no pudiera producirse, se determinará en el reglamento de desarrollo del Estatuto de la derivación de las víctimas a organismos del tercer sector especializados en justicia restaurativa mediante la elaboración de protocolos de coordinación y colaboración.

Por otro lado, este precepto facultará a las víctimas a solicitar la celebración de un proceso restaurativo siempre que la valoración de la idoneidad realizada por los facilitadores de justicia restaurativa resulte positiva, es decir, que la víctima se encuentre preparada para ello. Adicionalmente, esta nueva redacción del artículo 15 deberá mantener la posibilidad de que tanto víctima como infractor puedan abandonar el proceso restaurativo en cualquier momento.

Así, se plasma a continuación la propuesta de redacción del artículo 15 del Estatuto:

«**Artículo 15. Acceso a los servicios de justicia restaurativa.**

1. A los efectos de este artículo y de las previsiones que reglamentariamente se desarrollen, se entenderá por justicia restaurativa:

«Modelo de justicia distinto al proceso penal tradicional con el objetivo de que las personas víctimas, victimarias y la comunidad puedan resolver el conflicto en un proceso deliberativo, no punitivo y reparador de las relaciones sociales dañadas por el delito».

Los sistemas restaurativos establecidos en este precepto se circunscribirán al ámbito penitenciario, pudiendo tratarse de:

a) Diálogos restaurativos: encuentro entre víctima y victimario, que podrá ser directo —víctima y victimario de la misma causa— o indirecto —no existe correspondencia entre el delito sufrido por la víctima y cometido por el victimario—.

b) Conferencias restaurativas: encuentro entre víctima, victimario y los círculos de confianza de ambas partes con el objetivo de dirimir el conflicto surgido de la experiencia delictiva.

c) Círculos restaurativos: encuentros entre víctima, victimario y comunidad entendida en un sentido amplio, en el que puede darse la intervención de otros agentes sociales —profesionales del tercer sector, sanitarios o asociaciones vecinales, entre otras— en aras de solventar las problemáticas derivadas del delito.

2. Las oficinas de asistencia a víctimas serán los organismos encargados de procurar información y la potencial derivación a los mecanismos restaurativos en los términos que reglamentariamente se determinen. Se podrán crear dentro de las oficinas servicios de justicia restaurativa destinados a la realización de estas funciones.

3. La ejecución de los procesos restaurativos se producirá siempre que las personas facilitadoras determinen que las víctimas y victimarios se encuentran preparados para ello a través de la elaboración de informes de idoneidad positivos.

4. Los encuentros reparadores serán gratuitos, flexibles, confidenciales y voluntarios. Se encontrarán regidos asimismo por los principios de solidaridad, respeto a la dignidad humana, justicia y verdad.

En este sentido:

a) Los debates desarrollados dentro de los procesos restaurativos serán confidenciales y no podrán ser difundidos sin el consentimiento de las partes implicadas. Las personas facilitadoras de justicia restaurativa estarán sujetos a secreto profesional con relación a los hechos y manifestaciones de que hubieran tenido conocimiento en el ejercicio de sus funciones.

b) Víctimas y personas infractoras podrán revocar su consentimiento para participar en los procesos restaurativos en cualquier momento».

## 5. LA NECESIDAD DE DOTACIÓN PRESUPUESTARIA Y DE PROFESIONALES DE LA CRIMINOLOGÍA EN LOS SISTEMAS DE ASISTENCIA A VÍCTIMAS

Las deficiencias advertidas en la dotación de las oficinas de víctimas resultan extrapolables al sistema asistencial de víctimas, evidenciando la necesidad de financiación en su conjunto. Sin embargo, no solo no se han establecido cauces que permitan esta dotación sino al contrario, incorporándose al contenido del Estatuto cláusulas que descartan implícitamente esta posibilidad. En este sentido, la disposición adicional segunda establece que la implementación de esta norma no supondrá un incremento del gasto público en materia logística o de personal.

Esta premisa resultaba verosímil considerando el contexto de crisis económica en el que se aprobó la norma, que, sin embargo, carece de sentido nueve años después. Así, su mantenimiento compromete la implementación del Estatuto traduciéndose en un tratamiento y atención deficitaria de las víctimas, lo que avoca necesariamente a la eliminación de esta disposición, al menos en su configuración actual.

En este sentido, al igual que planteábamos con la propuesta del artículo 13, si la eliminación de esta disposición supusiera un cambio abrupto en la normativa, su mantenimiento se encontraría condicionado a la reformulación integral del mismo en unos términos similares a los plasmados a continuación:

«Disposición adicional segunda. Dotación presupuestaria.

Se destinarán partidas presupuestarias a nivel estatal dirigidas a la financiar las medidas previstas en esta Ley en los términos que normativamente se determinen, sin perjuicio de las particularidades que presenten las Comunidades Autónomas en el desarrollo de estas competencias.

Las previsiones presupuestarias podrán ser revisadas anualmente».

La entrada en vigor de esta modificación conllevaría la realización de cambios en el Real Decreto 1109/2015, concretamente, en su disposición adicional única, en la cual se establece que las oficinas de asistencia a víctimas no contarán con partidas presupuestarias específicas. Así las cosas, esta premisa debería suprimirse de este cuerpo legislativo con independencia de que la propuesta sugerida llegara a adoptarse finalmente ya que, tal y como hemos expuesto a lo largo de la obra, las oficinas necesitan de dotación adecuada de medios logísticos, materiales y humanos para erigirse en un recurso verdaderamente útil en el tratamiento e intervención sobre las víctimas.

Relacionado con este último aspecto, se hace necesaria la reflexión sobre los medios personales que componen las oficinas. Así las cosas, considerando el desarrollo experimentado por la Criminología teórica y aplicada, no puede continuar relegándose a un saber auxiliar en estos organismos, cuyas dinámicas implican la existencia de conocimientos y sensibilización respecto a los procesos y experiencia victimológica. Por ello, consideramos oportuno reivindicar en este punto la integración de profesionales de la Criminología en la conformación de los equipos multidisciplinares de estas entidades, aspecto que resulta aplicable al sistema de justicia en su totalidad.

## 6. «EL ESTATUTO DE LAS VÍCTIMAS» COMO CUERPO AUTÓNOMO Y LA URGENTE APROBACIÓN DE UNA NUEVA LEY DE ENJUICIAMIENTO CRIMINAL

En virtud de lo expuesto, resulta evidente que la Ley 4/2015 ha producido un avance significativo en la consecución de derechos desde una perspectiva material, si bien ha resultado insuficiente en su implementación. Esta tesis se sustenta sobre dos fundamentos que, si bien de distinta naturaleza, se encuentran estrechamente relacionados, a saber, la falta de conocimiento de la norma y de voluntad en su aplicación. Así, las dificultades de acceso a la norma denunciadas por los profesionales y víctimas, ya por su falta de publicidad, ya por la complejidad de sus postulados, se han traducido en un escaso recurso al Estatuto como norma de referencia en materia victimal.

Esta afirmación engarza con la segunda de las cuestiones apuntadas, relativa a las resistencias al cambio de los profesionales más estrechamente vinculados con el Estatuto. Así, esta falta de aplicación obedece, entre otros motivos, a la complejidad señalada, a la insuficiencia de recursos materiales o a las concomitancias con la LECrim. Dichas circunstancias provocan la aplicación de esta última norma en detrimento del Estatuto, relegándose a una suerte de guía de buenas prácticas en el tratamiento y asistencia victimal.

Así las cosas, se hace evidente la necesidad de un cambio de paradigma desde un prisma político–criminal con el objetivo de que el Estatuto se erija como un mecanismo eficaz en la atención y protección de las víctimas. Esta premisa se traducirá en la reflexión sobre la naturaleza y configuración del Estatuto y su vinculación respecto a la LECrim, cuestiones sobre las que pivotarán las líneas siguientes.

Así, un primer problema que no ha sido abordado por el Estatuto ha sido la gestión las normas existentes en materia victimal hasta el momento de su aprobación, coexistiendo, en consecuencia, diversos regímenes jurídicos aplicables. No obstante, si bien este crisol normativo pudiera ser considerado *prima facie* una ventaja dado que las víctimas cuentan con numerosos recursos legislativos, esta falta de decisión en su dimensión formal alberga importantes implicaciones en términos materiales. Esta dispersión normativa provoca, por una parte, el desconcierto de unas víctimas que desconocen la normativa de referencia, especialmente cuando se encuentran bajo el ámbito de aplicación de diversas normas, como sucede en los casos de violencia de género o terrorismo. Por otro lado, la coexistencia del régimen «general» contenido en el Estatuto con la normativa específica abunda en la idea de víctimas «de primera» y «de segunda», lo cual plantea potenciales agravios comparativos respecto a aquellas víctimas que carecen de regulación aplicable a su tipología delictiva, exigiendo, congruentemente, una atención específica del legislador.

En este punto, resulta clara la premisa que debe seguirse, al menos en términos sistemáticos, si queremos contar con un Estatuto verdaderamente de aplicación a las víctimas, que no por obvia, pierde su fuerza: su configuración debe atender a las necesidades de todas ellas.

Por ello, se propone desde este estudio la elaboración de un «Estatuto de las víctimas de delitos» que compile en varios Títulos o Capítulos aquellas prerrogativas aplicables a todas las víctimas con carácter general, las cuales se corresponderían en términos generales con la redacción actual del Estatuto, constituyendo la protección, reconocimiento, y reparación sus ejes fundamentales. Adicionalmente, este nuevo cuerpo normativo incluiría en Títulos específicos la normativa actual vigente respecto a determinadas tipologías de víctimas que precisan de un abordaje específico —violencia de género, sexual, terrorismo, entre otras—.

Así, estimamos que esta medida resultaría positiva tanto en términos materiales como formales. Por un lado, el hecho de contar con una norma general en materia de víctimas generaría una mayor seguridad jurídica dado que víctimas y profesionales especializados en la materia sabrían con certeza cuál es el cuerpo de referencia, disponiendo de preceptos generales y específicos. Adicionalmente, aglutinar toda la regulación existente en materia de víctimas permitiría reducir o solventar potenciales omisiones, errores, contradicciones o duplicidades entre las diferentes normas, facilitando de este modo la labor legislativa, tanto en aspectos relativos a la revisión como a la creación normativa.

Sin embargo, para que estas propuestas puedan llevarse a término, resulta clave dar respuesta a la siguiente disyuntiva en la medida que determinará la naturaleza del Estatuto: su consideración como cuerpo dependiente o autónomo de la Ley de Enjuiciamiento Criminal. Este planteamiento dicotómico se infiere de la configuración actual del Estatuto, donde la interposición de denuncia deviene en *conditio sine qua non* para el ejercicio de determinadas prerrogativas que no se encontrarían vinculados apriorísticamente con el proceso penal, como sucede con el derecho a la información del artículo 5. Adicionalmente, las continuas alusiones a la Ley de Enjuiciamiento Criminal, al trámite de denuncia y a la mayor familiarización de los operadores jurídicos respecto a este cuerpo normativo en detrimento de la aplicación del Estatuto fundamentan la conveniencia de incluir el Estatuto como parte de la LECrim.

Esta propuesta resulta verosímil, en primer término, habida cuenta de las incongruencias que el Estatuto representa respecto a la LECrim, materializadas en contradicciones o redundancias que no aumentan de forma sustancial el contenido de estas leyes. Asimismo, considerando que el Estatuto constituye un cuerpo legislativo apenas conocido por jueces y tribunales, su incorporación en la LECrim constituiría una forma eficaz de garantizar su cumplimiento por parte de los operadores jurídicos. Por último, esta decisión legislativa resultaría positiva en términos formales puesto que se compilaría en una misma norma los preceptos de aplicación a víctima y victimario, respetándose de este modo, al menos en términos formales, el principio de igualdad de armas procesales.

No obstante, consideramos que esta tesis resolvería parcialmente la problemática expuesta ya que continuaría existiendo el vacío normativo respecto a aquellas víctimas que no quieren o no se encuentran en condiciones formar parte del proceso penal pero que experimentan las consecuencias derivadas del delito. En otras palabras, si no adoptamos un Estatuto diferenciado para las víctimas con independencia de su condición de denunciante, estaríamos asumiendo implícitamente la desprotección de aquellas víctimas que no realizasen este trámite procesal, lo que supondría una conculcación de los objetivos marcados por la Directiva del año 2012.

En consecuencia, necesitamos contar con un «Estatuto de las víctimas» en nuestro ordenamiento jurídico, si bien ha sido demostrado que su configuración actual resulta notablemente insuficiente. Por este motivo, retomamos la idea expuesta supra de aglutinar todos los cuerpos normativos sobre víctimas en este nuevo Estatuto, confiriéndole un estatus autónomo y, a su vez, de la fuerza suficiente para erigirse en una norma de referencia en la asistencia y protección de víctimas con aplicación efectiva en el ámbito nacional.

Sin embargo, tras esta propuesta subyacen fundamentos de carácter más profundo. Así, los esfuerzos por reformar el Estatuto devienen fútiles si no contamos con un sistema penal lo suficientemente sólido que permita encajar los nuevos postulados en materia de protección de víctimas de forma equilibrada respecto al resto de prerrogativas procesales. Así, necesitamos contar con una Ley de Enjuiciamiento Criminal completamente nueva, que abandone redacciones decimonónicas y parches materializados en reformas legales con el objetivo de satisfacer de manera efectiva los intereses de todas las partes implicadas en el proceso penal. Por este motivo, se precisa en este punto que los actores políticos muestren un compromiso férreo para incluir esta elaboración legislativa como tarea prioritaria en la agenda pública, de modo que Anteproyectos como el elaborado en el año 2020 se traduzcan en leyes eficaces, efectivas y eficientes y, lo más importante, vigentes.

Como colofón, el reconocimiento de las víctimas desde una perspectiva jurídico–social se evidencia como una labor ineludible en la configuración de procesos penales adaptados a las exigencias actuales. No obstante, somos conscientes del reto que supone abordar esta cuestión a nivel de política legislativa. Por ello, esta necesidad no debe identificarse con celeridad en tanto que esta dinámica podría comprometer seriamente su consecución. Por consiguiente, la reflexión y racionalidad deben primar especialmente en la elaboración de políticas criminales en materia de víctimas, que, por su naturaleza, revisten una gran complejidad.

# *Referencias bibliográficas*


Agencia Europea de los Derechos Fundamentales (2019). *Victims' rights as standards of criminal justice. Justice for Victims of violent crime Part I.* https://fra.europa.eu/sites/default/files/fra_uploads/fra-2019-justice-for-victims-of-violent-crime-part-1-standards_en.pdf

Álvarez Cuesta, H. (2023). "La protección laboral y social de las víctimas de violencias sexuales en la Ley Orgánica 10/2022, de 6 de septiembre, de garantía integral de la libertad sexual". *Temas Laborales*, (166), 11–37.

Álvarez García, F.J. (2023). "Algunos comentarios generales a la Ley Orgánica 10/2022, de 6 de septiembre, de garantía integral de la libertad sexual". *Revista Electrónica de Ciencia Penal y Criminología,* (25–r3), 1–28. http://criminet.ugr.es/recpc/25/recpc25-r3.pdf

Arnoletto, E.J. (2007). *Glosario de Conceptos Políticos Usuales.* Eumed.

Arrona Palacios, A. (2012). "La influencia de la Victimología en Justicia Restaurativa y los programas de mediación". *Quadernos de Criminología: revista de criminología y ciencias forenses,* (16), 6–11.

Blázquez Peinado, M.D. (2013). La directiva 2012/29/UE "¿Un paso adelante en materia de protección a las víctimas en la unión europea?". *Revista de Derecho Comunitario Europeo,* (46), 897–934. https://recyt.fecyt.es/index.php/RDCE/article/view/39386

Bordas Martínez, J., Baeza López, J.C. y Alba Figuero, C. (2011). *Temas de sociología criminal. Sociedad, delito, víctima y control social.* Universidad Nacional de Educación a Distancia.

Borja Jiménez, E. (2011). *Curso de política criminal.* Tirant Lo Blanch.

Buil Gil, D. (2016). "¿Qué es la Criminología? Una aproximación a su ontología, función y desarrollo". *Derecho y Cambio Social, 44* (5), 1–56. https://dialnet.unirioja.es/servlet/articulo?codigo=5456246

Carrasco Andrino, M.M. (2019). "Víctima, sujeto pasivo y perjudicado por el delito (I)". *Diario La Ley* (136), 1–14. http://hdl.handle.net/10045/91070

Carrizo González–Castell (2022). "El acceso a los servicios de justicia restaurativa tras la aprobación de la Ley Orgánica de la Garantía Integral de la Libertad Sexual y su incidencia en el proceso de menores". En G. Serrano Hoyo y N. Rodríguez–García (dirs.), *Justicia Restaurativa y medios adecuados de resolución de conflictos,* 151–169. Dykinson.

Castaño Tierno, P. (2014). "¿Otra política penal es posible? Un estudio sobre la viabilidad de una política criminal alternativa al populismo punitivo". *Estudios Penales y Criminológicos, 34,* 561–638.

Cerezo Domínguez, A.I. (2010). *El protagonismo de las víctimas en la elaboración y reforma de las leyes penales.* Tirant Lo Blanch

Chozas Alonso, J.M. (2015). *Los sujetos protagonistas del proceso penal.* Dykinson.

Comisión Europea (2020). *Comunicación de la comisión al Parlamento Europeo, al Consejo, al Comité Económico y Social Europeo y al Comité de las Regiones. Estrategia de la UE sobre los derechos de las víctimas (2020–2025).* https://eur–lex.europa.eu/legal–content/ES/TXT/PDF/?uri=CELEX:52020DC0258

Comisión Europea (2023). *Propuesta de Directiva del Parlamento Europeo y del Consejo por la que se modifica la Directiva 2012/29/UE, por la que se establecen normas mínimas sobre los derechos, el apoyo y la protección de las víctimas de delitos, y por la que se sustituye la Decisión marco 2001/220/JAI del Consejo.* https://eur–lex.europa.eu/legal–content/ES/TXT/PDF/?uri=CELEX:52023PC0424

Comunicación Poder Judicial (2023, 18 de septiembre). Los tribunales han acordado 1.205 reducciones de pena en aplicación de la Ley Orgánica 10/2022. *Poder Judicial España.* https://www.poderjudicial.es/cgpj/es/Poder–Judicial/En–Portada/Los–tribunales–han–acordado–1–205–reducciones–de–pena–en–aplicacion–de–la–Ley–Organica–10–2022

Cuarezma Terám, S. (1996). "La Victimología". En A.A. Cançado Trindade (dir.): *Estudios Básicos de Derechos Humanos (Tomo V). San José: Instituto Interamericano de Derechos Humanos,* 297–305.

Daza Bonachela, M.M. (2014). *Victimología hoy, Derecho victimal europeo y español y atención a víctimas de delitos en España.* [Tesis Doctoral, Universidad de Granada]. https://digibug.ugr.es/handle/10481/34696

De Hoyos Sancho, M. (2014). "Reflexiones sobre la directiva 2012/29/UE, por la que se establecen normas mínimas sobre los derechos, el apoyo y la protección de las víctimas de delitos, y su transposición al ordenamiento español". *Revista General de Derecho Procesal,* (34), 1–53.

De Hoyos Sancho, M. (2016). "Novedades en el tratamiento procesal de las víctimas de hechos delictivos tras las reformas normativas de 2015". *Diario La Ley*, (8689), 1–13.

De la Cuesta Aguado, P. (2019). "El concepto jurídico–penal de violencia". En L. Ruiz Rodríguez y G. Agudelo (coords.). *Transiciones de la política penal ante la violencia, realidades y respuestas específicas para Iberoamérica*, 71–94. EDIAR.

De Marcos Madruga, F. (2021). "La justicia restaurativa en la ejecución penitenciaria". *Revista de Derecho penal y Criminología*, (26), 19–38. https://revistas.uned.es/index.php/RDPC/article/view/30594/24259

De Paúl, J. M. (2015). "Algunas observaciones sobre la intervención de las víctimas en la ejecución penitenciaria". *Ponencias de Formación Continua. La posición de la víctima y su incidencia en el proceso penal: Novedades Legislativas, presentada en Madrid.* http://www.poderjudicial.es/cgpj/es/Poder–Judicial/Consejo–General–del–Poder–Judicial/Actividad–del–CGPJ/Informes/Informe–al–Anteproyecto–de–Ley–Organica–del–Estatuto–de–las–Victimas–del–delito

Díaz y García–Conlledo, M. y Trapero Barreales, M. A. (2023). "La nueva reforma de los delitos contra la libertad sexual: ¿la vuelta al Código Penal de La Manada?". *Revista Electrónica de Ciencia Penal y Criminología.* (25–18), 1–51. http://criminet.ugr.es/recpc/25/recpc25–18.pdf

Díez Ripollés, J.L. (2003). "De la sociedad del riesgo a la seguridad ciudadana: un debate desenfocado". *Revista Electrónica de Derecho penal y Criminología*, (7), 1–37. http://criminet.ugr.es/recpc/07/recpc07–01.pdf

Díez Ripollés, J.L. (2010). *La política criminal en la encrucijada.* B de f.

Díez Ripollés, J.L. (2013a). "Rigorismo y reforma penal. Cuatro Legislaturas homogéneas (1996–2011). Parte I". *Boletín Criminológico*, (142), 1–5. https://revistas.uma.es/index.php/boletin–criminologico/article/view/7973/7422

Díez Ripollés, J.L. (2013b). "Rigorismo y reforma penal. Cuatro Legislaturas homogéneas (1996–2011). Parte II". *Boletín Criminológico*, (143), 1–5. https://revistas.uma.es/index.php/boletin–criminologico/article/view/7975/7423

Díez Ripollés, J.L. (2015). *Delitos y Penas en España.* Catarata.

Domínguez Bilbao, R. (2004). Las víctimas. En Hoyos Sierra, A.I. (coord.) *Introducción a la psicosociología del Derecho* , 141–176. Dykinson.

Fattah, E.A. (2014). Victimología: presente, pasado y futuro. *Revista Electrónica de Derecho penal y Criminología,* (16), 1–33. http://criminet.ugr.es/recpc/16/recpc16–r2.pdf

Federación Internacional por los Derechos Humanos (FIDH). (2007). "Capítulo I. Antecedentes: Evolución del acceso de las víctimas a la justicia". En FIDH (ed.). *Manual para víctimas, sus representantes legales y ONG sobre los derechos de las víctimas ante la Corte Penal Internacional.* https://www.fidh.org/IMG/pdf/4–manuel_victimes_CH–I_ESP5.pdf

Fernández de Casadevante Romaní, C. (2009). "Las víctimas y el derecho internacional". *Anuario de Derecho Internacional, 25,* 3–66.

Francés Lecumberri, P. (2018). "La justicia restaurativa y el art. 15 del Estatuto de la víctima del delito, ¿un modelo de justicia o un servicio para la víctima?". *e–Eguzkilore/Revista electrónica de Ciencias Criminológicas,* (3), 1–39. https://www.ehu.eus/ojs/index.php/eguzkilore/article/viewFile/20102/18045

Galindo Perpiñán, M. (2019). "Elementos básicos de justicia restaurativa", En A. Grané, y H. Soleto, *La reparación económica a la víctima en el sistema de justicia,* 569–614. Dykinson.

García del Blanco, V. (2017) "Conflicto de intereses: la víctima en el proceso y en la ejecución penal". En A. Gil Gil, A. y E. Maculan (dir.) *La influencia de la víctima en el tratamiento jurídico de la violencia colectiva,* 275–304. Dykinson.

García Fernández, M.A. (2017). "La mediación penal y el nuevo modelo de justicia restaurativa". *Revista internacional de doctrina y jurisprudencia,* (15), 1–26.

García García–Cervigón, J. (2004). "El papel de la víctima en la política criminal. Especial referencia al delito de lesiones". *Revista de Derecho penal y Criminología, 2* (2), 483–500.

García González, J. (2019). "Los derechos de la víctima en la Ley 4/2015, de 27 de abril. Origen, alcance y contenido más relevante". *Cuadernos de Dereito Actual,* (12), 443–462.

García Magna, D.I. (2018). *La lógica de la seguridad en la gestión de la delincuencia.* Marcial Pons.

García Magna, D.I. (2019). "El recurso excesivo al Derecho penal en España. Realidad y alternativas". *Política Criminal, 14* (27), 98–121.

García Rodríguez, M.J. (2015). "Hacia un nuevo protagonismo de las víctimas en el proceso penal español". *Revista General de Derecho Procesal,* (35), 1–41.

García Rodríguez, M.J. (2016). "El nuevo estatuto de las víctimas del delito en el proceso penal según la directiva europea 2012/29/UE, de 25 de octubre, y su transposición al ordenamiento jurídico español". *Revista electrónica de Ciencia Penal y Criminología,* (18), 1–84. http://criminet.ugr.es/recpc/18/recpc18-24.pdf

Garland, D. (2005). *La cultura de control. Crimen y orden social en la sociedad contemporánea.* Gedisa.

Gil Gandía, C. (2019). *La reparación de las víctimas de crímenes internacionales y la Corte Penal Internacional.* Tesis doctoral, Universidad de Murcia]. https://digitum.um.es/digitum/bitstream/10201/84922/1/Carlos%20Gil%20Gand%c3%ada%20Tesis%20Doctoral.pdf

Gómez Colomer, J.L. (2015). "¿Es necesaria una reforma de los derechos de la víctima en el proceso penal español?". *Cuadernos de Derecho penal,* (14), 13–58.

González Pérez, S. (2019). "La participación de la víctima en la ejecución". En H. Soleto, H. y A. Grané, (Ed.), *La reparación económica a la víctima en el sistema de justicia,* 215–247. Dykinson.

González Tascón, M. (2021). "Observaciones a las novedades introducidas por la Ley orgánica de protección integral de la infancia y la adolescencia frente a la violencia en relación con la materia penal". *Diario La Ley,* 9902, (5). https://bit.ly/3wkxqOT

González Tascón, M. (2023). "El Delito de agresión sexual en su configuración por la Ley Orgánica 10/2022, de 6 de septiembre, de garantía integral de la libertad sexual: comentario al artículo 178 del Código Penal". *Estudios Penales y Criminológicos, 43,* 1–47. https://doi.org/10.15304/epc.43.8930

Gracia Ibáñez, J. (2018). "Justicia y política de la compasión en relación con las víctimas". *Revista de Victimología,* (7), 77–106.

Herrera Moreno, M. (2014). "¿Quién teme a la victimidad? El debate identitario en victimología". *Revista de Derecho penal y Criminología, 3* (12), 343–404.

Ivankovic, A., Altan, L., Carpinelli, A., Carmo, M. y Valério, M. (2019). *VOCIARE Synthesis Report. Assessing the EU's Victims Directive.* https://victim-support.eu/wp-content/uploads/2021/02/VOCIARE_Synthesis_Report.pdf

Jaén Vallejo, M. y Agudo Fernández, E. (2016). "Víctimas: su reconocimiento y protección". En M. Jaén Vallejo, E. Agudo Fernández y A.L. Perrino Pérez (dir.), *La víctima en la justicia penal (El estatuto jurídico de la víctima del delito),* 23–57. Dykinson.

Laboratorio de Teoría y Práctica de Justicia Restaurativa (2023). *Reflexión crítica sobre la prohibición normativa española para desarrollar procesos de mediación en violencia de género y violencia sexual.* https://www.ehu.eus/documents/1736829/36976376/Cast_INVITACI%C3%93N+A+LA+REFLEXI%C3%93N.+PROHIBICI%C3%93N+DE+MEDIACI%C3%93N+EN+EL+ORDENAMIENTO+ESPA%C3%91OL+%282%29.pdf/75a4a59c-5179-c55e-d5c0-67c0da165d47?t=1675076032639

Laguna Hermida, S. (2008). *Manual de Victimología.* Universidad de Salamanca. https://www.academia.edu/36519900/Manual_de_Victimolog%C3%ADa_Susana_Laguna_Hermida

Lamarca Pérez, C. (2014). "Criminología". *Eunomía. Revista en Cultura de la Legalidad,* (6), 224–228.

Laurenzo Copello, P. (2005). La violencia de género en la Ley Integral. Valoración político criminal. *Revista Electrónica de Ciencia Penal y Criminología,* (54), 20–23. http://criminet.ugr.es/recpc/07/recpc07-08.pdf

Leganés Gómez, S. (2015). "La víctima del delito en la ejecución penitenciaria". *Diario La Ley,* (8619), 1–16.

Lima Malvido, M.L. (2012). "¿Qué aporta el conocimiento victimológico a la sociedad? ¿Y la sociedad al conocimiento victimológico?". *Eguzkilore,* (26), 87–106.

Lloria García, P. (2022). "La LO 8/2021, de 4 de junio, de protección integral a la infancia y la adolescencia frente a la violencia y la transformación del Código Penal. Algunas consideraciones". *IgualdadES,* (6), 271–298. https://doi.org/10.18042/cepc/IgdES.6.09

Luaces Gutiérrez, A.I. (2016). "Los derechos en la Ley 4/2015, de 27 de abril, del Estatuto de la víctima del delito: especial consideración a la participación de la víctima en la ejecución penal". *Revista de Derecho penal y Criminología, 3* (15), 139–174.

Machío, A.I. (2015). *Victimología: Un acercamiento a través de sus conceptos fundamentales como herramientas de comprensión e intervención.* https://www.ehu.eus/documents/1736829/2010409/Manual+de+Victimologi%CC%81a+2015.pdf

Marín De Espinosa Ceballos, Elena B. (2023) "La reforma y contrarreforma del delito de agresión sexual". *Revista Electrónica de Ciencia Penal y Criminología,* (25-24), 1–36. http://criminet.ugr.es/recpc/25/recpc25-24.pdf

Martínez Atienza, G. (2018). Respuesta jurídica y social a la víctima del delito. Ediciones Experiencia.

Miguel Barrio, R. (2020). "La Justicia Restaurativa a tenor del artículo 15 del Estatuto de la víctima y la necesidad de incluir otras prácticas: Los círculos restaurativos". *Revista de Victimología,* (10), 71–98. DOI 10.12827/RVJV.10.03

Ministerio de Derechos Sociales y Agenda 2030 (2022). *Boletín Estadístico de Medidas de Protección a la infancia y la Adolescencia nº 25. Datos 2022.* https://observatoriodelainfancia.mdsocialesa2030.gob.es/estadisticas/estadisticas/PDF/Boletin_Proteccion_25_PROVISIONAL.pdf

Ministerio de Igualdad. (2024). Fichas de víctimas mortales por violencia de género. En *Delegación del Gobierno contra la Violencia de Género.* https://violenciagenero.igualdad.gob.es/violenciaEnCifras/victimasMortales/fichaMujeres/home.htm

Milquet, J. (2019). *Strengthing victim's rights: from compensation to reparation– For a new EU Victim's rights Strategy 2020–2025.* https://www.justiceatlast.eu/wp–content/uploads/2019/06/strengthening_victims_rights_–_from_compensation_to_reparation_rev.pdf

Molina Arrubia, C.M. (1987). "De la neutralización de la víctima a la victimología: estructuración de una alternativa en el sistema penal". *Revista Facultad de Derecho y Ciencias Políticas,* (77), 43–83. https://dialnet.unirioja.es/servlet/articulo?codigo=5460987

Morillas Fernández, D.L., Patró Hernández, R.M. y Aguilar Cáceres, M.M. (2011). *Victimología: un estudio sobre la víctima y los procesos de victimización.* Dykinson.

Nistal Burón, J. (2015). "La participación de la víctima en la ejecución penal. Su posible incidencia en el objetivo resocializador del victimario". *Diario La Ley,* (8555), 1–10.

Olásolo, H. y Kiss, A. (2010). "El Estatuto de Roma y la jurisprudencia de la Corte Penal Internacional en materia de participación de víctimas". *Revista Electrónica de Derecho penal y Criminología, 12* (3), 125–164. http://criminet.ugr.es/recpc/12/recpc12–13.pdf

Ortubay Fuentes, M. (2014). "Diez años de la "Ley integral contra la violencia de género": luces y sombras". *Revista Ventana Jurídica, Escuela Capacitación Judicial, 2,* 1–30.

Parlamento Europeo (2018). *Informe de 14 de marzo de 2018 sobre la aplicación de la Directiva 2011/99/UE sobre la orden europea de protección (2016/2329 (INI)).* https://www.europarl.europa.eu/doceo/document/A–8–2018–0065_ES.html

Peramato Martín, T. (2022). "El consentimiento sexual. Eliminación de la distinción entre abuso y agresión sexuales. Propuestas normativas". *Anales De La Cátedra Francisco Suárez,* (2), 191–224. https://doi.org/10.30827/acfs.vi.25187

Pereda Beltrán, N. (2013). *Fundamentos conceptuales de la victimología.* Fundación Universitat Oberta de Catalunya. https://openaccess.uoc.edu/bitstream/10609/69805/2/Victimolog%C3%ADa_M%C3%B3dulo%20 1_%20Fundamentos%20conceptuales%20de%20la%20 victimolog%C3%ADa.pdf

Pérez Rivas, N. (2016). "Las ayudas compensatorias a las víctimas de terrorismo: análisis de la Ley 29/2011 y su reglamento de desarrollo". *Estudios de Deusto, 64* (2), 157–188.

Pérez Rivas, N. (2017). "El modelo europeo de Estatuto de la víctima". *Díkaion, 26* (2), 256–282.

Plasencia Domínguez, N. (2016). "Participación de la víctima en la ejecución de penas privativas de libertad". *Diario La Ley,* (8683), 1–11.

Prieto del Pino, A.M. (2016). "Diez años de derecho penal español contra la violencia de género: maltrato habitual y maltrato ocasional en la pareja". *Revista Nuevo Foro Penal, 12* (86), 115–150.

Ragués I Vallès, R. (2017). "¿Es necesario un estatuto para los denunciantes de la corrupción?". *Diario La Ley, (9003),* 1–10.

Redondo Almandoz, R. y Ríos–López, F.J. (2020). "Música restaurativa. Programa musical de encuentros restaurativos para víctimas y victimarios de violencia de género". En G. Varona Martínez (dir.), *Arte en prisión: justicia restaurativa a través de proyectos artísticos y* narrativos, 337–355. Tirant Lo Blanch.

Renat García, F. (2015). "Del olvido a la sacralización. La intervención de la víctima en la fase de ejecución de la pena (Análisis del art. 13 de la ley 4/2015, de 27 de abril, del Estatuto de la víctima del delito, a la luz de la LO 1/2015, de 30 de marzo, de modificación del Código Penal)". *Revista Electrónica de Ciencia Penal y Criminología* (17–14). http://criminet.ugr.es/recpc/17/recpc17–14.pdf

Salinero Alonso, M.C. (2005). "La indemnización a las víctimas de delitos. Comentario a la Directiva 2004/80/CE del Consejo, de 29 de abril de 2004, sobre indemnización a las víctimas de delitos". *Revista General de Derecho Europeo,* (7), 2–32.

San Juan Bello, P. (2023). "El encaje de la justicia restaurativa en el ordenamiento jurídico español a la luz del Estatuto de la Víctima (Ley 4/2015) y del Anteproyecto de Ley de Enjuiciamiento Criminal de 2020: estado de la cuestión y perspectivas de futuro". *Revista de Victimología,* (16), 51–78. DOI 10.12827/RVJV.16.03

Sánchez Barroso, B. (2022). "La protección a la infancia y la adolescencia desde un punto de vista competencial: evolución y límites tras la Ley Orgánica 8/2021, de 4 de junio". *Revista de Derecho Político,* (114), 149–176. https://revistas.uned.es/index.php/derecho politico/article/view/34145/25457V%20LO%208/2021

Sanz–Díez de Ulzurrun Lluch, M. (2004). "La víctima ante el Derecho. La regulación de la posición jurídica de la víctima en el Derecho internacional, en el Derecho europeo y en el Derecho positivo español". *Anuario de Derecho penal y Ciencias Penales, 57* (1), 219–310.

Sanz–Díez de Ulzurrun Lluch, M. (2014). "La Orden Europea de Protección de Víctimas de Delitos. Análisis de la Directiva 2011/99/UE". *Repositorio institucional de la Universidad Rey Juan Carlos.* http://hdl.handle.net/10115/12122

Sersale di Cerisano, F. (2013). "Justicia transicional en las Américas. El impacto del Sistema Interamericano". *Revista IIDH,* (57), 115–136. https://www.corteidh.or.cr/tablas/r32271.pdf

Serrano Hoyo, G. (2016). "Los servicios de justicia restaurativa en el Estatuto de la Víctima del Delito". En M. Jimeno Bulnes (coord.) *Nuevos Horizontes del Derecho Procesal: libro–homenaje al Prof. Ernesto Pedraz* Penalva, 959–975. Bosch.

Sevilla Royo, T. (2012). *Victimología.* Seguridad y Defensa.

Silva Sánchez, J.M. (2001). *La expansión del Derecho penal: aspectos de la política criminal en sociedades postindustriales.* Civitas.

Subijana Zunzunegui, I.J. (2017). "El modelo de justicia restaurativa tras la ley 4/2015 del Estatuto de la víctima del delito". *Cuadernos Penales José María Lidón,* (13), 139–177.

Tamarit Sumalla, J.M. (2013a). "La protección de las víctimas vulnerables en el Derecho de la Unión Europea". *European Inklings (EUi),* (2), 428–444.

Tamarit Sumalla, J.M. (2013b). "Paradojas y patologías en la construcción social, política y jurídica de la victimidad". *InDret,* 1–31. https://www.raco.cat/index.php/InDret/article/view/262232/349416

Tamarit Sumalla, J.M. (2020). "El lenguaje y la realidad de la justicia restaurativa". *Revista de Victimología,* (10), 43–70. DOI 10.12827/RVJV.10.02

Vacas Fernández, F. (2023). *El estatuto jurídico internacional de las víctimas de crímenes internacionales. Derechos de las víctimas, justicia de transición y Corte Penal Internacional.* Tirant Lo Blanch.

Varona Gómez, D. (2011). "Medios de comunicación y punitivismo". *InDret,* 1–35. https://indret.com/medios–de–comunicacion–y–punitivismo/

Varona Martínez, G., De la Cuesta Arzamendi, J.L., Mayordomo Rodrigo, V. y Pérez Machío, A.I. (2015). *Victimología: Un acercamiento a través de sus conceptos fundamentales como herramientas de comprensión e intervención.* https://www.ehu.eus/documents/1736829/2010409/Manual+de+Victimologi%CC%81a+2015.pdf

Victim Support Europe (2022). *Annual Report 2002.* https://victim–support.eu/wp–content/files mf/1698743763VictimSupportEuropeAnnualReport2022Final.pdf

Varona Martínez, G. (2020a). "Capítulo primero: viajando en el tiempo para reparar victimizaciones graves con la apertura de caminos restaurativos". En G. Varona Martínez (dir.) *Caminando restaurativamente: pasos para diseñar proyectos transformadores alrededor de la justicia penal,* 23–155. Dykinson.

Varona Martínez, G. (2020b). "Justicia restaurativa digital, conectividad y resonancia en tiempos del COVID–19". *Revista de Victimología,* (10), 9–42. DOI 10.12827/RVJV.10.01

Varona Martínez, G. (1999). *La mediación reparadora como estrategia de control social. Una perspectiva criminológica.* Comares.

Walklate, S. (2016) "Justicia restaurativa: ¿terapia y/o reconciliación?". *Revista de Victimología,* (4), 83–104.

### *Legislación consultada*

Anteproyecto de Ley de Enjuiciamiento Criminal. Versión para información pública. https://www.mjusticia.gob.es/es/AreaTematica/ActividadLegislativa/Documents/210126%20ANTEPROYECTO%20LECRIM%202020%20INFORMACION%20PUBLICA%20%281%29.pdf

Constitución Española, *Boletín Oficial del Estado, 311,* de 29 de diciembre de 1978. BOE–A–1978–31229

Decisión marco del Consejo, de 15 de marzo de 2001, relativa al Estatuto de la víctima en el proceso penal. *Diario Oficial de la Unión Europea, 82*, de 22 de marzo de 2001. https://www.boe.es/doue/2001/082/L00001-00004.pdf

Directiva 2012/29/UE del Parlamento Europeo y del Consejo, de 25 de octubre de 2012, por la que se establecen normas mínimas sobre los derechos, el apoyo y la protección de las víctimas de delitos, y por la que se sustituye la Decisión marco 2001/220/JAI del Consejo. *Diario Oficial de la Unión Europea, 315*, de 14 de noviembre de 2012. https://www.boe.es/doue/2012/315/L00057-00073.pdf

Ley 29/2011, de 22 de septiembre, de Reconocimiento y Protección Integral a las Víctimas del Terrorismo, *Boletín Oficial del Estado, 229*, de 23 de septiembre de 2011. BOE-A-2011-15039

Ley 4/2015, de 27 de abril, del Estatuto de la víctima del delito. *Boletín Oficial del Estado, 101*, de 28 de abril de 2015. https://www.boe.es/eli/es/l/2015/04/27/4/con

Ley Orgánica 19/1994, de 23 de diciembre, de protección a testigos y peritos en causas criminales, *307*, de 24 de diciembre de 1994. https://www.boe.es/eli/es/lo/1994/12/23/19/con

Ley Orgánica 10/1995, de 23 de noviembre, del Código Penal. *Boletín Oficial del Estado, 281*, de 24 de noviembre de 1995. https://www.boe.es/eli/es/lo/1995/11/23/10/con

Ley 35/1995, de 11 de diciembre, de ayudas y asistencia a las víctimas de delitos violentos y contra la libertad sexual, *296*, de 12 de diciembre de 1995. https://www.boe.es/eli/es/l/1995/12/11/35/con

Ley Orgánica 1/2004, de 28 de diciembre, de Medidas de Protección Integral contra la Violencia de Género, *313*, de 29 de diciembre de 2004. https://www.boe.es/eli/es/lo/2004/12/28/1/con

Ley Orgánica 8/2021, de 4 de junio, de protección integral a la infancia y la adolescencia frente a la violencia, *134*, de 5 de junio de 2021. https://www.boe.es/eli/es/lo/2021/06/04/8/con

Ley Orgánica 10/2022, de 6 de septiembre, de garantía integral de la libertad sexual, *215*, de 7 de septiembre de 2022. https://www.boe.es/eli/es/lo/2022/09/06/10

Orden INT/933/2017, de 8 de agosto, por la que se aprueba el Plan Estratégico de Subvenciones del Ministerio del Interior para el período 2018-2020. *Boletín Oficial del Estado*, 239, de 4 de octubre de 2017. https://www.boe.es/eli/es/o/2017/08/08/int933

Proposición de Ley Orgánica de mejora del régimen de protección de la víctima del delito. *Boletín Oficial de las Cortes Generales, 162,* 23 de abril de 2021. https://www.congreso.es/public oficiales/L14/CONG/BOCG/B/BOCG–14–B–162–1.PDF

Real Decreto de 14 de septiembre de 1882 por el que se aprueba la Ley de Enjuiciamiento Criminal. *Boletín Oficial del Estado, 260,* de 17 de septiembre de 1882. https://www.boe.es/buscar/act.php?id=BOE–A–1882–6036

Real Decreto 1109/2015, de 11 de diciembre, por el que se desarrolla la Ley 4/2015, de 27 de abril, del Estatuto de la víctima del delito, y se regulan las Oficinas de Asistencia a las Víctimas del Delito. *Boletín Oficial del Estado, 312*, de 30 de diciembre de 2015. https://www.boe.es/eli/es/rd/2015/12/11/1109

# Anexos

## ANEXO I. ENTREVISTA A FLORENCIO DE MARCOS MADRUGA. JUEZ DE VIGILANCIA PENITENCIARIA DEL JUZGADO Nº1 DE CASTILLA Y LEÓN (VALLADOLID)

1. Me gustaría conocer su valoración general sobre el Estatuto de la víctima, antes de entrar a valorar algunos aspectos concretos, **¿considera usted que el Estatuto de la víctima es una ley que tutela los intereses de las víctimas?**

Debemos tener en cuenta que hasta la aprobación del Estatuto en el año 2015 solo había algunas disposiciones contenidas en la Ley de Enjuiciamiento Criminal sobre estas materias. Por ejemplo, el art. 109 regulaba la obligación del secretario judicial de notificar a la víctima sobre ciertas resoluciones que pudieran afectar a su seguridad. Esto no deja de ser positivo considero muy conveniente que las cuestiones que afectan a la seguridad, especialmente de la víctima, se deban comunicar.

Cada juez debe poder adoptar la postura que crea y además puede ser muy útil porque, por ejemplo, en ciertas tipologías, si entiendes que puede estar en juego la seguridad de la víctima puedes recurrir a medios de control telemático. También hay que tener en cuenta la visión de la víctima cuando concedes un permiso o un tercer grado; yo, de hecho, lo hago en la práctica. Por eso en ese sentido puede ser útil. El problema es el que vamos a abordar posteriormente es el famoso artículo 13 [Estatuto de la víctima], relativo a la intervención de la víctima en la ejecución. Eso no es bueno, yo soy contrario, porque primero no existe precedente ninguno en el derecho occidental, ignoro si en otros países existirá, pero desde luego a nivel europeo es una anomalía. Y, sobre todo, porque la víctima, nos guste o no, cuando interviene en el proceso de la fase de ejecución es para el principio retributivo puro y duro, que yo lo entiendo; es lógico, no deja de ser humano, pero claro, jugar con el principio de retribución en la fase de ejecución me parece un poco peligroso.

Por eso, desde ese punto de vista, el Estatuto tiene luces y sombras, pero es cierto que la víctima debe tener ciertos derechos. De hecho, están informadas, lo que me parece correcto. Pero ya cuando nos metemos en que intervenga como parte, me parece que nos hemos pasado de frenada y no te cuento ya de la propuesta del Grupo Popular del año 2021 de ampliación, nada más y nada menos que a permisos, terceros grados y al régimen de flexibilidad. Eso sí que ya es ponerla como un sujeto más en la fase de ejecución y, además, me parece que se está olvidando que la finalidad de la fase de ejecución es la contenida en el artículo 25.2 CE. No niego que se puedan tener en cuenta otros valores, pero la idea fundamental en las etapas finales del cumplimiento, sobre todo, en la libertad condicional, es llevar a cabo la intervención desde el principio de reinserción. Ahí ya no tendrían cabida ni la prevención general ni la retribución, lo hemos superado.

Podríamos discutirlo en terceros grados que bueno, la víctima no interviene, pero algún día podría llegar a hacerlo, dependiendo de quién gobierne. No obstante, es cierto que el problema principal es que la regulación de todas las Instituciones Penitenciarias, a día de hoy, es mejorable. Entonces, en vez de abordar una reforma seria de cómo se debe conceder un tercer grado, de la concesión de permisos bajo criterios objetivos que actualmente no existen, hemos optado por lo que podría decirse, una "ocurrencia legislativa", que carece de criterio en términos generales.

2. **¿Qué cambios ha supuesto en la actividad jurisdiccional la entrada en vigor del Estatuto de la víctima respecto a la situación anterior, caracterizada por la existencia de leyes sectoriales para determinados tipos de víctimas (delitos sexuales, terrorismo...)?**

Pues realmente muy poco, porque víctimas que se personen en virtud del artículo 13 se cuentan con los dedos de una mano. En este juzgado, desde que entró en vigor el precepto de la Ley de Enjuiciamiento Criminal, que de esto hará 20 años por lo menos, nosotros siempre notificamos todos los permisos a las víctimas. De siempre, pero yo creo que en el resto de España también. No es muy raro que lo veas por ahí. Entonces, claro, a nosotros esa parte de la del Estatuto, que es el artículo del 7 no nos ha supuesto nada, porque ya lo veníamos haciendo de antes. Entonces realmente el Estatuto no nos han cambiado la dinámica de trabajo. Incluso tampoco respecto al artículo 13, que desde que fue aprobada la norma en el año ha habido cuatro casos en los juzgados, es decir, nada. Ni uno al año, es insignificante. Yo por lo que sé de compañeros, nada. Es el típico tema que bueno que pudiera parecer que tiene relevancia, pero no la tiene.

Así que como decía, no ha supuesto nada. No es una materia especialmente conflictiva. Antes de la reforma de La LO 1/2015 en las libertades condicionales anticipadas dabas audiencia a las partes. Además, como el concepto de partes como no estaba muy claro, no eran partes ante el juez de vigilancia penitenciaria, porque no tenían legitimación y había que ir a las partes del procedimiento declarativo. Entonces ahí oías a las acciones populares, acusación particular. Lo cierto es que no se dictan demasiadas que concedan la libertad condicional anticipada, pero nosotros siempre cumplimos la norma, notificamos a través de los procuradores que [las víctimas] tenían en el procedimiento declarativo. Nadie interviene, es rarísimo. Y como mucho, suele suceder con frecuencia en las estafas y delitos patrimoniales porque tenían interés en cobrar y esto era una medida de presión, aunque fuera, como digo, una mera audiencia. Ahora mismo tengo que añadir que estos casos solo se dan en los supuestos de la libertad condicional a la mitad de la condena y no en ambos... Así es la técnica legislativa.

Eso sí, considero que hay que contestar siempre a la víctima, aunque no sea parte.

3. Vamos a comenzar hablando del derecho de la víctima a recibir información sobre la causa penal, en el apartado V del Preámbulo se dispone que "con independencia de personarse en el proceso penal, se reconoce el derecho de la víctima a recibir información sobre ciertos hitos de la causa penal", tesis que es desarrollada en el art. 7 (derecho a recibir información sobre la causa penal). **¿Hasta qué punto puede ser satisfecho este derecho por los jueces de vigilancia penitenciaria?**

Quizás te voy a ser muy teórico, pero yo distingo dos facetas en el juez de vigilancia penitenciaria, una de ejecución y otra de cumplimiento. Cuando nos referimos a la información sobre el estado del procedimiento del artículo 7 es ejecución, no cumplimiento, por tanto, el juez de vigilancia debe informar de las cuestiones que afectan al cumplimiento. Por ejemplo, si te preguntan "¿en qué estado se encuentra?" Debes facilitarlo, porque tercer grado, libertad condicional y 100.2 RP pertenecen a la ejecución, según la jurisprudencia del Tribunal Supremo. Por lo tanto, como afecta a la ejecución, afecta al estado del procedimiento. Ahora bien, las cuestiones que no afectan al Estado del procedimiento como las sanciones, permisos, limitaciones regimentales, aislamientos, quejas, es decir, lo que es cumplimiento, no tengo porqué informar a la víctima porque no se refiere a cuestiones materiales de procedimiento.

En cuanto a los permisos, nosotros los notificamos todos, entonces ya tendría la información. Tanto como si la pide expresamente como si no. De hecho, ha habido algunas personas que nos han pedido que no le volvamos a notificar nada. Si a mí sí me piden que no notifiquemos, no lo hacemos. Pero nosotros en principio facilitamos todos los permisos; no es problema mío lo que hagas con la información. Por darte una cifra, parece que al 90% no le interesa lo más mínimo. Es rarísimo que alguien te diga algo.

4. Una cuestión que resulta muy relevante para la opinión pública es la información a la víctima sobre la concesión de los permisos penitenciarios correspondida con la letra e) del art. 7. **¿Pueden los jueces de vigilancia penitenciaria cumplir este objetivo designado por el legislador?**

Como te decía anteriormente, nosotros los ponemos en conocimiento, no tiene mayor complicación. Luego si le estás dando información, obviamente nunca vas a hacerlo sobre el contenido. Me explico, en el un permiso penitenciario viene incluido un informe social y psicológico. Eso es privado, ya que afecta a la ley de Protección de Datos, evidentemente. Entonces cuando se concede permiso esa información no aparece.

En cuanto a saber exactamente el momento en el que va a salir, si quieres, sí. Si tú lo pides, te lo comunica la cárcel. Es más, si yo se lo indico, se lo comunica la prisión a la víctima sin ningún problema. Eso depende del interés que tengas, es que no se da en la práctica. No lo piden, o sea, esta ley, no sé si por desconocimiento o lo que sea, pero esto no tiene numéricamente importancia, es algo irrelevante. No tiene aplicación práctica, no sé por qué, me imagino que por desconocimiento. En nuestro caso suele interesarle a pocas personas, la verdad.

Hay casos en los que la notificación ha llegado "tarde", pero en este juzgado no tenemos constancia de que haya pasado porque lo que decía, notificamos siempre.

5. En este mismo precepto se destaca la siguiente fórmula: "Las resoluciones o decisiones de cualquier autoridad judicial o penitenciaria que afecten a sujetos condenados por delitos cometidos con violencia o intimidación y que supongan un riesgo para la seguridad de la víctima". **¿Cuáles son los criterios que se emplean para determinan o no la comunicación o no a la víctima de estas resoluciones? ¿Están estandarizados de alguna manera?**

Nosotros solemos emplear criterios más amplios. Aplicamos el último párrafo del art. 990 LECrim en el que se dispone que el Secretario Judicial pondrá en conocimiento de los directamente ofendidos y perjudicados por el delito y, en su caso, los testigos, todas aquellas resoluciones relativas al penado que puedan afectar su seguridad. Teniendo esto en cuenta, notificamos todos los delitos violentos, aparezca en el Estatuto o no. Eso sí, también dependerá del juzgado.

6. Nos interesa detenernos ahora en la participación activa de la víctima en el proceso penal. Aunque se desarrolla en el Título II de la norma, en el Preámbulo (apartado VI) el legislador realiza las siguientes afirmaciones relativas a las prerrogativas en este Título: "El Estado, como es propio de cualquier modelo liberal, conserva el monopolio absoluto sobre la ejecución de las penas, lo que no es incompatible con que se faciliten a la víctima ciertos cauces de participación [...]" o "La regulación de la intervención de la víctima en la fase de ejecución de la pena, cuando se trata del cumplimiento de condenas por delitos especialmente graves, garantiza la confianza y colaboración de las víctimas con la justicia penal, así como la observancia del principio de legalidad, dado que la decisión corresponde siempre a la autoridad judicial, por lo que no se ve afectada la reinserción del penado". **¿Se encuentra de acuerdo con estas afirmaciones? ¿Qué implicaciones pueden plantear para el desarrollo de sus labores?**

El argumento del legislador es que sigue siendo un monopolio del Estado en la medida en que la implicación de la víctima está controlada luego por la decisión judicial. En otras palabras, la ejecución es judicial, pero la ejecución es monopolio también del Estado bajo ese criterio. Porque a fin de cuentas quien ejecuta es el juzgado, que es autoridad pública. Que esa petición de las partes que sea con control no es relevante porque si no hay una resolución, no se ejecuta nada, salvo en el orden administrativo ya que en esos casos la administración es quien se ejecuta a sí misma.

El argumento del monopolio es falaz, o, al menos ignorante porque toda ejecución, como decía, salvo la administrativa, es monopolio... Bueno y la administrativa también es monopolio del poder público, porque la administración cuando ejecuta sigue siendo autoridad. Por lo tanto, afirmar eso [monopolio del Estado en la ejecución de las penas] es una obviedad; referirse al monopolio del poder público, en cambio, sería más correcto. Pero ¿cuál es la diferencia aquí? que se está dando la intervención a la víctima en una cuestión de derecho público como es la ejecución, por lo que estaríamos reconociendo un interés privado en una cuestión en la cual, en principio, el interés es exclusivamente público.

Esta premisa, además, es contradictoria con las finalidades de la pena, porque si sus objetivos se orientan fundamentalmente a la reeducación y reinserción como se plasma en el artículo 25 CE, en la medida en que ahora estoy dando intervención a la víctima, ¿Quién va a creerse que la víctima va a jugar con el principio de reinserción? La víctima, lógicamente, va a defender sus intereses, que desde luego la reeducación y la reinserción... Pues no creo yo que esté en esa línea, al menos prima facie. No me parece que sea el interés el interés de la víctima, que lo normal es que vaya a ser el principio retributivo, lógico. En ese caso, entonces, desde ese punto de vista, me parece que es un poco privatizar la ejecución.

Además, luego en estas cosas juegan finalidades extrañas a veces... Es utilizar el instrumento, no te hablo ya de un asesinato porque se dan otro tipo de valores, pero tú piensa en un delito de "menor entidad" respecto al asesinato, como pudieran ser unas lesiones o similares en que si la víctima interviene puede ser tomado como una vía más simple para cobrar las responsabilidades civiles. Porque es así. De hecho, yo he tenido otro, lo que me ha venido a la mente, un homicidio. Entonces las alegaciones de la víctima se basaban en que la persona condenada no pagaba porque había realizado un alzamiento de bienes, pero no me presentaron ni una prueba, por lo que no pude valorar el 72.5 CP, que es el de la voluntad de pago como uno de los motivos para denegar la libertad condicional. Como digo, esta intervención puede servirte para intentar presionar y que te paguen, jugando un poco con unos principios ajenos a lo que es el ámbito de Derecho penal. Ese es el riesgo. Y también retrasa, claro.

7. El artículo 13 constituye el precepto que cristaliza las tesis anteriores, al regular la participación de la víctima en la ejecución**. ¿Qué opinión le merece este artículo en términos generales?**

Evidentemente soy contrario porque entiendo que en la política penitenciaria lo que debería jugar es el poder público, no podemos privatizar la ejecución. No niego que la víctima deba intervenir, que puede hacerlo, pero esta debería articularse a través de otras formas que ya existen en otros países. En este sentido, sería positivo que la víctima, a través del Ministerio fiscal, pudiera articular sus pretensiones. Creo que pasa en países como Austria, pero no estoy muy seguro. Lo que no puede ser, desde luego, es que la víctima intervenga como parte si realmente se confía en el sistema.

Asimismo, considero conveniente la existencia de un control de legalidad, porque aunque evidentemente en los trámites judiciales existe, debería reforzarse esa monitorización previa para evitar el dilatar por dilatar, que es el verdadero problema que tiene esta cuestión.

Resumiendo, creo que lo más coherente es que la intervención de la víctima se diera a través del Ministerio Fiscal, pero lo que sucede es que se ha optado por este sistema, que es más abierto, y que no deja de ser peligroso. Y menos mal que no han dado la opción de participar en permisos, que eso sí hubiera supuesto un problema teniendo en cuenta que no pertenecen a la ejecución, sino que son cuestiones procedimentales.

Ah, y en términos formales, qué decir... No se puede hacer un artículo en el que se refiere a una ley derogada. Además, las remisiones están equivocadas todas, no se entiende nada y no se puede consentir. La ley tiene que ser algo, pero esta y todas, que cualquier persona que sepa leer y escribir pueda entender lo que significa. No valen las excusas, tendrían que haber actualizado la redacción. Primer problema formal. Luego, cuando hablamos de los periodos de seguridad también se hace referencia a supuestos imposibles.

También quiero remarcar la relación de los delitos, sobre todo el primero de ellos, cuando se hace referencia a los "delitos de homicidio", ¿Y el asesinato? Mira, yo tuve un caso de esos y me tocó hacer una interpretación pues eso, de aquella manera. Más teniendo en cuenta que el Estatuto de la víctima es una ley excepcional y que, por tanto, no se puede hacer extensiva.

Y otra cosa. Se concede la intervención en la pena de prisión, pero nada se especifica respecto a la prisión permanente revisable porque hay que tener en cuenta que la pena de prisión es distinta a la PPR al menos en términos formales. Sobre esta no se podría dar la intervención porque sería una interpretación contra reo, aunque como no me dedico a ella no puedo profundizar mucho más. También te digo, todas las leyes de esta época suelen mostrar anomalías similares como el caso de la LO 1/2015 en la concesión de la libertad condicional, donde se habla de pena de prisión y pena de prisión permanente revisable. No obstante, hay otras penas privativas de libertad en este país; hay una que no importa que es la localización permanente, que ahí no es penitenciaria por lo que no hay clasificación, con lo cual no puede haber libertad condicional, pero la responsabilidad personal subsidiaria en caso de impago de multa es pena de cumplimiento penitenciario. Y entonces ahí te surge la siguiente duda: ¿puedo entender que sí le puedo dar la libertad condicional haciendo una interpretación ultra generosa? Puede ser, pero una de las hipótesis que se me ocurren es que el legislador tomase como referencia el Código Penal de 1973, en el que no se reconocía la libertad condicional en penas inferiores a un año, al igual que se ha recuperado del código del 1973 la pérdida de tiempo pasado en libertad. A lo mejor ha recuperado la no existencia de libertad condicional en las penas cortas. No creo que sea esa la explicación, pero bueno.

8. Una de las primeras cuestiones que plantea el artículo es que cualquier víctima tiene derecho , conforme al art. 5.1 m) de recurrir las resoluciones contenidas en el art. 7 LEVID aunque no se hubiera mostrado parte en la causa... **¿Cuál es su opinión al respecto?**

Bueno, en realidad que se disocie la fase declarativa de la fase de ejecución no me parece mal, la víctima es muy libre de haber intervenido como acusación particular o no. El problema sería la dilación de los tiempos ya que si tiene que ser informada por el artículo 5.1.m) habrá dejado un correo electrónico donde no habría problema, pero como haya dejado una dirección y no aparezca... Ya tenemos problema en el trámite de audiencia.

Además, existe una cuestión relevante en este punto: la información de los derechos de la víctima se hace en cada fase del procedimiento, por lo que se debe actualizar. En otras palabras, cuando se inicia el procedimiento debe darse una primera información en instrucción; cuando pasa a enjuiciamiento se debería volver a hacer —aunque no creo que lo esté haciendo— y cuando pasa ejecución, igual y según otros tribunales [sección décima Audiencia Provincial de Alicante] debería actualizarse también en fase penitenciaria como si fuera algo distinto... Entonces imagínate. Primero, según esto, habría que informarla cuatro veces. Que no es verdad, que ya digo yo que esto no lo hace nadie, yo creo que ni una. Aún así, en todo caso, lo harán en la fase inicial. Pero en las demás, ¿tú crees que cuando se va a celebrar el juicio se informa a la víctima otra vez de todos estos derechos que tiene? No, estoy seguro. ¿Cuando dicta sentencia y pasa ejecución, le informas otra vez [a la víctima] de todos los derechos? Yo creo que no, estoy seguro. Y desde luego, fase penitenciaria... No tiene sentido, es decir, teóricamente se le daría cuando ingresa y tantas veces como cambie de juzgado de vigilancia. Dudo que se esté cumpliendo, aunque esa es mi opinión.

Y segundo problema. Una vez han quedado notificadas estas cuestiones puede suceder que tú, como víctima, hayas dado una información y no hubieras comunicado que se han producido modificaciones, como en el caso de las direcciones postales cuando te mudas. Y no te cuento si has cambiado de cuenta de correo. Entonces el problema lo veo práctico.

- **En ese caso, quizá sería adecuado que existiera una actuación de las oficinas de víctimas en este momento con el objetivo de garantizar estos derechos...**

Esa sería la solución, pero no funcionan. Las oficinas de víctimas es una cosa que no funciona porque no existen realmente. Entonces, como no hay una gestión adecuada de las oficinas de las víctimas, no hay punto de conexión. El nexo debería ser la oficina a la víctima, que es lo más fácil y que la oficina de la víctima mantuviese actualizados sus datos. Así el juzgado podría comunicar todas estas cuestiones a la oficina y a su vez, esta se encargaría de las relaciones con la víctima. Pero esto no funciona así... El sistema al final es formal, no real.

9. La primera resolución susceptible de recurso es el auto por el que el JVP autoriza la clasificación en tercer grado antes de que se extinga el periodo de seguridad (art. 36.2 CP) para la relación de delitos contenidos en este precepto. **¿Ha aprobado resoluciones en este sentido? En caso afirmativo, ¿Han sido recurridas por la víctima? Y en caso afirmativo, ¿han sido tomadas en consideración?**

Yo llevo 26 años de juez de vigilancia [penitenciaria]. Y he tenido una exoneración de periodos de seguridad. Ya te dice lo numéricamente importante que es el asunto, inexistente. Es un tema meramente teórico, porque además tiene que haber sentencias con periodo de seguridad, lo que no suele ser habitual en la praxis judicial. Ya solo es exonerable en los periodos potestativos, es decir, en estos casos cuando la impone el tribunal sentenciador, no en los delitos que llevan implícita. Si coges los delitos que la llevan implícita, que son los más graves como los homicidios o los asesinatos, cuando la pena es superior a 5 años, olvídate. Hay supuestos en los cuales lo ponga el tribunal sentenciador, creo que no he visto ninguno. Ya digo que es una cosa extrañísima.

Además, aquí hay un problema formal, porque los delitos de terrorismo según el artículo 36 CP no son exonerables. Son supuestos imposibles, al igual que sucede en los delitos sexuales y en los de menores. Por tanto, no puedo conceder la participación en un procedimiento que no va a existir. Aquí solo se me ocurren dos motivos para la introducción de esta fórmula: que el legislador desconocía este precepto, que puede ser verdad, o que lo hicieron a propósito para hacer creer a las víctimas de terrorismo que le iban a dar una participación en algo que no existe.

Por tanto, lo único que hace es retrasarte las resoluciones.

- **¿Y existiría posibilidad de dejarlo sin efecto por vía del artículo 100.2 RP?**

Podría ser, y de hecho, se hacía, pero hoy en día desde la sentencia del *Procès* [autos del TS del 21 de julio de 2020] la aplicación del 100.2 RP ha quedado muy restringido, especialmente con el caso Forcadell.

Actualmente se exige, en primer lugar, que exista un programa que no se puede ejecutar de otra manera, que eso viene en la propia norma, pero ahora se liga este programa a la tipología delictiva, con lo cual... Yo aquí ya no apruebo ninguno. Porque es que no hay, por lo que ha quedado vacío de contenido. En esos términos, teóricamente a lo mejor puede darse un caso, pero es muy difícil. Yo lo he hecho solamente en un caso de un primer grado para poder desarrollar un programa que no se podía ejecutar dentro de la propia cárcel. Porque sabes que los primeros grados no se pueden mezclar con segundos grados. Entonces el programa solo estaba implantado para segundos grados y pudimos vincularlo con la trayectoria delictiva de la persona en cuestión. Pasa sobre todo en el caso de las mujeres internas en primer grado, que son una minoría, y claro, no hay programas para 10 o 12 personas, que son las cifras que se manejan. Por eso el 100.2 es la única manera de darle un cauce legal a esto, flexibilizando los criterios. Pero esto no puede darse entre segundo y tercer grado, que quizá antiguamente habría algún programa, pero ahora ya no.

10. El segundo tipo de auto que puede ser recurrible es aquel por el que el JVP, conforme al artículo 78.3 del Código Penal, decida que los beneficios penitenciarios, los permisos de salida, la clasificación en tercer grado y el cómputo de tiempo para la libertad condicional se refieran al límite de cumplimiento de condena, y no a la suma de las penas

impuestas cuando se trate de determinadas víctimas (las contenidas en la letra a) del apartado 1 del artículo 13) o de un delito cometido por un grupo u organización criminal. **Considerando que el apartado 3 del artículo 78 fue eliminado por la reforma 1/2015, ¿cómo operan los JVP considerando sendos artículos para dar respuesta a estos recursos?**

Esto, como pasaba con los periodos de seguridad, es más un caso de teoría que de práctica, pero no por eso deja de dar problemas. Por lo general, la clasificación en tercer grado no tiene plazo salvo en un caso, cuando alguna de las penas que metes en el en el cúmulo contine periodo de seguridad. Tú metes en el cúmulo una pena que lleva periodo de seguridad en tercer grado, con lo cual llega a plazo. Pero el Tribunal no ha hecho uso de la facultad de fijar en el 78 periodo de seguridad... ¿Seguiría en ese caso vigente el periodo de seguridad? Esto no tiene solución conocida. ¿Y qué pasa si se ha hecho uso y hay penas que si lo tienen y otras que no? También puede ser que la pena resultante tenga un periodo de seguridad más amplio que la que resultante del cúmulo, o sea, es lo típico que hace al precepto ininteligible. Normal no es, es una de estas cosas que teóricamente si empiezas a hacer cuentas, es mejor no saber.

- **Y también puede darse el caso, aunque teórico, de que en un concurso real, por ejemplo, donde, además de dar audiencia tanto al Ministerio Fiscal como Instituciones Pnitenciarias, se tenga que hacer con las demás partes, en este caso, víctimas. ¿Hasta qué punto una víctima puede responder por el resto? Porque a lo mejor hay una que es más vindicativa y a lo mejor hay otras que prefieren no hacer uso de estas facultades...**

Sí, Ah, sí, sí... Además, plantea otra cuestión que genera importantes problemas cuando se trata de condenas acumuladas. Imagínate, para entendernos, que pudiera ser parte una de las víctimas de una condena a 6 años, ¿no? pero las demás son por delitos de 20 de 30 de 40 años de condena. Que puede haber. Y entonces te encuentras de estas y resulta que la que menos debería intervenir en este asunto, la de 6 años, porque a lo mejor la mitad de la condena son 20 años, participa y condiciona de este modo al resto de víctimas que cuentan con condenas superiores.

Aunque lo que estamos tratando es un caso muy de libro, no es tan raro que, en supuestos de homicidio múltiple con cuatro víctimas, por ejemplo, la que haya tenido un resultado más bueno se persone y condicione las acciones de las otras tres que puede ser que hayan muerto. Eso puede suceder y es ahí nuevamente donde te cuestionas la coherencia del sistema.

11. El tercer recurso que puede interponerse es el relativo a la concesión de la libertad condicional, siempre que se trate de los delitos a que se refiere el párrafo segundo del artículo 36.2 del Código Penal o de alguno de los delitos comprendidos en la letra a) del apartado 1 del art. 13, siempre que se hubiera impuesto una pena de más de cinco años de prisión. **¿Ha aprobado resoluciones en este sentido? En caso afirmativo, ¿Han sido recurridas por la víctima? Y en caso afirmativo, ¿han sido tomadas en consideración?**

A diferencia de los anteriores casos, lo que sí que existen son muchas libertades condicionales, al menos son de las que más he tenido, pero claro, la libertad condicional se concede normalmente a las 3/4 partes o a las 2/3 partes, es decir, periodo final de cumplimiento de la condena. Conclusión. ¿Por qué motivo te puedes oponer en un periodo final de cumplimiento de una condena a la concesión de la libertad condicional? No hay motivo, es muy difícil que prospere. Normalmente, si ya estás en valoración de una libertad condicional, quiere decir que tienes que estar previamente en tercer grado, llevando un tiempo en ese régimen de cumplimiento. Cómo va a ser cuestionable en ese momento la resocialización de una persona que llevará un año o dos en tercer grado. Es más formal que real. Eso sí, en el pago de la responsabilidad civil sí es verdad que hay cosas raras. Es la única que se me ocurre. Cuestiones de insolvencia, pero que igualmente no presentan pruebas, por lo tanto, más que hechos serían alegaciones y los jueces no podemos estar recabando información que debería ser aportada por ellas [las víctimas].

En cuanto a si se las ha tenido en consideración [a las víctimas], nunca se les ha hecho caso en los que yo he tenido. Porque yo las que recuerdo, una fue de un supuesto de un 196 RP, es decir, libertad condicional por enfermedad terminal, donde el informe dejaba muy claro que iba a morir. La otra era un tema económico, una descapitalización pero no probaba nada, que me tocó a mí, comprobar que efectivamente, el penado era insolvente. Por eso te digo esa es mi experiencia con ellas, totalmente inútil.

Además, no deja de ser reseñable que ambas víctimas venían con abogado, así que no eran las típicas víctimas espontáneas que no tenían ni idea. No estamos hablando de víctima indefensa, sino que venían con sus abogados y ellos sabrán.

- **¿Qué grado de importancia ha supuesto el cambio de la libertad condicional como forma de suspensión de la condena en el ejercicio de este derecho ?**

Este cambio no ha sido importante. De hecho, no creo que [las víctimas] sean conscientes de esta modificación y sus implicaciones.

Las finalidades que buscan [las víctimas] por lo que yo he visto aquí, son de dos tipos. Una de ellas es simplemente que quien "la hace la paga" y ya que mataste a mi lo que fuera, vas a estar dentro [de prisión] hasta el día que te mueras. Es oficializar la venganza por llamarlo de alguna manera. Una es esa y la otra es que como no ha pagado, pues... Voy a intentar que pague de esta manera, coaccionándola si se me permite decir. Al final estos objetivos no dejan de ser humanos.

Que no deberían tener este cauce, es cierto, pero como lo tienen… Que haya casos en que la expectativa de la víctima sea legítima, pues habrá, pero yo lo que he tenido no son experiencias buenas entonces. Son pocas y malas.

Además, se generan unas expectativas que no van a suceder y además, en términos gruesos, pretenden hacerte partícipe de su afán de venganza, que es así porque no entienden el sistema. Porque yo comprendo que cuando eres víctima, entender los fines que cumple el sistema penitenciario no tengan por qué convencerte. Como decía, es humano. Lógicamente, cuando eres víctima, tú buscas tu resarcimiento, no todas, pero algunas buscan esto a través del daño que se le hace a la otra parte. Pero claro, no puedes pedir la colaboración del poder público con esa finalidad, por muy humana que sea. No digo que sea ilegítima. Pero evidentemente no está recogida en la ley. Esa es la diferencia. Es humana, simplemente. No me puedes pedir que yo sea tu cómplice, porque no lo voy a ser.

Y el hecho de que no se cumplan las expectativas, claro que genera frustración, que no es bueno para la víctima ni tampoco para el sistema.

Si hubieran querido dar a la víctima una intervención real, lo tendrían que haber hecho para los terceros grados, ¿Por qué no ha tenido lugar? Tiene también una explicación política, porque el tercer grado se concede por la autoridad Administrativa sin control judicial, suponiendo por tanto una especie de auditoría. Con la regulación actual, parece que le das intervención, pero no se la estás concediendo realmente.

12. Otra cuestión que queríamos subrayar es el efecto de los recursos. El legislador únicamente dispone que la víctima tendrá 5 días para informar de su voluntad de recurrir y 15

días para elaborar el recurso (sin necesidad de asistencia letrada). La Disposición Adicional 5ª de la LOPJ dispone que los recursos en materia de clasificación o LC tendrán efecto suspensivo. **¿Aplica también en estos casos? ¿Qué repercusiones tiene?**

Sí, sí. De hecho, dos sentencias recientes del Tribunal Supremo, la 965/2022 y 966/2022 dictadas en unificación de doctrina equiparan los efectos de la reforma a la apelación. De este modo, recursos contra la administración provocan efecto suspensivo. Esto hace que, por ejemplo, durante el régimen anterior los terceros grados salían a la calle mientras se resolvía el recurso, pero ahora no pueden hacerlo hasta que el fiscal o las partes informen de que no recurren.

Entonces claro, como juez sabes que ciertas resoluciones no van a llegar a término, pero aún así tienes que esperar. Se dilata que una persona pueda obtener el tercer grado o salir en libertad condicional. También te digo, esta dilación se da en función del territorio. En Valladolid, por ejemplo, es irrelevante porque solemos tardar como dos semanas, apenas somos 300.000 habitantes. Por ejemplo, en un Madrid, olvídate. Meses.

Recuerdo que tuve un conflicto de competencia con la Audiencia Nacional sobre una decisión de Libertad Condicional que determinaba excarcelación, y a los 7 meses se vio que efectivamente, yo no era competente, que era del juzgado central. 7 meses y esa persona sin salir. Se suele tramitar con carácter preferente, urgente… Pero bueno, los tiempos son los que son.

13. Asimismo, el apartado 3 del art. 13 dispone que antes de dictar las resoluciones que hemos estado abordando previamente (levantamiento de periodo de seguridad, cálculo de beneficios penitenciarios, concesión de libertad condicional), deberá darse traslado a la víctima para que pueda

formular sus alegaciones. **¿Es habitual en la práctica judicial la realización de estos trámites?**

Sí, claro, pero como digo, normalmente no sirven de mucho porque la libertad condicional implica un tercer grado previo, por tanto, siendo objetivo, si supone un peligro para tu seguridad, no la voy a conceder. Pero como te decía antes, para una persona que ya está en tercer grado… Pues en fin, poco se puede hacer.

14. En el apartado 2 de este precepto se regula la participación indirecta, mediante la cual se establece que la víctima podrá interesar al juez que éste imponga determinadas reglas de conducta a la persona liberada condicionalmente cuando pueda derivarse una situación de peligro y, además, facilitar determinada información que resulte relevante para la imposición de la condena. **¿Es una práctica frecuente que las víctimas contacten con los jueces en virtud de este precepto para facilitarle esta información?**

Normalmente suele darse por temas económicos porque es verdad que muchas veces el conocimiento que tiene el juzgado es formal. Sin embargo, esto únicamente funciona en sitios pequeños, donde la víctima puede conocer la realidad del acusado, pero en sitios grandes lo veo difícil, la verdad. En todo caso, lo dicho, puede darse sobre todo para no decretar la libertad condicional por incumplimiento del 72.5 LOGP, que es encontrarse al corriente de pago de la responsabilidad civil. La víctima puede darte esa información y tú comprobarla judicialmente o como sea. Igualmente, es una información que podía suministrar al abogado antes de que se recogiese ese derecho, con lo cual regularlo a estas alturas no tiene mucho sentido.

A fin de cuentas, la víctima se encontraría desempeñando funciones de investigación que estarían encomendadas al juzgado de ejecución. Al final, con esto, no hace por progresar y abandonar su condición de víctima, viviendo la experiencia una y otra vez. Además, como digo, es algo que ya estaba recogido con anterioridad.

15. Para ir terminando, también queremos detenernos sobre el artículo 15, relativo al acceso de las víctimas a los servicios de justicia restaurativa. Es importante destacar en este sentido el párrafo final del apartado VI del Preámbulo, en el que se dispone lo siguiente: "el Estatuto supera las referencias tradicionales a la mediación entre víctima e infractor y subraya la desigualdad moral que existe entre ambos. Por ello, la actuación de estos servicios se concibe orientada a la reparación material y moral de la víctima, y tiene como presupuesto el consentimiento libre e informado de la víctima y el previo reconocimiento de los hechos esenciales por parte del autor. En todo caso, la posible actuación de los servicios de justicia restaurativa quedará excluida cuando ello pueda conllevar algún riesgo para la seguridad de la víctima o pueda ser causa de cualquier otro perjuicio". A la luz de lo dispuesto, **¿Qué opinión le merece la regulación de la justicia restaurativa realizada por el Estatuto? ¿Cómo intervienen los JVP en la ejecución de esta forma de resolución de conflictos?**

Qué pregunta más optimista. Técnicamente hay una cita, faltaría toda la regulación.

El primer problema es que no hay un desarrollo de las oficinas, que sería la parte seria y que habría que resolver en primer lugar. Podrían hacerse cosas interesantes con oficinas bien configuradas, donde estas realizasen un registro con la información que reciban de los tribunales sentenciadores y, con la información que recibiesen de las víctimas, generar una especie de base de datos a la que poder recurrir. Centralizar la información, en definitiva. Mientras no tengamos eso, la justicia restaurativa es ciencia ficción.

El gran problema es que estamos yendo del victimario a la víctima, cuando debería ser al revés, pero así es más fácil, claro. Como el tema de las víctimas no lo tenemos organizado debido a la ausencia de oficinas de víctimas lo estamos haciendo desde lo que tenemos. De este modo, primero se trabaja con el victimario y una vez que tenemos unos victimarios que pueden servir para el programa de Justicia restaurativa, empezamos a buscar víctimas. Entonces, si encuentro víctimas directas, genial y si no, jugamos con víctima indirecta u otras modalidades de Justicia restaurativa que hay varias. Pero es un sistema un poco raro. Eso es lo que tenemos hoy en día porque no tenemos otra opción.

Entonces la regulación de la justicia restaurativa en el Estatuto no existe como tal, es una breve pincelada, por eso defiendo que debería existir una regulación, aunque abierta, porque la justicia restaurativa no es normativa.

Pero es cierto que se debe contar con unos instrumentos para poder llevarla a cabo. En primer lugar, tiene que haber unas oficinas de verdad, no nominales y una vez que en las oficinas exista una auténtica comunicación de información con el órgano sentenciador a través de una base de datos, por ejemplo, ya podría comenzarse con la implementación de la justicia restaurativa. Trabajar con ellas sería lo primero y de ahí ya veríamos qué modelo de justicia restaurativa escogemos. Lo que estamos haciendo actualmente es probar distintas fórmulas. La justicia restaurativa en España es un experimento hoy en día. En el ámbito penitenciario hay programas, ya te digo aquí en Valladolid, en Sevilla, en Castilla La–Mancha. Y bueno, son programas que se está probando, se hacen cosas, experiencias y es cierto que se ven resultados interesantes. Pero no podemos decir que sea algo bien regulado e implantado.

16. Desde el año 2015 coexisten el Estatuto y la LECrim, reformada esta última en numerosas ocasiones para tratar de

adaptarse a las nuevas formas de ejecución penal y penitenciaria. **¿Existe alguna jerarquía (implícita) en su aplicación? ¿Qué actuaciones tendrían que llevarse a cabo para facilitar la actividad jurisdiccional relativa a la aplicación de estas normas y mejorar la asistencia a las víctimas desde el sector judicial?**

En cuanto a la primera de las preguntas planteadas, lo que sucede es que nosotros, los Jueces de Vigilancia Penitenciaria, no nos regimos por la Ley de Enjuiciamiento Criminal salvo para la tramitación de los recursos, para lo demás no existe. Si afecta o no a estos jueces sería otra cuestión.

Ahora bien, está claro que esta Ley [Estatuto de la víctima] es un escrito poco conocido, lo que genera problemas. Por ejemplo, en lo que comentábamos de la actualización de la información en cada fase del proceso estoy seguro de que no lo hace nadie o muy pocas personas. ¿Por qué? Porque es más cómodo acudir a la Ley de Enjuiciamiento [Criminal], que no hace mención ninguna a nada de esto. Entonces eso no se está cumpliendo, estoy seguro de ello.

En cuanto a la segunda cuestión, soy contrario al artículo 13 como está planteado actualmente, lo articularía vía fiscalía y luego, lo más importante, reconfiguraría las oficinas. Pero para eso es necesario el dinero. Esta ley carece de presupuesto específico para ella como se indica en la Disposición Adicional segunda, entonces bueno, se podría decir que es un brindis al sol. Por tanto, no es un problema jurídico como organizativo, han ido a lo cómodo en lugar de ir a lo eficaz.

También es importante tener claro qué es lo que queremos, que actualmente no sabemos. Ese es el verdadero problema. Es cierto que las víctimas lo ven como un gran triunfo y de hecho lo es porque es cierto que tienen una mayor actividad reconocida. Ahora bien, el artículo 13 desde una sistemática penal es una barbaridad, que en la práctica penal se traduce en nada.

Lo único que genera es una falsa expectativa y, además, es un precepto muy extraño. De hecho, si tan normal fuera, ¿Por qué no lo hay en ningún país? Yo siempre cuando se saca una norma pionera, pienso lo mismo. Si tan bueno es, por qué lo habremos inventado nosotros cuando ningún otro país lo ha pensado. Es un poco extraño que tú vayas e innoves. Muy serio tendría que ser el tema tratado. También resulta llamativo que no exista ningún seguidor [del artículo 13], la verdad.

Respecto a esto, a nivel doctrinal, yo no he leído nada a favor. A lo mejor hay alguien, pero lo normal es que se esté en contra. Su introducción se consideró como un triunfo de las víctimas. Pero realmente es aberrante, porque en los supuestos que les da intervención es ridículo: exoneración en unos periodos de seguridad que no existen y en la libertad condicional de una persona que está en tercer grado. Le estás tomando el pelo a las personas que saben cómo funciona el sistema, lo que roza la demagogia.

Si realmente hubieran querido garantizar la participación de la víctima, tendrían que haberlo hecho en la concesión de los terceros grados, que ahí su intervención sí hubiera podido ser efectivo. Pero claro, se la conceden en algo que saben que no les va a generar problemas. Entonces, ¿Esto es serio? Claramente, no. El Estatuto [de la víctima] y, particularmente, el artículo 13 se encuentra entre la incongruencia y la demagogia.

## ANEXO II. ENTREVISTA A CARMEN GUIL ROMÁN. MAGISTRADA EN LA SECCIÓN TERCERA DE LA AUDIENCIA PROVINCIAL DE BARCELONA

1. Me gustaría conocer su valoración general sobre el Estatuto de la víctima, antes de entrar a valorar algunos aspectos concretos, **¿considera usted que el Estatuto de la víctima es una ley que tutela los intereses de las víctimas?**

Yo creo que el Estatuto fue un avance, supuso un antes y un después en el tratamiento de las víctimas. De hecho, nos venía impuesto por la Directiva [2012/29/UE]. Además, esta Directiva ya partía de unos aspectos que eran esenciales en el tratamiento victimológico que el Estatuto los vino a recoger en ese aspecto, lo que fue positivo. Ahora bien, considero que lo esencial y como suele pasar, el punto clave no es que haya una previsión legal, sino cómo estamos aplicando el Estatuto. Por tanto, creo que los déficits que arrastra son más en la aplicación que en la propia regulación. Por ello, si no aplicamos el Estatuto, no podemos decir si es bueno o malo. Y eso salvando algunos aspectos más concretos, como pueden ser, por ejemplo, la regulación de la justicia restaurativa o la de las oficinas de atención a la víctima que son, desde mi punto de vista, muy, muy mejorables. En resumen, una primera aproximación sería esa. Yo creo que podemos decir que sí, que era una ley necesaria y que bueno, pues fue un avance, eso sí.

2. **¿Qué cambios ha supuesto en la actividad jurisdiccional la entrada en vigor del Estatuto de la víctima respecto a la situación anterior, caracterizada por la existencia de leyes sectoriales para determinados tipos de víctimas (delitos sexuales, terrorismo...)?**

Lo que hizo la ley, yo creo, fue generalizar el trato victimológico para cualquier tipo de delito, no solo en delitos terroristas o violencia de género, que era donde se había avanzado significativamente más hasta ese momento. El Estatuto de la víctima pretendía aplicar estos principios tuitivos a cualquier víctima de cualquier delito. Y yo creo que eso realmente no ha supuesto un cambio con el Estatuto, es decir, los juzgados hemos incorporado unos buenos modelos de notificación de los derechos a las víctimas, por ejemplo, pero en el fondo, al menos en la parte que yo conozco, no ha habido un cambio significativo. Continuamos haciendo exactamente igual, por lo tanto, lo que tendría que significar el Estatuto de la víctima, que debiera ser una mejora a nivel de información o de ejercicio de derechos, no se ha producido. De hecho, ahora con la reforma de los artículos 109 y 110 LECrim notificamos 3 hojas de derechos, pero ni hemos adaptado el lenguaje como nos exige el Estatuto y otras regulaciones posteriores, ni hemos garantizado que las víctimas puedan acceder al Estatuto. Me refiero sobre todo a aquellos casos en que, por ejemplo, sean extranjeros y cuenten con algún problema idiomático o aquellas que tengan algún déficit de comprensión, bien sea por baja cultura, bien sea por algún tema de discapacidad. Continuamos haciendo el mismo trato generalizado y, por lo tanto, incumpliendo lo que dice el Estatuto. Para mí, la clave del Estatuto de la víctima es el derecho a entender y a ser entendida porque ahí se focalizan esencialmente los derechos que como persona tiene la víctima y esos los continuamos vulnerando una y otra vez, al menos desde mi punto de vista.

Es cierto que hemos mejorado a nivel policial con el tratamiento de víctimas menores de edad y de determinados delitos como las agresiones sexuales, pero no es suficiente.

- **Quería detenerme sobre el derecho a ser entendida que ha mencionado. ¿Hasta qué punto puede llegar a ser revictimizador el proceso penal si no se cumplen estas garantías?**

Después de mucho reflexionar, creo que podemos estar de acuerdo que el proceso penal es victimizador en sí. Además, el proceso penal se basa en unos principios que nos ha costado mucho alcanzar, y que son todas las garantías del proceso. Los derechos de las víctimas no pueden ser una excusa para perder garantías. Partiendo de esa premisa, eso no significa que la víctima no pueda contar —aunque hablemos de "afirmada víctima" en esta primera fase— con una serie de derechos que impliquen, digamos, un "trato deferente". Estos no tendrían por qué venir vinculados con el proceso y ese sería para mí uno de los principales hándicaps: si no hay proceso penal no aplicamos Estatuto de la víctima, salvo puntualmente en alguna tipología delictiva, como en la trata de seres humanos donde hay una previsión legal, o por descontado los delitos de violencia de género en los que ha habido mucho más avance y muchos más recursos asistenciales. Sin embargo, en todos los demás, si la víctima no denuncia, no tiene ningún tipo de protección, ni tampoco de información, ni de acceso a las oficinas de atención a la víctima. Yo opino que eso es justo lo contrario de lo que preveía la ley. A fin de cuentas, se continúa manteniendo en el proceso penal una intención de extraer de la víctima la información que esta nos puede dar con relación al delito, pero no estamos dispuestos a todo lo demás. Desde mi punto de vista ese es el principal déficit en la aplicación del Estatuto.

Es cierto que a veces puedo hablar por intuición, pero la información que me llega de diversos puntos de España me permite afirmar que las víctimas continúan sin tener un tratamiento y un espacio donde ser adecuadamente atendidas. Es cierto que hay excepciones, pero no son generalizadas a todas las víctimas. Entonces, la forma en que se han desarrollado las oficinas de atención a la víctima en toda España pone en evidencia que es un trabajo que no se está haciendo, es decir, que la inversión que se ha hecho a nivel estatal, más allá de aprobar una ley de Estatuto de la víctima, es absolutamente insuficiente en la mayoría de partidos judiciales. En los juzgados, en las ciudades de la justicia, en determinados puntos, pues puedes ver un buen servicio, pero normalmente las oficinas están infradotadas. Al final, en la mayor parte de los casos suele tratarse de un funcionario/a que se dedica a un trabajo muy rutinario, que es precisamente lo contrario que marca el Estatuto o en el caso de los Letrados de la Administración de Justicia a los que competía la obligación de informar de los derechos que tiene la víctima de adaptar el lenguaje, etcétera, etcétera. Es evidente que el trabajo que les marca el Estatuto no se está viendo reflejado en la realidad.

Sigue siendo noticia que una víctima sea tratada adecuadamente o que tenga un espacio de atención y de seguimiento pese a que eso es a lo que venimos obligados y no tiene por qué incidir en el proceso. Yo creo que eso incluso lo tenemos reproducido en el caso más claro, donde más medios económicos se han invertido en atención a las víctimas, que es la violencia de género, como decía anteriormente. Continuamos vinculando la atención víctimológica a la posición en el proceso. O sea, la víctima que denuncia es una víctima a la que se le otorga algún tipo de protección, que tiene derecho a ayudas, pero la que no denuncia no adquiere esa condición, sin tener en cuenta que el proceso penal tiene sus reglas.

Muchas veces, por ejemplo, puede acabar en una sentencia absolutoria, como sucede habitualmente en el delito de trata de personas. Ese delito incluye conductas muy graves con elevadísimas vulnerabilidades y victimizaciones. La absolución se debe en estos casos a las dificultades en la prueba en estos delitos y la complejidad de las organizaciones y el rol que tienen los distintos intervinientes, lo que no hace fácil ni la investigación ni después el enjuiciamiento y la condena. Así, si a una persona la consideramos víctima de trata de personas —desde mi punto de vista uno de los peores delitos que pueden cometerse— le damos una protección si es extranjera, como el derecho de asilo, pero todo eso decae cuando la sentencia es absolutoria, como si la víctima dejara de serlo. Lo que indica una sentencia absolutoria en la mayor parte de casos es que no hay suficiencia probatoria para condenar, no que el delito no se haya cometido. Sin embargo, hacemos depender todas las ayudas, el apoyo, las asistencias a la posición en el proceso, y yo creo que es esa es la clave del fallo del sistema.

De hecho, la Directiva de 2012 y las sectoriales en materia de violencia sexual o de trata de seres humanos y en todas las demás, indica que la protección debe brindarse de forma independiente al papel que la víctima tenga en el proceso. Eso choca con la rigidez de considerar que no hay víctimas hasta que haya una sentencia condenatoria. Para mí eso es un punto de vista erróneo. Yo creo que sí, que podemos ver rasgos de vulnerabilidad y de victimización, por lo que podemos dudar de la autoría, pero no del hecho en sí. Y yo creo que eso es extrapolable a otros muchos casos además de la violencia sexual, por ejemplo, como víctimas de robos —también en casa habitada—, o víctimas de lesiones en las que el tratamiento que se hace desde la Administración es nulo, o sea, no, no hay realmente un apoyo, un seguimiento. Y yo hablo desde Cataluña, donde sí que se ha hecho un esfuerzo muy importante y existe una oficina de atención a la víctima que funciona razonablemente bien, y hay también un servicio de Justicia restaurativa, de acompañamiento a víctimas... Hay un importante camino de mejora pero hay otros territorios mucho más deficitarios. Desde mi punto de vista, el sistema continúa siendo muy, muy poco amable para la persona que ha sufrido un delito y mucho menos amable cuando la persona está dudando sobre si denuncia o no.

- **Claro, y al final el incentivo a la denuncia se desvirtúa...**

Sin duda, pero yo creo que eso también forma parte de la falta de información adecuada la víctima. La mayoría de delitos son perseguibles de oficio excepto aquellos en los que la denuncia es preceptiva como sucede con la violencia sexual.

Desde mi punto de vista, habría que explicarle a la víctima lo que supone el proceso penal, porque no hacerlo supone una de las vulneraciones más flagrantes de sus derechos; a fin de cuentas, a lo que me refería del derecho a entender también es comprender lo que es un proceso penal. A la víctima hay que explicarle que su versión va a ser sometida a un chequeo. Y que el chequeo puede llegar a su persona, a su forma de vida, y que en muchas ocasiones se va a ver cuestionada e incluso ofendida por considerar que no se la cree y que eso forma parte de las reglas del juego. Yo creo que si se explica en unos términos y en un lenguaje plenamente adaptado, todos estaríamos de acuerdo en estos principios. Si nos dijeran "¿A ti te gustaría que denunciasen a tu hermano y que fuera condenado inmediatamente sin un juicio?" No, no, claro que no. Pues esa pedagogía que hay que hacer en relación al proceso y aplicarla a nivel social, pero desde luego hay que hacerla a nivel individual con las víctimas. Porque yo creo que eso les permitiría afrontar el proceso de otra manera.

Otra de las cuestiones que resultan claves para mí es el tiempo. No todas las víctimas a están en condiciones de denunciar, de explicar y de someterse a un proceso de forma inmediata a la comisión del delito. Parece que estamos enviando el mensaje de que la mejor víctima es la que denuncia inmediatamente, y eso se hace sin entender el proceso victimológico que hay detrás, la situación emocional que tienen las víctimas en determinados delitos. El derecho de reflexión que tienen algunas víctimas, como las de trata de personas, puede ser absolutamente extrapolable a otros delitos de elevada carga victimizadora. Sin embargo, seguimos con este ese pensamiento, estos prejuicios y estereotipos: la víctima considerada sincera es la que denuncia inmediatamente, es la que está muy afectada emocionalmente y llora, la que te explica todo y te lo dice sin fisuras, sin cambios, sin contradicciones. Los que conocemos el proceso de victimológico, hemos estudiado y tratado muchas víctimas, sabemos que pocas víctimas tienen ese comportamiento. De hecho, los parámetros fijados por la jurisprudencia para dar credibilidad a lo relatado por una víctima, son absolutamente contrarios a lo que es un proceso de victimizador, según coinciden los psicólogos. Lo normal es que la víctima dude, que cambie de opinión, que esté insegura, que la víctima no sea capaz de explicar, tenga bloqueos o que aparezcan informaciones añadidas al primer relato. Creo que a nivel de proceso penal no se tiene en cuenta, sobre todo, porque pocas veces las partes proponen prueba sobre el proceso victimológico y las reacciones de las víctimas. De ahí que continuamos con muchísimos prejuicios y esquemas establecidos y pese al Estatuto de la víctima y la evolución en victimología de los últimos años, esos prejuicios o ideas preconcebidas no han cambiado, y continúas leyendo muchísimas sentencias en el mismo sentido.

A fin de cuentas, aunque hay artículos del Estatuto que disponen expresamente que serán aplicados antes de la denuncia, en la práctica su ejecución se condiciona a la interposición de denuncia.

3. Vamos a comenzar hablando del derecho de la víctima a recibir información sobre la causa penal. En el apartado V del Preámbulo se dispone que "con independencia de personarse en el proceso penal, se reconoce el derecho de la víctima a recibir información sobre ciertos hitos de la causa penal", tesis que es desarrollada en el art. 7 (derecho a recibir información sobre la causa penal). **¿Hasta qué punto puede ser satisfecho este derecho por los jueces sentenciadores? ¿Cómo gestionan la comunicación los jueces sentenciadores y los JVP para lograr la consecución de estos objetivos?**

Bueno, mi experiencia es tremendamente negativa. Para empezar, continuamos teniendo muchísimos casos en los que la víctima no es informada del sobreseimiento. Lo dice la ley y no se hace. En muchas ocasiones lo sabemos porque la víctima va a buscar la información —"¿qué ha pasado con esto, no se me ha dicho nada, no?" —y entonces es cuando se entera, aunque hay muchos más casos. Por ejemplo, experiencias de ciudadanos que han sufrido la muerte de un familiar y que deben pasar por la vía penal al haberse realizado la autopsia —como casos de accidentes de tráfico—. En esos casos continuamos diciéndoles a las víctimas que no pueden saber, que no tienen derecho a ninguna información porque no están personadas en la causa. Respuesta contraria al Estatuto y al derecho a recibir información.

Igualmente, las sentencias en muchas ocasiones tampoco se notifican a la víctima, salvo que esté personada. Para tratar de remediar eso, yo, por ejemplo, en los esquemas que utilizo para elaborar las sentencias uno de los aspectos que permanecen fijos es "notifíquese a la víctima". Además, es una notificación personal con independencia de que esté personada, porque parece que si está personada se lo notificamos al abogado y es suficiente, pero no es así porque la notificación debe ser personal. Otro de los aspectos a mejorar es el lenguaje que utilizamos en la sentencia. En la mayor parte de casos, la víctima no entiende absolutamente nada. Lo mismo sucede en relación con la prisión o la puesta en libertad.

En relación con la información, la reforma operada por la Ley Orgánica 8/2021, de 4 de junio, de protección integral a la infancia y la adolescencia frente a la violencia generalizó el derecho a información a todas las víctimas, no solamente a aquellas que lo pidieran expresamente como había establecido el Estatuto. Ahora bien, aparte de una previsión legal, se debería arbitrar algún instrumento que coordine esta tarea ya que ni los LAJ ni las oficinas judiciales efectúan dicha notificación de forma generalizada como exige la ley.

En lo que respecta a la entrada o salida de prisión aquí en Cataluña, la OAVD ha centralizado todas las notificaciones. Los jueces de vigilancia penitenciaria empezaron ya en el 2015, cuando entró en vigor la ley, a querer notificar a las víctimas las salidas de prisión y se encomendó a la OAVD. Sin embargo, la OAVD no tenía ningún dato de la víctima y la solicitaba al órgano enjuiciador y el Juzgado de Tribunal contestaba que por protección de datos no le daba esa información. Continuamos teniendo ese problema. Recientemente hemos actualizado un protocolo que hicimos en el 2018 para implementar adecuadamente el Estatuto de la víctima.

Sin embargo, la dificultad continúa siendo la misma. Es incompatible con el cumplimiento de las funciones que la OAVD no tenga acceso a los datos de un expediente judicial esencialmente porque forma parte del Departamento de Justicia. Los juzgados continuamos actuando como si el Estatuto de la víctima no existiera y como si no se hubieran creado las oficinas, como si las oficinas no tuvieran una función ni las víctimas unos derechos.

Por ello, en relación con la notificación de que el penado entra o sale de prisión, mi experiencia es que el órgano judicial no lo hace. Es cierto que, al menos aquí en Cataluña, sí que he visto que los jueces de vigilancia penitenciaria lo hacen a través de las oficinas, pero tienen serios problemas. ¿Por qué? Porque a las víctimas no se les hace un seguimiento de la información para tenerla actualizada y saber dónde está, dónde vive, cuál es su correo electrónico. Nosotros tenemos un sistema de volcado de datos, TEMIS, donde deberían aparecer todos los datos actualizados de la víctima o si directamente desea ser notificada o no. La cuestión es que a esa plataforma no puede acceder la OAVD. Al final, la tecnología y la propia cobertura legal también contribuyen a que esa información a la víctima no llegue, aunque la ley lo ponga muy fácil al disponer que se debe tener alguna forma de contacto con la víctima. Claro, en los casos donde la víctima cambia de correo electrónico y no da los datos, es ella la que se colocaría en una situación de no querer saber, pero cuando la víctima ha facilitado un correo electrónico, me parece que es de una sencillez extrema enviarle una notificación y que no se cumple por desajustes entre las administraciones. Esa notificación tampoco se hace adecuadamente en los casos que se lleva a término, porque enviar una resolución así, "a la bravas" diciéndole que la persona que cometió el delito va a salir de prisión puede producir unos efectos victimizadores bastante más graves que los que trata de evitar el derecho de información. Desde mi punto de vista, creo que continuamos haciendo exactamente igual y reivindico que el cumplimiento de la ley siempre es cosa nuestra, aunque estoy en franca minoría.

De hecho, se suele excusar diciendo que es cosa de la oficina de víctimas, del letrado de administración de justicia... Pero al final, entre unos y otros no se cumple con el deber legal.

Y ya no hablemos de los jueces de instrucción porque si estos problemas los tenemos en los órganos de enjuiciamiento, que se lleva por el mismo órgano, imagínate cuando estamos ante un proceso que se ha llevado a cabo entre el juzgado instrucción y enjuiciamiento, que siempre son dos distintos. No se han hecho bien las cosas en instrucción porque al final la única garantía es para aquella víctima que está personada. Entonces ahí hay un déficit por parte del Ministerio Fiscal que viene obligado por su Estatuto orgánico, un déficit de los LAJ y un déficit imputable a todos los demás, porque la ley nos obliga a todos o debiera obligarnos a todos. Por eso yo soy muy crítica con eso.

Por concluir con esta pregunta, considerando la información a la que se refiere el artículo 7 sobre el estado del procedimiento, ya no solamente las resoluciones que puedan afectar a la libertad o no, que eso podría incidir directamente sobre la seguridad de la víctima, sino sobre todo los que afectan a la información de cómo está el proceso seguimos sin darlas, salvo que la víctima esté personada. Considero que es una grave conculcación de los derechos de las víctimas, salvo de aquellas que se personan en la causa.

4. Asimismo, en el RD 1109/2015, por el que se desarrolla el Estatuto de la víctima y las Oficinas de Asistencia a Víctimas, se establece que las resoluciones referidas al art. 7.1 LEVID podrán comunicarse a las Oficinas si así lo desea la víctima. **¿Cómo es la comunicación de las Oficinas con los jueces sentenciadores?**

Lo que puedo decir es que la comunicación no es fluida entre los jueces sentenciadores y las oficinas. También hay que tener en cuenta que en muchos lugares las oficinas únicamente tienen solo a una persona o dos. No dan abasto, claro.

Además, hay una sobre dedicación a la violencia de género y a las órdenes de protección, con abandono del resto de víctimas. Por ejemplo, una víctima de una tentativa de asesinato, está bastante menos protegida que una víctima de violencia de género. La violencia de género continúa siendo un problema de primer orden y exige recursos, pero también el resto de víctimas.

Entonces, esta falta de información se debe fundamentalmente a la infradotación de las oficinas, que les impide hacer su trabajo. En todo caso, se dedican a la violencia de género pero desde luego, el trasvase de información tendría que ser el exigible para garantizar que la víctima entienda. Se establece en la norma que las comunicaciones incluirán la parte dispositiva y un breve resumen del fundamento de la sentencia, pero jamás he visto un correo electrónico donde se le indique por los LAJ claramente a la víctima los motivos por los que se ha impuesto una medida cautelar de prisión provisional o una condena a pena de prisión.

Con las OAVD sucede algo similar. Cuando se les pide que notifiquen algo tienen que saber quién es, su edad, si tiene patologías o no, o por qué delito, porque no son las mismas necesidades cuando se es una víctima de violación que de robo con fuerza, por ejemplo, especialmente en términos de protección. Entonces, me parece gravísimo que no facilitemos el trabajo. A fin de cuentas, hemos creado las oficinas, pero no hemos dotado de medios, o sea, no nos hemos creído realmente estas obligaciones asumidas como Estado y como comunidad con las víctimas de los delitos.

Lo que tenemos es, en el mejor de los casos, un trato estandarizado a la víctima, ese que la Directiva quería evitar. A fin de cuentas, considerando esto desde una perspectiva egoísta, si tú quieres que una víctima colabore contigo debes tener ese un trato deferente con ella. Si no, tienes una víctima abandonada, enfadada, frustrada que cuando llega a juicio está harta de nosotros y además con absoluta razón, por lo cual su actitud "negativa", diríamos, responde a un rechazo hacia el sistema. Y yo creo que las Administraciones Públicas, especialmente, desde la administración de Justicia se debería analizar por qué se nos valora tan mal por parte de la de la ciudadanía. ¿Por qué tenemos una ratio de valoración tan baja? No estoy hablando de que hayamos condenado o absuelto, estoy hablando de todo el trato intermedio, estas explicaciones, por ejemplo, en la conformidad o comentar el por qué se ha suspendido el juicio. Son cosas básicas, pero que da igual y que el Estatuto tampoco ha cambiado, entonces...

- **Además, tenemos que considerar que la Disposición Adicional segunda no prevé partida presupuestaria para esta Ley, siendo a coste "cero"...**

Eso es. Claro, pero eso es un oxímoron, no puedes decir que una ley como el Estatuto de la víctima tenga coste cero. Las leyes promulgadas en el 2015 contenían esa disposición por la crisis económica y la restricción del gasto público, pero es absurdo en sí mismo, porque una ley como el Estatuto es imposible de aplicar sin gastar nada. Sin embargo, no creo que lo determinante sea el dinero invertido sino la forma de actuar. No, no, no ha habido un cambio en la forma de trabajar. Yo creo que una notificación correcta nos puede llevar cinco minutos. Si tú tienes los datos de la víctima actualizados, enviar un correo electrónico o llamar a la víctima diciéndole que esa persona va a salir de permiso es sencillo. También tengo en cuenta que la cantidad de papel que movemos en los juzgados hace que la tramitación sea farragosa y lenta, para que conste toda la notificación. Pero una Ley como es el Estatuto te viene a decir que hay que cambiar esa forma de trabajar y pese a ello seguimos contando con las mismas problemáticas.

5. Una cuestión que resulta muy relevante para la opinión pública es la información a la víctima sobre la concesión de los **permisos penitenciarios** supuesto subsumido en la letra e) del art. 7. **¿Pueden los jueces sentenciadores cumplir este objetivo designado por el legislador?**

En cuanto a los permisos penitenciarios, los jueces sentenciadores no dan ninguna información de los de los permisos, pero porque no conocen, o sea, no saben nada ellos de cómo se está ejecutando la pena porque esa información la tiene el juez de vigilancia penitenciaria. Claro, el juez de vigilancia para informar tiene que hacerlo con la información que le da el órgano sentenciador. Por ello, cuando elaboramos el protocolo acordamos en el momento de incoar la ejecutoria, cuando era pena de cumplimiento en prisión, se debe enviar oficio a los juzgados de vigilancia penitenciaria competente. Y esos datos igualmente hay que comunicarlos a la oficina de atención a la víctima, porque si nos creemos que la oficina es el puente entre la oficina judicial y la víctima, que es lo lógico, primero necesitaríamos unas oficinas bien dotadas y no lo que tenemos actualmente. Entonces, si el órgano de enjuiciamiento no envía la comunicación a la OAVD cómo va a saber la Oficina si hay una sentencia condenatoria, o si se ingresa en prisión. Resulta que después el juzgado de vigilancia pregunta por la víctima y, lo que te comentaba antes, puede ser que los datos no estén volcados y tengas que irte a los archivos de la causa que a lo mejor son seis tomos, por ejemplo y esa información no se encuentre y que se opte por no comunicar. Lo grave es que esto pasaba en el 2015, cuando no podía ser que tuviéramos unas bases de datos adecuadas con todos los datos fluyendo entre los órganos, pero han pasado 8 años de la aprobación del Estatuto de la víctima y seguimos igual.

Entonces el problema es que yo creo que el Estatuto de la víctima es una ley más que no se aplica. O sea, siento ser tan franca, pero para mí es claro. Yo me sorprendo de mis compañeros, me sorprendo de la falta de valoración, de las medidas de protección que hay que adoptar, o sea, cosas que la ley dispone "El Tribunal adoptará las medidas de protección necesarias para el enjuiciamiento". Entonces dices: pues bien, tendrás que hacer una ponderación. "No, que me contamino, no que eso no es cosa nuestra. Eso no lo tenemos que hacer nosotros". Bueno, al final son excusas cuando la ley lo dice muy claro, que el Tribunal adoptará las medidas de protección. Y entonces te viene la víctima al juicio y, le ponemos un biombo, pero no es eso lo que dice el estatuto.

6. Otro de los apartados recogidos en el art.7 son las resoluciones referidas al artículo 13. **¿Existe comunicación efectiva entre JVP y sentenciadores?**

La comunicación continúa sin ser sin ser buena ni tampoco fluida en estos casos y que, por lo tanto, no se está dando cumplimiento a lo que a lo que dice la ley. Sí que es cierto que durante un tiempo estuvimos trabajando un compañero y yo en la sala de vigilancia penitenciaria de Barcelona durante dos años, creo recordar que durante 2017. Durante esa época sí que se estaban notificando algunas cosas, pero muy, muy puntualmente. Entonces la inmensa mayoría no se notificaban, por eso la dificultad que tenía el órgano de enjuiciamiento de proporcionar los datos era incluso mayor en aquel momento, pero me consta que eso no ha habido una mejora sustancial de esto, al menos aquí en Cataluña, que es lo que yo conozco. Me temo que en el resto de España sucederá igual.

7. Nos interesa detenernos ahora en la participación activa de la víctima en el proceso penal. Aunque se desarrolla en el Título II de la norma, en el Preámbulo (apartado VI) el legislador realiza las siguientes afirmaciones relativas a las prerrogativas en este Título: "El Estado, como es propio de cualquier modelo liberal, conserva el monopolio absoluto sobre la ejecución de las penas, lo que no es incompatible

con que se faciliten a la víctima ciertos cauces de participación [...]" o "La regulación de la intervención de la víctima en la fase de ejecución de la pena, cuando se trata del cumplimiento de condenas por delitos especialmente graves, garantiza la confianza y colaboración de las víctimas con la justicia penal, así como la observancia del principio de legalidad, dado que la decisión corresponde siempre a la autoridad judicial, por lo que no se ve afectada la reinserción del penado". **¿Se encuentra de acuerdo con estas afirmaciones? ¿Qué implicaciones pueden plantear para el desarrollo de sus labores?**

Bueno, yo creo que el legislador se pasó de frenada en este artículo. Reitero, porque yo creo que es muy importante remarcar que el Estatuto de la víctima proviene de la transposición de la Directiva y la Directiva no dice absolutamente nada de esto. Yo creo que ideológicamente tiene la explicación de quedar bien o de sucumbir a las presiones de algunas asociaciones de víctimas, y, aunque es cierto que no son todas, sí que alguna de ellas puede llegar a justificar la inclusión de este derecho.

Considerando esto, no puedes permitir el derecho a la víctima a incidir en estas cuestiones [ejecución penitenciaria], y defender que el Estado continúa con el monopolio del castigo. Faltaría más. Es la consecuencia lógica porque, de lo contrario, se estaría vulnerando directamente la Constitución.

Aunque el legislador marque unos supuestos límites y se arma de argumentaciones pomposas, en realidad existe un claro sesgo ideológico en este aspecto, es decir, favorecer a determinadas víctimas que quieren incidir en esta fase y que a partir de la introducción del artículo 13 pueden hacerlo.

8. El artículo 13 constituye el precepto que cristaliza las tesis anteriores, al regular la participación de la víctima en la ejecución respecto a determinadas cuestiones que afectan al

régimen de cumplimiento (levantamiento del periodo de seguridad, cálculo de beneficios penitenciarios sobre la totalidad de la condena, concesión de libertad condicional). **¿Cómo intervienen los jueces sentenciadores en la ejecución de este artículo? ¿Qué opinión le merece este precepto en términos generales?**

Mala, mala, muy mala. Yo creo que es que es un error. Para empezar, viendo los delitos que se contienen en el artículo 13 creo que desde luego no son los delitos más graves. Podríamos estar de acuerdo en un delito de homicidio o de aborto, pero, por ejemplo, el de lesiones tiene un tipo básico, agravado e incluso privilegiado y no hace distinción entre ellos. Entonces, podríamos decir en términos gruesos que a partir de una bofetada se podría dar lugar a la aplicación de este artículo. Lo mismo sucede con los delitos contra la libertad y ya no hablemos contra la libertad sexual, que pueden ir desde un tocamiento hasta la violación múltiple, por ejemplo. Claro, tú no puedes tratar estos delitos como una única categoría de delitos "muy graves". Es cierto que podríamos convenir quizá en delitos de terrorismo —aunque también hay muchos y diversos delitos— o la trata de seres humanos. Lo que yo propondría sería definir más las tipologías delictivas que entran en esta categoría, porque es cierto que hay delitos como el robo con fuerza que no se encuentra incluido. O ya no hablemos de la seguridad vial con el riesgo que provocan.

Creo que queda patente este sesgo ideológico al que me refería antes, sobre todo porque además parte de otra premisa que para mí es punitivista cien por cien, que es permitir ese derecho cuando es una posible clasificación de tercer grado antes de la mitad de la condena. Por lo tanto, la víctima no tendría nada que decir si se cumple la pena de prisión en primer o segundo grado. ¿Cómo se le ocurre al legislador que puede haber otro modo de cumplimiento más beneficioso para la víctima? ¿Entonces también estamos prescindiendo de lo que dice la Ley General penitenciaria? A fin de cuentas, lo que dispone la LOGP —que, desde luego se hizo en un momento mucho más progresista que el actual— es que la clasificación se corresponde con la necesidad de intervención con aquella persona se corresponde con las circunstancias y la evolución que la persona ha hecho en varios aspectos: el laboral, la red familiar y social... En definitiva, existen una serie de datos que se le brindan a la administración penitenciaria para motivar una clasificación en primero, segundo o tercer grado. En cambio, el legislador estima que las víctimas no tienen nada que decir en el primer grado y en el tercero sí. Pero ¿por qué? A fin de cuentas, si se trata de una clasificación en primer grado, la víctima es muy probable que esté de acuerdo, pero en cambio, el tercero antes de la mitad de la condena seguro que no. Por tanto, se mantiene esta visión punitivista de que el cumplimiento de la pena tiene que ser desde el primer día hasta el último, porque todo lo que suponga un cumplimiento más flexible es una defraudación a las víctimas. Al final se trata de un argumento, que, como decía antes, es ideológico, falaz y yo creo que muy alejado de la inmensa mayoría de víctimas, que lo que reclaman es más información que opinión sobre esto, porque, por lo general desconocen las implicaciones de este precepto.

Este artículo responde a una visión muy punitivista y sesgada de lo que las víctimas quieren, es decir, el legislador está presumiendo que la víctima desea que el ofensor cumpla desde el primero hasta el último día. Esta premisa la hemos visto sobre todo en los últimos debates, especialmente en la ley de violencia sexual [Ley Orgánica 10/2022, de 6 de septiembre, de garantía integral de la libertad sexual], donde el único interés ha pivotado sobre la pena y el tiempo que van a pasar en prisión porque si disminuye, se defrauda las víctimas. Sin embargo, no deja de ser una manipulación absoluta de los deseos de las víctimas, lo que se hace más grave si además contamos con que se está extendiendo entre la población como si fuera una verdad no discutida. Cuando trabajas con víctimas y te enfocas en sus intereses y necesidades, la inmensa mayoría de ellas no contestan que su victimario "se pudra en prisión". Quizá puede darse en algún momento del proceso victimizador, pero desde luego no de forma permanente ni generalizada.

9. Una de las primeras cuestiones que plantea el artículo es que cualquier víctima que haya sido notificada de las resoluciones contenidas en el art.13 (levantamiento de periodo de seguridad, cálculo de beneficios penitenciarios, concesión de libertad condicional) podrá recurrirlas conforme a los dispuesto en la LECrim aunque no se hubiera mostrado parte en la causa... **¿Cuál es su opinión al respecto?**

Ese es el punto central del debate, porque, por ejemplo, una víctima no puede recurrir autos de sobreseimiento sin haberse personado previamente; de hecho, esto lo hemos discutido también entre nosotros. Es decir, hay que notificarle el auto de sobreseimiento pero tiene que ser parte para recurrir y contar con abogado y procurador para ello. Pues bien, estas mismas dudas nos asaltan con este recurso. Se le da un plazo a la víctima de 15 días siguientes a la notificación para interponer el recurso, y lo lógico es que se presente con abogado y procurador para poder recurrir. Esto es así porque de lo contrario estaríamos obviando la estructura del proceso, que se caracteriza porque solo pueden recurrir los técnicos, es decir, el abogado y procurador a los que me refería antes, puesto que la víctima solo tiene una "voz personal", digamos.

Que a fin de cuentas el Estatuto no indique expresamente la necesidad de abogado refleja nuevamente la deficiente técnica legislativa de la norma. En resumen, sí que necesita un abogado, al menos para interponer el recurso, no para anunciar, pero sí para presentarlo. Eso mismo necesita para interesar que se le pongan determinadas condiciones al que sale en libertad condicional.

10. En el apartado 2 de este precepto se regula la participación indirecta, mediante la cual se establece que la víctima podrá interesar al juez que este imponga determinadas reglas de conducta a la persona liberada condicionalmente cuando pueda derivarse una situación de peligro y, además, facilitar determinada información que resulte relevante para la imposición de la condena. **¿Es una práctica frecuente que las víctimas contacten con los jueces en virtud de este precepto para facilitarle esta información?**

Aquí nos encontramos con el mismo problema que te comentaba antes, es decir, la necesidad de al menos abogado para presentar estas cuestiones, que no se especifica en la norma. Al final, toda la estructura del artículo choca, yo creo, con varias cosas, no solamente la línea de ejecución de penas, sino con su propia regulación, porque a todo esto no hemos cambiado la Ley Orgánica General Penitenciaria ni el Reglamento Penitenciario. Este artículo 13 se introdujo, si no recuerdo mal, sin cambios en la Ley General penitenciaria donde se establecía qué se puede recurrir y quién es competente para hacerlo, y hasta ese momento era el Ministerio Fiscal o el letrado del penado. Así que o cambiamos la LOGP o tenemos dos leyes que son contradictorias, ya que le están dando a la víctima una representación de la que carecía hasta entonces. Es cierto que esto suele darse en algunas normas, pero esto es uno de los casos clamorosos.

En cuanto a si esto tiene aplicación, es aún más raro que se dé este que el anterior [recurso ante el levantamiento del periodo de seguridad]. De hecho, cuando nos ha pasado en la Sección, algunos compañeros se han extrañado de que la víctima viniera a dar este tipo de información y les he recordado que tenía derecho . Ellos suelen preguntar que por qué no vienen con abogado y la respuesta es la misma, que el Estatuto legitima a las víctimas a facilitar información.

En cuanto a los datos que se suelen brindar al juez o tribunal de ejecución aluden a la posible capacidad económica del penado por estar ocultando bienes o actuación similar. No obstante, dar entrada a esa información debería ser mucho más sencillo, pero también es contradictorio con la previsión legal que comentaba antes. Por eso digo, mi experiencia es que la aplicación de lo que afecta estrictamente a vigilancia penitenciaria, donde no tengo información excesivamente actualizada, ha sido más ponerse la medalla ante las asociaciones de víctimas que una eficacia práctica de este artículo.

11. Asimismo, el apartado 3 del art. 13 dispone que antes de dictar las resoluciones contenidas en el precepto, deberá darse traslado a la víctima para que pueda formular sus alegaciones. **¿Es habitual en la práctica judicial la realización de estos trámites?**

En el tiempo que estuvimos en la sala de vigilancia quizá tuvimos un recurso de una víctima. Un recurso de una víctima, no tuvimos más, pero he de reconocerte que no recuerdo exactamente el momento exacto en el que sucedió, quizá 2017. Ahora mismo no tengo datos actualizados sobre esto, pero yo dudo mucho de que realmente a nivel numérico sean muchos los recursos o las peticiones que haga la víctima en este sentido. Además, para ello tienes que haber dado traslado a la víctima antes de resolver para que pueda presentar alegaciones, y ya comenté que este derecho de información cuenta con demasiadas lagunas, y este artículo no es una excepción. Igualmente, con independencia de las reservas que tengo sobre la ejecución de este derecho de información, dudo mucho que haya un número elevado de víctimas que estén ejercitando los derechos que aquí se prevén.

12. Para ir terminando, también queremos detenernos sobre el artículo 15, relativo al acceso de las víctimas a los servicios de justicia restaurativa. Es importante destacar en este sentido el párrafo final del apartado VI del Preámbulo, en el

que se dispone lo siguiente: "el Estatuto supera las referencias tradicionales a la mediación entre víctima e infractor y subraya la desigualdad moral que existe entre ambos. Por ello, la actuación de estos servicios se concibe orientada a la reparación material y moral de la víctima, y tiene como presupuesto el consentimiento libre e informado de la víctima y el previo reconocimiento de los hechos esenciales por parte del autor. En todo caso, la posible actuación de los servicios de justicia restaurativa quedará excluida cuando ello pueda conllevar algún riesgo para la seguridad de la víctima o pueda ser causa de cualquier otro perjuicio". A la luz de lo dispuesto, **¿Qué opinión le merece la regulación de la justicia restaurativa realizada por el Estatuto?**

Por una parte, valoro positivamente su inclusión, porque lo dice la Directiva también, pero por otra, claro, la regulación es muy deficitaria. Primero en la terminología, que, aunque es algo relativamente generalizado en todo el Estatuto, tenemos que hacer algunas matizaciones cuando nos referimos a la justicia restaurativa. Como dice la propia Recomendación 2018 de la Unión Europea, se puede producir en cualquier tipo de delito, en cualquier fase del procedimiento. Por tanto, debemos saber que si le damos derecho a las víctimas a participar espacios restaurativos no podemos hablar de un infractor, sino que podríamos hablar mejor de afirmadas víctimas o de consideradas víctimas. Pero desde luego, los infractores, como mínimo, tendríamos que habernos referido a ellos como presuntos infractores.

O sea, todo eso ya destila una falta de saber lo que tenemos entre manos. Por otra parte está el reconocimiento de los hechos, que puede generar un conflicto con el derecho de defensa si se exigiera que el reconocimiento fuera dentro del proceso penal. El reconocimiento puede hacerse en el proceso restaurativo que es y debe ser confidencial y ello no produciría efectos en el proceso penal salvo que las partes así lo acordaran,

El artículo 15 se incluyó para cumplir la Directiva, pero sin un desarrollo legal o reglamentario es una declaración de principios que no ha supuesto una dotación de servicios de justicia restaurativa como sí existe en Cataluña, País Vasco o Navarra y por tanto, como en otros casos ya comentados, no es un derecho que se garantice a todas las víctimas.

13. **¿Cuál es su experiencia en la ejecución de esta forma de resolución de conflictos? ¿Es una institución que se esté llevando a cabo en nuestro país? ¿Qué mejoras podrían producirse en el ámbito restaurativo en España?**

Para empezar, he discutido con compañeros sobre la cuestión de si solo pueden derivarse a la justicia restaurativa en aquellos sitios donde haya servicios porque en la mayor parte de España no los hay. Eso supondría un primer obstáculo. Luego, también hemos hablado sobre si es necesario reconocer ante el juez los hechos, lo que comentaba antes. Para mí eso es un error de base. Porque incluso en una interpretación que hagamos literal del art. 15 no se indica en ningún momento ante quién tiene que reconocerse los hechos. Además, si conoces los procesos restaurativos y el trabajo de los facilitadores, sabes que la primera premisa para participar en un proceso restaurativo es que la persona reconozca alguna participación en ese hecho, porque si no lo hace es evidente que ese proceso restaurativo no puede continuar.

La exigencia de ese reconocimiento de los hechos esenciales tal y como se encuentra recogido en la norma puede dar lugar a una interpretación muy restrictiva de las posibilidades que creo que no responden a la realidad de la justicia restaurativa. Lo que es obligado, evidentemente, es que la víctima haya prestado su consentimiento, igual que en el caso de la persona presuntamente responsable.

Otro de los errores es la confusión entre justicia restaurativa y mediación porque no es lo mismo.

A fin de cuentas, creo que la distinción, al menos a día de hoy entre mediación penal y justicia restaurativa está absolutamente superada, aunque tengo mis reservas en cuanto a la situación en 2015 y que refleja el artículo del que hablamos. No todos los procesos restaurativos pasan por un encuentro y por un acuerdo, lo que hace al artículo 15 muy restrictivo y ello ha supuesto un lastre en la mayor parte de lugares donde no hay servicios de Justicia restaurativa. De hecho, GEMME —Grupo Europeo de Magistrados por la mediación— ha publicado el mapa preliminar de Justicia restaurativa en España donde recogíamos muchas de las experiencias en justicia restaurativa que se están llevando a cabo en nuestro país.

Nos ha permitido evidenciar que son contadas las comunidades autónomas que han implementado servicios de justicia restaurativa dentro de la administración de Justicia. Hay mucha más generalización en el cumplimiento de la pena, pero claro, el artículo 15 no parece que esté refiriéndose a la fase de cumplimiento de la pena, sino a la fase previa. Por tanto, yo creo que está pensando más en clave de mediación que en términos de Justicia restaurativa por las alusiones al secreto profesional en relación con los hechos, por poner un ejemplo. Por ello creo que dicho precepto se refiere a los procesos previos al juicio. De ahí la importancia de salvaguardar, por supuesto, la confidencialidad, etcétera, pero eso tiene bastante menos importancia cuando el proceso se inicia en la fase de ejecución de sentencia, que será más frecuente en los delitos graves porque antes la mayor parte de las víctimas no se encuentran en condiciones de participar o no quieren hacerlo. En otras ocasiones son los presuntos responsables los que tampoco tienen interés, pero tras la sentencia las circunstancias cambian radicalmente.

14. Desde el año 2015 coexisten el Estatuto y la LECrim, reformada esta última en numerosas ocasiones para tratar de adaptarse a las nuevas formas de ejecución penal y penitenciaria. **¿Existe alguna jerarquía (implícita) en su aplicación? ¿Qué actuaciones tendrían que llevarse a cabo para facilitar la actividad jurisdiccional relativa a la aplicación de estas normas y mejorar la asistencia a las víctimas desde el sector judicial?**

Lo primero que tengo que decir es que la LECrim como es evidente, al regular el proceso penal de una forma más amplia tiene más fuerza que el Estatuto por su ámbito de aplicación; sin embargo, no podemos obviar la dejación en la aplicación que se ha hecho de este último. Al final más allá de la falta de medios, hay una resistencia al cambio. Sea como sea, el Estatuto acaba relegándose a una mera categoría reglamentaria o como una especie de código de buenas prácticas, pero careciendo de la efectividad esperada.

Por eso, yo creo que el Estatuto de la víctima debería incluirse dentro de la Ley de Enjuiciamiento Criminal, para que hubiera, como decía, una aplicación efectiva. Pero para ello, necesitaríamos una nueva Ley de Enjuiciamiento criminal. Teníamos un buen proyecto una vez más, pero ha quedado en un cajón [Anteproyecto de Ley de Enjuiciamiento Criminal del año 2020]. Volviendo al tema, considero que la única manera de hacer las cosas bien es incluir en la LECrim cuestiones como el tratamiento de las víctimas, al menos aquellos aspectos que tengan que ver con el proceso, donde el Estatuto ha introducido cambios. Por ejemplo, en lo que respecta al derecho de personación se han producido modificaciones con mayor o menor fortuna. Yo, personalmente, discrepo de que la víctima pueda presentarse en cualquier momento, porque creo que los plazos resultan fundamentales y más en estos casos. Se debería priorizar, por el contrario, el acceso a la información de forma clara y correcta. Además, la ley debería dejar constancia de qué resoluciones hay que notificar a la víctima, cómo hay que hacerlo, y los trámites que hay que realizar si se desea recurrir. Todo eso tiene que estar regulado como parte del proceso, pero no se ha hecho. Entonces el Estatuto viene a ser un parche, pero un parche mal puesto y además lejano de lo que es la Ley de Enjuiciamiento Criminal.

Entonces yo creo que ese es uno de los problemas, que explica en parte que no la estemos aplicando, aunque también se debe a una cuestión actitudinal de los operadores jurídicos. Me refiero sobre todo a jueces, fiscales y letrados de administración de justicia. Yo, por ejemplo, estoy rodeada de compañeros concienciados con el trabajo que hacemos y del trato deferente con la víctima, pero también soy consciente de los obstáculos con los que nos encontramos para que el estatuto pueda ser efectivo, sobre todo de índole material. Por ejemplo, en las oficinas de víctimas, donde no hay suficientes efectivos. También quiero destacar la estructura de la oficina judicial porque considero que este es el punto clave para que se pueda aplicar el Estatuto, tanto desde el letrado desde la administración de justicia como hasta el último funcionario, tiene que existir esa concienciación para que se pueda alcanzar un funcionamiento correcto de esta ley. Adicionalmente, creo que sería necesario, contar con personal especializado en víctimas en las oficinas judiciales, al igual que ha sucedido con la implementación de servicios comunes de notificación. De este modo creo que podríamos superar estas carencias actitudinales respecto a la necesidad de cumplir con el Estatuto y que se convierta en una ley efectivamente aplicada.

# ANEXO III. ENTREVISTA A PBR. MIEMBRO DEL EQUIPO TÉCNICO DE LA OFICINA DE ATENCIÓN A VÍCTIMAS EN CATALUÑA

1. **Cuéntenos un poco, ¿Cómo es la atención de víctimas en las oficinas? ¿Qué perfil de víctima suele recurrir a estos servicios?**

No tenemos un perfil concreto. Son muchos tipos de víctimas, tanto desde un punto de vista social, como económico y cultural. Eso sí, si tuviera que decir un tipo de víctimas al que atendemos de manera más habitual, serían las de violencia de género, porque las oficinas de víctimas nos hemos convertido en un centro coordinador de las órdenes de protección.

Lo que es perfil de víctima en sí, más allá de esta coincidencia de temática, no existe mucha disparidad en lo que respecta a la situación de vulnerabilidad. En cuanto a la atención que se les presta, sería, diríamos, de acompañamiento. Por eso creo que el nombre de las oficinas de atención víctimas se corresponde muy bien con nuestras funciones, porque lo que hacemos es atenderles antes, durante y después del procedimiento, al margen de si tienen medidas o no cautelares, o, como te comentaba antes, órdenes de protección.

Además, no existen requisitos para que les atendamos, basta únicamente con que se "sientan víctima"; esto es bastante provechoso en el sentido de que muchas veces hace que la víctima, antes de denunciar, pueda recibir un asesoramiento de qué le espera o qué va a obtener del sistema judicial o con qué se va a encontrar. Eso hace a veces hace más llevadero el propio funcionamiento del sistema judicial, que no es baladí para las víctimas, dado que constituye una carga bastante importante para ellas.

Además, muchas veces en aquellos delitos que sean privados o semipúblicos también asesoramos en esta doble vertiente ya que una cosa es lo judicial y otra es lo personal o psicológico/emocional. Esto no es posible cuando es un delito público, evidentemente, porque se hace de oficio, pero en los delitos semiprivados o semi–públicos sí que es una opción que tienen y si no contasen con esta información previa les sería prácticamente imposible el decidir si quieren o no quieren seguir adelante. Para mí, este planteamiento inicial es quizá uno de los más relevantes que se les ha asignado a las oficinas. Es un estudio transversal de todo lo que atañe a estos hechos y esto sí que me parece algo que es beneficioso porque una persona puede acudir a un abogado y le informará de la parte jurídica; puede acudir a un psicólogo y le ayudará en su recuperación emocional, pero es muy difícil tener a veces una institución que aúne todos estos campos. Además, no es solo derivarlas [a las víctimas] a servicios sociales, jurídicos o psicológicos sino también, cuando hay algún problema, vuelven a nosotros, las volvemos a redirigir o monitorizar que todo vaya bien. Eso para mí es bastante importante.

- **¿Quiénes suelen acudir con más asiduidad, víctimas directas o indirectas?**

En cuanto a las indirectas, desgraciadamente solemos tener un solo tipo y son los hijos o padres o hermanos de las víctimas fallecidas, normalmente siempre de violencia de género. En esto se puede hacer un trabajo muy importante de acogimiento con ellos. Les proporcionamos muchas veces también un servicio emocional de psicólogos y ya en el propio hospital, por ejemplo, a través de algún protocolo que tenemos con el SEM, o intentamos hacer una derivación al SIE en el servicio de intervención especializada para que estas personas no tengan que llamar como si fueran una más, sino que puedan tener un cauce "preferente". Dejamos pasar luego también unos días para preguntar si se encuentran lo suficientemente fuertes como para recibir información sobre estos hechos y si lo están, suelen acudir a la oficina y les hacemos un asesoramiento global. Cuando hay hijos, también los informamos sobre las ayudas económicas a nivel estatal.

Además, el Estatuto en cuanto a víctima indirecta, también es muy poco preciso y no sabemos cómo proceder en algunas ocasiones... A veces nos han llamado de algún juzgado, por ejemplo, para preguntarnos en determinados casos si son víctimas indirectas. Yo les suelo contestar que, ante la duda, se le puede notificar y hacerle el ofrecimiento de acciones, para que, si entiende que lo es, lo pueda ejercitar, porque me parece una interpretación cuanto menos ambigua.

2. **Con relación a la LEVID, ¿Qué opinión le merece en términos generales esta ley?**

Me parece, socialmente hablando, un punto importante de adelanto en cuanto a víctimas, es decir, antes no teníamos nada, y ahora tenemos un Estatuto de la víctima. La constituye como tal [a la víctima], no se limita a un simple estatus, pero sí que es verdad que, analizada como una ley de protección de los derechos de las víctimas, me parece muy insuficiente.

En primer lugar, porque hay muchos de los derechos que son muy difíciles de aplicar, muchísimo. Luego, porque a veces no toma en cuenta la situación de vulnerabilidad que suele tener la víctima, en tanto que víctima en aquel en aquel momento, porque las víctimas no son víctimas permanentemente, sino que las personas somos víctimas en un determinado momento de nuestras vidas. En otras palabras, excepto algunos casos concretos, esta situación se enmarca en un marco de temporalidad y entonces, en tanto que víctimas este Estatuto a veces creo que le pide mucho la víctima, una actuación muy proactiva, estar muy al tanto de todo, lo que provoca que estos derechos resulten difícilmente aplicables.

Además, también considero que es reiterativa porque hay muchos derechos que los teníamos ya con la LECrim. Me parece muy bien los hayan querido recoger, a modo de compilarlo como si fuese un decálogo, pero no está creando derechos nuevos. Por ejemplo, cuando dispone que la víctima tiene derecho a percibir la indemnización porque haya sufrido por los daños civiles derivados del delito, o cuando nos dice que la víctima puede personarse como acusación particular, cuestiones que ya existían con anterioridad en nuestro ordenamiento. Es decir, que hay muchos derechos que los teníamos contemplados en la LECrim y aquí solo se han reiterado y en algunos casos se ha hecho de una forma muy difícil de entender porque incluso alguno entra en contradicción con la propia LECrim.

No tendríamos que perder de vista que este Estatuto es de víctima y no de acusación particular. Por eso, cuando la víctima se ha constituido en parte procesal, evidentemente tiene derechos, diríamos, de mayor rango o en un estadio más alto. Por lo tanto, aquí lo que se trataba de contemplar era los derechos que tiene la persona que, habiendo sufrido un delito, no ha querido constituirse en parte. Por lo tanto, si no se ha constituido en parte es que no tiene un profesional del Derecho a su lado para que le explique en qué consiste todo y, por lo tanto, les será mucho más difícil entenderla cuanto más ambigua sea la ley.

Por lo tanto, por mucho que la víctima pueda leer "derecho a asistencia letrada desde la interposición de la denuncia", si cuando llega no se la prestan, ¿Qué hará antes de derecho ? Tiene derecho a ser entendido en su lengua, sí, ¿pero si no me lo prestan? Esto sucede constantemente, todos los derechos están anunciados, pero luego no está regulado los casos en los que estos derechos no se cumplen, a dónde pueden dirigirse. En definitiva, les resulta muy difícil ejercitar estos estos derechos.

3. **¿Cree que las oficinas disponen de recursos suficientes para garantizar el acceso de las víctimas al contenido del Estatuto?**

Realmente considero que las oficinas no tienen los recursos necesarios.

Lo primero, recursos personales, es decir, de profesionales que trabajan en la oficina. Por ejemplo, la oficina donde yo trabajo, abarca, como mínimo, aunque no los he contado, 50 juzgados, sin tener en cuenta a los de instrucción, y nosotros somos cuatro técnicos: un jurista, un psicólogo y dos trabajadores sociales. Salta a la vista lo que quiero decir, ¿no? Es insuficiente, totalmente insuficiente.

Con esta ratio realmente no podemos hacer el acompañamiento que realmente necesita la víctima. Muchas veces lo tenemos que hacer de forma superficial y confiar en que la derivación a determinados servicios le resulte útil a la víctima. Somos conscientes que formamos parte de un engranaje, no lo tenemos que hacer todos nosotros. Pero es demasiado el volumen de información si todos los juzgados realmente enviasen la documentación que tendrían que mandar según la ley, para nosotros sería prácticamente inviable poderla atender.

- **¿Cree que la figura del criminólogo tiene encaje en la oficina?**

Sí, yo creo que de todas maneras, el criminólogo podría ocupar el puesto de jurista. Debo decir que el nombre no hace la cosa. La posición de jurista es de técnico superior y yo creo que con la titulación de criminología, es que no sé por qué Criminología como tuvo el problema de que antes no era carrera y ahora es un grado, no sé si para el puesto de jurista se exigía el licenciado en Derecho o también en Criminología.

Pero desde luego qué podrían desempeñar el puesto perfectamente.

O incluso yo creo que otro perfil que encajaría sería quizá el de trabajador social. A fin de cuentas, para estar en estas oficinas se requiere una formación un poquito como más transversal, lo que es bueno... Complejo. Yo supongo que por eso hay diversos perfiles para que nos complementemos unos con otros.

4. **El Real Decreto de Desarrollo 1109/2015 de la LEVID incide a lo largo de su articulado sobre la necesidad de coordinación entre las Oficinas de Asistencia a Víctimas y las asociaciones de víctimas en la elaboración de protocolos de actuación y convenios. ¿Este contacto entre oficinas y asociaciones existe?**

Yo creo que depende de las materias y a veces del territorio. Hay asociaciones que son muy visibles y tienen mucha importancia. Por ejemplo, en materia de trata de personas, contamos con la asociación, SICAR, por ejemplo, que se ocupa prácticamente de todo, es decir, hace de Administración. Diríamos que casi somos más nosotros los que derivamos a ellos, pero que tengamos un protocolo de actuación, que yo sepa, no. Tampoco quiero decir que no exista, pero en principio protocolo de actuación, yo diría que con las asociaciones no hay.

Por otro lado, nosotros como somos un servicio público, cuando derivamos, tenemos que derivar a servicios públicos. El otro día, por ejemplo, una persona preguntaba si podría derivarla a Cáritas.

Yo en un acto de buena fe te puedo decir dónde está Cáritas en mi ciudad, pero no puedo realizar una derivación, es una asociación sin ánimo de lucro y lo mismo nos pasa con otras. Ahora hay muchas asociaciones en violencia machista, en violencia de género y doméstica. Por ejemplo, en Barcelona hay una asociación en materia de violencia sexual que está trabajando muchísimo, ADAS. Allá no sé si la gente les llega preguntando, evidentemente a mí, si nos preguntan, es cierto que no le puedo decir que no exista. En definitiva, lo que no puedo hacer es derivar, pero no puedo impedir que acudas allí; de hecho, contamos con teléfonos y direcciones de correo de distintas asociaciones. Ahora bien, protocolos como tal no existirían por el momento.

Es complejo el tema de las asociaciones porque cada vez hay más, lo cual es bueno porque refleja que algo se está moviendo, pero sí es verdad que quizá habría que unificar un poco más para hacer la labor un poco más fácil.

5. **¿Qué medio tienen las oficinas de garantizar el cumplimiento del derecho sobre la causa penal recogido en el art. 7 LEVID? ¿Existe una comunicación fluida entre los tribunales y las oficinas?**

Desgraciadamente no existe esta comunicación entre tribunales y oficinas.

Sí que se han hecho adelantos, ahora hay más comunicación que antes, pero al ser punto de coordinación las oficinas tendríamos que recibir todas las resoluciones, o al menos los autos que acuerdan una orden de protección o que la dejan sin efecto o cualquier otra medida que afecte la seguridad de la víctima. Y eso no ocurre siempre.

Esta relación no es fluida porque la información que se nos facilita muchas veces no es concreta o faltan datos de contacto. Además, los juzgados nos dicen que no tienen tiempo para explicárselo a las víctimas, que es mejor que lo hagamos nosotros, pero nosotros como oficina no sabemos en qué momento procesal exacto se encuentran, ya que puede suceder, por ejemplo, que hayan librado un oficio y no lo sepamos. Por tanto, para que este derecho se garantice tiene que haber una obligación de prestación por parte de los órganos judiciales y no está regulada en la ley. Supongo que en el caso de que se le preguntara a los juzgados por qué no se hace efectiva esta comunicación a la oficina, me imagino que contestarían que el volumen de trabajo no se lo permite. Pero esto es como si dijéramos "no le leo los derechos al imputado porque tengo mucho trabajo". Efectivamente, estos derechos se tienen que leer y el letrado de administración de justicia tiene que cerciorarse que realmente ha entendido lo que se le está comunicando. Esta premisa debe aplicar en los mismos términos para el detenido, el imputado, el acusado o para la víctima. Para que nazcan los derechos que están plasmados en una ley, tienen que comunicarse desde los juzgados porque hasta que no se haga no van a empezar a surtir efectos.

Por ejemplo, cuando llega la víctima se le hace un ofrecimiento de acciones y en este trámite de la 109.10 de la LECrim se le facilita un documento en el que se le pregunta que si quiere ser atendida por las oficinas. Pues bien, ese documento en algunos juzgados no se entrega, en otros juzgados a lo mejor aparece firmado, pero a lo mejor la víctima luego nos manifiesta que tampoco tenía conciencia de que lo había manifestado.

Yo creo la comunicación entre juzgados y oficinas es el punto de partida para que funcione el Estatuto, porque por mucho que tenga ese derecho a ser atendida por la oficina, pero no se nos indica que existe este caso, evidentemente no vamos a contactar con esta víctima. Es indispensable que haya una buena comunicación para que todo empiece a fluir.

El número de habitantes también influye, claro. Aunque también es cierto que cuántos más habitantes tenga la ciudad más juzgados tendría que haber, al menos de forma teórica. Por lo tanto, la ratio por funcionario básicamente tendría que ser siempre la misma, aunque en algunos esté superada.

Entonces bueno, los artículos 5 y 7, cuando se refiere a los derechos a recibir información sobre la causa me parecen mejorables. Porque cuando se establece que alguien tiene derecho a recibir algo, tendrás que regular quién lo tiene que prestar porque cuando las víctimas van al juzgado les dicen que no tienen por qué informarles de nada.

Así, aunque la LECrim establece que tendrá derecho de acceso a la causa quien tenga un interés legítimo, no hace falta poner dos artículos en el Estatuto para dejarlo igual que con la LECrim y si lo que quiere es dar algo más porque es víctima y no solo perjudicado, habrá que especificar qué es lo que se está ampliando, que no aparece.

Este derecho , como digo, se niega siempre de forma sistemática Es uno de los derechos más básicos y no se está cumpliendo porque está mal redactado, mal definido y en realidad no se está indicando quién tiene que ser prestatario de esta obligación.

6. Nos interesa detenernos ahora en la participación activa de la víctima en el proceso penal. Aunque se desarrolla en el Título II de la norma, en el Preámbulo (apartado VI) el legislador realiza las siguientes afirmaciones relativas a las prerrogativas en este Título: "El Estado, como es propio de cualquier modelo liberal, conserva el monopolio absoluto sobre la ejecución de las penas, lo que no es incompatible con que se faciliten a la víctima ciertos cauces de participación [...]" o "La regulación de la intervención de la víctima en la fase de ejecución de la pena, cuando se trata del cumplimiento de condenas por delitos especialmente graves, garantiza la confianza y colaboración de las víctimas con la justicia penal, así como la observancia del principio de legalidad, dado que la decisión corresponde siempre a la autoridad judicial, por lo que no se ve afectada la reinserción del penado". **¿Se encuentra de acuerdo con estas afirmaciones? ¿Qué implicaciones pueden plantear para el desarrollo de sus labores?**

Como jurista, entiendo que el monopolio absoluto de la ejecución con compete el Estado, y así debe ser. El hecho de que una persona sea escuchada para tomar una decisión no hace que este Estado pierda el monopolio. En este caso, se le ha querido dar a la víctima un protagonismo mayor, determinando que es importante escuchar a esta persona que aun no constituyéndose como parte procesal, sigue siendo el sujeto pasivo del delito.

El derecho a ser escuchado es una garantía muy habitual en un en un Estado democrático de Derecho como el nuestro y, por lo tanto, me parece que suma y no resta, es decir, la crítica vendría en cómo se hace, pero su reconocimiento me parece correcto.

Además, hay que añadir que en ningún momento el parecer de la víctima es vinculante. Si lo fuera, ya tendría igual algún reparo más en seguir afirmando que la ejecución se encuentra bajo el monopolio estatal. El reconocer la posibilidad de que una persona sea escuchada, fue más un reconocimiento social de que le estás dando la voz que reclamaban las víctimas.

Para hacer una especie de equivalencia, podríamos aludir al derecho a la "última palabra" que tiene el acusado en el momento de la vista. En este caso, nadie ha pensado en que esto pudiera vulnerar el *ius puniendi* estatal.

En ningún momento creo que eche por tierra el monopolio que sigue teniendo el Estado en la ejecución de las condenas, porque desconozco las veces que se ha fallado siguiendo el parecer de la víctima, pero yo creo que en muy pocas ocasiones. A fin de cuentas, el Tribunal es profesional y sabe cuándo a esta persona se le tiene que conceder esto o no y qué beneficios a nivel de integración social va a suponer y, por lo tanto, el hecho de que tengas una víctima diciendo "no quiero que se lo des" es prácticamente imposible que esto te decante en tu en tu decisión profesional y objetiva.

A fin de cuentas, es una formalidad. Es brindarle a la víctima un estatus superior que el de mero testimonio, que, aunque sea a nivel conceptual no deja de reconocer una situación y creo que eso es bueno.

7. El artículo 13 constituye el precepto que cristaliza las tesis anteriores, al regular la participación de la víctima en la ejecución. **¿Qué opinión le merece este artículo en términos generales?**

Este artículo a mí me parece un derecho formal, de apariencia. El legislador quiso aparentar que daba voz a las víctimas, pero en realidad ha hecho tan complejo el ejercitarlo que carece de sentido y además no presenta ninguna vinculación con la regulación aprobada hasta el momento.

Yo este artículo nunca lo vi un problema para el monopolio en la ejecución, pero sí desde la perspectiva del principio de legalidad. Me explico. La LECrim parte de la base de que, acorde a este principio de legalidad, se debe detallar perfectamente quién puede intervenir y en qué momento del proceso puede hacerlo. Para intervenir en un proceso tienes que ser una parte procesal, pero de repente el Estatuto determina que esta persona llamada víctima puede participar. Considerando esto, ¿la participación en los procesos no era de las partes? Aquí sí que veo que hay un grave problema de concepto.

Obviamente, la víctima, si quiere, puede ser parte. Esto ya lo teníamos contemplado de antes con la acusación particular. Por lo tanto, la víctima quiere participar puede hacerlo a través de la parte, pero considero complejo a nivel procesal o técnico entender que una persona pueda participar en el procedimiento porque se tendría que regular muy bien, mejor que el estatus que tiene actualmente.

Además, y relacionado con esto quiero hacer otra apreciación. Cuando el estatuto dice "se tendrá que notificar el auto de sobreseimiento que podrá recurrir de conformidad a la LECrim", la LECrim hace referencia a una parte que tiene abogado y procurador. Esto quiere decir que una víctima que desee intervenir en este estadio tan avanzado del proceso solo para esto tendrá que buscar un abogado y procurador, que le dé tiempo a plantear este recurso… Al final son derechos muy difíciles de ejercitar, con muchas preguntas que no son contestadas.

En resumen, a este artículo le veo dos problemas fundamentalmente: saber si es necesario constituirse o no en parte y la contradicción que presenta respecto a otros artículos de la LECrim.

La perversión de este artículo viene en la fórmula "aunque no se hubieran mostrado parte en la causa". Claro. Estamos regulando un estatuto de víctima, no es necesario que hagan este apunte porque estamos considerando sujetos que no se han personado en la causa, si no, estaríamos refiriéndonos a acusación particular y para eso ya tenemos la LECrim. Además, añade la frase de "podrán recurrirlas de acuerdo con lo establecido en la Ley de Enjuiciamiento Criminal". Para empezar, esto implica un recurso de apelación y que, por tanto, se haga con abogado y procurador, que no le estás exigiendo en el artículo 13. Para continuar, es evidente que no es necesario que se hayan presentado como parte en la causa, porque son víctimas y no acusación particular, pero ahora les están obligando a personarse porque si no, no se puede hacer de conformidad a la LECrim y se le obligas a personarse y entra en contradicción con la LECrim que prohíbe personarse antes de las medidas definitivas.

A fin de cuentas, este artículo [13] viene a decirle a la víctima "tú a partir de este momento puedes constituirte en parte" pero en realidad ya tenemos un artículo en la LECrim que nos indicaba hasta qué momento procesal nos podemos constituir en parte, y no es precisamente en fase de ejecución, es antes del juicio, concretamente hasta la apertura del juicio oral, momento de calificación provisional. Por lo tanto, el Estatuto entraría en una contradicción tremenda el Estatuto con la LECrim cuando esta primera señala en el artículo 13 que podrán recurrir respecto a lo que dispone en la LECrim, vemos que no es tal. Por tanto, los obstáculos serían más de procedimiento que de contenido.

En otras palabras, lo que habíamos tenido siempre es una ley que nos indicaba que el momento para constituirse en parte, pero el Estatuto de la víctima modifica el artículo 110 LECrim en el que se establece que aquellas personas que no hubieran renunciado a su derecho podrán mostrarse como parte antes de la fase de calificación del delito. Pero no indica si es provisional o definitiva, y esto es importante porque hasta mitad de procedimiento la tenemos en modo provisional y en el momento del acto de la vista, con las conclusiones se eleva a definitiva o no. Por lo tanto, si me estás hablando de una cosa, estamos en un momento procesal y si me estás hablando de otra, nos referimos a algo más posterior. Yo hice la interpretación de que si esto venía a mejorar la situación que tiene cualquier ciudadano significa que la prerrogativa estaba siendo ampliada. Si antes lo teníamos hasta la conclusión provisional significa que ahora necesariamente tiene que ser hasta la conclusión definitiva, porque si no, no tiene sentido y hay jurisprudencia en este sentido del Tribunal Supremo, yo la he alegado.

También quería destacar el protagonismo que la víctima a través de este artículo, donde considero que existe una analogía respecto a la conformidad. En la conformidad, realmente, no se tiene en cuenta a la víctima porque la LECrim nos habla en todo momento de la acusación particular. Por tanto, la víctima no está constituida como parte y el Ministerio Fiscal puede proceder como considere oportuno porque no tiene que rendir cuentas. Es cierto que hay muchos fiscales que por razones éticas o de empatía sí que llaman a la víctima o al menos a nosotros de que van a alcanzar una conformidad y que no será necesario, por tanto, contar con su declaración. Esto debemos recordar que pertenece a la fase declarativa y que, aunque me parece muy positivo que los profesionales cuenten con un elevado grado de empatía, no están obligados a hacerlo.

Y ahora, en un momento de fase ejecutiva como es el que hace referencia el artículo 13, sí que se ve necesario escuchar a la víctima. Quizá hubiera sido más necesario escucharla antes de tomar la decisión de que se le condenaba o no. Este artículo 13 es meramente formal porque cuando se le tenía que dar [a la víctima] el derecho a opinar, aunque fuera solo decir "yo no quiero que se llegue esta conformidad", no lo contemplaron y en cambio ahora que ya está todo "hecho" y que, digamos tiene "menos importancia", ¿ahora sí que se la dan? No le veo sentido, la verdad.

Por tanto, darle voz en la fase ejecutiva sería como más de segundas, ya que el carácter verdaderamente potente lo encontramos en la declarativa. Pero bueno, se decidió dársela en ese momento, me imagino que como una especie de concesión.

Sin embargo, aunque soy firme defensora de que a la víctima hay que empoderarla para que salga de esa situación, esto debe darse sobre todo a través del tratamiento psicológico o emocional, que dan resultados y muy buenos. Sé que no tiene nada que ver con esto, pero a mí me ha emocionado el ver la evolución de una víctima que el primer día apenas puede contener el llanto, y que piensa que no lo va a superar, que ha visto que la respuesta por parte del sistema no es quizá lo que pensaba de luego llamarla a los seis meses —lapso en el que nosotros realizamos un seguimiento— y comprobar cómo es dueña de sí misma de nuevo. Me imagino que será la combinación de la voluntad personal con el tratamiento psicológico, pero de verdad es increíble su recuperación en algunos casos.

8. **¿Cuentan habitualmente en las oficinas con víctimas que reclamen el ejercicio de este derecho? ¿Se ha resuelto a su favor?**

Yo solo llevo dos años en la oficina, pero bueno, en dos años solo me han llegado dos casos. En ambos, nos ofrecimos para mediar en las designas con el Colegio de Abogados porque pensábamos que no nos iban a admitir el recurso por un defecto de forma por no tener abogado y procurador. Pero nuestra sorpresa vino cuando el Colegio de Abogados nos informó de que en la ejecución no se designa abogado. Primer problema de procedimiento.

En ambos casos querían ir con abogado de turno de oficio, y para una de ellas sí que es cierto que llegué a hacer la consulta, pero en la otra no porque las propias víctimas, viendo todo lo que implicaba ejercitar este artículo, decidieron no hacerlo. A fin de cuentas, tenían que esperar unos días, pero no sabían si durante esa espera le iban a conceder las resoluciones al penado o iba a quedar en suspensión porque tampoco se especifica de forma precisa... Problema de contenido. Al final, las dos dijeron "yo creo que no quiero hacerlo". He de decir que no se lo planteé en estos términos críticos y les daba la posibilidad de que planteásemos un escrito o un parecer, pero al final son ellas las que dicen "es igual, si es que no me van a hacer caso, ¿de qué va a servir que yo diga que no quiero que se lo concedan?" Hasta ellas lo ven.

9. **La justicia restaurativa también se encuentra recogida en esta ley, en su artículo 15. ¿De qué forma contribuyen las oficinas a hacer efectivo este derecho?**

Yo creo que en España, en general, la justicia restaurativa es un embrión. Siempre he defendido que la verdadera justicia es la justicia restaurativa, porque esta es la que realmente repara. Es decir, esa es la que resarce a las víctimas, pero en España creo que hay una gran labor por hacer.

Además, en nuestro caso, ¿cuántos artículos tenemos de Justicia restaurativa en nuestra normativa? Apenas hay regulación, se quiso recoger en el Estatuto para que conste que existe, pero no tiene una proyección. En lo que respecta a nuestra oficina, somos bastantes proclives y, de hecho, cuando vemos algún caso, lo proponemos al juzgado, sobre todo casos de violencia, entre vecinos, entre familia, doméstica —siempre que no sea de género y la violencia sexual porque está prohibido—. En definitiva, cuestiones que se puedan reparar.

Así que bueno, diríamos que es el gran desconocido de nuestro sistema judicial. Es cierto que solo conozco la realidad de Cataluña, pero considero que en todos los sitios está por desarrollar porque no hay ninguna legislación, salvo actualmente en el caso de Navarra. Por lo tanto, no hay unos equipos, por lo que resulta muy difícil derivar a estos recursos cuando, por ejemplo, en nuestro caso, somos cuatro técnicos en la oficina.

- **También me gustaría preguntar por tu consideración sobre la fórmula que emplea el legislador cuando hace referencia a la "desigualdad moral existente entre víctima y victimario" en el preámbulo de la norma.**

Cuando se refiere a esto, quizás alude a que la persona que ha sido capaz de cometer el delito es la persona que está por encima de ti, como una capacidad de control o asedio, diríamos. Por eso creo que no es desacertado decir que existe una desigualdad moral entre la persona que ha cometido el delito y la que no.

Al final esto no deja de ser una moneda con dos caras y que todo lo que le das a uno se lo estás quitando al otro. Por ejemplo, si le das prerrogativas a la víctima inevitablemente le estás quitando libertad al agresor y viceversa. Por eso no lo considero desacertado.

10. **¿Suelen solicitar las víctimas el acceso a este recurso de justicia restaurativa?**

Como hemos dicho antes, la aplicación de la justicia restaurativa apenas se da en nuestra oficina, y que lo pida la víctima, yo creo que nunca. Ni a mis compañeras o a mí nos han llegado solicitudes de justicia restaurativa por parte de la víctima.

También hay que tener en cuenta que, en el caso de que pase enviamos a poca gente porque para derivarlo a justicia restaurativa tiene que estar en un determinado estado del procedimiento. La gente a veces ya no viene cuando está en otras fases del proceso. Y ya no eso, sino que de las personas que vienen y que están en ese momento procesal adecuado para empezar con la justicia restaurativa, la mitad son de violencia de género y claro, hay que descartarlos. Entonces claro, la complejidad se incrementa porque no hay casos

11. **Aparte de los dos preceptos que hemos abordado, ¿considera que existen otros artículos de esta ley que necesitarían una revisión para garantizar su efectiva aplicación?**

Primero, veo que esta ley es reiterativa en muchos artículos. En cuanto al artículo 11, por ejemplo, cuando establece que la víctima tiene derecho a ejercer la acción civil y penal es innecesario porque la LECrim ya da estos derechos, además de constituirse como parte.

Luego, con el artículo 18 vuelve a suceder lo mismo, tiene derecho a devolución de los bienes, pero es que toda persona tiene derecho a resarcirse de los daños y perjuicios derivados del delito. Sería innecesario.

En cuanto a artículos que plantean problema uno que me llama especialmente la atención es la letra c) del artículo 4, el de ser acompañado por una persona de su confianza. Bajo mi punto de vista, tendría que especificar dónde puede ser acompañado de esta persona y en qué trámites procesales, porque si lo que se refiere es a que puede venir y esperar en un sillón del juzgado a ser por una persona de confianza, me parece un derecho absurdo, porque una persona puede ir, por ejemplo, al médico, con quién quiera, no es necesario que una ley se lo diga.

Cuando estamos reconociendo el derecho a ser acompañada por una persona de su elección, estamos considerando que esta persona forme parte de los de los actos judiciales, como, por ejemplo, la constitución de la sala, que esté como público o su presencia en la declaración. Esto entraría en una grave contradicción con la LECrim, que no prevé que estos actos personales puedan realizarse delante de otras personas. Por lo tanto, no tendría que lanzarse aquí un derecho , sino proponer una modificación o una ampliación de la LECrim, porque si no esto no sirve de nada.

En cuanto al recurso de sobreseimiento que del artículo 12, plantea dificultades muy similares también respecto artículo 13, que no he mencionado antes y es la posibilidad de recurrir aun no habiéndose constituido como parte. Muy brevemente, la víctima podrá recurrir la resolución de sobreseimiento conforme a lo dispuesto en la Ley de Enjuiciamiento Criminal, pues entonces, si es conforme a lo dispuesto, es con un recurso de apelación con abogado y procurador. Entonces, ¿para qué añaden la fórmula "sin que sea necesario para ello que se haya personado anteriormente en el proceso"? Anteriormente no se ha personado porque es víctima, no es acusación particular, pero ahora la estamos obligando a personarse porque si no, no puede ser de conformidad a lo dispuesto en la LECrim. Además, esto entraría en contradicción con el artículo de la LECrim que prohíbe personarse más allá de la de las medidas definitivas.

Además, cuando vemos que todo esto sucederá en un espacio muy largo de tiempo, evidentemente nos encontramos con cuestiones que plantean las víctimas tales como "¿cumpliré los plazos para el artículo 12? ¿Con el artículo 13 se le concederá esto [levantamiento de periodo de seguridad] o se suspenderá la decisión hasta que yo haya podido hacer las alegaciones?" Es decir, son dos problemas gravísimos porque relegan mi opinión o parecer como víctima a nada porque cabe la posibilidad de no poder ejercitar estos derechos.

Yo hubiera preferido tener tres derechos, pero realmente de un cumplimiento de una eficacia del cien por cien, que realmente se puedan aplicar, que no veinte muy, muy complejos de aplicar y que al final, no llegan a término en muchas ocasiones.

12. **Realizando una valoración de lo expuesto, ¿Cree que el Estatuto constituye una herramienta útil para proteger y salvaguardar los derechos de las víctimas?**

Me parece beneficioso que se haya dado un paso adelante en cuanto a protección de víctimas, pero creo que hubiera sido más útil haber promovido una modificación de la LECrim. A fin de cuentas, establecer como una especie de "decálogo" de derechos de los que se desconoce su potencial cumplimiento, al final desvirtúa el contenido de la norma porque son mayores las excusas para no aplicarlo. Por ejemplo, el hecho de que disponga "Los poderes públicos velarán por la vida y la integridad física de la víctima" realmente no aclara nada.

Por eso, creo que si se hubiera incluido en la LECrim, en primer lugar, nos hubiéramos ahorrado muchas duplicidades de como lo que decía del derecho a ser parte, el derecho a la remuneración al resarcimiento de los gastos del procedimiento o al pago de la responsabilidad civil porque ya se encontraban regulados.

En segundo lugar, la introducción del Estatuto la LECrim hubiera dilucidado muchas dudas, porque si se establece, por ejemplo, que la víctima se puede personar hasta un determinado momento, luego no puedo decir que se tendrá que personar en la fase de ejecución. Es decir, que el hecho de que formara parte del articulado de la LECrim, aunque fueran menos artículos hubieran sido más útiles y provechosos que tantos artículos fuera de ella porque hubiera vinculado de una forma más intensa a los órganos judiciales. Sin embargo, con la situación actual, parece que los operadores jurídicos tienen al Estatuto como una ley más, que a veces no saben a ciencia cierta si les vincula o no les vincula y desconocen si realmente tienen que actuar de conformidad a una o de conformidad a otra. Y la verdad, siempre optan claramente por la por la LECrim.

Lo cierto es que habitualmente me da la sensación de que queda al arbitrio o a la sensibilidad del funcionario que tramita, y esto no puede ser, no debería ser cuestión de suerte. La justicia debería ser igual para todos.

## ANEXO IV. ENTREVISTA A ANTONIO JOSÉ PERDICES MAÑAS. MIEMBRO DEL EQUIPO JURÍDICO DE LA OFICINA DE ATENCIÓN A VÍCTIMAS DE BILBAO (PAÍS VASCO)

1. Cuéntenos un poco, **¿Cómo es la atención de víctimas en las oficinas?**

Pues verás, en nuestro país existen oficinas de asistencia y atención a víctimas desde principios de los años 90 del siglo pasado. Nosotros en el País Vasco, en concreto, empezamos a trabajar en el año 1991, es decir, antes de la ley 35/1995 , que es el primer texto legal en el que se habla de "Oficinas de Asistencia a Víctimas", y mucho antes de que en el año 2015 el Estatuto y el Reglamento de víctimas regularan las oficinas de asistencia a víctimas. Es cierto que ha ido cambiando la nomenclatura, denominándose "atención" o "asistencia" a víctimas, según el Gobierno del momento, aunque en algunos cuerpos legales, incluso, se ha optado por incluir ambos términos.

En el País Vasco las OAVs se conocen como Servicio de Asistencia a la Víctima y, aunque dependen del Gobierno Vasco, su gestión se realiza por medio de concurso conforme a lo previsto en la Ley de contratos del sector público. Actualmente este servicio se encuentra gestionado por una entidad del tercer sector que es el Instituto de Reintegración Social de Euskadi.

Ahora, en lo que respecta al origen de nuestras oficinas, Antonio Beristain tuvo una relevancia fundamental. Consiguió "contagiarnos" la importancia de la Criminología y de la Victimología. Así, poco después de crear en 1987 oficinas de "orientación social al detenido", surgen las de atención a la víctima (1991). No creo que la nuestra sea la primera que se creó, ya que las de Barcelona se fundaron casi a la misma vez, pero sí que tenemos, digamos, un recorrido más intenso, pues desde la nuestra se hace intervención directa con las víctimas.

El 2015 supuso, en expresión que suele recordar el presidente del Tribunal Superior de Justicia del País Vasco, una "primavera legislativa", puesto que se aprobaron y reformaron muchísimas leyes en el ámbito penal, ya no solo en términos de modificación sino también de armonización y cooperación europea como sucedió con la trasposición de la Directiva de víctimas del año 2012, de donde nace la Ley del Estatuto.

De hecho, y relacionado con el Estatuto, en el verano de este año el Ministerio de Justicia facilitó a las Comunidades Autónomas el borrador del futuro Real Decreto de desarrollo de las oficinas, [que luego se materializó en el RD 1109/2005], para que lo pudiésemos analizar, dar nuestra opinión o efectuar aportaciones. Nosotros remitimos un informe el 8 de septiembre de ese mismo año con algunas cuestiones que consideramos que debían precisarse y nos enteramos el año pasado (2022) que fuimos la única Comunidad Autónoma que envió este documento. De hecho, en la exposición de motivos se responde a una pregunta retórica que planteábamos en el informe, y es sobre las fases que se deben seguir en el proceso de atención a la víctima. A fin de cuentas, lo que se proponía, y se hizo, era adaptar a nuestras circunstancias y legislación muchas de las directrices ya adoptadas por Naciones Unidas o por la Corte Penal Internacional.

Por lo que respecta a la atención que se presta, en relación con tu pregunta, desde un punto de vista práctico, la persona, con independencia de que haya puesto o no denuncia, se pone en contacto con la oficina, se le toma una serie de datos, se le abre una "ficha", que permita efectuar un seguimiento del tema y a partir de ahí se entrevista con los distintos profesionales. El primero de ellos es el trabajador o la trabajadora social, que se encarga de realizar un primer diagnóstico, donde se plantean las necesidades que se detectan que derivan del ataque a su dignidad, aunque la demanda puede resultar multidimensional, al interrelacionarse con otros aspectos de la persona que también se han visto afectados. Desde esta entrevista ya se evalúan todas estas necesidades, manifiestas o implícitas, y nos interesamos por conocer la red social de apoyo que puede existir a su alrededor.

También se le brinda asistencia psicológica, que será un apoyo "inicial" digamos, porque si los compañeros valoran que esa persona precisa de una intervención mayor, se la deriva a servicios u oficinas públicas de apoyo psicológico, como los que, en relación con situaciones de Violencia de Género, prestan una serie de servicios perteneciente a las Diputaciones Forales de Álava, Gipuzkoa y Bizkaia.

Igualmente interviene el equipo jurídico, al que yo pertenezco, cuya principal función es orientar a las víctimas a canalizar sus inquietudes dentro y fuera del procedimiento penal. Es cierto que "lo ideal" sería que las víctimas recurriesen a las oficinas antes de comenzar el procedimiento o de presentar la denuncia, porque necesitarían de esa tranquilidad o sosiego que les permitiese incluso identificarse como víctimas y buscar los recursos para salir de esa situación, pero, claro, esas son las situaciones que menos se dan. Se pone de relieve una falta de cultura de prevención penal y una falta de información social al respecto. A fin de cuentas, nos centramos en las denuncias y en el posible fallo condenatorio como única vía posible de resarcimiento y nos olvidamos del resto de cuestiones que afectan a la víctima y que la denuncia, si la víctima no se encuentra preparada, puede ahondar en ese sufrimiento porque desconocen lo "arisco" que puede llegar a ser el ámbito judicial. Por tanto, puede pasar que después de todo el proceso, teniendo en cuenta las dilaciones que habitualmente experimentan los procesos judiciales, lleguen a decir eso de "si lo llego a saber, no denuncio". Pero, como decía antes, por la situación de urgencia que se da con las víctimas, muchas dan este primer paso de denunciar sin conocer las consecuencias.

Esto es algo en lo que afortunadamente se ha venido apreciando cierta sensibilización desde el sector policial, ya que cuando la víctima ha sufrido un delito, del tipo que sea, lo habitual hasta hace relativamente poco era preguntarle si prefería ir primero al médico o poner la denuncia o al revés; en el segundo caso se le decía que para que pudiera llegar cuanto antes el tema al juzgado de guardia se podía ir redactando la denuncia o incluso la solicitud de una "orden de protección", y así no era necesario tener que esperar al abogado... Esta especie de "chantaje emocional" al final lo que provocaba en la víctima es que fuera incapaz de tomar una decisión de forma sosegada, lo que, como decía, gracias a la sensibilización de los agentes estas conductas se están reduciendo y, en definitiva, redunda a favor de la víctima.

Otra de las labores que realizamos es que, cuando nos llega una notificación sobre un movimiento penitenciario de alguna persona "victimaria", por ejemplo la salida temporal o definitiva de prisión, le informamos a la víctima y a los cuerpos policiales, por si tuvieran que arbitrar algún tipo de protocolo de protección; si la comunicación fuera para alguien que ha pasado a residir fuera del País Vasco, además de informar a los cuerpos policiales, a las subdelegaciones de Gobierno y a otras oficinas de asistencia a víctimas, si mantenemos relación con la víctima hacemos un seguimiento desde nuestro Servicio y nos cuentan las últimas novedades, lo que nos permite también hacer lo que llamamos una “proyección de sus necesidades”, que en este caso afectarían especialmente a su derecho a la protección y seguridad.

Es frecuente seguir atendiendo, de forma esporádica, a personas cuyos procesos judiciales o psicológicos han finalizado, porque encuentran en nuestro Servicio un referente de orientación y atención respecto a lo que conocemos como “ventanilla única”.

**¿Qué perfil de víctima suele recurrir a estos servicios?**

Considerando las estadísticas del año pasado, más de la mitad de las víctimas que recurrieron a nuestros servicios fueron por asuntos de violencia de género en la concepción restrictiva del término que contempla la LO 1/2004, seguidas de agresiones sexuales o de cualquier otro tipo penal. En términos cuantitativos, un 84% de las víctimas que hemos atendido serían mujeres que han sufrido un ataque por el mero hecho de serlo, es decir, temas que caen bajo la esfera del concepto violencia de género en sentido amplio, tal y como lo define las Naciones Unidas [Beijing], el Consejo de Europa [Convenio de Estambul] o el Pacto de Estado de 2017. Sin embargo, el hecho de que atendamos en mayor medida este tipo de asuntos, relacionados con la violencia de género, se debe a la concienciación que existe a nivel nacional y supranacional para acabar con esta lacra, pero ello no quiere decir que no atendamos a otro tipo de víctimas, como, por ejemplo, de robos. Lo que sucede es que, debido a la situación de desamparo que sufren las víctimas de violencia de género, se han elaborado una serie de protocolos que deben seguirse en estos casos. Lo mismo ocurre con otros grupos de personas en situación de vulnerabilidad, como niñas, niños y adolescentes. Sin embargo, para el resto de personas afectadas por otros delitos no existen, en términos generales, estos protocolos cuando las víctimas pueden encontrarse también en una situación de desamparo. En estos casos, lo que hacemos es aplicar lo que dispone de forma "residual", digamos, otros protocolos, el Estatuto de la víctima o la LECrim, como sería, por ejemplo, poner un biombo para evitar que la víctima pueda ser vista por su agresor. Es decir, al final los protocolos desarrollados sobre violencia de género han tenido efectos positivos sobre el resto de victimizaciones, pero echamos de menos la existencia de instrucciones específicas para otras victimizaciones, ya que esto nos facilitaría enormemente la comunicación con los órganos judiciales, aunque, también hay que decirlo, en el País Vasco encontramos mucha sensibilización por parte de la Judicatura, del Cuerpo de Letrados y Letradas de la Administración de Justicia y, especialmente, del Ministerio Fiscal.

En cuanto a si son víctimas directas o indirectas, ciertamente, dependerá del tipo de delito. Pero lo que sí que quiero destacar es el papel que tienen las víctimas indirectas, especialmente en términos restaurativos ya que puede ser que ellas no requieran una asistencia como tal (p.ej. pueden consultar sobre cómo ayudar a su familiar) y que nuestra labor pueda ayudar de alguna forma a reparar esa situación en procesos donde puede intervenir el entorno o la sociedad en su conjunto.

A fin de cuentas, lo que perseguimos con nuestra intervención es acompañar a la víctima durante todo este tránsito, pero, sobre todo, empoderarla, en el sentido de que conozcan sus derechos, ya que solo así, sabiendo de su existencia, pueden exigir su cumplimiento o incluso, elegir no ejercerlos, pero siempre desde el conocimiento. Ten en cuenta que solo una persona informada es libre para escoger y aceptar responsablemente las consecuencias de su decisión.

En cuanto a la distinción entre los derechos contemplados en el Estatuto de la víctima, me resulta especialmente complicado establecer una prelación entre todos ellos, pero sí es cierto que distingo una esfera donde se interrelacionan cinco de ellos: el derecho a la información, el derecho a la asistencia y a la atención, con un acompañamiento efectivo; el derecho a la protección; el derecho a la participación en el procedimiento y el derecho a la reparación. Esta esfera debe ser tomada con especial cariño y consideración porque dentro de ella siempre se encuentra una persona; una persona que ha sufrido un ataque a su dignidad.

2. En relación a la LEVID (Ley 4/2015, de 27 de abril, del Estatuto de la víctima del Delito), **¿Qué opinión le merece en términos generales esta ley?**

Para la valoración del Estatuto suelo hacer la comparación con la LO 1/2004, porque esta ley [4/2015] en un principio también iba a ser orgánica, pero, por los motivos que fuesen, descartaron esta posibilidad. El motivo de comparar estos dos cuerpos normativos es porque la premisa en un principio iba a ser la misma, esto es, recoger en una misma ley todos los derechos y luego solo tendría que actualizarse desde ahí. Pero con la aplicación de estas normas te das cuenta de que no es así, de que hay que acudir, por remisión, a otras normas para que esa ley pueda ser verdaderamente aplicable.

Llegados a este punto, en cuanto a las aportaciones que realiza el Estatuto a la tutela y protección de las víctimas, la Ley se configura como un catálogo que recoge todos los derechos que puede necesitar una persona que ha sido afectada por un delito para actuar en un momento dado.

Ahora bien, uno de los principios que se predica de cualquier norma es la generalidad y entender las implicaciones de esto es fundamental para establecer los límites de esta ley. La generalidad implica que esta norma debe ser igual para todo el mundo, entendida como marco general, puesto que cada caso concreto conllevará la aplicación de la norma de una forma determinada con el objetivo de satisfacer las necesidades que se presenten. A fin de cuentas, es complicado que una sola norma pueda amparar de una forma satisfactoria las necesidades de los millones de personas que potencialmente pueden encontrarse bajo esta norma si no le damos previamente cierta "forma", amoldándonos, por tanto, a sus demandas y necesidades. En otras palabras, esta ley recoge aquellas cuestiones respecto de las cuales se pueden ejercitar derechos para irlas adaptando posteriormente a cada persona.

Hay que reconocerle a esta norma el hecho de poner cierta "lógica" en la intervención sobre las víctimas, ya que en cierta medida procura un amparo legal a las actuaciones que ya veníamos realizando con anterioridad. A fin de cuentas, el Estatuto refuerza el argumento de nuestras peticiones ante el juzgado ya que de este modo es mucho más sencillo motivar cualquier solicitud, como puede ser la petición de una orden de protección o la instalación de un biombo, porque hay un artículo de la ley que prescribe estas cuestiones. Eso sí, esto no obsta para que en determinadas cuestiones, como la justicia restaurativa, en la que no hay un desarrollo como tal dentro de la Ley, nosotros debamos realizar un esfuerzo adicional de hacer estos artículos aplicables de una forma racional que nos permita dar a la persona interesada y al órgano judicial una solución en vez de un problema.

Sin embargo, hay algo que también quiero señalar y es que este catálogo, debido al lenguaje empleado, para las víctimas no deja de ser algo "simbólico" porque es muy difícil que comprendan plenamente su contenido y transcendencia... Se necesita a una persona que entienda de Derecho para que pueda explicarlo, como sucede aquí con el servicio jurídico.

Adicionalmente, me gustaría remarcar otra cuestión y es su orientación casi "total" al proceso penal. Es cierto que las víctimas tienen una vinculación casi inevitable con el proceso penal, de hecho, la aprobación del Estatuto ha provocado la modificación de la Ley de Enjuiciamiento Criminal en varios artículos, pero esto no quiere decir que su intervención sobre ellas deba constreñirse únicamente al proceso penal. Al contrario, su tratamiento se da antes, durante y después de este proceso, sobre todo teniendo en cuenta que tanto el propio Estatuto, como la Directiva de 2012, así como las resoluciones de la ONU en esta materia, ponen el acento sobre la coordinación entre los diferentes recursos y servicios sociales y el marco temporal que da el proceso penal no es suficiente para que esto se produzca de forma adecuada.

Esto último me permite enlazar con otra cuestión y es con el concepto de víctima. Si nos constreñimos únicamente al proceso penal, es muy probable que se encasille a la víctima en ese ataque a su dignidad que ha sufrido como consecuencia de un delito que es lo que ha motivado el proceso penal. En cambio, su transición, si lo queremos llamar así, hacia su recuperación o restauración tiene que partir de su salida de esa situación, de no querer ser más "víctima" entendida en términos penales, momento donde también precisa de la intervención y del ejercicio de derechos que se encuentran recogidos en el Estatuto. Por tanto, puedo aceptar los términos "víctima" y "delito" pero la introducción del concepto "proceso penal" en esta fórmula frenaría de una forma sustancial la intervención, haciendo de algo temporal como sería la condición de víctima una cuestión permanente o incluso, definitoria del sujeto. Por eso nos gusta decir que en nuestra oficina, en nuestro Servicio, no atendemos víctimas; sólo atendemos a personas. Y esa intervención es respecto a su posición dentro y fuera del proceso penal.

3. **¿Cree que las oficinas disponen de recursos suficientes para garantizar el acceso de las víctimas al contenido del Estatuto?**

La imaginación. El verdadero recurso con el que contamos es la imaginación. Desde el año 1991 contamos con un equipo multidisciplinar, compuesto, como te decía, por personal administrativo, así como especialistas en trabajo social, psicología y

Derecho , que interviene de forma interdisciplinar, lo que nos ha llevado a un punto en el que manejamos los términos empleados por los compañeros de otras disciplinas, y nos permite realizar ciertas labores de "contención" a la víctima, sobre todo a nivel psicológico cuando alguien de la especialidad indicada no se encuentra disponible en ese momento, pero no es la regla general; lo normal es que cada uno ejerza su especialidad en coordinación con las demás especialidades. Eso sí, quiero resaltar que las necesidades que presentan las víctimas trascienden en muchas ocasiones de aquellas cuestiones que abordamos en nuestra actividad de conjunta, donde se plantean situaciones cuasi "de laboratorio". Cuando me preguntan por nuestras funciones y se subraya que si hay leyes protocoles, etc. a qué nos dedicamos, como si fuéramos meros aplicadores de todo ello, yo suelo decir que lo que hacemos es "gestionar excepciones".

A modo de ejemplo, si el artículo 25 dispone que ese derecho solo puede ser ejercitado por una víctima directa y nos lo reclama una indirecta, esa necesidad sigue existiendo y de alguna forma tenemos que darle solución, bien desde nuestra oficina, bien recurriendo a otras instituciones, como jueces, fiscales o la Defensoría del Pueblo Vasco —Ararteko—. Además, y relacionado con esto, tengo que decir que en muchas ocasiones del propio diálogo con las víctimas hemos obtenido soluciones más inmediatas y certeras que las elaboradas por el equipo buscando una solución teórica e interdisciplinar, con el objetivo de no saturar a la víctima ni agobiarla con las dudas que pudiésemos plantear de forma conjunta. Pero al final, como digo, las propias víctimas te sorprenden y aprendes muchísimo de ellas.

Respecto a la carencia de recursos, ¡qué quieres que te diga!; lo ideal sería contar con la presencia de más personal dedicado a la atención de la víctima en todos los ámbitos y en todos los partidos judiciales. Esto es así porque si bien es cierto que los diferentes profesionales podemos resolver de forma puntual, como te decía, algunas dudas que tenga la víctima y que le correspondería por temática a otro compañero, no todos podemos ni debemos hacer de todo si queremos dar un servicio de calidad.

Ahora bien, mientras esta situación se resuelve, de momento vamos sirviéndonos de opciones intermedias, que pueden tener carácter oficial o extraoficial. En lo que respecta a las primeras, nuestra oficina siempre ha tenido muy buena relación con la Fiscalía, especialmente desde la aprobación de la Instrucción 7/2005 en la que se establecía la presencia de las oficinas de víctimas en la Fiscalías de todas las Audiencias Provinciales. Por tanto, nuestra vinculación con la Fiscalía ha sido muy estrecha desde entonces, lo que nos ha permitido plantearles ciertas dudas relacionadas con la gestión de determinadas actuaciones. Por otra parte, y como te comentaba, de forma extraoficial, dado que siempre somos las mismas personas las que transitan los mismos lugares, eso hace que exista cierta confianza entre nosotros y que podamos dirigirnos a otros operadores jurídicos, como los jueces, para trasladarles algunos aspectos que no alcanzamos a resolver o interpretar. A fin de cuentas, esta colaboración ha dado lugar a que, con carácter previo al estatuto, pudieran darse esas actuaciones en defensa de los derechos de las víctimas en virtud de estos acuerdos extrajudiciales.

Sin embargo, estas soluciones no dejan de suponer un "parche" en el sentido de que con estos medios se trata de paliar unas carencias asistenciales que el sistema posee, consecuencia, a su vez, del "coste cero" que predica la propia Ley del Estatuto. Esto se entendió por el momento en el que estábamos cuando se aprobó la norma y nos hizo inventar nuevas fórmulas, pero como decía antes, la imaginación no es suficiente.

**¿Cuál es el papel de la Criminología en las Oficinas?**

Cuando la Criminología era una especialización y no un grado, contábamos con personal que tenía esta formación. De hecho, un compañero, que pasó a ser el director de un centro educativo cerrado de menores, cuando se pone en marcha la oficina, en el año 1991, ya contaba con conocimientos de Criminología. Nosotros, de hecho, contamos actualmente con cursos de formación también en este aspecto porque entran en lo que consideramos el "reciclaje" del personal que se encuentra allí.

En lo que respecta a la Criminología una vez establecido como grado, he de decir que la colaboración es más extensa; por ejemplo, como en nuestra asociación trabajan varios Criminólogos, solemos preguntarles dudas y, además, con los futuros cambios en la instrucción penal, entendemos que su intervención ha de cobrar mayor papel, como está ocurriendo también en los cuerpos policiales. También tenemos una colaboración estrecha con la Academia; de hecho, seguimos usando la base de datos que elaboraron al comienzo del Servicio desde la Universidad del País Vasco, destacando, entre otros, el profesor Echeburúa, para realizar nuestro trabajo diario; y en los informes también les solicitamos ayuda para su elaboración ya que nos ayudan a visibilizar desde una perspectiva criminológica ese trabajo que queda oculto o limitado por los números a un nivel cuantitativo. Además, también contamos con alumnos en prácticas dentro del plan de colaboración académica con la Universidad del País Vasco o la Universidad de Deusto.

4. El Real Decreto de Desarrollo 1109/2015 de la LEVID incide a lo largo de su articulado sobre la necesidad de coordinación entre las Oficinas de Asistencia a Víctimas y las asociaciones de víctimas en la elaboración de protocolos de actuación y convenios. **¿Este contacto entre oficinas y asociaciones existe?**

En términos generales te puedo decir que sí, que esa colaboración existe. Y esto se debe principalmente a que somos pocas personas trabajando en materia de víctimas, pues son cuestiones que no atraen a mucha gente de forma habitual. Tiene que haber un interés compartido para que la comunicación sea más fluida, tanto a nivel institucional como asociativo y eso solo sucede en demarcaciones o en partidos judiciales pequeños, por tomar una unidad "jurídica" de medida. Por eso, muchas veces nos enteramos de las normas, protocolos o directrices antes de que se hayan publicado, por este contacto interinstitucional estrecho. Además, al ser tan pocos los que trabajamos con víctimas, hace que, por ejemplo, a las conferencias o congresos a los que hemos asistido hayamos sido reconocidos por el personal de las asociaciones y se generen una especie de sinergias que nos permitan articular propuestas teniendo en cuenta el interés de las víctimas, ya que en foros pequeños es más fácil el diálogo.

También he de decir que en España hay una escasa tradición de asociaciones que intervengan con víctimas; las hay y muy buenas, pero pocas. A esta conclusión llego después de haber colaborado en un estudio europeo sobre la intervención de los Ministerios Fiscales en la instrucción penal y el apoyo a las víctimas junto a Asociaciones de Atención a Víctimas de Portugal, Irlanda o Croacia, entre otras, en la que se ponía en comparación la actividad de distintas entidades en materia de intervención victimal. Especialmente me llamó la atención la situación de Francia, donde la actividad del voluntariado constituye el sustrato fundamental en el tratamiento de las víctimas, lo que, desde mi punto de vista, apoyado en la criminología, no siempre es lo más deseable, por las implicaciones que esto puede suponer.

De hecho, en el año 1987 cuando se empezó a gestar la posibilidad de crear estas oficinas aquí en Bilbao, se mantuvo el debate sobre si las oficinas de víctimas debían profesionalizarse o contar con servicio de voluntariado. Finalmente, se concluyó que lo más adecuado sería contar con técnicos ya que de ese modo las víctimas podrían tener a una persona de referencia que les hiciera el seguimiento de su expediente. También sería más ágil, puesto que, si esta persona se marchase, habría otra que se haría cargo de su caso y funcionaría de alguna forma como sostén o apoyo a su proceso. Un servicio profesionalizado da continuidad a la intervención y redunda en beneficio de la víctima y apoyo a todas las instituciones implicadas.

Relacionado con esto, creo que es conveniente destacar en este punto que el Ministro de Justicia que desempeñaba ese cargo antes de que comenzase la pandemia presentó el Informe de Justicia para los años 2020–2024, proyecto que se articulaba sobre dos puntos fundamentales: cambios en la instrucción, que sería realizada por el Ministerio Fiscal y, por otro lado, el fomento de la intervención de las Asociaciones para intervenir con víctimas. Me parece bien porque esto ayuda a suplir aquellos aspectos que no son cubiertos por la Administración, pero en lo que respecta a nuestra colaboración como oficina, sí que colaboramos con asociaciones de utilidad pública —con las privadas tiene que venir autorizado por la Administración— a las que podemos derivar, sobre todo para apoyo psicológico a las familias. De hecho, a veces se da el proceso inverso: personas que acudan a esas asociaciones y se sientan víctimas, son derivadas a nuestro Servicio. Pero ya digo, es un proceso muy natural, de ahí que, aunque exista esa colaboración, no seamos del todo conscientes de ella porque se da de forma fluida.

5. **¿Qué medio tienen las oficinas de garantizar el cumplimiento del derecho sobre la causa penal recogido en el art. 7 LEVID?**

Nuestra función como oficina, en general, es facilitar información sobre estos derechos de forma detallada, porque somos conscientes de la complejidad del Estatuto, así como la forma más adecuada de ejercerlos, pero sabemos que no llegamos a todas las víctimas; no obstante, solemos impartir formaciones a los agentes policiales, especialmente a la Ertzaintza y a la policía local, colaboramos con la Universidad del País Vasco y la Universidad de Deusto tanto en formación como en tutorizar prácticas y participamos en redacción de documentos oficiales y estudios o colaboraciones como la presente, siempre con un espíritu didáctico y divulgativo.

Para cumplir con la obligación de informar la Ertzaintza tiene un formulario con los derechos recogidos por el estatuto, en varios idiomas, que es suministrado a las víctimas, pero es tanta la información que recoge que muchas veces "mueren de éxito". Al igual pasa en Fiscalía o en los juzgados de guardia, de violencia, de instrucción o el que corresponda; en los Colegios de la Abogacía, los y las profesionales del turno de oficio también les facilitan esa relación de derechos, es decir, que contar con esta documentación es algo generalizado en el ámbito judicial. Ahora bien, la Corte Europea de Derechos Humanos ha concluido que la mera entrega de un listado de derechos, si bien es algo recomendable, no puede valorarse como informar porque se precisa de la explicación por parte de personal especializado y la víctima no solo debe ser escuchada, si no sentirse realmente escuchada, y para eso hay que dedicarle tiempo.

De hecho, en una formación que tuvimos en la Academia [de policía] le leímos a los aspirantes policías los dos primeros derechos que aparecen en ese formulario que ellos entregarán, con el objeto de preguntarles si entendían algo; y la respuesta fue negativa. Por ello, esta sensibilización de los agentes resulta fundamental ya que suelen ser las primeras personas a las que recurre la víctima y nosotros, con carácter habitual, solemos realizar estos talleres para que comprendan el contenido de los derechos y la relevancia de hacerlos llegar a las víctimas correctamente ya que las personas que acudan allí no tienen por qué contar con conocimientos jurídicos.

Sé que la Ertzaintza, la policía local y el Colegio de la Abogacía lo que hacen es facilitar esta información e intentan explicar cómo pueden ejercitarse estos derechos, donde en un apartado final son remitidos al Servicio de Asistencia a la Víctima.

El problema es que no todo el mundo sabe que existe esta oficina después de 32 años, ni siquiera en el juzgado, y esto es especialmente grave, que desconozcan de nuestra existencia las personas que se encuentran en la puerta de al lado… Pues bueno, es algo complicado. No se puede explicar este desconocimiento por parte del entorno judicial puesto que existen tres "Acuerdos interinstitucionales" promovidos por el Gobierno Vasco y las administraciones y agentes involucrados en la materia [judiciales, policiales, sanitarios, Abogacía, etc.], de los que surge el concepto de "ventanilla única", también motivado por el "coste cero" del Estatuto. Entender la intervención sobre la víctima como una actividad en la que deben intervenir varios sectores dio la oportunidad de ofrecer los distintos servicios desde esta vía, cubriéndose de este modo las distintas carencias que pudieran apreciarse en el tratamiento de las víctimas. Este acuerdo interinstitucional se hace eco de una frase acuñada por el Tribunal Superior de Justicia del País Vasco cuando en el marco de la reforma del Código Penal del año 2003 se introducen las órdenes de protección y se crean los centros de coordinación de las órdenes de protección y los servicios de atención a la víctima. Debido al posible conflicto de competencias que se iba a generar a nivel jurídico, el TSJ se desmarca de esta red de protección social, justificándolo en la distinta naturaleza de las medidas en general, las cuales podían ser civiles, penales o sociales, al entender que pertenecían a categorías distintas y, por tanto, no cabía la coordinación, pero sí la colaboración. Hoy en día se sigue manteniendo en el texto de este acuerdo la referencia a la "colaboración interinstitucional". Llámalo como quieras, pero garantízame los derechos de las víctimas en todos los órdenes de la Administración. A efectos prácticos el SAV se ha convertido en el centro de coordinación administrativa que garantiza la efectividad y cumplimiento de los derechos de las víctimas, dentro y fuera del proceso penal.

**¿Existe una comunicación fluida entre los tribunales y las oficinas?**

A pesar de las salvedades que te he comentado antes sobre el desconocimiento por algunos juzgados de la existencia o funciones de estos servicios de atención a víctimas, la comunicación entre los jueces y nosotros existe y es fluida con carácter general. De hecho, la Coordinadora de la oficina se reúne asiduamente con la Presidenta de la Audiencia Provincial y el Gobierno Vasco nos tiene en consideración para exponer aquellas cuestiones en la materia que precisan de una explicación específica. Claro, teniendo en cuenta, como decía antes, que nos encontramos en un lugar relativamente pequeño, a partir de estas reuniones te conocen y es más fácil que recurran a ti posteriormente y que la comunicación resulte más fluida, lo que al final redunda en un mayor beneficio de las víctimas.

Para ilustrar esta colaboración con los operadores jurídicos, me sucedió que un día tuve que acompañar a una víctima para que declarase en un juzgado, porque se encontraba muy aterrada y tuvimos que hablar con la Letrada de Administración de Justicia. A la mañana siguiente me reuní con la letrada de administración de justicia, el juez y el fiscal designados para la causa y estuvimos compartiendo las diferentes posibilidades que teníamos para intervenir con la víctima (hasta que surgió la frase "¿y si aplicamos la LO 19/994?"). La verdad resulta muy enriquecedor poder compartir estos encuentros con los operadores jurídicos, ya que nos permite intercambiar opiniones desde los distintos ámbitos y redunda en un mejor tratamiento y acompañamiento a las víctimas. Evidentemente siempre hay reticencias de personas concretas en cuanto a reunirse con unos u otros, pero por lo general estos encuentros se producen.

6. Ahora nos gustaría detenernos sobre el artículo 13, relativo a la intervención de la víctima en la ejecución. **¿Qué opinión le merece este artículo?**

Siempre valoro de forma positiva todos aquellos derechos que puedan procurar a las víctimas una mayor información y participación. Ahora bien, se pueden tomar otras vías antes de recurrir a este artículo, ya que no permite conocer más información sobre la causa que aquella que supone la activación de protocolos, puesto que el fallo condenatorio de la sentencia muchas veces recoge cuestiones relacionadas con el cumplimiento penitenciario. El País Vasco cuenta con las competencias transferidas en materia penitenciaria desde hace un año y, de hecho, existe desde hace un tiempo [prácticamente desde su constitución] un servicio de comunicaciones penitenciarias dentro del SAV al que nos llegan la información de personas en prisión sobre aquellas cuestiones que pueden afectar a la seguridad de la víctima, como concesiones de permisos o progresiones de grado y se las hacemos llegar a las personas afectadas, con una explicación de fondo. Es cierto que, durante la pandemia, debido a la situación sanitaria se aprobaron muchos cumplimientos telemáticos y lo que la mayor parte de las víctimas reclamaban era que se le explicase en qué consistía concretamente y qué consecuencias podía tener para ellas esta forma de cumplir la pena privativa de libertad.

Además, tanto nosotros como el servicio de protección de carácter policial, si fuera necesario por sus circunstancias, le explicamos a las víctimas en general, y en particular con la aplicación de este artículo, que ser oído no es lo mismo que ser escuchado y que, en consecuencia, sus peticiones no tienen por qué ser atendidas porque existen otros intereses en juego. En relación con esto, le explicamos que el penado tiene una serie de derechos recogidos en el Reglamento Penitenciario, que su castigo, recogido en los términos que indica la sentencia, está limitado en el tiempo y que una vez cumpla con el Estado, saldrá a la calle y eso las víctimas suelen entenderlo. Por tanto, se debe incidir en mayor medida sobre la parte preventiva y de protección que en aquellas cuestiones meramente vindicativas, ya que con ello no se va a obtener una recuperación efectiva de la víctima. Cuando la víctima siente un apoyo, ya sea bien mediante tratamiento, ya mediante protección, incluso con la información, no suele recurrir a otro tipo de opciones como las que brinda el artículo 13, pese a que se les informa siempre de la existencia del mismo. Pero valoramos con ellas, de forma individual, las necesidades que existan en cada uno de los casos, también en esta fase del proceso y en este momento de su vida.

7. **¿Cuentan habitualmente en las oficinas con víctimas que reclamen el ejercicio de este derecho ? ¿Se ha resuelto a su favor?**

En lo que respecta a la actividad de mi oficina, no sé si en otras se hará, no me consta que se ejercite el artículo 13 con carácter habitual. Solo hubo un caso, que yo recuerde, en el año 2016 en el que una señora pedía que se le "ampliase la orden de protección", pese a estar en fase de ejecución penal, porque no era suficiente la protección que requería y que finalmente pudo concedérsele por este artículo como una medida complementaria a la libertad condicional.

Pero en lo que respecta a la intervención sobre la ejecución en términos de terceros grados o de libertades condicionales... Lo cierto es que no. En esa ocasión formó parte de lo que digamos, ese aprendizaje que nosotros tenemos de las propias víctimas y de la propia imaginación que muchas veces se convierte en el principal recurso para poder atenderlas adecuadamente. Puede ser que los abogados de la víctima hayan ejercitado este derecho y que no nos hayamos enterado porque ellas [las víctimas] no tienen obligación de notificárnoslo, pero, sinceramente, no lo creo.

Como te decía antes, nosotros nos encontramos estrechamente vinculados con el ámbito penitenciario y, de la gran cantidad de comunicaciones que recibimos no me consta que se presenten recursos por vía de este artículo.

Puede ser que haya víctimas que utilicen este artículo, pero suele hacerse, como indicaba, como una forma de obtener información, aunque los costes económicos, sociales e institucionales que se derivan como consecuencia de la aplicación de este precepto provoca que apenas sea activado por la víctima. En este sentido, ya se le suministra información desde el Juzgado ejecutor (bien escrita, bien de viva voz), la policía realiza una valoración de los riesgos que puedan pesar sobre su seguridad, la Junta de Tratamiento tiene en cuenta las circunstancias del penado a la hora de conceder visitas, permisos, progresiones de grado. Por tanto, considerando que lo novedoso que van a obtener del ejercicio de este derecho va a ser cierta información, a la gran mayoría de las víctimas no les compensa emocionalmente iniciar este proceso.

Al final, de lo que me he dado cuenta con la escasa aplicación de este artículo es que las víctimas lo que priorizan es la protección, seguridad y tranquilidad, que muchas veces viene dada por el acceso a esta información, del acompañamiento, del saber que hay un recurso de apoyo… Por tanto, el elemento venganza queda descartado en lo que respecta a los deseos de las víctimas en el momento actual. Este tipo de artículos con fuerte sustrato vindicativo contribuyen a instalar de forma permanente la etiqueta de "víctima" y la impiden avanzar en su proceso de superación del trauma y recuperarse. Pero es importante que aparezca recogido como un derecho por si aunque solo fuera una persona necesitara y quisiera ejercerlo o defenderlo.

8. La justicia restaurativa también se encuentra recogida en esta ley, en su artículo 15. **¿De qué forma contribuyen las oficinas a hacer efectivo este derecho ?**

Para que te hagas una idea de la proximidad entre el servicio de justicia restaurativa y nuestra oficina, se encuentra en la puerta de enfrente. No nos encontramos dentro del juzgado.

Desde el año 2007 contamos con un servicio de mediación intrajudicial para delitos leves o faltas, pero la derivación a estos servicios era una cuestión potestativa y discrecional para los jueces, por lo que muchos de ellos descartaban esta posibilidad. No obstante, desde que se han ido estableciendo acuerdos con el Tribunal Superior de Justicia, la celebración de este tipo de procesos se ha ido produciendo con carácter habitual en los últimos años, debido especialmente a la sensibilidad del Presidente del Tribunal Superior de Justicia con la mediación, ampliándose, con carácter general, a los procedimientos abreviados, y sin descartarse de entrada en ningún otro proceso.

Desde el 28 de agosto de 2018 existe una oficina de justicia restaurativa en cada partido judicial y, aunque hasta hace relativamente poco solo hacía mediación, actualmente realiza todo tipo de prácticas restaurativas, como encuentros, círculos o conferencias restaurativas. En sus comienzos yo estuve 18 días ejerciendo las funciones de coordinador de forma provisional. En el SAV siempre hablamos de esa tercera vía más allá del sobreseimiento, del juicio o de la posibilidad de un acuerdo. Hay que tener claro qué consecuencias tiene la justicia restaurativa y qué consecuencias tiene para la posible pena o responsabilidad civil del victimario. A fin de cuentas, es una cápsula dentro del camino hacia la sentencia o la resolución judicial: lo que sucede durante la mediación no trasciende, si no hay acuerdo no tendrá consecuencias negativas y si ese acercamiento de voluntades efectivamente se produce, solo se sabrán los resultados de dicho acuerdo.

Desde la praxis, la mediación y todas las prácticas restaurativas permiten retomar ese diálogo roto por una circunstancia concreta, especialmente en situaciones de violencias intrafamiliares o donde se está obligado a mantener una cierta comunicación o relación con otras personas. Es cierto que su realización cuenta con determinadas limitaciones, como las impuestas por las medidas de alejamiento. Además, la ONU establece el equilibrio entre las partes como uno de los requisitos fundamentales para que estos procesos puedan darse; el Convenio de Estambul determina que los casos de violencia de género no se pueden derivar directamente a mediación. Otra cuestión es que, desde España, en el marco de la Ley Orgánica 1/2004 se haya decidió prohibir en todo caso, con independencia de que puedan realizarse otros programas de tipo educativo con los agresores o intervenciones con las víctimas, especialmente cuando existen descendencia en común o responsabilidades familiares, pero eso se va poco a poco buscando.

Lo que hacemos nosotros desde la oficina, en términos de información y acompañamiento, también constituyen prácticas restaurativas porque contribuimos a sus procesos de empoderamiento y de reparación de una persona. Quiero poner el acento sobre este último término, ya que la Directiva de 2012, en su traducción al español, hace referencia al término "reparación", no restauración, y aunque lingüísticamente pueda ser más correcto, creo que hubiera sido deseable el haber adaptado una nomenclatura común para todos los países con el objetivo de uniformizar la designación de estas prácticas y saber de qué estamos hablando en cada momento.

Como indicaba antes, satisfacer el derecho a la información resulta fundamental en términos restaurativos porque una persona informada es libre de elegir aquella opción que le resulte más conveniente tomando en consideración todos aquellos elementos que le permitan tomar una decisión.

En lo que respecta a las víctimas indirectas, aunque lo comenté de forma superficial en el comienzo de la entrevista, el papel de las víctimas indirectas resulta fundamental en la ejecución de iniciativas de justicia restaurativa. Por ejemplo, en los círculos restaurativos intervienen con carácter preferente, aunque en esta práctica pueden ser involucradas otras personas del círculo familiar o social en el que se mueva, lo que enriquece notablemente estos encuentros y la efectividad posterior de los mismos.

También me gustaría destacar como un caso concreto en el que hemos trabajado en cuestiones restaurativas los abusos sexuales en el seno de la Iglesia. Estuvimos tratando a una serie de víctimas que habían sufrido este tipo de conductas y, en colaboración con la Oficina de Justicia Restaurativa, les propusimos realizar un encuentro restaurativo que, por diversas circunstancias, declinaron. No obstante, la Comisión creada por la Diócesis sí deseaba llevar a cabo estos encuentros, por lo que, en lugar de recurrir al encuentro restaurativo "habitual", se hizo de una forma pública, donde la Comisión pudo expresar su posición al respecto y aquellas personas afectadas por esas conductas que lo desearon también pudieron expresar su parecer.

Asimismo, suelen realizarse talleres con víctimas —por ejemplo, de delitos contra la seguridad vial— para que puedan expresar sus vivencias delante de infractores de este tipo de conductas y exista una responsabilización por parte de estos últimos, aunque no coincidan víctima ni victimario directos del mismo asunto.

En lo relativo a nuestro trabajo, desde que la víctima llega a nuestras oficinas, le informamos que existe este servicio de justicia restaurativa. Que hagan uso de él o no dependerá de las circunstancias del delito —por ejemplo, en los casos de violaciones u otros delitos contra la libertad sexual suele ser descartado inicialmente por las víctimas— y también del trabajo que realicemos con ellas durante el tiempo que se encuentren con nosotros, en el que podamos prepararlas para que puedan realizar este encuentro con todo tipo de garantías. Si las víctimas lo desean, podemos contactar con el abogado de la parte contraria gracias a que, como te comentaba, somos pocos trabajando en estas cuestiones y aparte, contamos con buenas relaciones institucionales con el Consejo Vasco de la Abogacía y las Juntas de Gobierno del los Colegios profesionales, lo que facilita mucho la intervención posterior a nivel judicial.

Como anécdota, el equipo psicosocial de menores, que también interviene en procesos de justicia restaurativa se puso en contacto con nosotros porque una victimaria quería entregarle una carta a su víctima. Ella se negó a ese primer encuentro, pero le ofrecimos la posibilidad de leerle nosotros la carta y después romperla, lo que aceptó. Es cierto que esto satisfizo más a la victimaria en este caso, pero para la víctima también fue positivo porque, según me dijo, consiguió que de algún modo le pidiera disculpas. No deja de ser una reparación simbólica pero que resulta muy sanadora.

9. **¿Suelen solicitar las víctimas el acceso a este recurso de justicia restaurativa?**

En delitos de violencia de género contamos con la limitación absoluta de la ley, pero en temas de derecho familiar que pueda considerarse esa posibilidad, siempre ofrecemos esa alternativa en nuestra intervención con las víctimas, siempre que las circunstancias lo aconsejen, planteando esta idea a los abogados de una y otra parte así como a los fiscales. De hecho, aquí tenemos puntos de encuentro familiar desde hace muchos años y nos contactan bien de manera oficial, bien de extraoficial, y nos comunican determinadas situaciones en el que los procesos restaurativos pueden darse para empezar a "darles forma" y preparar a las víctimas para ello.

Incluso, revisando protocolos frente al bullying en colegios nos hemos dado cuenta que puede ser aplicable la justicia restaurativa en casos de acoso escolar, pero hay que llevar a cabo primero una intervención con los compañeros del colegio, con independencia de víctima y victimario. Esto es así porque la participación del colectivo se hace fundamental para que estos encuentros prosperen, pero se necesita que exista una sensibilización previa ya que de lo contrario estos encuentros pueden resultar incluso más revictimizadores.

Por sintetizar, podríamos decir que sí, suelen estar interesadas en la justicia restaurativa con carácter general.

10. Aparte de los dos preceptos que hemos abordado, **¿considera que existen otros artículos de esta ley que necesitarían una revisión para garantizar su efectiva aplicación?**

Yo más que los artículos, podría el acento en las acciones de los distintos profesionales que intervienen en el proceso: jueces, fiscales, oficiales… Debemos tener claro qué puede llevarse a cabo y, aunque se "pierda tiempo" en un momento dado, merece la pena informar sobre estas cuestiones a la víctima, porque contar con esa información hace que el proceso resulte más ágil.

Por otra parte, es cierto que los juzgados van acostumbrándose a trabajar con el Estatuto de la víctima; es normal, por otra parte, hay que tener en cuenta que lleva ocho años en vigor. Ahora bien, a veces se sorprenden del contenido de algunos artículos y de que ciertos derechos se encuentren recogidos en la ley. No obstante, debemos tener en cuenta que el personal de la administración de justicia parte de un punto de vista distinto al nuestro, porque en oficinas como la nuestra llevamos trabajando con las víctimas desde hace más tiempo y aplicando ciertos derechos que actualmente gozan de ese soporte legal, digamos, pero nosotros ya lo veníamos haciendo con anterioridad, lo que hace que estemos acostumbrados.

Sin embargo, aunque creo que hay algunos artículos que son novedosos y que nos permiten ampliar nuestra intervención a ámbitos que previamente se nos encontraban vedados al carecer de soporte normativo, su regulación resulta escasa. Es decir, el contenido de los artículos con carácter general resulta escaso para las implicaciones que conlleva su aplicación, y la única forma de dotarle de una mayor profundidad es analizar caso por caso y ver en cada supuesto cómo se puede garantizar que este derecho sea aplicable al máximo. Si en su aplicación apreciamos que existe una pauta común para poder ejercitarlo, informamos de esa pauta común para que otras oficinas puedan tenerlo en cuenta, ya que elaborar un informe de modificación de la norma es más complejo y no suele dar los resultados esperados a corto plazo.

11. Realizando una valoración de lo expuesto, **¿Cree que el Estatuto constituye una herramienta útil para proteger y salvaguardar los derechos de las víctimas?**

Efectivamente, el Estatuto de la víctima, más allá del contenido de la Ley 4/2015 y su posterior desarrollo, es una herramienta en manos de toda la ciudadanía para poder conocer sus derechos frente a un ataque a su dignidad y, en gran medida, incluye la forma o el camino para tutelarlos. A fin de cuentas, todos estos derechos que recoge el Estatuto están enfocados a que la víctima abandone tal condición [que se "desvictimice"] y comience su proceso de recuperación.

Antes de que existieran los cuerpos normativos que hoy conocemos como "Estatuto de la víctima" y se hubiera desarrollado un estudio más pormenorizado, desde las oficinas de asistencia a víctimas nos veíamos obligados a utilizar una especie de "estatuto extraoficial", digamos, sin gran soporte legislativo específico, debiendo acudir a conceptos básicos del Derecho , a sus principios generales e inspiradores, a la jurisprudencia, normalmente de carácter internacional, o la doctrina, sobre todo la que derivada de la Criminología y de la Victimología.

En la actualidad, aunque es cierto que necesita desarrollar algunos aspectos para poder cubrir las lagunas que vamos descubriendo respecto a la aplicación, por cerrar, simplemente añadiría que desde nuestra Oficina lo tenemos claro: si de la aplicación formal del Estatuto nos queda alguna duda o vacío, rehacemos el camino como antes de su existencia en cuanto a la interpretación, tomando siempre como faro o referente el Estatuto de la Corte Penal Internacional de cara a comprobar cómo se protegen en ella los derechos de las víctimas y así poder citar su praxis con el objeto de que aquí también se pueda aplicar de forma análoga. A fin de cuentas, estas disposiciones también forman parte de nuestro ordenamiento jurídico, desde su publicación en el BOE y nos resulta de utilidad para poder procurar esa asistencia integral a las víctimas que tome en consideración sus necesidades particulares.

## ANEXO V. ENTREVISTA A ROSA MARÍA TRINIDAD CORONADO. PRESIDENTA DE LA ASOCIACIÓN VASCA PARA LA DEFENSA DE LA SEGURIDAD VIAL “STOP VIOLENCIA VIAL”

### 1. ¿Cómo se creó la asociación y con qué motivo?

La asociación a la que represento es Stop Violencia Vial, “Asociación Vasca para la Defensa de la Seguridad Vial”, se creó en el año 2000 y la fundamos todas las personas que estábamos en Euskadi y que pertenecíamos a otra asociación que era Stop Accidentes.

Yo perdí a mi hijo Enaitz en el año 2004 y entre los años 2006 a 2020 trabajé de forma dura y muy intensa en esa asociación. Fui la delegada aquí en Euskadi de Stop Accidentes durante muchos años, desde 2009 hasta 2020. También tuve el cargo de vicepresidenta entre los años 2013 y 2017.

Sin embargo, los desacuerdos con algunos/as miembros de la junta directiva en términos de gestión, hicieron que en el año 2020 me marchara porque veía mucha pasividad, trabas e impedimentos en la lucha por los derechos de las víctimas, y ese era el principal motivo que a mí me llevó a participar en la mencionada asociación, entre otros asuntos importantes. Personalmente, considero que apostar por los derechos de las víctimas no debería tener limitaciones, siempre que se haga con educación y corrección. De hecho, cuando decidí irme de esa asociación, todos los socios de Pais Vasco decidieron sumarse a la nueva asociación Stop Violencia Vial; esto vino motivado fundamentalmente porque me conocían y por la ayuda que les presté cuando lo necesitaron y a fin de cuentas las personas se quedan en las asociaciones como una suerte de reconocimiento a esa atención recibida.

Actualmente, STOP Violencia Vial está completamente constituida y reconocida dentro del Gobierno Vasco. Además, tenemos nuestros propios estatutos, asambleas anuales, Junta Directiva... de hecho, empezamos a funcionar desde el primer día que nos dimos a conocer y no hemos parado desde entonces.

2. **¿Cuántos socios tiene actualmente la asociación? ¿Han sido todos ellos víctimas de algún delito?**

Actualmente contamos con unos 60 socios que, aunque parezca una cantidad poco significativa, es bastante, considerando que el asociacionismo actualmente se encuentra en declive. Algunos de ellos/as no son víctimas directas o indirectas, sino que han venido porque han conocido nuestra asociación y la labor que realizamos y eso ha hecho que se solidaricen con nuestra causa.

Ahora bien, la cifra que indico no es "real" como tal, porque nuestra ayuda no se ha limitado y se limita únicamente a nuestros socios, sino que atendemos peticiones de ayuda de muchas personas. Sin embargo, considerando los momentos por los que están atravesando, no parece oportuno pedirles que se hagan socios. De hecho, ocurre a menudo que estas personas, después de haberlas asistido y ayudado desaparecen.

Por tanto, podemos decir que en nuestra asociación la mayor parte de los socios son víctimas, bien directas, bien indirectas, como reconocimiento a la labor realizada hacia ellos en aquellos trances tan duros, pero también hay personas, que confían en el proyecto y deciden sumarse a la iniciativa.

## 3. ¿Qué objetivos persigue la asociación?

Tenemos claramente definidas dos áreas de actuación: aquella más preventiva u orientada a la educación y, por otro lado, aquella más reivindicativa, de lucha por los derechos de las víctimas.

En lo que respecta a la primera, realizamos proyectos de concienciación y sensibilización para trasladar a la sociedad que muchas de las tragedias que ocurren en nuestras carreteras se podrían evitar. Nos basamos principalmente en la importancia en el respeto de las normas y la conducción responsable, que va más allá de obtener la licencia de conducción y eso es una perspectiva que no todas las personas tienen o comparten… No son conscientes de la gravedad que alberga una conducción irresponsable. Por ello realizamos proyectos dirigidos a diferente público. Empezando por los más pequeños, tenemos un contrato con el ayuntamiento de Durango por el cual impartimos clases de educación vial en todos los centros escolares del municipio, desde primaria, secundaria y a veces en infantil. Otras actividades que realizamos con los menores es salir con ellos en bicicleta por el pueblo para enseñarles cómo circular por el carril bici, cómo tienen que comportarse en carretera, cuáles son sus derechos y obligaciones. Está claro que debemos fomentar el uso de este vehículo, pero antes se debe educar en la importancia de las normas para que las personas pueda usarlos correctamente. También trabajamos con colectivos con discapacidad y con personas mayores, tanto en el rol de peatón como de conductor. Además, damos cursos a mujeres embarazadas, aunque en estos casos se dirigen más hacia el uso de los sistemas de protección infantil en el vehículo y cómo deben sujetar correctamente a los niños.

Asimismo, grabamos vídeos de concienciación dirigidos al público general y también testimoniales de víctimas. Relacionado con esto último, nuestros socios aportan su testimonio en los talleres que tienen que realizar las personas que han perdido el carnet como parte de los trabajos en beneficio de la comunidad. Para ello previamente se preparan con el equipo de psicólogos y profesionales que hay en los juzgados ya que es un colectivo de infractores un tanto complicado. Nos ha pasado algunas veces de ir con nuestra buena voluntad a contar nuestra historia para concienciarles y hay gente que se ríe y mofa. También es cierto que hay otros muchos que al final del taller se nos acercan y nos felicitan por nuestra labor, diciéndonos que les hemos hecho cambiar. Siempre decimos que con tal de salvar una vida en la carretera hay que dar por válido todo el trabajo y esfuerzo que hacemos, aunque ojalá fueran más. Además, también intervenimos en la fase final de la formación de la Ertzaintza donde escuchan el testimonio de algunas víctimas de nuestra asociación para que sean conscientes de la importancia que tiene que realicen bien su trabajo, sobre todo cuando se trata de realizar un atestado.

Por su parte, como indicaba antes, la asociación también presenta una faceta más reivindicativa, de lucha por los derechos de las víctimas. A fin de cuentas, cuando ocurre una tragedia de estas características, la víctima no tiene fuerzas, ganas, y muchas veces, apoyos. No puede reaccionar. Y todas las carencias que existen tanto antes, durante como después del proceso se quedan en una especie de baúl que nadie destapa. De hecho, como con carácter general suele darse una indemnización a causa de estos siniestros, las personas piensan que no se puede reclamar nada más y el proceso se queda así. Una cosa es el pago que efectivamente deba realizarse como producto de esa responsabilidad civil o que la compañía aseguradora deba pagar, y otra bien distinta es que la persona que ha causado ese daño, bien la muerte, bien las lesiones de tu ser querido, deba reparar lo que ha hecho.

En consecuencia, nuestras acciones, además de enfocarse en incentivar el respeto y responsabilidades sociales respecto al cumplimiento de las normas viales, se centran en la lucha por políticas más duras y concretas en lo que respecta al tratamiento de la seguridad en carretera. A fin de cuentas, si a alguien le da un infarto mientas conduce y se choca con otra persona, es algo inevitable y contra eso no se puede luchar; sería un accidente, pero no violencia vial. Personalmente, considero que todo lo evitable es violencia. De ahí que nosotros defendamos iniciativas que apuestan por cero alcohol en la carretera ya que la metabolización de la ingesta de alcohol, por pequeña que sea, puede variar de un cuerpo a otro y priva en cierta medida de los reflejos necesarios para tener una conducción responsable. Igual sucede con el uso de dispositivos móviles, que entendemos que deberían estar prohibidos en la carretera. De verdad, no somos conscientes de las implicaciones que esto puede tener y de que efectivamente, son situaciones de violencia que pueden evitarse. Sin ir más lejos, mi hijo probablemente seguiría vivo si el conductor que lo mató no hubiera excedido la velocidad y no hubiera consumido drogas y alcohol, mi vida y la del resto de mi familia, ahora sería diferente.

Por finalizar con esta pregunta, perseguiríamos un tercer objetivo, aunque yo creo que este es predicable de todas las asociaciones de víctimas con carácter general, y es el de erigirnos como portavoces de las necesidades de las víctimas. A fin de cuentas, las asociaciones contamos con la información de quienes de verdad han padecido una tragedia. Porque es muy fácil legislar desde el despacho y leer los documentos de un caso y ser benévolos con los infractores, a fin de cuentas, por la persona fallecida no se puede hacer nada. Vale, con ella está claro que no, pero con su familia, sí. Me gustaría saber si hubiera sucedido con algunos de los seres queridos de los legisladores o jueces, si dictarían las mismas sentencias. Lo que muchas veces les queda a las familias es ese sentimiento de rabia y de impotencia, porque ven que la vida de su familiar, de su ser querido, parece que no es importante... Ha fallecido y ya está, ¡qué mala suerte! Y eso no puede ser así. La vida de todas las personas es válida, porque nadie tiene el derecho de arrebatarle la vida a otro/a de forma tan brutal, menos, por una irresponsabilidad.

Ahora bien, hay que tener en cuenta que en algunos casos hay que aceptar y asumir la parte de responsabilidad que ha tenido el fallecido en los hechos acontecidos. Forma parte del duelo. Aquí no estamos para decir que sí a todo lo que la gente pide y quiere por haber perdido a su ser querido. Tampoco tenemos una varita mágica para solucionar todos los problemas que consideramos injustos se solucionen. Hay que ser responsables, honestos y justos con la atención que brindamos; damos la razón a quien hay que dársela, pero no podemos hacerlo con quien no la tiene porque además estaríamos provocando falsas esperanzas en un sistema que habitualmente no reconoce ni si quiera a los que llevan la razón. Es duro hablar con estas personas porque solo atienden a la realidad que está en su cabeza. Es muy complicado, muy complicado.

4. **¿Recibe algún tipo de subvención pública?**

Técnicamente, no. Tenemos un convenio firmado con Seguros Lagun aro, compañía que ya colaboraba con nosotros en la anterior etapa y cuando emprendimos esta nueva andadura decidieron continuar con nosotros. En cuanto a la administración, no tenemos ninguna subvención pública, pero cuando presentamos algunos proyectos nos los costean. Mi trabajo, por ejemplo, es completamente voluntario, no percibo ninguna remuneración económica. Ahora bien, para realizar determinados proyectos necesitamos a profesionales para llevarlos a cabo de ahí que la financiación se destina a la puesta en marcha y realización de dichos proyectos.

Actualmente nos encontramos inmersos en el proyecto, que consiste en un Concurso Fotográfico “Mira y aprende*: por un espacio público de calidad y convivencia vial, segura y sostenible*”, financiado por el Gobierno Vasco y las diputaciones de Álava, Guipúzcoa y Vizcaya y además de seguros Lagun Aro. Con esta iniciativa se persigue fomentar el uso del transporte público, de vehículos no contaminantes, el uso de la bicicleta, etc. a través de las fotografías. Con las 12 mejores instantáneas hemos realizado una exposición itinerante que estará recorriendo cada 15 días durante el próximo año y medio aproximadamente un lugar diferente de cada una de las tres provincias en País Vasco. Esta es la segunda edición, la primera tuvo lugar en enero de 2021 y lo cierto es que fue un éxito en participación. Este proyecto es muy bonito porque mediante las fotografías se persigue despertar esa conciencia sobre la relevancia de la seguridad vial desde la perspectiva de los participantes, ya que las fotos que hagan deben transmitir estos valores. Además, desde las personas que la ven, esta exposición permite crear un espacio de reflexión respecto a la movilidad segura y sostenible.

Asimismo, como indicaba anteriormente, también tenemos un convenio con el Ayuntamiento de Durango por el que impartimos charlas a escolares.

Es cierto que la financiación es importante porque para realizar nuestra labor correctamente necesitamos de la labor de profesionales. En nuestro caso, tenemos la gran suerte de que uno de nuestros voluntarios es abogado y su ayuda en términos de asesoramiento legal es muy relevante para poder desarrollar nuestras funciones de la mejor forma posible.

5. **En su opinión, ¿Qué diferencia su asociación del resto de asociaciones de víctimas?**

Yo sé cómo funciona la anterior asociación en la que estuve, del resto no puedo hablar porque lo desconozco. Lo que sí puedo decir, es que, en mi caso, como presidenta de la asociación, no tengo ni horario ni salario por la labor que realizo... Dedico mi vida a esto porque considero que es importante luchar por los derechos de las víctimas. Hay otras asociaciones que cuentan con un cargo de directora que percibe una remuneración por las funciones que actualmente me encuentro realizando. Por comentarte algunas, soy yo quien escucho y recibo a las víctimas, atiendo a los medios de comunicación, realizo comunicados, asisto a reuniones, coordino y superviso los proyectos que realizamos, realizo la gestión administrativa... Soy la imagen "visible" de la asociación, digamos, con todo lo que eso conlleva.

Lo que tratamos de proporcionar desde la propia asociación es un sostén para que las víctimas puedan salir adelante. Muchas veces lo que buscan es ser escuchadas y sentirse comprendidas, el hecho de que una persona que ha transitado un proceso similar al suyo las escuche y pueda entenderlas mejor es fundamental. Poder decirles con conocimiento de causa, que deben de aprender a vivir con esa ausencia y que lo único que va a aminorar esa pena es el paso del tiempo.

Muchas veces estas conversaciones tienen una mayor influencia en la superación del trauma que el tratamiento con el psicólogo, ya que, por su coste, estos servicios no son accesibles para cualquier bolsillo, y, además, los encuentros con estos profesionales suelen durar poco tiempo —la duración de una sesión— y como mucho, solo una vez a la semana. En cambio, desde nuestra asociación perseguimos proporcionar a la víctima ese sostén, ya que, cuando suceden tragedias como esta se dan una serie de decepciones con los círculos más íntimos, principalmente familiares y amigos cercanos que no saben o no pueden estar a la altura de las circunstancias, por lo que el tejido asociativo se convierte en un apoyo fundamental.

Al final, yo creo que el sentir general de las víctimas es la necesidad de contar con una persona que las atienda, escuche y dé fuerzas, y yo creo que esas finalidades las cumple nuestra asociación con elevado grado de eficacia, al menos bajo mi punto de vista.

6. **¿La asociación cuenta más con víctimas directas o indirectas (cónyuges, parientes en línea recta)? ¿Perciben diferencias a la hora de ejercitar sus derechos?**

En nuestra asociación la mayoría de las víctimas son indirectas porque son familiares de personas que han fallecido. Contamos con alguna que haya sufrido las consecuencias de la violencia vial de forma personal, pero es algo marginal en términos cuantitativos. A fin de cuentas, lo que perseguimos con nuestra asociación es lograr una reparación de índole moral y jurídica, objetivo que es reclamado habitualmente por este tipo de víctimas. Es cierto que hay otro tipo de asociaciones, como ASLEME, que se orienta fundamentalmente a los afectados medulares, donde sí cuentan con víctimas directas y que, en consecuencia, apuestan por otro tipo de logros, como la consecución de mejoras materiales para personas en sillas de ruedas, por ejemplo. Pero como decía, nuestra asociación se encuentra compuesta fundamentalmente por víctimas indirectas.

7. **Relativo al derecho a la información recogido en los arts. 5 y 7, ¿Tienen conocimiento de que alguna víctima haya sido informada en tiempo y forma de determinadas resoluciones que afectaban al penado (cambio de grado, concesión de permisos)?**

Para empezar, he de decir que las víctimas desconocen la existencia del Estatuto de la víctima. Lo que saben es lo que buenamente les he podido transmitir. La gente quiere saber, pero en la mayor parte de las ocasiones desconocen a dónde tienen que dirigirse para solicitar información. Yo, de hecho, me enteré de casualidad, cuando mantuve una reunión con una persona que trabajaba en las Oficinas de Asistencia a Víctimas y me dijo que eran ellos quienes suministraban esa información sobre el Estatuto. De hecho, ahora puedo procurar a las víctimas información más certera sobre ello, ya que hasta ese momento recorrían los juzgados de forma infructuosa porque no podían conseguir información y al menos ahora sabemos dónde tienen que dirigirse.

De hecho, en cuestiones de siniestros viales, hace unos años se derivaban a las víctimas a un servicio telefónico perteneciente a la Dirección General de Tráfico, centralizado en Madrid, donde era muy difícil que alguien atendiera el teléfono.

Por tanto, aunque se han producido avances en la garantía del derecho a la información de las víctimas, no ha llegado a constituirse como un derecho plenamente accesible, y, cuando efectivamente se ejercita, muchas veces llega tarde.

8. **El artículo 13, por el que se regula la participación de la víctima en la ejecución, no contempla a las víctimas de seguridad o violencia vial, limitándose a determinados tipos de víctimas… ¿Qué factores cree que han podido tener relevancia para incluir a unas víctimas y no a otras en este artículo?**

Yo creo que se debe principalmente a la confluencia de tres motivos. En primer lugar, la creencia generalizada de los legisladores y operadores jurídicos de que las muertes en la carretera suponen el precio que se debe pagar por el progreso. A fin de cuentas, estos planteamientos se encuentran ampliamente aceptados y asumidos socialmente y estos profesionales no dejan de proyectar estas tesis en sus esferas de actuación.

Un segundo factor sería que no luchamos lo suficiente porque hay muy pocas personas que alcen la voz. Cuando suceden estas tragedias, es algo que produce tanto dolor que no tienes fuerzas para enfrentarte a esto, a lo que debe sumarse en muchas ocasiones la falta de capacidad, recursos o conocimientos para hacer nada.

En tercer lugar, y aunque lo he comentado antes, creo que puede influir el hecho de que haya una compensación económica por la vía civil. A veces se cree que como te han pagado una cantidad determinada por la vida de tu ser querido, ya no puedes decir nada. Y no es así.

Al final la conjunción de todos estos factores son los que hacen que no se nos tenga en cuenta.

Como decía, somos pocas las personas las que alzamos la voz, y parece que nos da miedo hablar, pero esto es erróneo, lo que sucede es que la sociedad debe comprender nuestros procesos o, al menos, no ignorarlos. Después de haber tratado tantos años con diferentes tipos de víctimas, he llegado a la conclusión de que nuestro colectivo es muy complejo y que cada persona es distinta a la hora de gestionar todos los procesos derivados de esta experiencia. Lo que sí es cierto es que existe una primera "fase" digamos, que es común a todas las víctimas, en la que prevalece la exaltación o la euforia, si se puede decir así, porque comprueban por sus propios medios que las leyes no son justas y que nos hacen doblemente víctimas y que deben cambiarse de alguna forma. Sin embargo, esto corresponde a un primer estadio porque muchas de ellas pierden esa fuerza que tenían al principio y con el paso de los años pueden darse dos situaciones diferentes: bien asumir esa situación como válida o bien, acomodarse en esa posición de víctimas.

También me gustaría realizar una apreciación en este punto y es que no todas las víctimas somos iguales. Hace unos días, haciendo una comparativa en términos cuantitativos con una persona sensibilizada con las necesidades de las víctimas como colectivo, vimos que, las víctimas en carretera superaban ampliamente a las víctimas de violencia de género. Sin embargo, los recursos que se derivan a este segundo tipo de víctimas son ampliamente superiores a los dedicados a los de la violencia vial. Ahora bien, con esto no quiero restar relevancia a la violencia de género porque considero que constituye una auténtica barbaridad y que precisa de la lucha de todos para eliminarla. Lo que defiendo es que hay víctimas "de primera" y "de segunda" y las nuestras se encuentran enmarcada en esta última categoría, desgraciadamente. Mientras los legisladores y los operadores jurídicos no sean conscientes de ello, no vamos a poder avanzar en la consecución de nuestros derechos. Por eso, para que esta situación cambie, debemos ser reivindicativos, siempre respetuosos, pero a la vez firmes en nuestras demandas. Porque no estamos diciendo ninguna mentira, estamos denunciando una realidad que se da a diario como es la violencia en la carretera. A fin de cuentas, lo que no se dice, no se sabe, y por lo tanto, se ignora. De ahí que nosotros, aunque nuestros seres queridos no vayan a regresar, debemos luchar por sus vidas, su memoria, para que esto no vuelva a ocurrir.

9. **¿Considera este derecho útil [participación en la ejecución] para lograr un reconocimiento y reparación de las víctimas?**

Considero que este derecho es positivo porque permite a las víctimas darnos voz en determinadas cuestiones e igualarnos de alguna forma con los derechos que tienen los infractores durante el cumplimiento de su condena. Sin embargo, también tengo que reconocer que cuestiones como los terceros grados o la concesión de permisos me quedan algo lejos y tampoco sé exactamente cómo se tendría que ejercitar... Deduzco que no bastará solo con una opinión, sino que deberá ir justificada y acreditada, pero, como digo, desconozco las implicaciones de este derecho .

Considero que nuestras víctimas deberían estar incluidas con el objetivo de que aquellas que lo deseen puedan aportar aquella información que consideren oportuna, o, al menos, dar su parecer sobre determinadas cuestiones que le puedan afectar. Ahora bien, no podemos negar que la justicia es lenta y compleja, lo que provoca un gran desgaste emocional en las víctimas, que en muchas ocasiones terminan por tirar la toalla porque no tienen más fuerzas. Por ello, creo que sería positivo contar con este derecho , pero si resulta dificultosa su aplicación y además tampoco existen garantías de que vaya a obtenerse una respuesta positiva... No sé si compensa, la verdad.

**10. ¿Ha accedido alguno de sus miembros o socios a los servicios de justicia restaurativa? ¿Cómo ha sido esa experiencia?**

Es una cuestión muy compleja y delicada. Lo primero que tengo que decir es que para enfrentarse a esos encuentros restaurativos hay que estar muy preparado emocional y psicológicamente, especialmente las víctimas. En el caso de los victimarios, deben tener muy buena actitud de reconocer el daño causado o de llegar a pedir perdón si hiciese falta, y eso implica cierta fortaleza que también debe ser trabajada. Eso sí, yo diría que los encuentros que se produjesen no deberían ser nunca entre la víctima y su victimario, porque eso supondría un dolor añadido... Aunque depende del daño que te haya causado, de cómo haya sido tu experiencia, de tantas cosas... A fin de cuentas, hay que darle la oportunidad de que la víctima decida hacer lo que considere oportuno, dentro de los marcos establecidos, porque no todo vale.

Para ilustrar un poco todo lo que acabo de comentar, como te dije antes, solemos colaborar con las oficinas de asistencia a víctimas aportando nuestro testimonio en los cursos de sensibilización para personas que han perdido el carné. En una de estas sesiones, fue un chico que sufrió un accidente de moto que le dejó cojo para toda la vida y fue allí a aportar su testimonio y se encontró con la persona que le causó ese daño. Él no sabía que el infractor iba a estar allí y evidentemente no se encontraba preparado para ello. Le resultó tan duro que no ha querido volver a participar en encuentros como estos. También quiero mencionar que la Universidad del País Vasco organizó en Donostia una jornada donde víctimas y victimarios de varios delitos estuvimos allí, mezclados. Fue un primer intento de la Universidad, pero lo cierto es que no sé qué valoración hacer sobre ello. Luego, también en Vitoria se llevaron a cabo encuentros de carácter experimental, donde participaron algunas de nuestras socias, una mujer muy fuerte y que supo llevar muy bien su duelo. Ella nos comentó que no le aportó mucho, pero tampoco le supuso un gran dolor o sufrimiento.

También tengo alguna experiencia desde la perspectiva de los victimarios. En cierta ocasión, me llamó el conductor de un camión llorando, diciendo que había sido el culpable de la muerte de un motorista porque echando marcha atrás el camión no lo vio y lo tiró al suelo, le pasó por encima y lo mató. Me decía que él no lo había hecho queriendo y que se sentía fatal por haberle causado la muerte a esa persona. La única respuesta que le pude dar fue que intentase llamar a la familia y les pidiera perdón, diciéndoles lo mismo que me había comentado a mí, que había sido sin querer. Claro, él me dijo que cabía la posibilidad de que la familia no quisiera escucharle y lo rechazase, y frente a esto tuve que decirle que era un riesgo que tenía que asumir, ya no podía hacer nada por la persona fallecida pero sí comunicarle a la familia lo que sentía, porque, si ellos aceptaban esas disculpas, probablemente su dolor fuera menor.

Este último testimonio quiero enlazarlo con el hecho de que nunca se pide perdón. De hecho, hay muchas víctimas que me dicen "si me hubieran pedido perdón, hasta le hubiera perdonado". Para mí, personalmente, habría sido muy importante que la persona que mató a mi hijo me hubiera pedido perdón, porque así hubiera tenido el reconocimiento de que le arrebató su vida. El hecho de que no pidan perdón duele más. Sin embargo, no se puede generalizar, es algo muy personal. De hecho, tenemos socios que no quieren saber nada del victimario, ni que les pidan perdón, ni tener ningún tipo de contacto, mientras que otros hubieran valorado positivamente las disculpas.

Lo que sí me gustaría resaltar es el hecho de que estas disculpas tienen que ser genuinas, es decir, que haya un verdadero sentir de responsabilidad por ese hecho ya que el perdón se considera como un atenuante de la pena o, para algunos delitos, un requisito para alcanzar determinados "beneficios", digamos. Esto para la víctima es muy lesivo, ya que pueden pensar que esta petición de perdón no viene por una verdadera voluntad de reparar sino por un consejo que le haya dado su abogado para aminorar la pena. Y eso no es justo para nosotras/os.

Nosotros defendemos la reinserción de estas personas, pero debe llevarse a cabo en prisión. Ahora bien, de nada vale pedir más penas de prisión y que luego salgan peor de lo que han entrado. Tiene que haber unos programas de reinserción efectivos y que se cumplan en su totalidad para asegurar que su vuelta a la sociedad será positiva.

11. **En el Real Decreto por el que se regulan las Oficinas de Asistencia a Víctimas se dispone que para el desarrollo de protocolos de actuación y de procedimientos de coordinación y colaboración se tendrán en cuenta la participación de las asociaciones y colectivos de participación de las víctimas. ¿Se ha producido esta coordinación entre las Oficinas y su asociación?**

Sí, esta colaboración existía antes de la entrada en vigor del Estatuto y existe actualmente. Es cierto que hace mucho que no nos reunimos, porque afortunadamente cada vez hay menos víctimas de violencia vial, pero sé que cuando resulte necesario podremos concertar algún encuentro. Recuerdo especialmente convulso el año 2015, cuando se eliminaron las faltas, lo que afectó especialmente a la regulación en materia vial e hizo que la relación con las oficinas se debilitase, ya que no sabíamos exactamente cómo proceder con esta modificación. Posteriormente, en el 2019, se produjo un reajuste en materia legal en materia de delitos viales, lo que hizo que la vinculación con las oficinas se normalizase.

En definitiva, tenemos una buena relación con las oficinas y colaboramos todo lo que sea posible, pero también somos conscientes de que no hay recursos suficientes y se encuentran saturadas porque tienen que atender a todo tipo de víctimas. Por este motivo, contamos en la asociación con un asesor jurídico que trata de suplir esta función que harían las oficinas con el objetivo de tramitar estas cuestiones más rápidamente, ya que las víctimas no pueden mantener esa incertidumbre durante un tiempo prolongado: no saben qué trámites realizar, si existen plazos que deben respetar... Necesitan ese asesoramiento, más considerando que se encuentran atravesando momentos especialmente complicados cuando recurren a nosotros. Por ello, la función que realizamos nosotros a nivel jurídico no dista demasiado de la que llevan a cabo las oficinas ya que les asesoramos sobre qué vías pueden emprender y buscar posteriormente a un profesional que les asista durante el proceso. Además, por supuesto, les informamos de la existencia de las oficinas por si considerasen necesario recurrir a ellas para obtener más información o herramientas.

12. **¿Considera en definitiva que el Estatuto de la víctima es un instrumento útil para tutelar los derechos del colectivo al que representa?**

El Estatuto debería resultar una herramienta útil para la víctima, porque entiendo que para algo se creó. Sin embargo, también he de decir que lo que no se conoce, no existe y esto creo que es lo que le ha sucedido al Estatuto. Considero que no se le ha dado la publicidad que se debería y la sociedad en general, no tiene conocimiento de su existencia, por lo que no puedo valorar si el Estatuto resulta útil o no en este momento.

Una falla importante de la norma, aunque esto lo expreso desde un punto de vista personal o al menos, desde la causa que defiendo, es que las víctimas de violencia vial no aparecemos recogidas en la norma. Es cierto que el Estatuto se encuentra orientado a "la víctima", pero también lo es el hecho de que parecen otros tipos de víctimas y las nuestras ni se mencionan. Al final, realiza esa distinción entre víctimas que no debería darse si queremos que se aplique de forma equitativa.

Víctimas somos todos, claro, pero para contar con esa consideración a efectos legales debe existir un delito. A veces, con las muertes en carretera, pueden darse una serie de circunstancias (negligencias o despistes) que provoquen que finalmente no nos encontremos ante un delito, y por tanto, esa víctima no existiría, al menos a un nivel jurídico.

No soy experta en cuestiones políticas y, por este motivo, no quiero pronunciarme desde esta perspectiva, pero sobre lo que sí me gustaría llamar la atención es sobre este grupo de víctimas que comentaba, que lo son para toda la sociedad menos para jueces y legisladores. ¿Dónde quedan? ¿Dónde están sus derechos? Es cierto que se emplean términos asépticos como "ofendido" o "perjudicado", pero considero que la cobertura que se brinda es diferente.

Como decía, es estupendo que se ponga a la víctima en el centro del proceso judicial porque la víctima tiene que ser resarcida a nivel moral, social, económico y, por supuesto, judicial. Pero resulta muy complicado exigir estos derechos cuando las víctimas desconocen la existencia del Estatuto o no es accesible para todas. Relacionado con esto último, considero que los jueces deberían aplicar el Estatuto o, al menos, valorarlo a la hora de emitir resoluciones que, en la mayor parte de los casos, afectan a la víctima. Si esto no se hace, si no existe una ejecución real del Estatuto, al final son palabras vacías.

**13. ¿Qué reformas deberían llevarse a cabo en el sistema de justicia para garantizar los derechos de asistencia, reconocimiento y reparación de las víctimas?**

Es evidente que el sistema necesita de ciertas reformas. En lo que respecta a la parte procesal, y, esto presenta parte de mi lucha a nivel personal, considero que es una barbaridad que continúe vigente el auto de sobreseimiento libre en la Ley de Enjuiciamiento Criminal. No discuto la procedencia de la medida cuando se ha llevado a cabo una investigación exhaustiva y se determina que no ha existido responsabilidad por parte de alguna persona en concreto; en cambio, que se pueda dictar sin haber realizado una mínima instrucción o investigación supone una verdadera vulneración de los derechos de las víctimas. Por tanto, se debería reformular esta institución para garantizar que las investigaciones se llevan a cabo de forma diligente.

Por ello, si queremos que el sistema de justicia funcione correctamente, tenemos que incidir especialmente sobre los legisladores, jueces y, en definitiva, sobre todas aquellas personas encargadas de tomar decisiones que puedan tener alguna implicación en las víctimas. De hecho, con los fiscales vamos avanzando, aunque todavía es necesario llamarles e insistirles para que realicen ciertas acciones. Recuerdo que hace un tiempo acompañé a una socia a hablar con el fiscal de su caso, ya que no iba a apoyar a la víctima. Después de cerca de tres horas de reunión donde nos atendió muy bien, puedo decir que su percepción con respecto a esta causa cambió, y así nos lo demostró el día que se celebró el juicio. Creo que los fiscales deberían tener siempre la obligación de escuchar a la víctima porque el papel lo soporta todo y ellos están acostumbrados, es su trabajo diario. de ahí que en muchos casos se lean simplemente las conclusiones cuando se encuentran con un expediente extenso, siendo "uno más". Muchas veces en esos documentos está el relato de lo que ha sucedido, por lo que contar con la voz de la víctima sería recomendable para, al menos, dar a estas cuestiones la importancia que merecen.

Relacionado con esto, también es necesario que en los atestados se recoja la máxima información posible ya que, si eso no existe o los datos no se encuentran recogidos de forma certera, es muy complicado que la causa prospere. Es más, muchas veces no se ha dado la oportunidad de que la causa fuera por vía penal porque no había suficiente información como para ser considerada un delito, y, como mencionaba anteriormente, el Estatuto no ha podido aplicarse. Por tanto, se debería exigir que los profesionales tuvieran la suficiente formación y medios para poder redactar estos atestados de forma correcta. el hecho de carecer de medios puede determinar que las víctimas queden desprotegidas porque esos atestados no se hayan elaborado de forma correcta.

Por otro lado, quizá sea muy dura o exigente, pero creo que se deberían endurecer las penas. De la cárcel se sale, pero del cementerio, no. Si tú matas a una persona por tu irresponsabilidad habrás de pagarlo. Arrebatar la vida a una persona no puede valer solo unos meses de prisión. Y las penas deberían cumplirse íntegras en estos casos, que ya bastante benévola es la justicia como para hacer más concesiones. Algo similar pasa con la violencia de género, que la mayoría de los que salen siguen matando a mujeres, es un despropósito. Yo lo siento por si hay algún inocente que se encuentre en la cárcel o aquellas personas que roban para comer... Pero de verdad que las leyes deben cumplirse.

En cuanto a la asistencia de víctimas, creo que deberían estar más atendidas, que tengan un espacio a dónde acudir cuando lo necesitara y tuviera a alguien que la asesorase, que la informase. Es cierto que existen las oficinas de atención a la víctima, pero allí solo te asesoran una vez sobre tus derechos y ya está. Pero después el proceso judicial es muy largo, la víctima se encuentra muy perdida y ve que con el tiempo se van mermando sus fuerzas porque además el proceso es lento y las víctimas se sienten impotentes porque nadie las informa. A veces van de ventanilla en ventanilla preguntando y solo se encuentran con malas contestaciones porque las víctimas son tomadas como un mero expediente. Debería existir más cercanía, por tanto, de todos los agentes de la justicia que están atendiendo, no tanto de las oficinas, que a ese respecto no tengo ninguna crítica que realizar, pero el personal de los juzgados debería ser más consciente de las implicaciones que tiene su trato con las víctimas.

Por tanto, considero que el sistema debería ser más accesible para las víctimas... Tampoco sé cómo, porque es fácil decirlo, pero de lo que sí tengo certeza es que la ignorancia te hace todavía más víctima. En consecuencia, el método que se implantase debería perseguir que la víctima no se sintiera sola ni abandonada por el sistema.

## ANEXO VI. ENTREVISTA A VIRGINIA RODRÍGUEZ FRAGOSO. TRABAJADORA SOCIAL Y FACILITADORA DE PROGRAMAS DE JUSTICIA RESTAURATIVA EN LA ASOCIACIÓN DE MEDIACIÓN PARA LA PACIFICACIÓN DE CONFLICTOS (AMPC)

### 1. ¿Cómo se creó la asociación y con qué motivo?

La Asociación para la Mediación y la Pacificación de Conflictos —en adelante, AMPC— se constituye en el año 2004 con el objetivo de implantar y desarrollar diversas iniciativas en materia de mediación penal y penitenciaria.

La ONU, en el X Congreso para la Prevención del Crimen, ya señaló la necesidad de impulsar «el desarrollo de políticas de justicia restaurativa, procedimientos y programas que fuesen respetuosos con los derechos, necesidades e intereses de las víctimas, de los infractores, de la comunidad y de todas las otras partes». Tras un fecundo recorrido de varios años, la asociación ha logrado consolidar múltiples proyectos–piloto de Justicia Restaurativa.

Para ello, nuestro proyecto se basa en el diálogo interpersonal, la responsabilización, la reparación y el perdón. Además, tratamos de fomentar la educación en valores y la participación social como mecanismos para aumentar el bienestar de las personas, hacerlas protagonistas en la gestión de sus conflictos y promover una convivencia pacífica y respetuosa. Nuestro ámbito de actuación en términos geográficos se circunscribe principalmente a la Comunidad de Madrid y Castilla La Mancha, donde realizamos la mayor parte de nuestros proyectos. También hemos colaborado de forma estrecha en el ámbito académico, con proyectos I+D de diversas universidades, como la Complutense de Madrid o la Pontificia de Comillas.

Asimismo, AMPC es miembro fundador de la Federación Española de Justicia Restaurativa (FEJR) constituida en 2010 con la finalidad de coordinar diversas iniciativas llevadas a cabo por diferentes entidades, dedicadas a la justicia restaurativa en el contexto penal y penitenciario, dentro de un marco caracterizado por los valores de diálogo, paz, compromiso e inclusión social.

2. **¿Cuántos socios tiene actualmente la asociación? ¿Han sido todos ellos víctimas de algún delito?**

Actualmente, en 2023, somos 52 miembros. En esta cantidad se encuentran incluidas también las personas trabajadoras y voluntarias. No es un requisito para participar en la asociación haber sido víctima de un delito; de hecho, se encuentran inscritos profesionales o personas sensibilizadas con el ámbito social y penitenciario.

En cuanto a la experiencia de la victimización, debo matizar que para nuestra asociación el concepto de víctima es más amplio que las nociones de víctima directa o indirecta que recoge el Estatuto. Para nosotros, todas las personas afectadas por el delito resultan susceptibles de participar tanto en la asociación como en los procesos restaurativos que ofrecemos: aquellas que sufren el propio delito, los familiares o miembros de la propia comunidad, también el barrio o el entorno en el que suceden los hechos. En consecuencia, para nosotros este margen claramente se incrementa al entender que toda la sociedad, en mayor o menor medida, puede ser susceptible de ser impactada por el delito. No exigimos, por tanto, para la colaboración en estos programas el reconocimiento judicial como víctima, ni tan si quiera resulta necesario haber presentado denuncia por los hechos.

El fundamento de esta última decisión responde a la multitud de factores que pueden influir en la víctima y que determinen la interposición o no de la denuncia: no quiere que el entorno lo sepa, no tiene documentación, o simplemente, no se encuentra preparada para dar ese paso. Por ello, nosotros pretendemos procurar ese espacio de recuperación o sanación si la persona afectada por el delito si lo necesita. Por tanto, el porcentaje de víctimas directas que recurren a AMPC resulta muy escaso. A veces como planteamos, no se sienten preparadas, no quieren dar ese paso, no tienen tiempo ya que la sociedad implícitamente exige que retomes tu vida lo antes posible: trabajo, responsabilidades familiares... O por el dolor o por la gestión de su proceso traumático deciden que no es el momento de requerir nuestra ayuda. En consecuencia, son las familias las que en primera instancia recurren a AMPC, y esto constituye un punto fundamental para que la víctima pueda ser y se sienta acompañada.

Relacionado con esto, esta asistencia también resulta fundamental para los familiares y el entorno más cercano a la víctima ya que les permite acercarse a las emociones que pueden estar sintiendo las víctimas, legitimarlas y validarlas. A fin de cuentas, entender que el proceso de afrontamiento de un suceso traumático que se encuentra atravesando su familiar es completamente normal y ayuda a vivirlo con menos carga.

Por su parte, también trabajamos con los victimarios y sus familias. Nuestra labor incide especialmente sobre el impacto que el hecho delictivo haya tenido en el propio victimario y su entorno, por ejemplo, la estigmatización o la vergüenza que conlleva que un pariente hay ingresado en prisión y los cambios que se derivan de ello si, por ejemplo, el penado era el sustento económico de la familia. Adicionalmente, trabajamos sobre la falsa responsabilidad que asumen los familiares y les ayudamos a entender que la persona victimaria toma sus propias decisiones. El hecho de ir a comunicar con el familiar a prisión a través de un cristal y la impotencia de no saber si están verdaderamente bien son consecuencias del delito. A fin de cuentas, a veces los propios familiares tienen una importante carga de sufrimiento, ya que la persona privada de libertad ya no puede cumplir su rol debido a su nueva condición de reo y son los parientes los que tienen que hacerse cargo y suplir esa ausencia e, incluso, abandonar su propio entorno cuando se ha tratado de sucesos mediáticos. Por todo ello, consideramos que estas personas pueden beneficiarse de participar en estos programas y exponer sus puntos de vista y poder atender sus necesidades.

Por último, no podemos olvidar también el trabajo que desarrollamos con las personas victimarias, en favor de la responsabilización de su conducta, el desarrollo de habilidades para la reinserción social y la reparación del daño.

## 3. ¿Qué objetivos persigue la asociación?

Las labores que se desarrollan en el seno de AMPC se orientan fundamentalmente a la generación de espacios de encuentro y diálogo que permitan fomentar el empoderamiento, la responsabilización y participación de las personas, mejorándose de este modo la convivencia.

Estos serían los objetivos principales en líneas generales, aunque los programas que desarrollamos en la asociación persiguen otros objetivos de cariz más específico. Con el paso del tiempo hemos sido conscientes de la interrelación que existen entre todos ellos, aun cuando no era una finalidad pretendida inicialmente. Una de las razones que determinan esa compenetración entre todos los proyectos es que estos han ido surgiendo fruto de la experiencia ante las demandas que emanaban de situaciones existentes o demandas detectadas no atendidas. De este modo, no hay ningún programa que destaque sobre el resto, sino que todos ellos se desarrollan a la vez de una forma complementaria, podríamos decir. Por consiguiente, es posible, y de hecho se da habitualmente, que una misma persona pueda participar en distintos programas.

Por ejemplo, un victimario que haya tenido un conflicto con otro interno en prisión puede recurrir a la mediación penitenciaria, donde conoce por la asociación que hay otras formas de solucionar los conflictos. De este programa puede surgir la reflexión crítica sobre ciertos aspectos de su vida en los que no ha actuado correctamente, por lo que solicita participar en el programa de Diálogos Restaurativos, donde se incide sobre la responsabilización del delito y la reparación del daño. Posteriormente, puede elegir reparar el daño causado, por ejemplo a su familia, o víctima directa y en esos casos, se ofrece a la propia familia, como afectados directos, participar en el programa de familias, para que puedar tener ese espacio de reconocimiento, apoyo, escucha y reparación. También existen víctimas que se encuentran en el programa Elmira de atención a la víctima, que venían buscando apoyo para su propio proceso de superación personal, las cuales deciden posteriormente participar en algún encuentro de mediación penal o en un encuentro restaurativo con una persona que no sea su victimaria/o directo o dar su testimonio en diálogos.

En definitiva, todos estos programas, si bien presentan unos objetivos específicos, se retroalimentan entre ellos, abordando la justicia restaurativa desde diferentes perspectivas con un enfoque integral. La versatilidad, por tanto, es una de las riquezas de las que goza la justicia restaurativa, la capacidad de poder adaptarse a cada caso.

## 4. ¿Recibe algún tipo de subvención pública?

No contamos con una financiación completa de los proyectos que desarrollamos en AMPC, pero sin con alguna ayuda parcial. La Administración General del Estado y la Autonómica nos brindan ayudas cada año de forma relativamente constante. A veces existe alguna iniciativa de financiación por parte de fuentes privadas, pero no es lo más usual.

Por otro lado, existe la posibilidad de que personas particulares puedan realizar donaciones a través del número de cuenta que aparece en la página web, pero no es en principio algo que se realice de forma significativa.

Nuestros servicios son completamente gratuitos para las personas que los soliciten, ya que además nosotros solemos trabajar fundamentalmente con colectivos vulnerables, que carecen de los medios suficientes para poder afrontar el posible pago de estos recursos. Entonces, aunque hay gastos que se derivan de nuestras labores que pueden ser cubiertos por la financiación que mencionaba anteriormente, es cierto que gran parte del trabajo que hacemos es completamente voluntario, ya que estas inversiones no alcanzan a todo. Somos conscientes de la necesidad de profesionalización que requiere la asistencia a víctimas: la implantación de la justicia restaurativa no puede llevarse a acabo de forma efectiva si no existe un presupuesto y/o una apuesta real y efectiva por parte de los poderes públicos.

La realidad y necesidad de la justicia restaurativa poco a poco se va imponiendo pero para ello son necesarios profesionales altamente cualificados, que desarrollen su labor con rigor técnico para atender y proteger a las víctimas especialmente y al resto de personas participantes.

5. **En su opinión, ¿Qué diferencia su asociación del resto de asociaciones de víctimas?**

Nosotros como tal no somos una asociación de víctimas. Somos una asociación que ofrecemos, bajo la perspectiva de la justicia restaurativa, distintas alternativas, algunas de ellas para las víctimas. Por ejemplo, uno de nuestros programas se dedica a la atención y al acompañamiento de víctimas, pero siempre desde la óptica de la justicia restaurativa, pero no hacemos terapia como tal.

En consecuencia, creo que nuestra labor puede complementar a las realizadas por otras entidades que se dedican de forma exclusiva a las víctimas, lo que puede resultar muy enriquecedor. También fomentamos mucho el trabajo en red y cooperativo en aras de procurar una atención integral con la seriedad y el rigor que las víctimas merecen, optimizando además los recursos existentes.

Asimismo, siempre intentamos poner en marcha proyectos de los que existe una necesidad que en ese momento no se encuentra cubierta. Por ejemplo, en nuestro programa "Elmira, atención a víctimas de delito", la única tipología de víctimas que se encuentra excluida son las víctimas de violencia de género, porque entendíamos que para ellas existe ya una red de recursos específicos. Por tanto, en aras de prestar esa atención de necesidades no cubiertas que comentaba previamente, preferimos destinar esos recursos a víctimas que carezcan de recursos para una atención especializada.

- **Me gustaría conocer qué opinión le merece la prohibición de la mediación en los casos de violencia de género pero que no exista respecto a la justicia restaurativa…**

Hay que recalcar en primer lugar el hecho de que efectivamente, para los casos de violencia de género únicamente se encuentra prohibida la mediación, pero no la justicia restaurativa en su conjunto. Ahora bien, en mi opinión, la realización de un proceso restaurativo no debería depender de una restricción legal o prohibición sino de las necesidades y la realidad que presente esa víctima. A fin de cuentas, si la víctima no denuncia o se archiva un caso, cabe la posibilidad de que esa convivencia se retome, del mismo modo que si el infractor por violencia de género, tras extinguirse su condena, volviese a ese entorno, el encuentro sería cuasi inevitable. Creo que es importante hacer una valoración individualizada de cada caso y poder plantear la intervención más pertinente y segura.

6. **Hablemos un poco sobre justicia restaurativa… En el preámbulo del Estatuto, cuando se refiere a la regulación de los servicios de justicia restaurativa, se subraya "la desigualdad moral existente entre víctima e infractor"… ¿Considera que la Justicia Restaurativa es un derecho exclusivo de la víctima?**

Nosotros entendemos que la justicia restaurativa se encuentra orientada hacia las personas afectadas por el delito. Esta "desigualdad moral" deberíamos interpretarla en términos de responsabilidad que alberga cada parte en cuanto a la reparación. Como comentábamos previamente con la violencia de género, víctima y persona victimaria parten de una realidad diferente. Existe un daño derivado de ese delito y alguien tiene que asumir la responsabilidad de repararlo. Por consiguiente, si nos enfocamos en la reparación sí existiría una desigualdad puesto que le correspondería al victimario, pero el ejercicio de este derecho no responde exclusivamente a las víctimas. La reparación del daño, si queremos que resulte eficaz, debe englobar a todos los sujetos implicados en la justicia restaurativa, aunque desde perspectivas, evidentemente, diferentes.

Relacionado con esto, a veces la reparación trasciende de las esferas material o física. En la gran parte de las ocasiones la justicia restaurativa se enfoca en un aspecto moral, perspectiva última que es muy difícil de obtener con la celebración de un juicio.

Con el objetivo de ilustrar esta premisa, en los programas que ejecutamos sobre diálogos restaurativos, aunque es cierto que el desarrollo de los mismos dependerá en última instancia del centro penitenciario, donde el equipo valora y nos facilitan un listado de penados interesados en participar, la iniciativa de participación debe proceder del interno en primer lugar. De hecho, la mayoría de las peticiones que se realizan en este sentido provienen del infractor. Una vez el penado ha trabajado sobre ello y se encuentre preparado, se elegirá la práctica restaurativa en cuestión. En casos de mediación directa, su realización dependerá en última instancia de la víctima.

Ahora bien, para realizar estos procesos, resulta fundamental que tanto víctima como victimario se encuentren lo suficientemente preparados para afrontar ese encuentro y sean conscientes de las implicaciones que conlleva. Por este motivo, si apreciamos que existen desajustes insalvables, a pesar de esa preparación previa o prohibiciones expresas, se pueden plantear otras alternativas, como por ejemplo optar por encuentros con víctimas no directas, ya que cabe la posibilidad de que exista una víctima que, si bien no ha sido la del victimario en concreto, haya otra persona víctima que se encuentre preparada y necesite de este encuentro. La ejecución de esta modalidad indirecta también ha resultado tremendamente importante tanto para víctima como para victimario, pero también para el entorno.

Por consiguiente, no debemos enfocarnos exclusivamente en una sola forma de acceder a procesos restaurativos. Puede ser que las demandas provengan de la víctima, victimario o de la comunidad y que desde diferentes perspectivas se comience a construir ese proceso de reparación, adecuado a cada caso.

Hay que evaluar cada caso y realizar la preparación, aspecto fundamental, también en función de la práctica que vayamos a realizar. Por ejemplo, en los casos en los que la víctima va dar su testimonio en un grupo de diálogos restaurativos, puede serlo de un delito similar de las personas que se encuentren en el grupo, pero no tiene por qué "compartir delito" con los 10 o 12 internos que formen parte de ese grupo. Ahora bien, si se ha realizado un buen trabajo con los victimarios enfocado en la responsabilización, las diferencias en el delito no tendrían por qué afectar al sentimiento de empatía y reparación hacia la víctima. A fin de cuentas, lo que se exige a los infractores es que sean capaces de empatizar con ella, de identificar sus necesidades, ya que la víctima, en términos generales, precisa sentirse escuchada, reconocida y legitimada para poder comenzar esa reparación. En última instancia, esa reparación puede traducirse en empoderamiento y que la persona vaya desprendiéndose progresivamente de ese rol de víctima, que al final es lesivo para ella puesto que no le permite avanzar.

Sin embargo, cuando se trata de encuentros restaurativos entre victimario y víctima no directa, sí buscamos cierta similitud entre los delitos, o al menos, que existan elementos concomitantes que permitan un mejor intercambio entre ambos.

7. **En el artículo 15 del Estatuto se establece el acceso de las víctimas a los servicios de justicia restaurativa. Desde su experiencia, ¿Cree que este precepto dota de herramientas suficientes para poder ejercitar este derecho ?**

Lo que permite este artículo es dotar de un sustento legal a prácticas que veníamos desarrollando con anterioridad, facilitando nuestra labor. Asimismo, nos ha permitido acercarnos a realidades implementadas en otros países con respecto a las cuales nosotros percibíamos cierta sensación de estancamiento ya que carecíamos de normativa que nos procurase este avance.

No considero que este precepto sea suficiente pero sí hemos de admitir que ha constituido una herramienta poderosa para empezar a implementar la justicia restaurativa en España con unas bases más sólidas. Sin embargo, debemos ser especialmente cautelosos con la regulación que se haga y no caer en el error de intentar formalizarla en exceso, ya que en ese caso la esencia de la justicia restaurativa se perdería. Por tanto, las eventuales leyes que se elaboren a este respecto deberían seguir dotando de cierta flexibilidad a los facilitadores que les permita adaptarse correctamente a las necesidades que presente cada caso concreto.

De hecho, hay experiencias muy potentes en Cataluña y en el País Vasco y no cuentan con una regulación pormenorizada como tal... Existen protocolos, pero no instrumentos normativos como los que nos estamos refiriendo en este momento o como ha aprobado la Comunidad Foral de Navarra recientemente [Ley foral 4/2023, de 9 de marzo, de justicia restaurativa, mediación y prácticas restaurativas comunitarias].

8. **¿Las víctimas suelen encontrarse interesadas en los encuentros restaurativos? ¿Cómo gestionan desde su asociación estos procesos?**

Como señalaba antes, la iniciativa para realizar un proceso restaurativo, al menos en términos teóricos, puede provenir de la víctima, aunque también del victimario o de incluso de la comunidad si adoptamos una concepción amplia de la justicia restaurativa.

No obstante, para que estos procesos prosperen y puedan desarrollarse en la práctica, resulta fundamental que se suministre información sobre los mismos para que pueda conocerse este recurso y sus implicaciones. En lo que respecta a la demanda de las víctimas, si efectivamente los están solicitando, no nos están llegando estas propuestas.

Nosotros desarrollamos nuestras acciones desde la petición de los victimarios porque son aquellas de las que tenemos conocimiento. Además, en la ejecución de estos procesos restaurativos entra en juego la interpretación que realicen las Comunidades Autónomas de las competencias que le hayan sido atribuidas en este ámbito. Relacionado con esto, debemos señalar que la ejecución de los procesos restaurativos no es homogénea, puede variar de un centro penitenciario a otro.

Adicionalmente, se aprecian otras dificultades en el sistema de justicia que dificulta que los procesos restaurativos lleguen a término. Cabe la posibilidad de que tanto los profesionales o los jueces de los tribunales sentenciadores como de vigilancia penitenciaria desconozcan estos procesos y que, por tanto, tampoco se encuentren preparados para realizar ese contacto, a través del secretario judicial o con el abogado para hacerle llegar esta información a la víctima. Asimismo, si no se encuentran familiarizados con estos procesos, será difícil que puedan realizar una valoración sobre los datos que se le suministran a la víctima. Nosotros no tenemos constancia del seguimiento que se realice de estos contactos, por lo que cuando pasan muchos meses desde la propuesta del encuentro restaurativo y no recibimos respuesta, interpretamos que la víctima no desea realizar ese proceso, aunque tampoco tenemos confirmación de esta negativa.

Asimismo, los fiscales de víctimas o profesionales que se encuentran en las oficinas de víctimas, pueden considerar que estos procesos pueden ser más revictimizantes que beneficiosos para las víctimas y que, con el objetivo de protegerlas, se opte por no comunicar estos procesos. A Esta manera de proceder, se suma también la saturación que experimentan las oficinas y la falta de recursos. Así, esta problemática podría solventarse, en aquellas oficinas en las cuales no existen profesionales preparados para la ejecución de los servicios de justicia restaurativa, a través del contacto y coordinación con los profesionales dedicados a la justicia restaurativa. Pero la escasez de recursos humanos es un obstáculo para materializar estas iniciativas.

Por ello, considero que sería positivo que nosotros, los profesionales de la justicia restaurativa pudiésemos constituirnos como un apoyo para la gestión de este tipo de procesos, bien procurando esta primera información a las víctimas, bien capacitando o a los profesionales del ámbito de la justicia. A fin de cuentas, el hecho de que la víctima se encuentre informada resulta importantísimo para que pueda tomar una decisión fundamentada.

En consecuencia, con carácter previo a incidir sobre el interés o falta del mismo de las víctimas a recurrir estos procesos, deberíamos valorar si las víctimas cuentan con la suficiente información que les permita acceder a estos procesos.

9. **En el Real Decreto por el que se regulan las Oficinas de Asistencia a Víctimas se dispone que para el desarrollo de protocolos de actuación y de procedimientos de coordinación y colaboración se tendrán en cuenta la participación de las asociaciones y colectivos de participación de las víctimas. ¿Se ha producido esta coordinación entre las Oficinas y su asociación en términos de justicia restaurativa?**

En nuestro caso, estamos intentando establecer esa colaboración, aunque es cierto que ha partido más de la asociación que de las oficinas, quizás porque desconocían este recurso. Estamos, por tanto, en proceso de poder articular estas relaciones interinstitucionales con el objetivo de poder ofrecer y garantizar a la víctima el cumplimiento de los derechos ofrecidos por el Estatuto.

Uno de los factores que limita notoriamente esta colaboración es, como señalaba previamente, el desconocimiento de la naturaleza y aplicaciones de la justicia restaurativa, que conduce a identificarla exclusivamente con la mediación, o como una alternativa para beneficiar al victimario. Este planteamiento erróneo provoca que se constriñan las posibilidades de realizar otro tipo de prácticas que pueden llegar incluso a ser mucho más restaurativas para todas las personas afectadas por el delito.

Asimismo, creo que otro motivo que dificulta el establecimiento de esta red de colaboración es el hecho de que nosotros no somos una asociación de víctimas *stricto sensu* sino que nos dedicamos a todos los actores que intervienen en el proceso restaurativo. Es cierto que las víctimas desempeñan un papel importante en los mismos y desde la asociación promovemos que a través de la justicia restaurativa consiga el suficiente empoderamiento y sanación respecto a esa experiencia traumática para poder superarla, pero también trabajamos con las otras partes y esto puede ser concebido con cierto recelo.

10. **En su opinión, ¿Qué actuaciones podrían llevarse a cabo para promocionar la justicia restaurativa como un verdadero recurso para la víctima y el victimario en la resolución de conflictos? ¿Considera que el Estatuto puede ser una vía para el logro de este objetivo?**

El Estatuto ha gozado de relevancia a nivel legislativo puesto que ha diseñado un marco que nos ha permitido visibilizar la justicia restaurativa como derecho que las víctimas pueden ejercitar. Sin embargo, no es suficiente. Necesitamos que exista una apuesta real como Estado por la justicia restaurativa, la cual podría proyectarse sobre dos áreas: por un lado, con un desarrollo normativo que trascienda de los postulados actuales y abarque un mayor número de aspectos, sin que por ello deba perder su inherente flexibilidad. Por otro, es fundamental que existan recursos y partidas presupuestarias para que [la justicia restaurativa] pueda llevarse a cabo de forma satisfactoria. Una herramienta clave en este aspecto lo constituiría la información y sensibilización de los operadores jurídicos del sistema penal respecto a las posibilidades que ofrece la justicia restaurativa, ya que esto redundaría en víctimas mejor informadas que tomasen decisiones con mayor fundamento al haber podido considerar todos los elementos disponibles. Esto no tendría por qué suponer un trabajo adicional para ellos, ya que las asociaciones podríamos proveerles información más detallada sobre la justicia restaurativa, pero es necesario que las víctimas conozcan al menos que existe esta posibilidad.

Asimismo, la visibilización de la justicia restaurativa redundará en pro de una convivencia más pacífica, y en esto los medios de comunicación desempeñan un papel fundamental. A fin de cuentas, la cobertura de aquellos hechos delictivos que, por sus circunstancias, resulten mediáticos, debe realizarse con suma cautela y conciencia del impacto que puede generar en las personas afectadas por el delito. Si queremos como sociedad apostar por el respeto entre los ciudadanos y por la protección de colectivos vulnerables, su consecución debe pasar por un tratamiento adecuado de las noticias, sin que existan otros intereses subyacentes.

En consecuencia, para que la justicia restaurativa prospere, es preciso que exista un cambio social y cultural, y esto es responsabilidad de todos.